Amadeu Ribeiro

o amor
nunca diz adeus

© 2012 por Amadeu Ribeiro

Coordenação de criação: Marcio Lipari
Capa, Projeto Gráfico e Diagramação: Regiane Guzzon
Preparação: Melina Marin
Revisão: Cristina Peres

1ª edição – 5ª impressão
5.000 exemplares – abril 2018
Tiragem total: 23.000 exemplares

Dados Internacionais de Catalogação na Publicação (CIP)
(Câmara Brasileira do Livro, SP, Brasil)

Ribeiro, Amadeu
O amor nunca diz adeus / Amadeu Ribeiro. – São Paulo :
Centro de Estudos Vida & Consciência Editora, 2012.

ISBN 978-85-7722-215-5

1. Espiritismo 2. Romance espírita I. Título.

12-08175   CDD-133.9

Índices para catálogo sistemático:
1. Romance espírita : Espiritismo 133.9

Todos os direitos reservados. Nenhuma parte desta edição pode ser utilizada ou reproduzida, por qualquer forma ou meio, seja ele mecânico ou eletrônico, fotocópia, gravação etc., tampouco apropriada ou estocada em sistema de banco de dados, sem a expressa autorização da editora (Lei nº 5.988, de 14/12/1973).

Este livro adota as regras do novo acordo ortográfico (2009).

Editora Vida & Consciência
Rua Agostinho Gomes, 2.312 – São Paulo – SP – Brasil
CEP 04206-001

editora@vidaeconsciencia.com.br
www.vidaeconsciencia.com.br

Dedico este livro a todos aqueles que acreditam que o amor é capaz de transformar relacionamentos e fazer com que as pessoas se tornem ainda melhores do que já são.

Apresentação

Eu aprendi a ler e a escrever aos seis anos de idade. Aos oito, produzia pequenas histórias em quadrinhos escritas em papel sulfite que lia para a minha mãe. Quando tinha doze ou treze anos, escrevi à caneta, em um caderno brochura, uma pequena história sobre uma situação familiar. Foram poucas páginas, mas lembro-me de que minha avó me disse: "Essa história está muito boa. Acho que você vai ser escritor algum dia".

Eu fiquei empolgado com o incentivo, porém, dias depois comprei um romance de Sidney Sheldon. Li o livro em voz alta para minha avó. Quando terminei, comparei essa obra com aquela que eu tinha escrito de próprio punho. Achei que a minha estivesse fraquíssima e sem conteúdo. Não coloquei mais nenhuma fé nas palavras animadoras da minha avó e o livro em questão foi para o lixo.

Decidi que nunca mais escreveria nada. Pensava que se eu criasse uma história para apresentar aos outros, certamente ririam de mim. Mas aos quatorze anos, comprei o livro *Espinhos do Tempo*, de Zibia Gasparetto, com o qual presenteei minha mãe. Ela já tinha lido algumas obras desta fantástica escritora, porém, era o primeiro livro de um autor nacional que eu leria, à exceção daqueles que eu tinha que resumir para o colégio. Acabei lendo esse romance e fiquei encantado com os ensinamentos que o livro me transmitiu. Li todos os outros livros dessa autora e de outros escritores espiritualistas. Passei a compreender que a vida vai muito além do que poderia imaginar.

Aos quinze anos iniciei um curso para jovens na Federação Espírita do Estado de São Paulo. Anos depois ocorreu um fato curioso. Eu estava lendo alguns e-mails no meu computador e fechei meus olhos porque eles começaram a arder. Isso às vezes acontece quando eu fico muitas horas diante do monitor. Porém, nessa ocasião, eu vi, em minha mente, a imagem de um casal de jovens abraçados. Abri os olhos e estava olhando para a tela de e-mails outra vez.

Não sei explicar, mas quando percebi, estava com o programa de edição de textos aberto. Comecei a digitar nomes de personagens e situações que os envolviam como se alguém estivesse me ditando. Foi quando eu percebi que estava escrevendo um livro, com uma trama totalmente diferente da que eu tinha escrito na adolescência, embora eu não me lembre dos detalhes.

Conforme a história foi se desenvolvendo, fiquei preocupado. Eu pensava: "De onde surgiram tantos personagens? Como tantos conflitos serão solucionados?" Eu, naturalmente, sabia que a história não era fruto de minha invenção, mesmo porque eu nunca conseguiria "criar" algo tão lindo. Qualquer pessoa sabe distinguir uma criação pessoal de uma criação em que se obteve ajuda externa.

Agradeço aos amigos espirituais que me possibilitaram ampliar meus conhecimentos com a produção deste livro. Não me preocupo com o fato de nenhum espírito ter assinado a obra no final. Nomes não são importantes, mas sim a mensagem que se pretende transmitir ao leitor, para que ela chegue aos corações mais necessitados.

Espero que você possa apreciar esta história e que perceba a força que o amor possui, a forma como ele transforma para melhor a vida de muitas pessoas e como a espiritualidade nos ampara. Hoje minha avó vive no plano astral, mas só posso dizer o quanto ela estava certa.

Com carinho,
Amadeu Ribeiro

Capítulo 1

Quando o telefone tocou, Natália olhou desanimada para o aparelho. Com certeza eram os credores cobrando as contas que estavam atrasadas. Na atual situação financeira de sua família, não estava conseguindo pôr em dia todas as obrigações. As contas de luz já haviam acumulado e, se não fossem pagas em breve, ficaria no escuro. A conta do telefone havia muito estava vencida e logo chegaria a segunda. A despensa estava ficando vazia a olhos vistos e o que a mãe ganhava não estava dando para suprir todas as necessidades.

Desde que fora despedida do último emprego como vendedora em uma loja de sapatos, Natália não conseguira arrumar outro serviço. Embora o trabalho na loja fosse pesado e o salário fosse apenas o piso de vendedor, ao menos havia as comissões que complementavam sua renda. Mas quando o dono da loja passou o ponto, o novo proprietário se instalou com sua própria equipe de funcionários. Acertou as contas com os antigos, que nem precisaram cumprir aviso prévio, e todos foram dispensados.

Natália estava com dezenove anos. Quando terminou o ensino médio, dois anos antes, fez um curso sobre dinâmica em vendas, o que lhe possibilitou concorrer à vaga na loja como vendedora logo que completou dezoito anos. Durante um ano deu o melhor de si, trabalhando aos domingos e feriados em busca de um salário extra. E, infelizmente, tanto esforço resultara em uma demissão inesperada.

Bete, sua mãe, ficara muito preocupada com o destino da família até que Natália se empregasse novamente. Passara a produzir mais doces e salgados, que vendia para uma padaria próxima de sua casa e também para alguns fregueses mais antigos. Todos diziam que Bete tinha boa mão para a cozinha e seus pratos eram sempre aprovados. Tinha inclusive sido convidada a trabalhar em definitivo na cozinha da padaria, mas recusara, pois dizia que produzia muito mais na cozinha de sua própria casa.

— Natália, você não vai atender esse telefone? — gritou Bete da cozinha, tentando se fazer ouvir apesar do forte ruído do liquidificador que batia uma massa.

— Pra quê, mãe? Para ouvirmos os credores nos cobrando? Estamos com várias contas atrasadas — respondeu a jovem, da sala, onde analisava seu currículo e tentava, de alguma forma, incrementá-lo. Entregara cópias dele em todas as lojas da região e de bairros vizinhos na esperança de encontrar algum serviço, mas estava realmente difícil. — E, além disso, mãe, não estou a fim de ter que bater o telefone na cara de alguém.

— Atenda. Quem sabe seja alguma proposta de emprego? — Bete agora falava mais baixo, pois havia desligado o liquidificador. — Nunca devemos perder as esperanças, minha filha. Se acreditamos que as coisas darão certo, tudo se torna mais fácil.

— Não, mãe, agir assim é bem pior. Aí criamos a ilusão de que nossos planos darão certo e, quando não dão, ficamos frustrados — respondeu Natália, deslizando as mãos pelos longos cabelos loiros.

— Certa vez ouvi alguém dizer que, quando desejamos, as coisas acontecem. Dizem que nossa mente tem um poder muito grande. Se pensarmos no bem, com certeza Deus nos ajudará. Confie Nele, minha filha — afirmou Bete, que viera até a sala, enxugando as mãos no avental.

Natália não discutiu. O telefone tinha parado de tocar. Era sempre assim. Apesar de estarem passando por uma situação tão complicada, a mãe sempre vinha com palavras animadoras e de incentivo. No começo, Natália as aceitava de boa vontade, mas agora começava a se desiludir. Nada estava dando certo, ninguém nem mesmo lhe telefonava para chamá-la para uma entrevista. Para todos a quem entregava o currículo, a resposta era sempre a mesma: "entraremos em contato".

— Minha querida — pediu Bete em tom gentil —, estou com a encomenda da dona Joselina pronta. Você não quer me ajudar, deixando os pães de queijo dela com o marido, na banca de jornal?

— Entrego, sim — Natália se levantou do sofá, que já estava todo arranhado. — Posso levar a Violeta comigo?

— Pode. Ultimamente ando sem tempo e quase não tenho mais saído com ela. Ela está sentindo falta do agito das ruas.

Natália sorriu. Era uma linda moça. Loira, com cabelos muito lisos que lhe tocavam a cintura e olhos da cor de esmeraldas, Natália sempre despertara o interesse de rapazes, mas nunca se fixara em ninguém até conhecer Ricardo.

Desviou os pensamentos rapidamente. Não queria pensar no ex-namorado e na decepção que sofrera com ele. Vestiu uma blusa azul-claro e uma saia branca e se dirigiu até o quarto que a irmã dividia com a mãe. Violeta adorava sentir o sol batendo em seu rosto e estava um dia propício para isso. A irmã mais nova sorria de orelha a orelha ao ouvir a balbúrdia do centro da cidade e adorava quando Natália ou a mãe a levavam até lá. Era delicioso para a menina sentir a agitação e o movimento da Praça da Sé ou do Parque do Ibirapuera. Pena que ela não pudesse...

Natália interrompeu os pensamentos quando o telefone voltou a tocar.

— Quer que eu atenda, Nat? — perguntou uma vozinha delicada vinda de dentro do quarto.

— Não, meu amor, pode deixar que eu mesma atendo — respondeu Natália. Dessa vez ia ouvir tudo o que o cobrador tinha a lhe dizer. Se ele lhe enchesse a paciência, iria mandar que ele procurasse seus direitos e avisaria que ela também procuraria os dela. Mas... ela teria algum?

— Alô — atendeu sem muito ânimo. Sabia que ouviria a tradicional frase: "Falo com Bete Siqueira Lopes ou Natália Siqueira Prado?" Era sempre assim, pois as contas que não estavam no nome da mãe estavam no seu.

— Gostaria de falar com Natália Siqueira Prado — disse uma voz feminina em tom muito gentil, como sempre.

— Sim, sou eu mesma — afirmou, já imaginando sobre que contas iam falar. Seria a luz? Ou a fatura do único cartão de crédito que possuíam e que também estava atrasada?

— Aqui quem fala é Marilu — a mulher na linha falava com suavidade. — Gostaria de saber se você já está empregada ou se ainda está procurando um emprego.

Natália pensou ter ouvido mal. Estava sendo chamada para um emprego ou seria uma brincadeira de mau gosto? Resolveu confirmar:

— Não, ainda estou desempregada — que palavra triste, pensou. — Mas estou disposta a comparecer a qualquer entrevista se for preciso.

— Que ótimo! — a mulher pareceu aliviada. — Poderia comparecer ainda hoje? Nós estamos na Avenida Paulista, sabe onde fica?

Ela sentiu o coração disparar novamente. Estava mesmo sendo chamada para uma entrevista? E na Avenida Paulista, um dos grandes centros comerciais de São Paulo. Seria um sonho?

— Claro que posso comparecer hoje — eram ainda dez horas da manhã. Natália anotou o endereço que Marilu lhe passou, confirmou e sorriu. — Estarei aí o mais rápido possível. A quem eu procuro?

— Na verdade, toda contratação de funcionários é feita pela equipe do Departamento de Recursos Humanos, mas, como é um caso de emergência, quem vai entrevistá-la pessoalmente é o seu Onofre, o presidente da empresa. Venha o quanto antes, por gentileza.

— Sim, sim — Natália mal conseguia falar, tamanha a emoção. — Estou indo agora mesmo.

Desligou com um sorriso e deu um grito emocionado. Bete veio correndo da cozinha. Ao ver a expressão alegre da filha, já presumiu o que teria acontecido.

— Como você não deve ter ganhado na loteria, imagino que foi chamada para uma entrevista.

— É isso mesmo, mãe — ela abraçou Bete com força. — Parece que se trata de coisa importante, pois fica na Avenida Paulista. Mas o que mais me impressionou foi que a moça disse que quem vai me entrevistar será o presidente da empresa. Não é demais?

— Graças a Deus, Natália. Não disse há pouco que temos sempre que pensar que as coisas darão certo? Olha o resultado aí — disse Bete, sorrindo. — Disseram qual seria o cargo? Bom, deve ser para vendedora, pois é a única referência que você possui em seu currículo.

— Não importa, mãe. O que realmente importa é que espero conseguir esse emprego. Que Deus me ajude! — disse, animada, enquanto arrumava a bolsa e pegava uma pasta com alguns documentos. — Só o que achei engraçado foi que não estive naquela região distribuindo meus currículos, pois sabia que nunca seria chamada para trabalhar lá.

— Esqueça isso. O importante é você chegar a tempo — Bete olhou para a filha e sorriu. — Você está muito bem com essa roupa.

— Não, eu preciso vestir minha melhor roupa — disse a moça, enquanto corria para o quarto.

— Que alegria é essa, mãe? — perguntou a mesma voz de pouco tempo atrás.

— Parece que a Nat foi chamada para uma entrevista de emprego — respondeu Bete, olhando para a filha caçula que se aproximava devagar. — Ela vai pra lá agora.

— Nossa, fiquei feliz — disse a menina, enquanto deslizava as mãos pelo sofá, sentando-se nele em seguida. — Eu tenho certeza de que ela vai conseguir, mãe. Minha irmã é muito inteligente e educada, além de bonita.

Bete sorriu e deu um beijo no rosto de Violeta. A garota de sete anos era o maior mimo da casa. Era tão morena quanto a irmã era loira. Bete possuía cabelos claros como os de Natália, mas Luís, o pai delas, era moreno, e Violeta puxara a ele. E Luís nunca chegou a conhecê-la.

    Bete interrompeu os pensamentos quando Natália reapareceu. Usava um conjunto social cinza com uma blusa de seda branca por baixo. Colocara sapatos de saltos finos para parecer mais elegante. Maquiara-se levemente e os fios loiros caíam-lhe pelos ombros em movimentos ondulantes. Pediu a bênção da mãe, coisa que raramente fazia, beijou Violeta e pediu a Deus que tudo desse certo na entrevista que faria em breve.

Capítulo 2

Quando chegou à elegante recepção do prédio, a calma que mantivera até então desapareceu. O coração disparou e as pernas começaram a tremer. Sentiu que estava ficando pálida e as mãos começaram a suar. Procurou se controlar. Que patrão contrataria uma funcionária que parecia estar prestes a morrer na sua frente?

A bonita recepcionista lhe deu um crachá e lhe indicou o décimo quarto andar. No elevador entraram várias pessoas, entre elas duas moças com ar distinto. O elevador foi esvaziando e, ao parar no andar indicado, restava apenas Natália e as duas jovens. As três desceram quando o elevador abriu as portas.

Próximo ao elevador, havia uma mesa com uma mulher vestida de maneira fina. Olhou para as moças e perguntou:

— São as candidatas para a entrevista com o seu Onofre?

— Eu pelo menos sou — sorriu a morena. — Onde podemos aguardar?

— Ali, por favor — disse, indicando um corredor. — No final desse corredor vocês encontrarão uma sala maior com outra mesa. Marilu lhes encaminhará à sala do presidente.

— Obrigada — respondeu a ruivinha pelas três.

Seguiram o caminho indicado e depararam-se com uma sala espaçosa e bem iluminada. Havia duas mesas ali, sendo que uma delas estava vazia. Atrás da mesa vazia havia um amplo salão que levava a várias salas. Na outra mesa, sentava-se uma mulher de meia-idade, com um crachá com letras enormes no qual se lia "Marilu". Ao lado dela, havia um galão de água mineral e uma mesinha com duas garrafas térmicas.

— Boa tarde, meninas — disse a secretária com ar informal. — Como seu Onofre já analisou os currículos de vocês, ele fará uma entrevista particular com cada uma para constatar qual de vocês se adequará melhor ao cargo.

Elas concordaram com a cabeça enquanto Marilu as anunciava pelo interfone.

Natália estava muda de assombro. Com certeza jamais deixara seu currículo naquela empresa. Durante o caminho até a mesa de Marilu, notara diversos quadros e cartazes com fotos de computadores, teclados, mouses e outros acessórios de informática. Ao que parecia, era uma empresa do ramo. Se fosse realmente isso, ela já sabia que seria desclassificada. O pouco que sabia sobre informática aprendera no curso sobre técnicas de vendas.

A primeira moça foi chamada à sala, e Natália sentiu que o coração voltava a disparar, as mãos a suarem e as pernas a tremerem. Não podia entrar na sala do presidente mais parecendo um cadáver. Botariam ela para correr dali em dois tempos.

Vinte minutos mais tarde, chamaram a próxima candidata. A primeira saíra com ar contrariado, o que talvez indicasse que não conseguira a vaga. Mas Natália pensava que não poderia competir com aquelas meninas, que, além de lindas, pareciam muito mais estudadas e atualizadas do que ela. Além disso, deveriam ter um currículo bem mais forte e completo que o seu.

Quando Marilu chamou seu nome, Natália achou que fosse desmaiar. Pegou a pasta que deixara sobre a poltrona e, procurando manter os passos firmes, foi em direção à porta que Marilu lhe indicara. A segunda moça saíra falando em um telefone celular e Natália não conseguiu ver seu rosto. Mas, também, o que isso importaria agora? Precisava tentar demonstrar o seu melhor e não se preocupar com as expressões das outras pessoas.

Bateu na porta, que tinha a palavra "Presidência" em letras douradas, e recebeu autorização para entrar. Era uma voz forte e firme que vinha de dentro. Natália tremeu de novo, mas abriu a porta lentamente. Estaria frente a frente com o homem que comandava todo aquele ambiente tão requintado e elegante. O que faria se desmaiasse agora?

Entrou esperando encontrar um homem de idade, cabelos e bigodes brancos, e óculos na ponta do nariz. Mas ficou surpresa quando viu um homem muito elegante, aparentando menos de cinquenta anos, cabelos negros com poucos fios grisalhos. Não usava óculos nem tinha bigode. Tinha o rosto bem barbeado. Usava uma camisa branca com uma gravata cinza.

— Sente-se, por favor — disse ele, indicando uma cadeira à sua frente.

Natália estava com medo de que ele ouvisse seu coração martelando no peito. Sentia o rosto ficar pálido e corado ao mesmo tempo. As mãos tremiam e as pernas quase dançavam um tango sozinhas. Ela puxou a cadeira de madeira de lei almofadada e sentou-se lentamente. Fixou os olhos no homem à sua frente e esperou.

— Bem, você é Natália, certo? — perguntou ele sem levantar os olhos dos papéis que estavam em sua mesa.

— Sim... — respondeu, torcendo para que a voz não falhasse naquele momento.

— Vejo que você não possui experiência na área de informática — disse ele, ainda sem encará-la nos olhos. — Como deve ter visto, fabricamos e importamos produtos de informática. Estamos precisando de alguém que atenda à nossa necessidade.

— Entendo — tornou Natália, abaixando os olhos. Com isso, ele queria dizer que ela não servia para o cargo disponível. — Mas, de toda forma, agradeço por ter sido chamada — ela se levantou e apanhou a pasta e a bolsa. — Tenha uma boa tarde.

Finalmente ele levantou o olhar e a encarou nos olhos. E foi como se tudo tivesse se transformado.

Por um momento, um não conseguiu desviar os olhos do outro. Natália sentiu como se já tivesse visto aqueles olhos castanhos em algum lugar, mas não se lembrava de onde. E Silas Onofre sentiu-se hipnotizado pelos olhos verdes profundos da moça. Também sentira algo parecido, como se tivesse visto aquela menina em algum lugar. Mas claro que isso seria impossível.

— Por que se levantou? — perguntou ele quando finalmente se recuperou da sensação.

— O senhor disse que precisa de alguém que atenda às suas necessidades e essa pessoa não sou eu. Só arrumei um único emprego em toda a minha vida e foi em uma loja de sapatos, como deve ter visto em meu currículo — Natália não saberia explicar como estava conseguindo falar tão depressa. — Eu mal sei mexer em um computador e...

— Um momentinho — ele fez um gesto com as mãos. — Você está colocando o carro adiante dos bois — vendo que ela corava, ele quase sorriu. — Eu disse que você não tem experiência no meu ramo, mas não disse que estava dispensada, disse?

Natália só conseguiu sacudir a cabeça. E ele continuou:

— Veja, minha jovem, serei sincero. E já aviso que gosto de sinceridade também. As duas moças que atendi antes de você possuem currículos mais ricos que o seu e também mais experiência na área — como Natália já imaginava. — Poderia contratar qualquer uma das duas, mas a primeira não concordou com o salário e achei a segunda um pouco arrogante. Claro que eu poderia chamar outras pessoas, mas essa vaga é urgente, tanto que eu mesmo estou realizando a entrevista, já que a contratada irá trabalhar diretamente comigo.

Natália empalideceu. Deus, trabalhar ao lado do presidente de uma empresa daquele porte? Quem dera...

— No entanto, imagino que você tenha capacidade suficiente para aprender o que for necessário.

— Disso pode estar certo — tornou ela, olhando firme em seus olhos, como ele gostava. — Terei o maior empenho em aprender meu serviço e espero satisfazer o senhor da melhor maneira possível... isto é, se achar que sou merecedora da vaga.

Silas encarou a jovem novamente. Não sabia ainda explicar o que o impressionava naquela moça. Sabia apenas que era uma sensação boa. Sentia que Natália era uma pessoa de confiança.

Mas não seria melhor se contratasse alguém que realmente já compreendesse melhor os assuntos de informática?

— Aceita um café, uma água? — perguntou ela, olhando para uma mesa próxima da janela onde havia uma garrafa térmica e uma pequena geladeira.

— Aceito, obrigado — emendou Silas muito sério, mas, quando Natália se virou de costas, ele sorriu. De fato, aprovava a garota. Era de iniciativa e agia como se já estivesse trabalhando ali. — É bom você aprender que só tomo com três gotas de adoçante.

Natália estremeceu ao ouvir isso. O que ele queria dizer com aquilo? Serviu o café como ele disse que gostava e perguntou se podia servir-se também. Ele autorizou, sempre disfarçando um sorriso. Ela lhe entregou o café com cuidado e sentou-se novamente na cadeira. Estava mais calma agora.

Foi nesse instante que ela, distraidamente, bateu a mão na bolsa, que, por estar com o zíper aberto, virou o conteúdo sobre a mesa de Silas. Algo duro e brilhante foi parar próximo à mão dele.

— Oh, meu Deus, me desculpe — disse ela, pondo-se de pé imediatamente e recolhendo todos os seus objetos. Mas a pequena barra de alumínio estava nas mãos dele.

— O que é isso? — perguntou ele, virando nas mãos a bengala dobrada. — Anda com isso para se defender nas ruas?

— Sim... não. É que... — sua voz falhou e ela quase sentiu vontade de chorar. Se dissesse a verdade, ele poderia dispensá-la de vez. — É uma arma, sim — afirmou de modo pouco convincente.

— Já te disse que gosto de sinceridade nas pessoas — ele desdobrou a bengala. — Isso aqui é uma bengala para cegos. Por que carrega uma dessas?

— É... — já pensava que ele não ia contratá-la, então achou que o melhor seria dizer a verdade. — Na verdade isso é da minha irmã mais nova. O nome dela é Violeta e... — seus olhos marejaram.

— Ela tem sete anos e nasceu... cega — não conseguiu conter o pranto. — Pouco antes de receber o telefonema de Marilu, eu fiquei de entregar uma encomenda para minha mãe, que é doceira. E ia aproveitar e levar Violeta para tomar um pouco de sol. Tinha guardado a bengalinha dela na bolsa, pois ela gosta de usá-la. Então, o telefone tocou, fiquei empolgada e me esqueci de tirá-la da bolsa. Desculpe-me — finalizou, passando as mãos pelo rosto. — Ninguém vai contratar uma ridícula como eu.

— Aqui quem decide as coisas sou eu — disse ele em tom firme, ainda com a bengala de Violeta nas mãos. — E já tomei minha decisão. Está contratada!

Natália piscou. Não conseguiu acreditar no que tinha acabado de ouvir. Mas antes que dissesse qualquer coisa, Silas continuou:

— Você irá trabalhar aqui sob uma única condição.

— Qualquer uma — emendou ela, quase chorando de novo, agora de felicidade.

— Com a condição de que me traga um doce da sua mãe — ele sorriu, e Natália quase o beijou no rosto.

Pouco depois, discutiram horários de trabalho e outros termos profissionais. Ao ouvir o valor do salário, Natália quase teve um infarto e não se conteve:

— Tudo isso? Meu Deus, o senhor está brincando?

— Em lugar de serviço, não tolero brincadeiras — replicou ele, sério, mas Natália sabia que ele falava brincando. O dinheiro era mais do que ganharia na loja em dois meses de trabalho, somando as comissões. Daria para pôr as contas em dia e recomeçar a vida. Silas lhe explicou que ela teria que se submeter a um período de experiência e ela aceitou, feliz da vida.

— Gostaria de fazer uma pergunta.

— Não entendeu alguma coisa? — perguntou ele. — Ah, esqueci de dizer que pode começar amanhã mesmo.

— Não era bem isso — ele a encarou, e Natália continuou. — Gostaria de saber como conseguiu meu currículo, pois jamais o distribuí nesta região.

— Pergunte isso a Marilu — disse ele. — Mas eu acho que ainda não expliquei exatamente o que você vai fazer, certo? — ela assentiu e Silas prosseguiu. — Você deve ter notado que, próximo da mesa de Marilu há outra vazia, sem computador nem nada. Você irá trabalhar ali, anotando recados, organizando planilhas para as reuniões, que são constantes aqui. Servirá água e café sempre que necessário e auxiliará Marilu em tudo o que ela lhe pedir. Fui claro?

— Sim. Terei o maior prazer em fazer tudo isso e aprender muito mais.

— Ótimo, assim espero. Nos primeiros meses vou querer que você inicie seu trabalho após o horário de almoço. — Vendo o olhar de curiosidade de Natália, Silas concluiu. — Isso porque durante o horário da manhã você estará no curso.

— Curso? Refere-se à escola? Eu já concluí e...

— Eu me refiro ao curso de computação que você fará a partir de amanhã.

— Mas não possuo dinheiro para a matrícula, pois esses cursos são caros...

— Não se preocupe. Isso será um benefício que você, excepcionalmente, terá. E nada será descontado do seu salário.

Natália estava muda. Aquele era o emprego dos sonhos. Só lhe faltava acordar e nada daquilo ser verdade. Criando coragem, ela perguntou:

— Poderia me devolver a bengala, por favor?

— Oh! — ele a entregou — Distraí-me e não notei. Bem, acho que é só. Darei as instruções para Marilu, que providenciará seu curso com um parceiro nosso para que comece amanhã. E espero por você após o horário de almoço, certo?

— Com certeza, conte comigo amanhã — eles trocaram um aperto de mão e, assim que Natália saiu, ele passou as instruções a Marilu, para que ela providenciasse tudo. Quando a moça chegou em frente à secretária, sorriu. — Dona Marilu, o seu Onofre já conversou com a senhora?

— Já sim, sente-se aqui que vou explicar quais documentos você deverá apresentar ao pessoal do RH amanhã. E falaremos sobre seu curso também.

— Nossa, eu estou tão emocionada. Nem acredito que fui contratada.

— Fico feliz por isso — Marilu era uma senhora de olhar muito simpático, vista mais de perto. — Quase tinha desistido de lhe telefonar, pois ninguém atendia.

Natália lembrou-se de quando o telefone tocou e ela, achando que fossem os credores, se recusou a atendê-lo. Bem que a mãe tinha razão.

— Mas ainda não entendo como foi que conseguiram o meu currículo. Perguntei isso ao seu Onofre, mas acho que ele só analisa os que são entregues em suas mãos.

— Exatamente. Na verdade, sou vizinha de uma ex-colega sua dos tempos da loja e ela tinha um currículo seu, que me enviou por e-mail, já que atualmente está bem empregada. O nome dela é Agnes.

— Grande Agnes — sorriu Natália. Depois ligaria para a amiga e lhe agradeceria com fervor por ter lhe dado, ainda que indiretamente, essa oportunidade.

Tudo acertado, Natália se despediu de Marilu com um caloroso aperto de mãos. E foi só quando parou na entrada da estação de metrô que finalmente assimilou a nova realidade. Tinha sido contratada por uma empresa que aparentava ser um marco no ramo da informática, com um patrão que lhe pareceu ser extremamente gentil e com um salário que beneficiaria a toda sua família. O que a mãe ganhava com as encomendas não estava dando para se manterem, embora, ultimamente, essa fosse a única fonte de renda de que dispunham desde que seu benefício de seguro-desemprego do serviço anterior havia terminado.

Dentro do metrô, algumas pessoas olhavam para ela com ar interrogador vendo-a sorrir sozinha, abraçada com a bolsa e a pasta. Natália mal podia esperar para chegar em casa e contar a novidade para a mãe e a irmã.

Entrou fazendo o maior estardalhaço. Violeta estava sentada à mesa que havia na sala, brincando com algumas flores do vaso que estava ali e virou a cabeça quando a irmã entrou.

— Natália? — ela sempre sabia quem era.

— Sim, sou eu mesma — correu a beijar a irmã e foi logo contando a novidade — Adivinha? Consegui o emprego.

A menina deu um gritinho de alegria e passou as pequenas mãos pelas faces de Natália, que não conseguiu conter o choro. Bete entrou nesse momento, voltando de uma entrega, e, ao ver a cena, a princípio imaginou que a filha não tivesse passado na entrevista e por isso estivesse chorando de decepção. Mas quando Natália virou o rosto sorridente em sua direção, deu graças a Deus pela bênção alcançada. Juntou-se às filhas em um abraço fraterno e bem apertado.

Capítulo 3

Assim que saiu do curso, Natália se apressou em direção à empresa. Era seu primeiro dia de trabalho e sentia-se tão nervosa e ansiosa quanto no dia anterior, na entrevista. O curso não era muito distante da empresa e ela fez o trajeto a pé. Nem sentira a manhã passar, tão entretida que ficara com as explicações sobre os principais recursos de um computador. No final do curso, um lanche era servido aos alunos, o que, para Natália, já servia como almoço.

Quando chegou, foi diretamente ao departamento de contratação de funcionários, seguindo instruções dadas por Marilu. Ficou contente e satisfeita quando lhe entregaram um crachá com seu nome, logo abaixo do logotipo da empresa. Seria provisório, pois o definitivo deveria conter uma foto sua.

Depois de feitos todos os trâmites legais, Natália foi ao encontro de Marilu, que a esperava em pé. Parecia ansiosa.

— Ainda bem que você chegou, menina — foi logo dizendo. — Teremos uma reunião em meia hora e seu Onofre precisa que essas planilhas — apontou para alguns papéis sobre sua mesa — estejam nas pastas certas para cada diretor e acionista. Vamos, me ajude com isso. — Marilu foi lhe dando algumas dicas, e Natália foi obedecendo rapidamente, sempre com prática e organização.

Em menos de cinco minutos, estava tudo pronto.

— Nossa, garota, você é bastante rápida, hein? E aprende fácil, também.

Natália sorriu e só nesse momento notou que ainda estava com a bolsa pendurada no ombro.

— Desculpe, mas... onde vou ficar mesmo?

— Ali — Marilu indicou a mesa que estava vazia desde o dia anterior, próxima à sua. — Inicialmente, você ficará instalada ali até seu Onofre tomar novas decisões.

Natália colocou a bolsa sobre a mesa, que estava muito limpa. Sentou-se, tirou o terninho marrom e o colocou nas costas da cadeira. Tinha os longos cabelos loiros presos em uma trança, às costas.

Reparou que havia três gavetas embutidas na mesa. Em cima dela, havia dois telefones e uma lista anexada por baixo do tampo de vidro da mesa com alguns números. Natália logo observou que eram ramais internos. Abriu a primeira gaveta e encontrou três canetas, dois lápis, uma borracha e um apontador, além de uma agenda nova. Na gaveta de baixo, havia um grampeador, um furador de papéis e uma pequena calculadora. Na última, alguns papéis cortados, provavelmente rascunhos, e umas folhas de papel ofício em branco.

Sabia que sua função seria anotar recados e encaminhá-los a quem fosse de direito. Auxiliaria nas reuniões, servindo água e café sempre que necessário. Além disso, seria o braço direito de Marilu, secretária direta de Silas Onofre.

— Venha, vou levá-la para conhecer a sala de reuniões — disse Marilu, andando apressadamente em direção a um corredor que se desviava levemente para a direita. Natália reparou que tudo ali era muito limpo e arrumado. Sabia que teria que dar o melhor de si para agradar ao novo patrão. Chegaram a uma porta dupla, que Marilu abriu. Havia ali uma mesa oval para vinte pessoas, com cadeiras acolchoadas. — Bem, essa é a sala com a qual você deverá estar mais familiarizada, pois aqui ocorrem reuniões ao menos três vezes por semana. Tudo entendido?

Natália fez que sim com a cabeça. Estava mais que impressionada, estava encantada. Tudo ali lhe parecia lindo, admirável, respeitável. Jamais em toda a sua vida estivera em uma empresa tão bonita e nunca lhe passara pela cabeça algum dia trabalhar em um lugar como aquele.

Pouco depois, os primeiros membros da reunião começaram a aparecer. Natália fora avisada de que Onofre ainda não havia chegado, mas que habitualmente costumava chegar cedo. As pessoas passavam por Marilu e por Natália cumprimentando-as com um "boa-tarde" ou um "tudo bem?".

Em seguida, Natália avistou Onofre acompanhado de uma dama muito distinta, que vinha de braços dados com ele. Um pouco mais atrás vinham dois casais de jovens, todos usando roupas sociais. Por fim, outro casal aparentando quarenta e poucos anos seguia a comitiva. Silas ia passando direto quando reparou em Natália, que estava de pé. Sorriu-lhe, mais uma vez impressionado com o poder que aqueles olhos verdes tinham para atraí-lo. Sentia como se já os conhecesse de longa data.

— Boa tarde, senhorita — disse ele, com tom amável, mas sério.

— Boa tarde — respondeu ela, correndo os olhos dele para as pessoas que o acompanhavam. — Boa tarde a todos.

— Ah, mas que grosseria de minha parte! — Silas sorriu novamente. — Vamos fazer rápidas apresentações, pois a reunião começará daqui a pouco — ele colocou a pasta e o terno sobre a mesa de Natália e se virou para os demais. — Quero que todos conheçam a Natália, nossa nova funcionária. Ela irá trabalhar com Marilu, pois creio que ela estava precisando de um reforço — disse ele, dando uma piscadinha para a senhora.

Natália corria os olhos por todos os presentes. A mulher que estava de braço dado com Silas, provavelmente sua esposa, era loira, estava muito bem vestida e elegante. Atrás dela, havia um jovem também loiro, que se parecia demais com a mulher, mas possuía a boca de Silas. Ao lado dele estava uma menina muito magra e muito branca, mais parecendo um fantasma, inteiramente vestida de negro. Tinha um *piercing* na sobrancelha e outro menor no nariz.

A outra moça era belíssima, com cabelos que um dia foram castanhos, mas agora brilhavam muito vermelhos sob o efeito da tintura. Nem era preciso dizer que o casal mais velho parado atrás eram os pais da moça de cabelos avermelhados, pois ela era uma mistura perfeita dos dois. Mas o que mais chamou a atenção de Natália foi o jovem que estava de mãos dadas com a linda moça. Era alto, magro, mas forte, com cabelos e olhos castanhos, olhos que estavam fixos em Natália.

— Bem, Natália — dizia Silas —, esta é Brenda, minha esposa. — ele indicou a senhora loira. — Estes três são meus filhos. Tiago, o mais velho — apontou o moço loiro —, Melissa, minha caçula, mas por todos chamada de Mel — ele se referia à garota vestida de preto —, e Yuri, meu filho do meio — completou, mostrando o jovem moreno, que não conseguia desviar o olhar de Natália. — Esta é Soraia, noiva do meu filho, e esses são Celso e Mirtes, pais de Soraia.

Não foi preciso dizer de qual filho Soraia estava noiva, já que estava de mãos dadas com Yuri. A jovem parecia impaciente.

— Podemos entrar? Estou morta de calor e sede.

— Claro, vamos todos — Silas e seus familiares se encaminharam à sala de reuniões.

Embora não quisesse, quando todos passaram, Natália virou a cabeça para trás e qual não foi sua surpresa ao notar que Yuri também se virou para olhá-la, ainda que rapidamente. Logo, todos desapareceram dentro da sala de reuniões.

Marilu se aproximou e foi logo avisando:

— É bom você ir aprendendo o nome de todo mundo, pois eles vêm aqui toda semana. São todos acionistas da empresa.

— Parecem muito educados.

— Nem tanto, nem tanto — disse Marilu, dando um tapinha na boca, o que fez Natália rir. — Mal você chegou e eu já estou aqui fazendo minhas fofocas. Deixe-me ficar quieta no meu canto — emendou ela, piscando um olho.

Em menos de cinco minutos, a voz de Silas se fez ouvir no interfone, solicitando água e chá para todos. Mais tarde seria servido café também. Marilu fez um sinal para Natália, que não perdeu tempo. Correram até uma pequena saleta, que era uma espécie de minirrefeitório e depósito de utensílios de cozinha, e Marilu explicou:

— Na verdade temos copeiros, mas seu Onofre prefere que nós façamos isso. Não me pergunte por quê.

Munidas das bandejas, foram rapidamente à sala de reuniões. Marilu bateu levemente e entrou, seguida por Natália. A grande mesa estava quase totalmente ocupada. Silas sentava-se à cabeceira da mesa, com Brenda ao seu lado. Os três filhos sentavam-se um ao lado do outro, e Soraia estava ao lado de Yuri, que não perdia Natália de vista desde que a moça entrara e começara a servir os participantes da reunião.

Brenda bebericou um gole do chá e reclamou:

— Nossa, mas este chá está um melado! Marilu, você não comunicou à jovem de que meus chás devem ser servidos inteiramente sem adoçante?

— Na verdade esse já está adoçado — respondeu Natália inocentemente, o que lhe valeu um olhar feroz da mulher do patrão.

— Mas o que é isso, quer me matar? — perguntou Brenda, soltando chispas.

— Me perdoe, dona Brenda, não sabia que era diabética — se desculpou Natália.

— Você disse o quê? — Brenda falava alto e todos levantaram os olhos dos papéis que tinham à sua frente para fixar o olhar em Brenda.

— Brenda, vamos — interveio Silas. — A moça é nova, começou hoje e não é obrigada a adivinhar as coisas. Por favor, não crie casos.

— Mas Marilu ao menos deveria tê-la comunicado sobre isso.

— Concordo — justificou Marilu. — Peço que perdoe minha falha, mas a reunião estava quase começando e...

— Não pedi explicações — cortou Brenda, com ar autoritário. — Podem se retirar, por favor. E levem este chá — esticou o braço com a xícara. — Perdi a vontade.

Quando saíram da sala, Natália estava pálida e quase tremendo. Ao chegarem à pequena saleta, colocaram as bandejas sobre um balcão e Marilu fez um gesto engraçado, imitando a atitude da patroa. Natália acabou sorrindo:

— Marilu, desculpe por ter colocado você na berlinda.

— Que nada, já estou acostumada. Ela é chata assim mesmo. Sabe aquele tipo de pessoa que nunca está contente com nada? Essa aí é uma delas.

Natália deu de ombros. Alguns instantes depois, retornaram à sala para servir alguns biscoitos e café. Dessa vez, Marilu avisou que o café de Brenda teria que ser fraco e amargo e que Silas já preferia o dele forte e adoçado com três gotas.

— Sim, ele me disse isso mesmo durante a minha entrevista ontem.

— Se quiser, você pode anotar esses detalhes em sua agenda. Parece difícil no começo, mas aos poucos você se acostuma com as manias de cada um.

Dessa vez, nada saiu errado. Quase todos aceitaram os biscoitos e algumas pessoas sorriram para Natália, que devolveu o sorriso. Ao parar diante de Yuri, ele fez um gesto de que ia pegar um biscoito, mas deslizou a mão pelas costas da mão dela, levemente. Natália sentiu um arrepio e por pouco não virou a bandeja sobre a mesa. Foi discreta e fingiu nada perceber. Mas o gesto não passou despercebido por Soraia, que olhou em silêncio e nada comentou.

Quando a reunião terminou, enquanto Silas cumprimentava os diretores e fazia comentários finais, Soraia puxou Yuri para um canto e disparou:

— Pensa que eu não vi?

— Não viu o quê?

— Então eu não vi você dando bola para essa funcionária nova? Aliás, eu já tinha reparado que você ficou todo o tempo olhando pra ela enquanto seu pai a apresentava — Soraia parecia furiosa e ficou ainda mais irritada ao notar que Yuri parecia tranquilo e não tinha ares de quem iria se justificar. — Além disso, ela serviu você com um jeitinho todo especial. E você encostou sua mão na dela.

— Ora, Soraia, você já está fantasiando! — disse Yuri, mas a verdade era que a noiva não estava errada. Yuri sentira algo inexplicável tão logo batera os olhos em... como ela se chamava mesmo? Ah, sim, Natália. Era a moça mais linda que ele já vira. Tinha os olhos mais verdes e encantadores que ele já conhecera. E os dentes? Eram branquinhos e perfeitos. E a pele? E os cabelos? Olhou para Soraia, que parecia estar aguardando explicações, e continuou — Você está vendo coisas! Sequer reparei na menina.

Enquanto todos deixavam a sala de reuniões, Soraia argumentou:

— E acha que vou acreditar nessa conversa? Olha, Yuri, para eu não ficar mais brava ainda, saindo daqui, quero ir ao cinema assistir àquele filme novo de suspense. Qual é o nome mesmo?

— Lamento, mas fica para outro dia, amor. Hoje vou ficar por aqui porque preciso resolver uns assuntos com meu pai. Você viu que o tema da reunião foi sobre o lançamento do novo modelo de mouse, mais potente e duradouro. Preciso acertar alguns detalhes com ele. Como bom acionista, devo me interessar mais pelo dia a dia da empresa.

— Sua cota é mínima, seu irmão tem mais do que você. Eu também tenho algumas ações que meus pais compraram pra mim e nem por isso desejo ficar aqui. Você nunca se interessou pelos assuntos da empresa, sempre achou ruim seu pai obrigá-lo a participar das reuniões. Posso saber o motivo de tanto interesse?

Soraia estava desconfiada, mas ele sorriu para tentar tranquilizá-la.

— Amor, já disse. Meu interesse está totalmente focado na empresa. É só isso.

— Na empresa ou na secretária nova?

Ele teve vontade de dizer "nas duas", mas se calou. Suspirou fundo e respondeu:

— Já te disse que nem reparei na menina. Além disso, estamos noivos, casamento marcado para setembro. Logo seremos só você e eu, meu anjo — disse ele, pousando suave beijo em sua testa. — E prometo que logo mais, à noitinha, iremos ao cinema.

Soraia não discutiu. Não queria fazer cena de ciúme agora. Mas ficaria de olho em Yuri. Deram-se um beijo de despedida e ela saiu. Ao passar pela mesa de Natália, ignorou-a totalmente, dando um "até logo" mal-humorado para Marilu.

— Viu o que você fez? — sussurrou Marilu.

— O que eu fiz? — se assustou Natália. Teria feito algo errado em seu primeiro dia de trabalho?

— Você deixou a menina nervosa só por ser bonita. Acho que assanhou o noivo dela — disse Marilu, sorrindo e piscando um olho com seu jeitinho de cumplicidade.

Natália sorriu levemente e não respondeu.

O telefone tocou. Era Silas chamando-a em sua sala. Ela entrou e ele foi explicando:

— Quero que perdoe a atitude de minha esposa. Brenda é um pouco grosseira às vezes — ele sorriu, e Natália sorriu também, dizendo que tudo estava bem. — Bem, falaremos agora sobre a empresa. Estamos lançando no mercado um novo modelo de mouse que...

Houve uma leve batida na porta e Yuri entrou. Ao ver que Natália estava sentada em frente ao pai, ele perguntou:

— Atrapalho?

— De maneira nenhuma, filho. Entre e sente-se também. Eu estava colocando Natália a par do lançamento do nosso novo produto — respondeu Silas. Consultou o relógio e perguntou: — Sua mãe e seus irmãos já foram?

— Foram, sim. Soraia também já foi. Eu resolvi ficar para falarmos mais sobre o mouse — disse ele, sentando-se ao lado de Natália, que evitava encará-lo. — Boa tarde de novo, senhorita. Como é mesmo seu nome? — perguntou ele, como se tivesse se esquecido. Queria apenas ouvir a voz dela.

— Boa tarde. Meu nome é Natália — respondeu ela, entre constrangida e encabulada.

— Yuri — disse ele estendendo a mão. Queria tocar na mão dela, ainda que apenas por alguns segundos. — Quando meu pai nos apresentou antes da reunião, não pude cumprimentá-la direito.

Silas pigarreou e fingiu nada perceber. Estaria o filho paquerando sua nova funcionária? Ele sorriu e desviou o assunto sobre o novo modelo de mouse. Durante suas explicações, notou que Yuri olhava constantemente para Natália, que, evitando olhá-lo, mantinha toda sua atenção no rosto de Silas.

— Alguma dúvida, Yuri? — perguntou Silas no final.

— Não, eu já soube tudo que precisava saber na reunião.

— Então por que veio até aqui? — perguntou o pai com ar travesso.

— Porque... porque... Ora, pai, achei que tivesse algo novo a acrescentar.

— Sei... Bem, Natália, isso é tudo — Silas consultou o relógio novamente. — Nossa! Essa reunião foi mesmo longa. Natália, arquive esses documentos para mim — disse ele, estendendo-lhe algumas pastas. — Peça a ajuda de Marilu para que lhe mostre onde ficam nossos arquivos. E depois pode ir.

— Ir? Como assim? Mal passa das quatro.

— Hoje você está dispensada mais cedo. Amanhã cumprirá seu horário normal.

Na verdade, Silas pretendia ver qual atitude Yuri ia tomar. Se pretextasse alguma desculpa para sair, era porque queria ir ao encontro de Natália. E em seu íntimo, torcia por isso. Não gostava de Soraia e não lhe agradava a ideia de que seu filho se casasse com ela. Achava a moça arrogante, metida e prepotente. Mas Brenda aprovava o casamento e ele não pretendia interferir, embora a felicidade do filho viesse em primeiro lugar. Sabia que Yuri não era mulherengo e, se estava demonstrando interesse pela moça, por que não aproveitar?

— Está certo — disse Natália. — Vou arquivar esses documentos e logo em seguida irei embora. Obrigada e tenham uma boa tarde — sorriu, pediu licença e saiu.

Yuri acompanhou-a com o olhar. Mal a moça fechou a porta, ele se levantou:

— Acho que também já vou, pai.

— Sim, eu sei. Vai atrás dela, não é? — perguntou Silas, malicioso.

— Atrás de quem, pai? — perguntou Yuri, fazendo-se de desentendido. Como o pai percebera?
— Atrás de Natália. Vamos, confesse. Sabe que não gosto de segredos. Você gostou dela, não é?
Ele deixou escapar um longo suspiro e admitiu:
— Sim, pai, é a menina mais linda que já vi na minha vida toda. Eu a beijaria nesse momento se ela quisesse. Até me casaria com ela se fosse preciso.
— Mas e Soraia? Você a ama realmente, meu filho?
Yuri pareceu pensativo por alguns segundos.
— Às vezes eu acho que não. Eu gosto dela, pai, mas não sei bem se isso é amor.
— Então, não gosta. Meu filho, eu vou lhe dar um conselho. Vá atrás dessa moça, mas não a machuque nem fira seus sentimentos. Ela parece ser uma pessoa muito especial. Diz que tem uma irmã com deficiência visual. Ontem estava com a bengalinha da irmã na bolsa. A mãe trabalha com doces por encomenda. Acho que esses fatos me fizeram contratá-la de imediato.
— Sabe se ela namora? Se ela é casada? — perguntou Yuri, feliz com o apoio do pai.
— Isso eu não perguntei, não é, meu filho? Nem teria sentido. Mas se eu fosse você, não esperaria ela arrumar alguém se for solteira. Conquiste-a se realmente gostar dela e mande Soraia passear. Mas jamais diga para sua mãe que lhe dei essas ideias — Silas riu.
Tal como um menino que ganha uma bola de futebol nova, Yuri beijou o pai, todo contente, e disse:
— Valeu, paizão. Vou agora mesmo atrás dela. Vim no carro da mamãe, por isso posso tentar acompanhá-la até em casa.
— Ela me prometeu um doce da mãe dela e não me trouxe. Cobre isso de minha parte.
Yuri saiu como um furacão, perguntou de Natália para Marilu, que disse que ela havia acabado de descer. Mal pôde esperar o elevador e, quando ele chegou, Yuri pediu ao ascensorista que descesse o mais rápido possível. O rapaz sorriu.

Capítulo 4

Natália andava apressada. Ainda era cedo e poderia estudar a apostila que recebera no curso. O movimento da Avenida Paulista era constante e ela desviava das pessoas, que caminhavam rapidamente, seguindo com suas vidas. Antes de entrar na estação de metrô, alguém lhe tocou o ombro. Ela deu um pulo e se virou. Deparou-se com Yuri a fitá-la. Ele tinha um buquê de rosas nas mãos.

— Isso é pra você — disse ele, sorridente. — Mal você saiu, eu corri atrás e a segui. Como você estava andando rápido, pedi ao vendedor de flores dali de trás que me vendesse o arranjo mais lindo que tivesse e ele me atendeu rapidamente. Espero que goste.

Natália estava ainda paralisada de assombro e seus braços abraçaram o buquê mecanicamente. O cheiro suave das flores lhe invadiu as narinas e ela despertou do transe.

— Obrigada... eu... — o que lhe diria? Aliás, por que ele a seguira? Precisava esclarecer os fatos, mas simplesmente não conseguia falar.

— Não fale nada. Diga apenas que permite.

— Permito o quê?

— Que eu a acompanhe até a sua casa — ela ia recusar, mas, ao encarar aqueles olhos castanhos piedosos, que pareciam implorar, ela concordou. — Obrigado, prometo que serei bonzinho. Fiz a minha melhor cara de cachorro triste e me saí bem, não é?

Ela não conseguiu segurar o riso e caiu na gargalhada. Aquilo seria ridículo... se ele não fosse o filho do patrão e se não fosse... noivo.

— Sua noiva sabe que você vai me acompanhar? — perguntou ela, voltando a caminhar em direção à estação do metrô.

— Ela não é mais minha noiva desde que conheci você — disse ele, muito sério.

Natália deteve os passos de novo e o encarou. Ele disse:

— Se pararmos toda hora desse jeito, não chegaremos nunca à sua casa.

— Ouça, Yuri, não sei que tipo de brincadeira pretende comigo, mas aviso-o que sou moça de respeito. Não quero me envolver com ninguém, muito menos com uma pessoa comprometida.

— Quem é a pessoa comprometida aqui? — perguntou ele, enquanto arrancava a aliança dourada do dedo anular direito e a jogava no meio da rua. — Essa aliança deve valer alguma coisa por ser de ouro. Deveria ter dado a um mendigo.

— Meu Deus, você é louco! — disse Natália entre surpresa e assustada. — O que fez?

— Deixei de ser comprometido. Posso acompanhá-la agora, ou vamos ficar discutindo em plena Avenida Paulista? Aliás, hoje você vai embora de táxi.

Ela nem teve tempo para pensar. Ele acenou para um táxi e entraram no automóvel. O motorista perguntou o destino e Yuri olhou para Natália, que, assombrada, não disse nada.

— Se não disser onde mora, vamos ficar dando voltas pela cidade — disse Yuri, rindo.

Natália, ainda perplexa, olhou de Yuri para o taxista como se estivesse fora de sintonia. Talvez estivesse sonhando. Era tudo muito fantasioso. Um emprego dos sonhos, com um patrão dos sonhos e um pretendente dos sonhos. Nada daquilo poderia ser realidade. Dali a pouco ela acordaria e estaria de novo em sua casa, desempregada, desanimada e sozinha... quer dizer, sozinha ela ainda estava.

Mas o toque suave em sua mão mostrou que tudo aquilo era realidade. Uma doce, envolvente e maravilhosa realidade. Olhou para Yuri como se o estivesse vendo pela primeira vez, com seus cabelos castanhos penteados para trás e sua barba despontando. Quantos anos ele teria? De que coisas ele gostaria? Onde moraria?

— Tão nova e já não se lembra mais onde mora? — provocou ele, ar brincalhão.

— Desculpe. Eu me distraí — Natália deu o endereço de sua casa. Quando o táxi parou em frente ao seu portão, a moça agradeceu. Yuri pagou a corrida e se preparou para descer. — Aonde vai? — perguntou Natália.

— Oras, conhecer a sua família. Eu posso?

De imediato, Natália não soube o que responder. Se dissesse que não, ele poderia se magoar e contar ao pai, que ficaria com uma impressão ruim dela. Se dissesse que sim, ao menos ele poderia dizer ao pai que ela dissera a verdade sobre sua família. Mas o que sua mãe pensaria se a visse chegando com um rapaz em sua casa? E pior: o rapaz era o filho do patrão. Não, ele não poderia entrar.

— Sinto muito, mas prefiro que me deixe aqui. A casa está bagunçada e minha mãe não está esperando visitas. Obrigada pela carona — ela ia se virando, quando ele segurou seu braço levemente. — Esqueci alguma coisa?

— Claro, está esquecendo a visita pra fora. Não me importo se sua casa está bagunçada, quero apenas conhecer sua mãe e sua irmã — e seu namorado, se tiver um, pensou ele, embora tivesse notado que ela não usava nenhuma aliança.

— Mas não pode entrar — negou ela. Então, Silas contara ao filho sobre sua mãe e sua irmã. Talvez tivesse mandando Yuri espionar, para saber se ela dissera a verdade. Nesse caso, talvez fosse melhor deixar que ele entrasse, para não surgirem desconfianças.

— Por que não posso entrar? — ele fez cara triste de novo e ela riu. — Será que a cara de cachorrinho triste cola de novo?

Ela riu e abriu o portão, dando espaço pra ele passar. Ele passou por ela e Natália sentiu o cheiro da colônia que vinha dele. Era suave, como tudo nele parecia ser.

— Vou avisar minha mãe sobre você. É que não costumo trazer amigos em casa.

Entraram na casa e logo ouviram a voz de Bete vindo da cozinha:

— Filha? Chegou mais cedo? Seu horário não era até cinco e meia?

— Sim, mãe, mas hoje fui dispensada mais cedo — respondeu ela.

Violeta se aproximava lentamente e sorriu:

— Quero saber como foi seu primeiro dia, Nat — disse ela e então parou, parecendo notar algo de diferente. — Trouxe alguém com você? — perguntou, para espanto de Yuri, que não dissera uma palavra.

— Sim, meu amor — respondeu Natália, que já não se admirava mais com a sensibilidade da irmã. Era cega, mas seus outros sentidos eram muito aguçados.

Bete surgiu da cozinha, ainda sorrindo, mas ficou séria quando avistou Yuri, vestido em sua roupa social. Olhou dele para Natália, esperando uma explicação.

— Mãe, esse é Yuri, um dos filhos do seu Onofre — apresentou ela, um tanto tímida. Que funcionário trazia o filho do patrão à sua casa no primeiro dia de trabalho?

— Muito prazer, dona Bete — disse ele, adiantando-se e a cumprimentando. — Sua filha falou muito bem dos seus doces.

Natália olhou vivamente para ele. Não dissera nada a Yuri sobre os doces da mãe.

Em menos de uma hora, Yuri havia conquistado o coração de Bete com seus constantes elogios e brincado com Violeta, prometendo-lhe trazer alguns brinquedos quando voltasse. E ele pretendia voltar o mais breve possível. Bete aproveitou e fez um delicioso bolo prestígio que ele saboreou com prazer. Tagarelava sem parar e parecia dedicar toda a sua atenção para Bete. Natália o observava comer, entre encantada e admirada. Jamais lhe passara pela cabeça que algum dia presenciaria uma cena como aquela.

— Meu pai cobrou o doce que você lhe prometeu — disse ele, em tom de cobrança, o que fez Bete sorrir.

— Que coisa feia, Natália! — completou a mãe. — Promessa é dívida.

Natália ria sem saber o que dizer. Tudo ainda parecia irreal, fruto da imaginação de uma adolescente apaixonada.

Yuri olhou o relógio. Estava ficando tarde, mas não sentia a menor vontade de ir embora. A conversa estava animada e ele se surpreendia com a inteligência de Violeta. A menina correra as mãos por seu rosto, os olhos esbranquiçados girando nas órbitas sem se fixarem em um ponto definido.

— Você é muito bonito — disse ela.

— Como sabe que sou bonito? — perguntou ele, apaixonado pela garota.

— Eu sei que é — aproximou a boca de seu ouvido e cochichou. — E acho que minha irmã gostou de você.

— Por que acha isso? — ele também cochichou. — Ela tem namorado? — ele aproveitou para perguntar.

— Não. O Ricardo parecia legal igual a você, mas fez algumas coisas que a deixaram triste. Você não vai deixá-la triste, não é?

— É claro que não. Você acreditaria se eu dissesse que estou apaixonado por sua irmã? — perguntou ele, passando as mãos pelos cabelos escuros de Violeta.

— Eu sinto que você é bonzinho e que está dizendo a verdade. Se quiser, pode dar um beijinho nela — Violeta sorriu e ele riu também.

— Posso saber o que cochicha no ouvido da minha irmã? — perguntou Natália, rindo. — Ou seria Violeta quem está pondo ideias em sua cabeça?

Violeta e Yuri riram em tom de cumplicidade. Foi ele quem respondeu:

— Digamos que somos amigos agora. Violeta é muito inteligente e sabe das coisas — ele suspirou e se levantou. — Infelizmente está tarde. Preciso ir andando.

Bete entregou a Yuri alguns salgados que fizera para que ele comesse no caminho. Ele riu e deu um beijo estalado em seu rosto, o que fez Bete rir também. Yuri notara que as meninas pareciam não ter pai e não percebera nenhum sinal que denotasse uma presença masculina ali. Resolveu ser discreto e descobrir mais tarde. Mas estava feliz com a notícia de que Natália estava solteira. Isso seria interessante.

Despediram-se e ele prometeu voltar em breve. Natália o acompanhou até a rua. Caminharam alguns instantes em silêncio até que ele se virou para olhá-la. Já tinha anoitecido e Natália parecia ainda mais linda à noite.

— Amanhã vou à empresa de novo só pra te ver — prometeu ele.

— O que sua noiva vai dizer quando notar a falta da aliança?

— Ex-noiva, você quer dizer. Hoje mesmo termino tudo com Soraia — subitamente Yuri tinha pressa em se livrar de Soraia. Segurou as mãos de Natália entre as suas. — Sei que parece que estamos indo depressa demais. Em apenas um dia tantas coisas aconteceram, não é?

— Eu tenho a impressão de que faz um ano que conheço você — disse Natália. — Ou até mesmo que te conheço a vida inteira.

— Algumas pessoas acreditam em vidas passadas — Yuri falou, acariciando sua mão. — Se isso for verdade, nós podemos ter nos conhecido em outros tempos.

— Minha mãe acredita em reencarnação, embora não domine muito o assunto. Uma cliente dela, a dona Mara, frequenta um centro espírita e sempre conversa com a gente sobre isso. Acho um tema muito interessante, que nos faz ver a vida por outros aspectos. Entendemos os porquês de muitas coisas que nos parecem ruins estarem acontecendo. Onde está Deus que não vê nada disso? Não é isso que dizemos sempre? Mas ela explica que para tudo na vida há um motivo e que Deus não erra jamais, sendo perfeita Sua justiça. Eu mesma sempre me perguntei por que nascem crianças tão belas e perfeitas enquanto outras nascem como Violeta. Foi difícil aceitar quando ela nasceu.

— Imagino...

— Eu era adolescente na época e me lembro do momento em que eu e minha mãe descobrimos que ela não enxergava. Os médicos disseram que ela tinha algum problema congênito. Sei lá, só sei que Violeta jamais enxergou. Minha mãe ficou desesperada, mas, com o passar do tempo, foi se acostumando e passamos a amá-la muito, de coração. No nosso entendimento, àquela época, perguntávamos que mal ela teria feito a Deus para que Ele a castigasse dessa forma. Afinal, era uma criança inocente, como muitas outras que nascem com deficiência o são. E com a teoria da reencarnação, muitos fatos como esse são explicados, mostrando-nos que Deus jamais erra, que na natureza tudo é perfeição e amor e que há sempre um motivo para o que estamos vivenciando, pois reencarnamos com desafios morais e emocionais para superar.

— Você diz coisas muito belas — disse Yuri. Estava impressionado pelo que ouvira de Natália. Ela parecia madura e confiante no que dizia. — Posso lhe fazer uma pergunta?

— Imagino que você vai perguntar sobre meu pai e de Violeta, não é? — ele assentiu, e ela continuou: — Meu pai sempre foi um homem estranho, desinteressado dos problemas da casa. Havia decidido, logo depois que eu nasci, que não queria mais filhos, pois esperava um menino e não ficou satisfeito quando uma menina nasceu. Apesar disso, ele sempre me tratou muito bem e nunca deixou que nada faltasse em casa. Luís, meu pai, nunca foi casado oficialmente com minha mãe, que, desde aquela época, já fazia algumas encomendas de doces, embora fossem bem poucas. Tudo seguia tranquilamente, quando, inesperadamente, minha mãe engravidou de novo. Eu já estava com 12 anos na época e acostumada a ser filha única.

Ela suspirou e prosseguiu:

— Claro que tive um pouco de ciúmes, pois deixaria de ser o centro das atenções. Quando meu pai soube da gravidez, a princípio ficou irritado. Depois foi assimilando melhor a novidade e aos poucos foi aceitando. Comprou muitas coisas para o novo bebê. Mas coisas de menino, pois estava certo de que dessa vez nasceria um garoto. E qual não foi sua surpresa quando a segunda criança nasceu. Uma menina e cega. Minha mãe conta que ele ficou paranoico e passou a beber violentamente. Até que, numa noite, sem nenhum comentário, reuniu algumas poucas roupas e desapareceu. Nunca se soube para onde ele foi, já que não tinha nenhum parente vivo. Nunca nos mudamos dessa casa, portanto ele sempre soube onde nos achar se quisesse. Mas nunca apareceu.

— Acredito que, para você, isso tenha sido um choque — disse Yuri, apertando a mão de Natália, como a lhe dar algum conforto, ainda que tardio.

— De certa forma, me senti aliviada. Sabia que minha mãe já não o amava mais. Antes de Violeta nascer, meu pai já era um homem sem vida, desanimado e de poucas palavras. Quando ele nos abandonou, minha mãe passou a fazer mais doces e salgados. Logo o dono de uma padaria próxima daqui se interessou e passou a fazer encomendas com ela. A notícia se espalhou e ela agora possui uma carteira de clientes. Comprou até um fogão de seis bocas só pra isso — disse Natália, sorrindo. Mas não contou que as prestações do fogão estavam dois meses atrasadas.

Natália não saberia dizer por que contara quase toda a sua vida a alguém que lhe era quase um estranho e, ao mesmo tempo, tão familiar. Ainda estava refletindo sobre isso quando sentiu que lábios carinhosos procuravam os seus. Antes que pudesse pensar, a boca de Yuri se fechara sobre a dela.

Por um momento, tudo parou. Era como se o mundo tivesse congelado. Enquanto se beijavam, Natália sentiu um tremor percorrer todo o seu corpo, mas a sensação era muito agradável. E continuaram se beijando por algum tempo, até que ele afastou os lábios e sorriu:

— Você beija muito bem, sabia? — disse ele.

Ela corou, mas sorriu e arriscou:

— Você também. Eu preciso entrar agora. Eu... preciso de um banho.

Yuri beijou seus cabelos e, antes de se despedir, disse:

— Amanhã nos veremos de novo. Hoje mesmo vou ao encontro de Soraia e terminaremos nossa relação. Até amanhã, Natália.

Em vez de responder, ela sorriu, soprou-lhe um beijo e entrou em disparada em casa. Ele parou um táxi e se afastou rapidamente.

Natália entrou em casa alvoroçada, enquanto desfazia a trança que prendia seus cabelos. Bete estava ocupada com seus afazeres e não pôde observar a filha pela janela, mas sabia que algo acontecera. Ela estava avermelhada e nervosa.

— Tudo certo, Natália? — perguntou Bete.

— Tudo, mãe, tudo — disse ela, correndo para o banheiro e ligando o chuveiro quase em seguida.

Yuri ligou o aparelho celular que deixara desligado o tempo todo. Havia cinco ligações perdidas, sendo uma da mãe e as outras quatro de Soraia. Decidiu telefonar para Brenda primeiro, avisando-lhe que estava bem e a caminho de casa. Quando ligou para a noiva, ouviu uma Soraia furiosa ao telefone.

— Se o cinema fosse depender de nós, iria à falência — gritou ela.

— Preciso falar com você. Posso passar na sua casa?

— Eu estou no seu apartamento, com cara de idiota, assistindo tevê — ela parecia a ponto de matar alguém. — Vem pra cá ou não?

— Estou indo, sim. Vamos conversar. Estou chegando — disse isso e desligou.

Soraia estava revoltada. Yuri não era de ficar na empresa e agora vinha com papo-furado. Onde estivera até o anoitecer? Com certeza em alguma *rave*, e sem ela ao seu lado. Talvez ele tivesse alguma programação melhor e quisesse conversar sobre isso com ela. Se conseguisse convencê-la, ela poderia até perdoá-lo, mas não sem antes humilhá-lo um pouco.

Ela tinha a chave do apartamento dele. Silas presenteara os dois filhos mais velhos com um carro e um apartamento para cada. Mel ainda não ganhara esses presentes. Soraia também não entendia por que uma menina tão estranha quanto a irmã de Yuri queria sair de casa. A garota sempre se vestia de negro, com cabelos despenteados e *piercings* espalhados por todo o rosto. Até tatuagem deveria ter escondida em algum lugar daquele corpo branco.

Ao ouvir a chave girar na fechadura, Soraia afastou os pensamentos de Mel, desligou a televisão, atirou-se sobre o sofá e fingiu estar com dor de cabeça. Ele logo estaria lhe beijando como forma de pedir perdão.

— Onde você esteve? — perguntou, fingindo estar sonolenta logo que ele parou em frente ao sofá.

— Estive resolvendo minha vida. E tenho certeza de que consegui — disse ele, sentando-se no outro sofá.

Soraia não entendeu e se sentou, fingindo certa dificuldade.

— Como assim? Não entendo do que está falando — e, ao dizer isso, notou que ele tirara a aliança do dedo. Na mesma hora parou de fingir e ficou séria. — Yuri, cadê sua aliança? Você perdeu? Aquilo era ouro!

— Se algum mendigo achou a aliança, nesse momento você é noiva dele — disse Yuri, debochando. — Quem sabe é algum mendigo bonitão.

— Que palhaçada é essa? Cadê sua aliança? Perdeu onde?

— Na verdade eu não perdi. Simplesmente meu dedo afinou demais e ela escapuliu — ironizou ele, parecendo notar somente agora como ela era exigente, ciumenta e possessiva. Tão diferente da suavidade e ternura de Natália.

— Está brincando comigo, não é? — ela riu, tentando aparentar tranquilidade. Ele queria fazer alguma brincadeira com ela. Com certeza, a aliança estava no bolso de sua calça.

— Não estou brincando coisa nenhuma, Soraia. Eu joguei a aliança fora. Não sou mais seu noivo. Estou solteiro de novo — ele disse isso com voz firme e viu Soraia empalidecer.

— Do que você está falando, Yuri? — ela se atirou sobre ele e começou a apalpar os bolsos de sua calça e paletó. — Onde você escondeu essa porcaria de aliança? Por que está fazendo brincadeira de esconde-esconde? Não estou achando graça nenhuma.

— E não é pra achar — ele segurou as mãos de Soraia e as afastou. — Eu joguei a aliança fora, afinal era uma porcaria, como você acaba de dizer. E vou dizer logo de uma vez — ele ficou em pé e a encarou nos olhos. — Joguei a aliança fora porque descobri que estava cometendo um grande erro. Um erro que poderia destruir o resto da minha vida. Descobri que você não é a mulher que amo e não quero você como esposa. Percebi que não seria justo com nenhum de nós dois, Soraia.

Ele media o efeito de suas palavras no rosto de Soraia, que estava branco como uma vela.

— Hoje eu descobri o que de fato é o amor, o que de fato é amar alguém. Eu não te amo, acho que nunca te amei. Assim, quero que também jogue fora essa aliança que está no seu dedo.

Soraia demorou alguns instantes para entender toda a informação. E então vieram as lágrimas.

— Você está terminando comigo, é isso? Está me dando um fora?

— Não, Soraia, estou nos libertando. Sua felicidade não é ao meu lado, entenda isso. Eu descobri que gosto de outra pessoa e que sou correspondido. Não temos mais nada em comum, além de uma possível amizade. Mas podemos nos tornar amigos, não acha?

— Amigos? Que se dane! — ela pareceu recobrar a cor do rosto. — Você esteve me traindo todo esse tempo, não é? Sim, porque não há outra explicação para, de repente, você terminar tudo comigo.

— Eu nunca traí você, Soraia, acredite nisso. — explicou Yuri. Como dizer a ela que descobrira a menina de sua vida havia poucas horas?

Mas Soraia, como se adivinhasse seus pensamentos, afirmou:

— Espere um pouco. Acho que estou entendendo agora. Você deve estar falando da secretariazinha que seu pai contratou. Pois hoje eu notei a troca de olhares entre vocês durante a reunião

— Soraia agora disparava as palavras e, vendo que Yuri não contestava, prosseguiu furiosa. — Agora caiu a ficha, Yuri. Vocês já tinham um caso muito antes de ela entrar na empresa. Então, você pensou em uma forma de aproximá-la mais ainda. Conversou com seu pai, que aprovou a contratação dela. Tudo era fingimento, pois na verdade vocês já estavam mais do que apresentados.

— Não é nada disso, Soraia. Conheci Natália hoje, mas senti que me apaixonei assim que a vi. Meu pai nem sabia de nada, ele a contratou com base em seu currículo.

— Sei, e espera que eu acredite nisso? Você colocou sua amante lá, não é? Como pode ser tão canalha, seu desgraçado? Seu cretino!

Dizendo essas palavras, Soraia avançou sobre ele, tentando arranhá-lo. Ele segurou suas mãos com força.

— Você é um porco, Yuri! Como pode ter sido tão cruel? Bastava ter dito que não me queria mais.

— É o que estou dizendo agora — ele ia sorrir, mas um tapa em seu rosto o fez mudar de ideia.

— Sua mãe sabe disso? Imagino que não. Mas seu pai com certeza sabe e deve ter aprovado — Soraia não sabia, mas não estava errada quanto a isso. — Eu vou embora agora — disse ela, pegando sua bolsa. Em seguida, mostrou a aliança no dedo. — Pensa que vou tirar isto daqui? Não vou mesmo. Amanhã irei à casa de sua mãe e vamos ver o que ela vai dizer a respeito disso tudo.

Depois, quase correu em direção à porta e fechou-a com um baque. Então Yuri, com ar tranquilo e calmo, encaminhou-se para o banheiro. Estava louco por um banho refrescante.

Enquanto a água fria caía por seu corpo, lembrava-se dos beijos trocados com Natália, de sua voz doce e macia, de sua pele fresca e tenra como um pêssego maduro. Lembrava-se dos seus lábios cheios e tentadores e dos seus olhos verdes como esmeraldas, mas cálidos como o mar sereno. E se ainda tinha alguma dúvida, esta desapareceu totalmente. Descobriu que estava perdidamente apaixonado por Natália.

Capítulo 5

Brenda já havia terminado de tomar seu café da manhã em companhia do marido e dos filhos quando a empregada anunciou que Soraia desejava falar com ela. E dizia ser urgente. Silas estava se preparando para sair e perguntou:

— O que será que essa menina quer a essa hora da manhã? — mas em seu íntimo já imaginava o que acontecera. Se Yuri fizera o que ele pensava, Soraia deveria estar solteira agora, o que lhe agradaria muitíssimo.

— Não a suporto — disse Mel, terminando de tomar seu suco de laranja. — Não sei o que o Yuri vê nessa garota. Ela é ridícula.

— Ridícula é você, maninha — interveio Tiago. — Com essas roupas pretas, mais parece um urubu ambulante.

— Não me lembro de ter pedido sua opinião. Portanto, mantenha essa boca fechada. Boca, aliás, que não beija uma garota faz tempo.

— E como sabe disso? Você não sabe o que eu faço em meus momentos particulares — resmungou Tiago. A irmã tinha o dom de irritá-lo.

— Namorar eu sei que não é. Para alguém aguentar sua chatice, tem que ter sangue de barata.

— Querem parar os dois? — interrompeu Silas antes que Tiago respondesse à irmã. — Parecem crianças. Vamos parando com essa discussão à mesa do café.

Brenda se manteve calada. Não entendia por que aqueles dois não se davam bem. Tiago, o mais velho dos três filhos, já contava vinte e sete anos e era solteiro ainda. De vez em quando, ficava com algumas garotas, mas nada muito duradouro. Tinha um apartamento, assim como Yuri, mas o mantinha vazio e dormia sempre na casa dos pais. Tiago puxara à mãe no aspecto físico. Era loiro, com cabelos espetados por gel, alto, forte e encorpado. Tinha olhos que pareciam variar entre azuis e verdes. As mulheres o achavam lindo, mas ele parecia ter dificuldade de se relacionar com qualquer uma delas.

Yuri, o filho do meio, era o único que se parecia com o pai. Com vinte e quatro anos, tinha olhos e cabelos castanhos, como os de Silas, sempre penteados para trás. Era um pouco mais baixo que Tiago e mais magro também, embora também tivesse uma forte massa muscular. Estava noivo de Soraia havia alguns meses, com casamento marcado para setembro.

Brenda sabia que Silas nunca simpatizara com a moça, mas ela desejava esse casamento. Sabia que seria uma megafesta e todas as suas amigas morreriam de inveja. Além disso, os pais de Soraia tinham boa parte das ações da empresa e, juntos, uniriam mais forças nos negócios. Mal podia esperar até que setembro chegasse. Talvez fosse sobre isso que Soraia viera falar com ela.

Antes de ir até a sala encontrar a futura nora, Brenda deteve seu olhar sobre a filha mais nova. Melissa estava com dezenove anos e, desde os quinze, passara a ter um comportamento estranho. Sempre fora uma menina calada, raramente sorria, jamais ria e não tinha amigas. Era loira como Tiago, mas os olhos verdes eram apagados e sem vida. Com quinze anos, mudou todo o seu guarda-roupa com o dinheiro da mesada. Comprou roupas novas, e todas pretas ou muito escuras.

Desde então, Mel passou a se vestir de negro, como se estivesse sempre de luto. Nunca usava nenhum tipo de acessório, como brincos, pulseiras ou gargantilhas. Jamais se maquiava ou mudava o penteado. Não saía para festas e nunca namorava. No começo, Silas e Brenda tentaram se impor contra essas atitudes da filha, mas, aos poucos, vendo que não obtinham resultado, foram deixando-a viver com suas estranhas manias.

Brenda afastou de si aqueles pensamentos, caminhou até a sala e deparou-se com Soraia andando aflita de um lado a outro.

— Bom dia, querida — disse Brenda, trocando beijos com a futura nora. — O que a traz aqui tão cedo?

— Bom dia, Brenda. Aconteceu uma tragédia. Algo terrível.

A princípio Brenda achou que tivesse acontecido algo com Yuri, mas, vendo o rosto de Soraia, notou que ela estava furiosa, e não exatamente preocupada ou tensa. Ficou mais aliviada e fez sinal para que se sentassem no sofá.

— Estávamos tomando café. Você já tomou? Quer beber ou comer alguma coisa, querida?

— Não, obrigada, Brenda. Vim até aqui para avisar que ele colocou a amante para trabalhar na empresa. Aquela funcionária nova, a loirinha que conhecemos ontem, é amante dele.

Brenda levou tremendo susto. Nem pareceu analisar as palavras de Soraia com calma. Então aquela menina era amante de Silas? Bem que desconfiou quando o marido a apresentou com ar sorridente. Como não notara antes?

Brenda estava casada com Silas havia vinte e oito anos. Quando o conhecera, ainda na faculdade, tinha vinte e um anos e ele, vinte e dois. Depois de saírem juntos algumas vezes, descobriram que estavam apaixonados um pelo outro. O namoro se estendeu por seis meses quando finalmente ele a pediu em casamento. Os pais dela não aprovaram, pois desejavam que a filha terminasse primeiro o curso de Direito que estava fazendo. Silas cursava administração empresarial e terminou a faculdade antes dela. Brenda se formou um ano depois e, então, finalmente se casaram.

Depois de um ano de casamento veio o primeiro filho. Três anos depois nasceu Yuri e mais tarde veio Melissa. Foi então que Brenda achou que três filhos eram o suficiente. Se tivesse coragem, teria feito uma operação para não ter mais filhos, mas sabia que Silas seria contra e jamais a perdoaria por isso.

Com medo de uma nova gravidez, decidira reduzir as relações sexuais com o marido. Sempre que ele a procurava, ela alegava estar indisposta ou incomodada. Aos poucos, o desejo de Silas por ela também foi diminuindo, e então ele passou a buscar conforto fora do lar.

Brenda sempre soube, pois nunca lhe convenceram as histórias que Silas lhe contava sobre reuniões tardias e compromissos inadiáveis. Tivera certeza de que estava sendo traída na primeira noite em que o marido não dormira em casa, dizendo estar no aniversário de um amigo. Amigo, aliás, de quem Brenda nunca ouvira falar. E quando ela procurava o marido na cama, era ele quem se afastava, fingindo cansaço. Foi então que Brenda se arrependeu de ter afastado o marido de perto dela.

Quando o colocava contra a parede, ele desviava o assunto, por isso resolveu contratar um detetive particular que, em menos de duas semanas, apareceu com algumas fotografias em que Silas almoçava em um restaurante ao lado de uma morena espetacular. Outras fotos mostravam ele saindo de um teatro de braços dados com uma ruivinha que aparentava ser da mesma idade de Tiago. E fotos finais o flagravam aos beijos com uma mulata com corpo de modelo. As amantes eram diversas, e Brenda se chocava a cada foto.

Certa noite em que o marido chegou em casa mais de meia-noite, Brenda o esperava acordada com as fotos nas mãos. Queria acabar logo com aquilo. Quando mostrou as provas que tinha contra Silas, ele se manteve em silêncio.

— Quer dizer que toda essa porcaria é mesmo verdade? — gritou Brenda, enlouquecida. Atirou-se sobre o marido, unhando-o, estapeando-o e chutando-o. Silas recebia os golpes sem se alterar e não procurava deter a fúria da esposa. Nunca haviam tido uma briga tão séria.

Quando a raiva de Brenda diminuiu, vieram as lágrimas. O que mais a irritava era que Silas não procurava dar explicações, o que só servia para provar que realmente ele tinha várias amantes. Tudo o que Brenda conseguiu perguntar mais tarde foi o porquê das traições, e finalmente Silas se expressou:

— Ainda me pergunta por quê? A culpa foi toda sua, Brenda. Sempre que eu a procurava, você fugia de mim e não cumpria mais seu papel de esposa. Malmente cuidava dos filhos. Sempre que havia festas, você não estava lá e eu era obrigado a ir sozinho ou levava um dos meninos comigo. Havia comentários! Por vezes ouvi pessoas dizendo que eu tinha me casado com um fantasma, outros se perguntavam se você estava doente, pois nunca aparecia em público.

Ela iria falar, mas Silas fez um gesto largo com a mão e prosseguiu:

— Além disso, Brenda, eu amava você, precisava de você como mulher, como amiga, como companheira. E onde você estava? Dizendo estar cansada de tudo. Quando eu me deitava, você fingia estar dormindo somente para não fazermos amor. Como achava que eu deveria me comportar? Como imaginava que um homem deveria se portar diante de uma situação dessas? Você já não me merecia, Brenda. E ainda se julga no direito de me seguir? De mandar que alguém siga meus passos, tirando fotos? Você já não tem direito a mais nada, Brenda. Sabe que estamos casados apenas no papel.

Brenda não respondeu. Estava amargamente arrependida. Sabia que ele não estava errado, mas agora era tarde demais, pois sempre que tentava ser mais carinhosa, ele se mostrava escorregadio. Brenda não se lembrava mais da última vez em que haviam feito amor. Não valia a pena continuar seguindo o marido e tinha medo de que ele pedisse o divórcio. Aí, sim, estaria perdida.

Por isso, não foi surpresa quando Soraia comentou que Silas tinha colocado a própria amante para trabalhar na empresa. O que a espantava era que a moça aparentava ter a idade de Melissa. Como Silas não se envergonhava de namorar alguém da idade da filha?

— Está ouvindo o que eu estou dizendo? — perguntou Soraia, trazendo Brenda de volta à realidade. — Parece que ficou distraída.

— É que eu ainda não estou conseguindo acreditar. Como ele pôde ser tão cara de pau?

— É o que estou me perguntando direto. Estou chocada e abalada. Nunca esperava por isso, Brenda. Acho que o pior é que ele parece querer esfregar na nossa cara que tem uma amante. Estou inconformada.

Brenda estava pálida. Pensava que Soraia estava se referindo ao marido e não ao filho. Então perguntou:

— Mas como você soube? Você viu algo, escutou alguma conversa? Porque deve ter sido ontem, afinal foi o primeiro dia de trabalho daquela menina.

— Ele me confessou claramente, Brenda, por isso estou tão transtornada.

Brenda levou as mãos à boca, espantada. E Silas ainda tinha o desplante de confessar à Soraia que estava de caso com uma garota mais nova? Queria saber os pormenores agora.

— Mas me conte tudo com detalhes, Soraia! Sabe como isso é importante pra mim.

— Eu sei. Ele me disse que não estava feliz e decidiu largar tudo por ela. Ai, estou tão triste! — Soraia não conseguiu segurar as lágrimas e Brenda quase chorou junto. — Disse que pretende fazer a tal Natália feliz.

O caso era mais sério do que Brenda pensava. Isso significava que Silas ia pedir o divórcio. O que faria então? Sentia-se pesarosa por Soraia. Nunca poderia imaginar que a moça ficaria tão triste por ela. Parecia que ela própria era vítima da canalhice de Silas.

Foi quando Soraia disse:

— Ele disse que eu poderia jogar minha aliança fora.

Por alguns instantes, Brenda não entendeu e esperou que ela continuasse:

— Ele disse que queria terminar o noivado comigo. Que estava nos libertando e que eu fosse atrás da minha felicidade, pois ele já havia encontrado a dele.

— Mas do que você está falando, Soraia?

— Ora, do Yuri ter rompido comigo. Do que mais poderia ser?

Quando Brenda finalmente entendeu, quase teve vontade de rir. Então não estavam falando de Silas, e sim de Yuri. Deu um suspiro de alívio tão grande que Soraia percebeu.

— Não diz nada, Brenda?

— Claro que sim. Yuri não pode romper o noivado com você pra namorar uma secretária. Vou conversar com ele. Fique tranquila.

Soraia agradeceu pela ajuda daquela que seria sua sogra. Precisava reverter aquela situação. Do jeito que Yuri falava, mais parecia que estava enfeitiçado pela menina.

— Mas por que diz que ela é amante dele?

— Porque não tem outra explicação. Se soubesse o jeito que ele falava comigo ontem. Terminou tudo comigo bruscamente. E ainda fazia piadinhas da minha cara.

Soraia contou a Brenda toda a conversa que tivera com Yuri na noite anterior. Conversaram mais um pouco e se despediram. Soraia acreditava que contaria com Brenda para recuperar o amor de Yuri.

———

Conforme os dias iam passando, Natália ia aprendendo mais, tanto no curso, quanto na empresa. Já conhecia vários programas de informática e aprendera a digitar sem ficar "caçando" as letras. Estudava as apostilas com afinco e o professor do curso achava excelente seu desempenho. Na primeira prova que fez, Natália só errou duas de vinte perguntas sobre o que aprendera até então. Estava indo muito bem.

Na empresa, tudo fluía maravilhosamente bem. Natália se dava muito bem com Marilu, que sempre fazia suas fofocazinhas inocentes e fazia Natália rir de suas piadas. Aprendera o serviço rapidamente, o que deixava Silas satisfeito. A menina era muito educada e tratava os clientes muito bem ao telefone. Alguns chegaram a elogiá-la para Silas. Nas reuniões que houvera, Natália se saíra muito bem e servira a todos seguindo os gostos e preferências de cada um.

Desde o dia em que Yuri a beijara e terminara seu noivado com Soraia, ele passara a frequentar a empresa diariamente, alegando ajudar o pai, mas todos sabiam que ele estava interessado somente em ver Natália. Algumas vezes, ele lhe dava carona em seu carro até sua casa. Yuri gostava muito de Bete e ainda mais da pequena Violeta. A menina sempre ria quando Yuri lhe fazia cócegas.

Certa vez Violeta lhe perguntou na frente da mãe e de Natália se ele estava namorando a irmã. Natália ficou tão vermelha que parecia estar fantasiada para o carnaval. Mas Yuri, muito educado, disse que estava "ficando" com ela e aproveitou o momento para pedir a Bete que permitisse namorar sua filha oficialmente. Bete sorriu e disse que, da parte dela, não haveria problema nenhum, mas se preocupava em saber o que diriam os pais dele quando soubessem.

— Imagino que eles não aprovarão quando souberem disso.

— Meu pai já sabe. Minha mãe também ficou sabendo através de minha ex, que esteve com ela e a colocou a par do meu romance com Natália. Então, tentou falar comigo sobre isso, mas ainda não tivemos uma conversa definitiva.

— Yuri, você nunca me disse que sua mãe já sabia sobre nós — Natália estava estarrecida. — E, meu Deus, por que nunca me falou que seu Onofre sabia o tempo todo?

— Desde o primeiro dia, quando eu te acompanhei até aqui de táxi, ele já sabia.

— Yuri, eu poderia ter perdido meu emprego por isso no primeiro dia de trabalho. E o que ele disse? Achou ruim, ficou contra?

— Que nada, meu pai é tranquilo. Disse que eu deveria ir em frente.

Bete e Violeta riram, e Natália ficou ainda mais vermelha. Não teria conseguido trabalhar em paz se soubesse que Silas já sabia sobre os dois. O que ele pensaria dela? Iria julgá-la uma interesseira, alguém disposta a arrancar o dinheiro de seu filho.

Durante o término de uma reunião, dois dias depois, quando Natália recolhia as xícaras, Brenda a chamou a um canto. Enquanto Natália se aproximava, Brenda fez um sinal discreto para Soraia.

— Preciso falar com você, menina — disse Brenda, com a voz gelada.

Natália empalideceu, pois já imaginava qual seria o assunto: sua relação com Yuri. Foram até uma sala particular. Pouco depois, Soraia entrou e Natália ficou mais pálida ainda, mas procurou demonstrar calma.

— Não sou uma pessoa de rodeios e vou direto ao ponto — foi logo dizendo Brenda. As três estavam em pé e nenhuma delas sequer olhou para o sofá confortável que havia ali. — Você está com o meu filho?

— Em que sentido, dona Brenda? — perguntou Natália, tentando ganhar tempo. Quem sabe Silas a chamasse? Ou Yuri aparecesse para salvá-la daquelas duas?

— Não se faça de sonsa — disparou Soraia, sentindo um ódio enorme brotar dentro de si. — Você está namorando ele que eu sei. Por sua culpa ele terminou o noivado comigo. E ainda disse que jogou fora nossa aliança.

Natália não respondeu. O que diria? Soraia, a seu ver, estava certa. Que mulher não ficaria furiosa se outra lhe tirasse o noivo?

— Viemos aqui para pedir que termine tudo com Yuri hoje mesmo — disse Brenda. — Se você realmente gosta do meu filho, faça o que estou dizendo. Deixe-o livre, pois a felicidade dele será ao lado de Soraia.

— E tem mais — acrescentou Soraia. — Vim perguntar quanto quer para deixar essa empresa. Eu pago agora mesmo — e foi tirando um talão de cheques da bolsa.

— E não tenha medo de ficar desempregada — completou Brenda. — Sabe que sou advogada e conheço muitos escritórios de advocacia que podem contratá-la. Você poderá ganhar mais do que aqui, se quiser. Agora mesmo vou telefonar a um colega e encaixar você na firma dele — Brenda pegou seu telefone celular e começou a discar um número.

Natália estava muda, mas com a mente trabalhando depressa. O que faria agora? Elas desejavam pagar para que ela saísse do caminho de Yuri. O que diria a elas? Que aceitava a proposta? Se aceitasse, estaria traindo a confiança que Silas depositara nela. E sabia que não teria oportunidade de crescer como estava tendo ali. Poucos patrões eram tão bons como Silas Onofre.

Além disso, se aceitasse, como ficaria seu romance com Yuri? No entanto, se recusasse, ganharia duas inimigas. Disso estava certa. Via sempre casos assim nas novelas de televisão, embora aquilo fosse a realidade inevitável. Fechou os olhos e fez uma rápida prece pedindo a Deus que a auxiliasse a tomar a decisão correta, embora seu coração já tivesse se decidido.

— Vamos, garota, não finja que está dormindo ou se sentindo mal — resmungou Soraia, com o talão de cheques na mão. — Fale logo quanto quer. Posso te dar cinco mil reais agora mesmo. Acha que é pouco ou isso é suficiente?

— Eu não posso aceitar — respondeu Natália, fazendo esforço pra não chorar na frente daquelas duas. Seria mais humilhante ainda. — Eu não quero o dinheiro de vocês.

— Façamos o seguinte... — disse Brenda, sem se abalar com a recusa de Natália. — Soraia lhe dará cinco mil e eu darei mais cinco. Você terá dez mil reais depositados em qualquer conta bancária de sua preferência.

Natália sentiu os olhos marejarem. Quem elas pensavam que ela era? Alguma morta de fome? Não precisava de esmola de ninguém. Além disso, não estava disposta a vender seu amor por Yuri por dez mil reais.

— Por favor, me deixem em paz! — conseguir dizer por fim.
— Pode guardar esse talão de cheques, dona Soraia. Não vou aceitar a oferta de vocês e não vou sair daqui, a menos que eu seja demitida.

— Pois se é assim — disse Soraia, sorrindo ferozmente, — considere-se demitida. Tenho ações aqui e posso fazer isso. Brenda é esposa do presidente e tem o mesmo direito que Silas tem de demitir funcionários. Ficou satisfeita agora? Além de não ganhar um real, ainda vai perder seu emprego de todo jeito.

Por mais que tivesse se esforçado, Natália não conseguiu e caiu em pranto, mas limpava as lágrimas rapidamente.

— Por favor, não me demitam. Eu preciso deste emprego.
— Se precisasse tanto do dinheiro que ganha aqui, teria aceitado a proposta de Soraia — disse Brenda, nem um pouco penalizada pelo choro de Natália. Detestava teatrinhos. — Passe no RH para assinar a sua demissão. Vou avisá-los para que providenciem tudo. A conversa está encerrada.

Sem dizer mais nada, Brenda e Soraia saíram. Natália ainda ouviu a gargalhada de Soraia ecoando no corredor.

Chorou livremente. Estava desempregada de novo. E ainda teria que se separar de Yuri de qualquer forma. Como seria daquele momento em diante?

Capítulo 6

Natália saiu da sala lentamente e foi até sua mesa pegar sua bolsa. Marilu terminava uma ligação e se voltou, sem olhar para Natália.

— Nat, querida, o doutor Caldeiras, da Hera Informática, deve telefonar a qualquer momento. Seu Onofre aguarda a ligação dele. Se você atender, transfira a ligação...

— Eu não trabalho mais aqui, Marilu — disse Natália, em lágrimas. Estava com a bolsa nos ombros, os longos cabelos loiros a lhe caírem nas costas. — Fui mandada embora.

— Meu Deus do Céu! — Marilu gritou como se tivessem anunciado que explodira a Terceira Guerra Mundial. — O que está me dizendo, menina?

— É isso mesmo, Marilu. Brenda me demitiu.

— Mas por quê? Você fez alguma malcriação pra ela?

— De maneira alguma. Ela quer me tirar do caminho do Yuri — Marilu estava ciente do romance entre os dois e já tinha pensado que Brenda poderia tentar alguma coisa, mas não que chegaria a esse ponto. — Vou passar no RH agora para assinar minha demissão.

— O seu Onofre já soube?

Antes de Natália responder, Silas interfonou pedindo que ela fosse à sua sala imediatamente.

— Deve ter acabado de saber — disse Natália. Limpou as lágrimas e, com a bolsa nos ombros, foi à sala do presidente. Bateu à porta e recebeu autorização para entrar.

— Natália, preciso que você organize por ordem alfabética esses clientes nossos — disse ele, lhe entregando uma pasta.

"Então ele não sabia? Como podia ser isso?", pensou ela.

Silas levantou o olhar e a viu parada com a bolsa nos ombros. Os olhos estavam avermelhados e ele percebeu que ela estivera chorando.

— Aconteceu alguma coisa, Natália? — perguntou ele, preocupado. — Está passando mal?

Ela não conseguiu responder e recomeçou a chorar.

— É alguma coisa em casa? Algum problema com sua mãe ou sua irmãzinha? Pode ir embora se for preciso — disse Silas, em tom gentil e educado. Como ele podia ser tão diferente da esposa?

— Na verdade não, seu Onofre. O problema é aqui. Não sou mais sua funcionária — conseguiu dizer, entre soluços.

— Não me diga que está pedindo as contas? — perguntou ele, espantado. O que dera naquela menina, afinal?

Natália lhe contou tudo. Não saberia dizer onde encontrou forças suficientes, mas relatou a Silas tudo o que acontecera, desde o namoro com Yuri, até a proposta de Soraia e Brenda que resultara em sua demissão.

Natália esperava que ele fosse dar tapinhas em suas costas, dizendo sentir muito, mas que não poderia contrariar as ordens da esposa. Mas o que houve em seguida a surpreendeu tanto que ela parou de chorar imediatamente.

Silas se levantou, parecendo irritadíssimo. Como Brenda se atrevia a demitir Natália? A moça era ótima funcionária, cumpridora de seus horários e deveres e nunca faltara desde que passara a trabalhar lá. Além disso, ele era a favor do namoro entre ela e Yuri, pois não suportava Soraia. Achava a menina intragável, além de chata e exibida.

— Você não está demitida, porque quem manda aqui sou eu — ele estava quase gritando. Natália nunca o vira tão nervoso. — Vou falar com o RH para que suspendam a ordem dada por Brenda.

Você vai sair daqui, voltar à sua mesa e retomar seu trabalho, a menos que não o queria mais.

Natália mal podia crer no que estava escutando. Ele não permitiria que ela saísse?

— O que eu mais quero é continuar trabalhando aqui, ainda que diminua meu salário e aumente minha carga de trabalho.

Ele sorriu, então. Há alguns dias tinha tomado uma decisão sobre ela e agora era o momento certo de dar-lhe a notícia.

— Na verdade, haverá algumas mudanças, sim. A partir desse momento, você terá sua sala particular, com um computador na mesa. Sua sala será conjugada à minha e assim ficará mais fácil você estar à disposição da presidência. Marilu assumirá o cargo de secretária executiva da empresa, mas ela também não sabe disso. E você, a partir desse momento, será nomeada secretária da presidência. A jornada de trabalho será a mesma, mas você terá um aumento no salário.

Natália arregalou os olhos como se houvesse um *pit bull* feroz à sua frente. As informações eram tantas que ela não sabia se ria ou se voltava a chorar. Escolheu a primeira opção, e antes que pudesse se conter estava abraçada a Silas. A porta se abriu nesse momento e Yuri entrou. Ao ver aquela cena, não se conteve:

— Pai, cuidado aí. Essa já é minha, hein?

— E minha também, pois agora ela é secretária do presidente.

Yuri se alegrou e juntou-se ao abraço também. Beijou Natália na boca, o que a deixou constrangida por estar na frente de Silas, mas o patrão lhe piscou um olho com ar de cumplicidade. Foi então que seu celular começou a tocar e, ao ver o número de quem ligava no visor, fez sinal aos dois para que saíssem da sala. Quando se viu sozinho, atendeu:

— Oi, meu amor. Como você está?

— Chateada porque você ainda não veio me ver essa semana — disse uma voz feminina em tom dengoso.

— Ora, Alice, mas hoje ainda é terça-feira.

— Mas venha aqui em casa hoje para tomarmos uns drinques ou pegarmos um cinema. Sabe o que estou usando agora? Aquele *baby-doll* vermelho de que você tanto gosta.

Silas sentiu um calor lhe aquecer o corpo. Desde que conhecera Alice, não conseguia pensar em outra mulher além dela. Alice era perfeita em todos os sentidos: linda, inteligente, ótima companhia e extremamente sensual. A família dela não morava em São Paulo e, quando a conhecera, ela estava morando em uma pensão para moças. Silas a tirara de lá e agora Alice se achava instalada em um elegante apartamento na região de Pinheiros, comprado por ele somente com um objetivo: seus encontros amorosos com a moça.

Três vezes por semana, ele saía mais cedo da empresa e seguia direto para se encontrar com Alice. A garota sempre soube que ele era casado e que tinha três filhos, mas isso parecia deixá-la ainda mais excitada. Silas lhe presenteava com roupas caras, além de joias e perfumes, e ela, em troca, o fazia perder o fôlego quando faziam amor.

— Mais tarde passarei aí para te ver, bonequinha.

— Estarei esperando, meu amor... nua — ela respondeu com a voz o mais provocante possível.

Silas desligou. Se pudesse iria ao seu encontro naquele momento. Dos últimos casos que tivera, esta era a mais excitante e calorosa. Não via a hora de estar com ela de novo, afinal, Alice era tudo o que Brenda não era.

Natália contou para Yuri sobre a proposta indecente de Soraia e Brenda. Ele ficou tão furioso quanto o pai.

— Eu ainda vou ter uma conversa com essas duas. Com a Soraia, principalmente. Por que ela não larga do meu pé? Se quer casar com alguém da minha família, deveria ir atrás do meu irmão, que está solteiro.

Marilu deu graças a Deus quando soube que Natália continuaria na empresa. Gostava da menina como se gosta de uma filha. Mas mal conteve a emoção quando Silas lhe deu a boa nova. Seria secretária executiva da empresa com uma sala só sua e um salário maior. Mal podia acreditar em tanta sorte, pois, desde que entrara ali, havia dois anos, nunca tinha sido promovida. Que Deus abençoasse sempre Onofre.

Soraia estava feliz. Conseguira o que queria. Com Natália fora da empresa, seria fácil reconquistar o amor de Yuri. Mas foi tomada por um pensamento: e se eles continuassem se encontrando às escondidas?

Provavelmente, ele sabia onde ela morava e os dois poderiam continuar com esse romance inútil. Aí, de nada teria adiantado ela ter sido demitida. Mais tarde, discutiria essa questão com Brenda, pois sabia que não adiantaria conversar sobre isso com Silas. Ele não simpatizava com ela.

Parou em uma lanchonete elegante situada nos jardins, não muito distante de sua casa. Estava bebericando um suco quando avistou Tiago, o irmão de Yuri, entrar. Ele estava sozinho, por isso ela o chamou e ele se encaminhou até sua mesa.

— O que está fazendo aqui? — perguntou ele, depois de beijá-la no rosto. — E ainda por cima sozinha. Onde está meu irmão?

— Você não soube? Ele terminou o noivado comigo — respondeu Soraia, contrariada. Detestava ter que confessar isso.

— Mas vejo que você continua usando sua aliança — sorriu ironicamente Tiago.

— Sim, porque tenho certeza de que vamos reatar. Tudo de que eu preciso é afastar a menina que está no meu caminho.

— Hum, então meu irmãozinho já está com outra? Ele é bastante rápido — disse Tiago, com uma ponta de inveja.

Sempre fora assim, desde os tempos da escola. Yuri tinha mais facilidade com as meninas e dificilmente ficava sozinho. Já ele, Tiago, nunca conseguira manter um relacionamento por muito tempo. Claro que havia mulheres interessadas nele, afinal era bonito e rico. Mas Tiago era sincero consigo mesmo ao admitir que elas estavam interessadas apenas no dinheiro que ele possuía, em seu carro importado e na empresa que herdaria um dia. Sabia que nenhuma gostaria de namorá-lo apenas por sua pessoa, por ser apenas Tiago. Se fosse pobre, tinha certeza de que morreria solteiro.

Quando sentia necessidade, pagava a algumas mulheres que o satisfaziam na cama, mas nada além disso. Não entendia o que Yuri tinha que faltava nele. Por vezes cobiçara Soraia, mas, ao ver o quanto ela era chata, desistira. Sempre tentava disputar a namorada da vez do irmão, mas nunca conseguia nenhuma.

Por isso agora estava interessado em saber com quem ele estava se relacionando, pois tentaria investir nessa também, logo que pudesse. Sentiria um prazer indescritível se pudesse ganhar essa batalha do irmão.

— Sim, ele foi rápido demais na minha opinião. E sabe quem ela é? — Soraia cuspiu as palavras. — É aquela secretária nova que seu pai contratou.

— Aquela loirinha? — Tiago nem sequer desconfiara. — Caramba, nunca suspeitaria dela. E olha que ela é bem gatinha, gostosinha...

— Não preciso que você dê detalhes da beleza dela. Eu reconheço que ela é bonita, mas eu sou mais. Não entendo por que Yuri me trocou por ela. Sou muito mais estudada, fina, elegante e de família renomada. E ela, o que ela tem?

— Talvez ela seja mais quente do que você — disse Tiago, rindo, o que quase lhe valeu um tapa na face. — Brincadeira, Soraia, brincadeira. Mas, falando sério, o que você pretende fazer? Vai deixar que os dois continuem juntos?

— É claro que não. Com a ajuda de sua mãe, já consegui que ela fosse demitida. Mas estava pensando que isso não será suficiente para manter os dois separados.

— Realmente, já que os dois poderiam continuar se encontrando. — refletiu Tiago, enquanto uma ideia lhe veio à mente. Talvez aquele encontro não tivesse sido ao acaso. Era interessante saber que Yuri terminara seu namoro com Soraia e que ela parecia disposta a reconquistá-lo a qualquer custo.

Poderiam se unir, afinal. Ambos sairiam ganhando, pois Soraia teria o noivo de volta e ele teria finalmente o prazer de tirar uma namorada do irmão. Abriu enorme sorriso. — Talvez eu possa ajudar você, Soraia.

— Como? — perguntou Soraia, interessada. Estava disposta a aceitar qualquer ajuda desde que pudesse ter o noivo de volta.

— É fácil. Vou começar a frequentar a empresa também. Serei gentil com ela o tempo todo até ganhar sua confiança. Quando conseguir, a levarei até sua casa todos os dias. Eu também tenho meu charme e, com alguns beijos, tenho certeza de que ela vai se entregar.

Soraia aprovou o plano e riu, satisfeita. Se Tiago soubesse agir direitinho, poderia fazer Natália esquecer Yuri aos poucos. E se Yuri os flagrasse juntos? Seria muito melhor. Combinou mais alguns detalhes do plano com ele. Agora ela tinha mais um aliado além de Brenda.

———

Bete apertou o passo. Se não andasse depressa, não chegaria a tempo para entregar a encomenda para seu cliente. Era um pedido de um cliente novo, em Moema. Bete sabia que era um bairro nobre e ainda não entendia por que haviam pedido o serviço dela, que morava tão longe dali.

Aliás, nem sabia como tinham conseguido seu telefone. Disseram que era uma padaria, e para provar que não era trote nem golpe, haviam depositado o dinheiro com antecedência. Pensara em levar Violeta consigo, mas a menina não conseguia caminhar rapidamente e acabaria lhe atrasando. Mal podia segurar todas as embalagens, mas estava conseguindo se virar.

Quando chegou ao endereço indicado, viu que realmente era uma padaria. Entrou e notou que o ambiente era chique. Mas a padaria parecia estar fechada para o público, pois havia um grupo de pessoas comemorando um aniversário. Os quitutes encomendados eram para eles.

O dono da padaria era um português falante e divertido, que foi logo explicando que sua cozinheira estava de licença médica e ele precisara com urgência que alguém lhe entregasse alguns doces e salgados, pois haviam alugado o salão de sua padaria para comemorar um aniversário.

Até o bolo foi Bete quem fez, por isso tinha tido tanta dificuldade para levar toda a encomenda. O português disse que havia conseguido o telefone de Bete com um colega dele, também português, que tinha uma padaria próxima à casa dela. Era aquele para quem ela fazia algumas iguarias especiais.

Conversou mais um pouco com ele no balcão e, quando estava se despedindo, ouviu a turma cantando parabéns. Sorriu e ia sair quando um homem elegante se aproximou.

— Foi a senhora quem fez esses quitutes? — perguntou, com voz macia e educada.

— Sim, fui eu mesma. Houve algo que não lhe agradou?

— De maneira nenhuma — disse ele, sorrindo. — Eu e todos os meus amigos comentamos que nunca experimentamos nada igual. As coxinhas estão deliciosas. Os quibes então, sem comentários. Agora só falta experimentar o bolo, mas tenho certeza de que está delicioso.

— Fico feliz que tenha gostado, senhor...

— Oh, perdoe minha distração — ele tirou um cartão do bolso da calça e lhe estendeu. — Fique com o meu cartão. Na verdade, eu gostaria do telefone da senhora também. Quando eu quiser me deliciar com guloseimas já sei quem devo chamar.

Bete sorriu timidamente e leu no cartão: *Murilo Onofre – Advogado*. Havia o endereço de seu escritório e alguns telefones. Bete guardou o cartão e ditou seu telefone e endereço a Murilo, que anotou em uma agenda eletrônica.

— Antigamente, a gente anotava as coisas com papel e caneta — brincou ela.

— Na verdade, meu irmão administra uma empresa de informática. Sou acionista de lá também, mas confesso que minha área é advocacia, e não informática — disse ele, sorrindo. Aparentava mais de quarenta anos. Estava bem barbeado. Tinha os cabelos castanhos, com poucos fios grisalhos, e os olhos amendoados. Bete o achou muito bonito, mas desviou o olhar.

— Se me permite, preciso ir andando. Está quase anoitecendo e tenho uma filha pequena que ficou sozinha — ela não disse que a menina precisava de cuidados especiais.

— Foi um prazer conhecê-la...

— Bete — ela riu. — Bete Siqueira Lopes, doceira. Infelizmente não tenho cartão.

Ambos riram e se despediram. Bete caminhou rapidamente até o ponto de ônibus pensando em Murilo. Desde que Luís as abandonara, jamais se permitira pensar em outro homem. Decidira viver para trabalhar e cuidar das filhas. Sabia que estava sendo ridícula pensando nesse advogado, mas algo nos olhos dele mexera com ela. Estaria imaginando coisas? Decidiu afastar os pensamentos e, quando o ônibus parou no ponto, ela entrou já pensando em outras coisas.

Mas foi obrigada a se lembrar de Murilo novamente quando chegou em casa e apanhou o cartão que ele lhe dera. Iria guardá-lo, é claro, pois poderia ser um cliente em potencial. Guardaria somente por isso. Afinal, o que um homem como aquele, bem de vida e bonito, ia querer com ela, que, além de feia e sem graça, era pobre? Bem, Natália também era pobre e agora estava namorando um moço rico. E se acontecesse com ela também? Bete riu dessa ideia. A filha tivera sorte na vida, isso sim. Afinal, um raio nunca cai duas vezes no mesmo lugar... ou cai?

Capítulo 7

— Por que ele não atende esse celular? — perguntava-se Brenda, entre nervosa e preocupada. O aparelho chamava até cair na caixa postal. — Onde Silas se meteu? Já passa das nove e ele sequer ligou. Será que está na casa de alguma amante?

Estava aflita e decidiu esperar por ele acordada. O marido chegou por volta de dez e meia, parecendo corado e bem-disposto. Na certa estivera na farra de novo.

— Essas reuniões terminam tarde, não é, Silas? — perguntou ela sarcasticamente.

— Eu estive na casa de Tenório discutindo alguns assuntos. Pode ligar pra ele e confirmar se quiser — claro que ele deixara Tenório de sobreaviso. O amigo lhe acobertava as escapadelas, já que Tenório também dava as dele.

— Sei... Tenório, é? — Brenda não discutia. Não valia mais a pena. Sabia que perdera o marido para as amantes desde o dia em que decidira não ter mais filhos e passara e fugir quando ele a procurava. Agora estava colhendo o que havia plantado. Será que algum dia reconquistaria o amor do marido? Sabia que esse dia nunca chegaria.

— Já que tocou no assunto, quero lhe fazer uma pergunta. Por que demitiu Natália?

Pega de surpresa, Brenda não soube o que responder de pronto. Deitou-se na cama e fingiu estar sonolenta. Não queria discutir àquela hora da noite. Mas Silas era insistente quando queria, e ela sabia disso.

— Não me respondeu, Brenda. E já estou sabendo que Soraia estava com você nessa tramoia.

— Não é tramoia nenhuma, Silas. Simplesmente achei melhor se ela saísse de lá, pois Yuri reataria o noivado com Soraia.

— Vocês ofereceram dinheiro à moça. De Soraia eu espero tudo, mas como você pôde ser tão vil, Brenda? Aquela menina é honrada e nosso filho está realmente gostando dela.

— E você aprova, não é? — Brenda se sentou na cama com ar enfezado — Aliás, não sei o que você tem contra Soraia.

— E eu não sei o que você tem contra Natália — retrucou Silas. Ele já havia tomado banho na casa de Alice, por isso estava se despindo e vestindo o pijama.

— Não vai tomar banho, Silas? Ou vai me dizer que tomou na casa do Tenório?

— Pois já tomei banho lá, sim. Mas não vamos mudar o assunto. Quero que saiba que não admito ninguém interferindo na contratação e demissão de funcionários sem minhas ordens prévias.

— Você a contratou de volta — foi uma afirmação e não uma pergunta.

— Mas é claro. E com outro cargo. Ela será minha secretária pessoal, pois Marilu passará a ser a secretária executiva de toda a empresa.

— Por que você a protege tanto? Será que ela é sua amante também? — gritou Brenda. Silas, por alguns instantes, não soube se ela se referia a Natália ou a Marilu — Será que você e Yuri estão dividindo a mesma mulher? — Brenda agora estava em pé e parecia descontrolada. — Como é que funciona? É como um rodízio? Yuri a namora de dia e você, à noite?

— Cale-se, Brenda, não sabe o que está dizendo. Não admito que venha me difamar dessa forma, e muito menos a Yuri — Silas também estava nervoso.

— Difamar você? Ora, não me faça rir, Silas. Você é patético e já está mais do que difamado. Pensa que não sei que essas reuniões são um pretexto para abafar seus encontros com suas vadias? Quantas você possui, Silas? Uma, três, cinco? Uma sabe da outra? Elas sabem que você é casado e que a trouxa da sua esposa sabe de tudo?

— Já basta, Brenda. Não quero mais discutir com você. Quero apenas que saiba que Natália continua trabalhando lá e não vai sair enquanto eu não quiser. E pode dar esse recadinho a Soraia também.

— Nós somos acionistas daquela porcaria também.

— São acionistas, mas não presidentes. Deixe a "porcaria" para eu administrar.

Silas abriu o guarda-roupa do quarto e pegou um travesseiro e um cobertor.

— Pra que está pegando isso? — perguntou Brenda, tentando se acalmar. Tinha perdido a paciência e dito coisas que não deveria. Só conseguira deixar o marido com mais raiva dela.

— Vou dormir no quarto de hóspedes — disse ele, de mau humor. Em seguida, saiu do quarto, batendo a porta ao passar.

Brenda, amargamente arrependida por ter provocado tudo aquilo, deitou-se lentamente na cama. Em vez de tentar recuperar o amor de Silas, só conseguia deixá-lo bronqueado e irritado com ela. As lágrimas já haviam secado em seu rosto quando conseguiu dormir muitas horas mais tarde.

No dia seguinte, todos tomavam o café em silêncio. Mel já não era de falar, e Tiago estava entretido pensando em como deveria abordar Natália. Iria com o pai até a empresa. Yuri dormia em seu próprio apartamento e raras eram as vezes em que dormia em casa. Silas lia o jornal, avaliando as cotações da bolsa e as variações do dólar. Sequer dissera bom-dia à esposa. Brenda o observava em silêncio.

Quando Silas terminou, Tiago se levantou e perguntou:

— Pai, posso acompanhá-lo à empresa hoje? Creio que tenho sido um filho relapso, desinteressado dos negócios da família.

Silas gostava quando os filhos demonstravam interesse pela empresa. Seriam sempre bem-vindos lá.

— Por que será que você ficou tão interessado de repente? — provocou Mel.

— Cale a boca, monstrinha feiosa. Nunca abre a boca e quando abre só vem me insultar.

Mel não respondeu. Terminou a refeição e se levantou da mesa. Era verdade que gostava de irritar Tiago, mas naquele dia não estava muito a fim de arrumar brigas.

— Vamos comigo então, meu filho — chamou Silas.

Pouco depois os dois saíam juntos. Silas, feliz, acreditando que o filho estava se interessando pelos negócios. Tiago, pensando na maneira mais fácil de se aproximar de Natália. Seria perfeito.

Logo que eles saíram, o telefone tocou. Mel fez sinal para a empregada a ela mesma atendeu. Fechou a cara quando ouviu a voz fingida de Soraia:

— Bom dia, Mel, querida. Sua mãe está?

— Guarde sua falsidade pra você mesma — resmungou Mel. Depois avisou à mãe para que puxasse a ligação pela extensão.

— Quem é? — gritou a mãe da sala de estar.

— Alguém que não tem o que fazer e fica incomodando os outros a essa hora da manhã — respondeu Mel em tom alto o suficiente para que Soraia escutasse. Essa era outra que Mel sentia prazer em irritar, mais ainda que a Tiago.

Quando Brenda atendeu, Soraia, após os cumprimentos habituais, foi logo perguntando:

— Soube de mais alguma novidade, Brenda? Silas não disse nada sobre termos demitido aquela sonsinha?

— Não só disse, como fez. Ele não consentiu com a demissão da menina e a manteve na empresa. Mas trocou seu cargo.

— Eu não acredito, Brenda — Soraia estava realmente incrédula.

— E onde ela foi parar? Espero que na faxina, limpando banheiros.

— Embora essa seja uma profissão honesta e digna, né, Soraia? Mas não, ela não foi ser faxineira. Se segure para não cair, mas Silas a colocou como secretária da presidência. Terá uma sala só para ela.

Soraia levou um susto ao ouvir a informação. Queria morrer com aquela notícia. Como aquela garota só se dava bem? Seria algum tipo de feitiço que ela fizera? Só isso explicava tanta sorte em tudo.

Brenda e Soraia não sabiam, mas Mel estava escutando toda a conversa na extensão do telefone. Quer dizer que sua mãe e Soraia estavam planejando separar Yuri da nova namorada? Ela pretendia conhecer essa tal Natália melhor. Esperou que as duas terminassem a conversa para só então desligar o aparelho.

Se elas queriam fazer Yuri romper com a namorada, ela faria de tudo para mantê-los juntos. Mesmo sem conhecer Natália, já que a vira somente durante as reuniões, simpatizara com ela. Aliás, qualquer coisa seria melhor do que ter Soraia como cunhada.

Naquela mesma tarde, Mel se vestiu com um vestido de tecido leve, mas longo até as canelas, fechado até o pescoço e com mangas compridas, embora fizesse bastante calor. E o vestido, claro, era preto. Mel gostava de se vestir assim, pois não via motivos para usar roupas alegres e coloridas. O preto representava exatamente sua pouca felicidade naquela casa. Ouvira quando a mãe e Soraia combinaram de se encontrar no final da tarde em sua casa. Iria aguardar ansiosa por essa reunião.

Mas antes precisava agir. Ligou para Yuri, que atendeu no segundo toque:

— Oi, maninha, algum problema?

— Nenhum, Yuri, mas preciso falar com você pessoalmente e tem que ser agora.

— Estou levando Natália ao restaurante. Vim pegá-la no curso que ela está fazendo e depois iremos juntos para a empresa. Quer vir almoçar com a gente?

Embora não estivesse com fome, Mel aceitou. Anotou o endereço e pegou um táxi. O motorista tentou imaginar se ela diria "cemitério" como destino. O que levaria uma moça tão nova a se vestir como uma velha? Mas deu de ombros, afinal não era problema dele.

Quando chegou em frente ao restaurante, Mel pagou a corrida a agradeceu. Entrou rapidamente no restaurante e alguns clientes se viraram para olhá-la. Ela já estava acostumada e os ignorou completamente. Logo avistou o irmão em uma mesa com uma moça loira de costas pra ela. Mel se aproximou:

— Olá — foi tudo o que disse, enquanto puxava uma cadeira. Nada de boa-tarde ou beijos. Mas Yuri sabia que sua irmã tinha uma personalidade muito estranha.

— Estou feliz em conhecê-la. Seu nome é Melissa, não é? — perguntou Natália, tentando ser simpática. Nunca ouvira a voz daquela moça. Era a primeira vez.

— O que vamos comer? — perguntou ela em vez de responder à pergunta de Natália.

— Aqui servem pratos deliciosos — disse Yuri. — Veja o cardápio. Natália e eu já pedimos. Escolha algo de que goste.

Enquanto Mel olhava as opções, Natália a observava. Yuri dissera que Mel tinha a mesma idade que ela, mas da maneira que se vestia aparentava ter mais de trinta. A pele muito branca era sem brilho e os cabelos caíam em fios loiros e sem corte na altura dos ombros. Os *piercings* completavam o visual.

— Mas me diga, Mel, o que desejava falar comigo? — perguntou Yuri.

— Se for algo pessoal posso aguardar no toalete — sugeriu Natália.

— Fique. Você é o assunto principal — Mel respondeu, com voz inexpressiva.

— Além disso, eu não tenho segredos com você, Natália — disse Yuri, beijando-a no rosto.

— Vou direto ao assunto. A Brenda vai ajudar Soraia a separar vocês dois — Mel jamais chamara Brenda de mãe. Sempre se referia a ela como Brenda. Mas a Silas ela chamava de pai.

Mel contou todos os detalhes do que ouvira pela extensão do telefone. E concluiu:

— Elas vão se encontrar mais tarde lá em casa. Preciso estar presente para ouvir tudo.

— Isso já está enchendo o saco — disse Yuri, irritado. O garçom chegou e começou a servir os pratos. — Vou conversar com as duas. Elas não podem mandar em mim.

— Mas sua mãe se sente no dever de proteger você, Yuri — disse Natália, tentando defender Brenda. — Ela acredita que você será mais feliz ao lado de uma moça rica.

— Qual nada, Brenda é safada mesmo — disparou Mel, como se estivesse se referindo a outra pessoa e não à própria mãe. — E aquela cobra de duas pernas, com aqueles cabelos vermelhos como o Curupira, fica botando ideias na cabeça dela, que já não é muito boa.

— Mel, também não é preciso esculachar a mamãe — afirmou Yuri, entre uma garfada e outra. — Sabe que mamãe tem depressão.

— Frescura da parte dela, isso sim. Bom, já disse o que eu queria. Daqui pra frente é com vocês.

Quando terminou de almoçar, Mel se levantou dizendo:

— Preciso pagar minha parte, maninho, ou hoje você banca?

Ele riu e não respondeu. Ela já ia saindo quando Yuri a deteve:

— Uma única dúvida, Mel. Por que está nos ajudando?

Ela sorriu e, sem responder, deixou o restaurante. Foi a primeira vez que Natália a viu sorrir. E tinha que confessar que ela rejuvenescia dez anos quando sorria. Pena que não o fizesse sempre.

— Yuri, sempre te disse que nosso namoro tinha tudo pra dar errado. Já está começando.

— Natália, meu amor. Temos a aprovação de sua mãe e do meu pai. Não estou preocupado com o que as outras pessoas pensarão. Quero apenas ser feliz com você. E te amar muito, sempre — ele se aproximou de sua boca para beijá-la e um pedaço de carne caiu da boca dele.

Ambos riram. Estavam felizes ao lado um do outro. E era tudo o que importava.

Quando chegou à empresa, Tiago acompanhou o pai até a sala da presidência. Viu movimentação de alguns funcionários transportando mesas e cadeiras. Questionou o pai e Silas lhe respondeu:

— É que eu promovi duas das minhas secretárias. Cada uma terá sua sala particular. Eles estão preparando tudo, pois Natália só entra às treze horas e hoje Marilu também chegará um pouco mais tarde.

— Hum, que bom pra ela. E onde será a sala da Natália? — perguntou ele, tentando disfarçar o interesse.

Silas apontou uma porta que havia ao lado da sua.

— A sala dela será conjugada à minha.

Aquilo estava saindo melhor do que Tiago imaginava.

Quando Natália e Yuri chegaram, sua nova sala estava pronta. Ela chorou emocionada quando viu um moderno computador sobre a mesa. Havia até um vaso com flores e alguns quadros decorativos. Uma porta de vidro fumê, mais ao fundo, serviria de passagem direta à sala da presidência.

Ao ver os dois filhos reunidos, Silas tornou:

— Eu poderia trazê-los para trabalhar aqui em definitivo. Poderemos marcar uma reunião com a diretoria sobre essa mudança.

Ambos aprovaram a ideia. Yuri, porque assim ficaria bem próximo de Natália. E Tiago, porque dessa forma poderia colocar seu plano em prática. E olhando bem de perto, constatou que a moça era lindíssima, mais bonita que qualquer outra namorada que Yuri já tivera. E era exatamente ela quem ele desejava. E ia conseguir, tinha certeza.

Mel já estava em casa quando a campainha tocou anunciando a chegada de Soraia. Brenda estava terminando o banho, mas Mel já se achava sentada na sala de visitas. Assim que a empregada permitiu o acesso de Soraia, ela, ao encontrar Mel, cumprimentou:

— Oi, Mel, tudo bem com você, amorzinho? — tentou se aproximar para beijá-la, mas Mel se esquivou.

— Já disse que sua falsidade não funciona comigo. De você, eu quero distância.

Soraia sentiu uma raiva enorme dentro de si. Nunca gostara daquele espectro em forma de moça, mas de uns tempos pra cá ela ficara mais atrevida.

— Você é sempre muito gentil, não é, Mel? Será por isso que se veste dessa forma? Porque deve ter levado um fora tão grande de um cara que decidiu usar o preto pra disfarçar, como se fosse uma eterna viúva — debochou Soraia, em tom maldoso.

— Se fosse assim, eu dividiria meu guarda-roupa com você, Soraia. Depois do fora que levou do meu irmão, eu não teria a cara de pau de voltar nesta casa tão cedo.

Se estivessem em um local público, Soraia teria esbofeteado aquela atrevida ali mesmo. Como ela se atrevia a lhe dizer palavras tão brutas? Mas Soraia sabia que não podia se exceder, pois correria o risco de perder Brenda como aliada. Mais tarde, quando estivesse casada com Yuri, daria um jeito naquela pentelha.

Brenda descia as escadas nesse momento. Sorriu ao ver Soraia e ambas trocaram beijos. Mel revirou os olhos, impaciente. Brenda, ao vê-la sentada ali, disse:

— Mel, nós gostaríamos de ter uma conversa em particular.

— Eu sei — disse Mel, levantando-se do sofá. — Vocês querem ver como poderão separar o Yuri de Natália. — E vendo o efeito de suas palavras nas duas, ela continuou: — Mas não vão conseguir nada. Eu estive almoçando com eles hoje. Os dois estão muito apaixonados um pelo outro. Yuri a olha de uma forma que ele nunca olhou para você, Soraia.

Soraia mal podia controlar a fúria. Seria capaz de enforcar Mel naquele momento.

— Eu já os deixei de sobreaviso. Eles ficarão mais espertos.

— Me diga, Mel, o que você tem contra mim? Por que não quer me ver ao lado do seu irmão? — perguntou Soraia, inconformada com as palavras da moça.

— Quer mesmo saber? Pois vou dizer. Eu não gosto de você, Soraia. Talvez se você estivesse a fim de Tiago, eu não me importasse muito. Mas gosto de Yuri e quero que ele seja feliz.

— Você é infeliz, Mel — disse Brenda com a voz gélida. — E quer a infelicidade dos outros também.

— Você deveria era namorar pra ver como é bom — completou Soraia.

— Olhe, Brenda — reagiu Mel, sem se abalar —, eu posso realmente não ser feliz. Mas experimento momentos de alegria de vez em quando. Principalmente quando posso frustrar planos de gente da espécie de Soraia. — E virando-se para Soraia, finalizou: — Você me recomenda tanto que eu deveria namorar, quando é a primeira a não saber como segurar o namorado.

E logo depois saiu correndo para seu quarto. Brenda estava chocada, mas Soraia tinha um brilho assassino nos olhos. Daria um jeito naquela criatura logo que pudesse. As duas discutiram sobre a nova situação. Precisavam pensar no que fariam para separar aqueles dois. Soraia não sabia se deveria contar para Brenda que Tiago a auxiliaria. Decidiu se manter calada. Tudo na sua hora certa.

Capítulo 3

Os dias avançaram velozes. O domingo amanheceu ensolarado, sem nenhuma nuvem no céu, que parecia estar mais azul que o normal. Natália estava se espreguiçando na cama e, quando abriu os olhos, deparou-se com Violeta sentada em uma cadeirinha, de frente para ela.

— Bom dia, minha linda. Caiu da cama hoje, é? — perguntou Natália.

— Não, Nat. É que eu tive um sonho muito estranho esta noite. Eu vi você.

— Eu sei que você me vê sempre que passa essas mãozinhas fofas pelo meu rosto — Natália puxou a irmã para sua cama e começaram a fazer cócegas uma na outra. — Mamãe ainda está dormindo?

— Não, ela já está na cozinha preparando as duzentas empadas e os trezentos pasteizinhos que a dona Mara pediu. Ela vai entregar mais tarde. Parece que é o aniversário do filho dela — Violeta suspirou. — Mas quando eu disse que vi você, não foi com minhas mãos. Foi com meus olhos. Eu enxergava no meu sonho.

Natália se sentou na cama para ouvir melhor a história. Como a irmã podia ter visto alguma coisa se já nascera cega?

— Como você me viu, Violeta?

— Eu vi o sol e seus cabelos eram da mesma cor dele. E seus olhos eram da mesma cor das folhas das plantas que eu vi. Você estava muito bonita.

Natália levou as mãos à boca para abafar o espanto. Como aquilo podia ser?

— Você contou esse sonho para a mamãe?

— Ainda não, mas vou contar depois. E sabe o que foi mais estranho, Nat?

— O quê?

— Eu não era uma menina. Eu era uma mulher. Eu me vestia com uma roupa com um desenho estampado nela. Não me lembro o que era. E tinha algumas pessoas deitadas no chão perto de mim. Pareciam estar feridas ou machucadas. Então, um homem pediu água pra mim e eu, em vez de dar a água pra ele, derramei um líquido sobre seus olhos. Ele gritou muito e disse que estava cego. Eu acordei muito assustada.

— Meu Deus, Violeta, mas isso não foi um sonho! Foi um pesadelo e dos brabos — riu Natália, nervosa. — E eu fazia o que lá? Você viu a mamãe também.

— Ela eu não vi, mas você tinha a mesma roupa que eu. Você servia água para as pessoas que estavam deitadas, direitinho.

— Realmente, não sei explicar, Violeta. Mas já passou. Agora vamos à cozinha tomar nosso café da manhã.

Durante o café, Violeta contou sobre o sonho para Bete, que, assim como Natália, achou muito estranho e diferente. A menina jamais sonhara com algo assim.

Bete nunca comentara com as filhas sobre o dia em que conhecera Murilo, muito menos que ele havia lhe dado um cartão, que estava muito bem guardado. Sabia que ele seria só mais um cliente dela. Ele nunca lhe telefonara e ela nunca lhe ligara. Quando ele quisesse e precisasse, haveria de procurá-la.

— Bem, meninas, hoje preciso entregar a encomenda de dona Mara. Quem vai comigo?

— Eu — disseram Violeta e Natália ao mesmo tempo, enquanto riam felizes.

Assim que os salgados ficaram prontos, Bete os embalou com cuidado e as três saíram para fazer a entrega. Bete e Natália seguravam os embrulhos, e Violeta caminhava ao lado delas com o auxílio de sua bengalinha. Violeta e Natália conversavam distraidamente e não notaram o homem que veio de encontro a elas. Deu uma trombada brusca em Violeta e ambos caíram no chão.

— Oh, meu Deus, mil perdões — desculpou-se o homem. Ficou assustado ao ver que derrubara uma menina cega. Como pudera estar tão distraído? Deveria prestar mais atenção por onde caminhava. — Você está bem, menininha?

— Estou sim, obrigada — respondeu Violeta. O homem a ajudou a se erguer enquanto pegava sua bengala e a colocava de volta em suas pequenas mãos.

— Não se preocupe, moço, minha irmã é muito resistente — brincou Natália, ao ver que Violeta estava bem e não se machucara.

O homem se virou para fitá-la. Bete e Natália levaram um susto ao mesmo tempo ao encarar o homem. Bete, por reconhecer nele a figura de Murilo. E Natália, por achar o homem quase um clone de seu patrão. Havia pouquíssimas diferenças entre ele e Silas. Seriam irmãos gêmeos ou sósias?

Murilo reconheceu Bete de imediato. Aliás, viera até ali em busca dela. Ao tentar salvar alguns documentos em sua agenda eletrônica, por engano acabou apagando o telefone de Bete que tinha cadastrado ali. Só lhe restara seu endereço. Queria encomendar alguns quitutes e viera pessoalmente. Mas será que Bete atenderia aos domingos? Agora, vendo-a com embalagens nas mãos, teve sua pergunta respondida.

— Muito bom dia, dona Bete. Como vai?

— Bem, obrigada — respondeu timidamente. — O que faz por esses lados?

— Estava à sua procura — respondeu ele, olhando-a fixamente.

Natália olhava de um para outro. Mas quem seria aquele homem tão elegante que procurava por sua mãe? Sabia o nome dela e ela parecia conhecê-lo também. Resolveu levantar mais informações.

— De onde nos conhece? — perguntou, desconfiada.

— Sua mãe esteve fazendo uma entrega no bairro onde moro. Eu estava no aniversário de um amigo quando a conheci. Dei-lhe um cartão meu, e fiquei com o telefone dela também — Murilo sorriu, voltando-se para Bete. — Mas, por engano, apaguei seu número de telefone da minha agenda. Só sobrou o endereço. Por isso tive que vir pessoalmente encontrá-la.

Bete parecia estar em transe. Ele viera até ali somente por ela? Não podia ser verdade.

— E infelizmente eu a encontrei da pior maneira possível — disse ele, sentindo-se culpado. — Derrubando sua filha no meio da rua.

— Mas o senhor não me derrubou — respondeu Violeta, sorrindo.

— Desculpe minha curiosidade, senhor, mas por acaso já ouviu falar de Silas Onofre? — perguntou Natália, ainda intrigada com a semelhança entre os dois homens.

— Claro que já. Ele é meu irmão — disse ele, sorridente.

Bete e Natália trocaram olhares espantados. Que mundo pequeno era aquele? Não seriam coincidências demais?

— Perdoe o meu espanto, mas minha filha trabalha para seu irmão na empresa de informática. Quando me disse que tinha um irmão nesse ramo, jamais imaginei que fosse a mesma pessoa. Deveria ter relacionado o sobrenome Onofre, que está no cartão, mas nunca me ocorreu essa ideia — explicou Bete, ainda intrigada.

Vendo-o ampliar o sorriso, ela também sorriu:

— Bem, não podemos ficar conversando aqui, de pé, no meio da rua. Natália, volte com o doutor Murilo para casa, enquanto eu levo os salgados até a casa de dona Mara.

— Mas de maneira alguma — recusou ele, muito gentil. — Fica longe daqui a casa dessa sua cliente?

— A cinco quadras daqui, mas eu vou andando rápido. Natália poderá passar um café para o senhor e...

— Não será necessário caminhar tanto assim — interrompeu ele. — Estou com meu carro estacionado na rua de trás. Vou dar carona para vocês.

Antes de Bete recusar a oferta, Violeta deu um gritinho de alegria e segurou na mão do desconhecido, encantada. Iria andar de carro e não perderia essa oportunidade por nada. Adorava sentir a brisa batendo em seu rosto pela janela aberta.

Resignada, Bete aceitou e todos seguiram até o carro de Murilo. Era um veículo preto, importado e do ano. Natália nunca entrara num automóvel tão elegante. Nem mesmo o de Yuri se comparava àquele.

Bete deu o endereço e em instantes paravam em frente ao portão de Mara. Ele abriu a porta num gesto cavalheiro e ajudou-as a descer.

— Ah, foi tão rápido — queixou-se Violeta, com um muxoxo.

— Se você quiser e se sua mãe permitir, poderemos passear juntos mais vezes. O que acha da ideia? — perguntou Murilo. — Claro que sua mãe e sua irmã poderão ir também.

— Imagina, doutor Murilo, não queremos ser um incômodo — respondeu Bete.

— Não será incômodo nenhum. É com prazer que faço o convite. E então, aceitam?

— Elas aceitam — respondeu Violeta. Daria tudo para passear por mais tempo naquele carro cheiroso e de bancos macios. — Quando poderemos ir?

— Violeta, não seja tão enxerida — Bete a repreendeu.

— Pode ser hoje ainda, isto é, se sua mãe não tiver nenhuma outra encomenda urgente.

Natália se perguntava qual seria o real interesse daquele homem em sua mãe. Ele era rico e bem conceituado. Por que estaria interessado em Bete? O que ela tinha a lhe oferecer? Se bem que ela mesma não tinha nada a oferecer a Yuri e, no entanto, estavam namorando. Será que todos os homens daquela família se interessavam por mulheres pobres? Alguma coisa não devia estar certa nessa história. Mas se Yuri realmente gostava dela, por que aquele tal Murilo não poderia gostar de sua mãe também?

Mas outra dúvida assaltou Natália. E se ele fosse casado, ou mesmo noivo? Embora não usasse nenhuma aliança, ele poderia estar comprometido com alguma mulher. E ela não suportaria outra como Soraia se metendo na vida de sua mãe. Além do mais, ele poderia ter filhos que jamais aprovariam Bete. Talvez ele fosse até algum maníaco psicopata.

Não! Tranquilo e educado daquela forma, ele jamais seria um maníaco. Mas os maníacos também sabiam disfarçar muito bem sua real personalidade.

Afastou os pensamentos e decidiu observá-lo melhor.

— Na verdade, hoje não tenho mais nenhuma entrega, doutor Murilo. Mas o que realmente desejava de mim? — perguntou Bete, curiosa.

— Vim saber se faria alguns doces para mim em particular.

— Mas é claro. Do que gostaria.

Ele não respondeu, pois estava olhando-a fixamente. Bete possuía lindos olhos e um sorriso encantador. Usava os cabelos presos e ele sentiu vontade de desprender seus cabelos só para ver o que aconteceria. Ela deveria ficar ainda mais linda. E esperava, do fundo do seu ser, que ela não fosse casada.

— Do que gostaria, doutor Murilo? — repetiu Bete.

— Do quê? Oh, sim — ele riu. — Eu gostaria de... bem, eu aceitaria... brigadeiros.

— Brigadeiros? — ela pareceu espantada.

— É isso mesmo. A senhora faz brigadeiros, não?

— Faço, claro, mas... — o portão se abriu e Mara surgiu. Era uma bela mulher de quase quarenta anos. — Olá, dona Mara, bom dia.

— Bom dia, Bete. Olá, meninas — cumprimentou Mara. Então, ela focalizou os olhos no carro parado em frente ao seu portão. Nunca vira um daqueles circulando em sua rua nos últimos dez anos. Aliás, jamais vira um circulando no bairro inteiro. E quem seria aquele homem tão elegante que acompanhava Bete e as filhas?

Vendo o olhar perplexo de Mara, Bete os apresentou. Mara ainda parecia estarrecida, mas quando finalmente conseguiu se recompor, disse:

— Bem, Bete, vamos entrando para eu acertar o que lhe devo. Daqui a pouco a festa do Júnior começa. Só faltava isso daqui para começarmos. — Enquanto entravam, Mara perguntou: — Não gostaria de trazer a Violeta?

— Sabe como é complicado trazê-la a esses lugares, dona Mara. Por mais que tomemos cuidado, sempre haverá alguém esbarrando nela, machucando-a, por isso prefiro deixá-la em casa. É mais seguro para ela.

— Mas dessa forma você a estará privando das coisas boas da vida. Ela é cega, mas nem por isso deve ser excluída da sociedade. Nunca ouviu falar em inclusão social?

— Não. O que é isso?

— Inclusão social são ações que todos nós podemos praticar a fim de incluir uma pessoa com necessidades especiais na sociedade. Ela terá o direito de usar a mesma escola, fazer as mesmas coisas que outras crianças, sempre respeitando suas possibilidades, é claro. Atualmente, existem muitas escolas preparadas para atender crianças assim. Violeta já completou sete anos e ainda não vai à escola, correto?

— Na verdade, no começo do ano, eu tentei matriculá-la em uma escola comum, mas a diretora se recusou a fazer a matrícula dela. Disse não ter preparo para receber uma criança cega.

— Bete, isso não existe. Nenhuma escola, mesmo que não seja especializada no atendimento a crianças com necessidades especiais, pode impedir uma criança de ser matriculada. Todas as crianças têm direito à educação de forma igual. Isso consta no Estatuto da Criança e do Adolescente de 1990. Será que essa mulher não sabe disso? Ela só pode recusar a matrícula de uma criança se na escola dela realmente não houver mais vagas, mas é obrigada a encaminhá-la a outra, mais próxima.

— Eu sei, dona Mara, mas sabe como é... escolas públicas são diferentes. Como a gente não paga, não tem direito de reclamar de nada.

— Mas quem te falou isso? — Mara estava indignada. Serviu um copo de água gelada a Bete e serviu-se a si própria. — Será que as meninas e o cavalheiro que lhe acompanha não querem entrar? Desculpe minha falta de cortesia. Nem os convidei para entrar.

— Não se preocupe, dona Mara. Depois eles bebem alguma coisa. Mas continue o que estava dizendo. Fiquei muito interessada.

— Eu dizia que todos têm direito à educação. Isso é lei. Quando os pais não podem pagar uma escola particular para seu filho, essa criança tem o direito de estar matriculada em uma escola pública. É dever do Estado proporcionar-lhe acesso à escola e é obrigação dos pais matriculá-la.

— Mas o que posso fazer, dona Mara? A senhora é professora e entende bem dos assuntos relacionados à educação, mas eu sou leiga nesses assuntos. Não conseguiria repetir pra diretora tudo isso que a senhora acabou de me dizer.

— Façamos o seguinte. Amanhã é segunda-feira. Você vai reservar um horário que lhe seja mais tranquilo e iremos juntas a essa escola conversar com a tal diretora. Vamos ver se não conseguimos uma vaga pra ela lá.

— Mas ainda que eu consiga essa vaga, dona Mara, o que Violeta faria lá? Não enxerga a lousa para copiar os deveres, não pode ver os amiguinhos nem brincar com eles. Ela seria feita de boba, além de poder sair machucada de lá. Não quero isso pra ela.

Mara entendia a preocupação de Bete e não achava que ela estava errada. Mas não iria desistir. Aquela menina, independentemente de sua condição, não poderia ficar sem estudar. Iria procurar uma escola com atendimento especializado para crianças com necessidades especiais e ajudaria Bete a matriculá-la.

Conversaram sobre outras coisas, Mara lhe pagou pela encomenda e, ao sair, viu Natália e Violeta sentadas no carro de Murilo. Ele esperava em pé, do lado de fora do veículo. Ao ver Bete saindo, se aproximou sorridente.

— Perdão, mas não lhe ofereci uma água ou um café — disse Mara, envergonhada. — Estava distraída conversando com Bete e deixei o senhor e as meninas do lado de fora.

— Não se preocupe comigo. Enquanto conversavam, eu acompanhei as meninas até aquela sorveteria do outro lado da rua. Espero que não se importe.

— Eu? Não, claro que não. Agradeço o senhor por isso, doutor Murilo.

— Murilo, apenas. E me chame por você, por favor.

Bete olhou encabulada para Mara, que lhe sorriu. Despediram-se de Mara e ele abriu a porta do carro para que Bete entrasse. Contornou o veículo, entrou e logo em seguida deu partida.

— O senhor dizia que deseja brigadeiros, não é? — perguntou Bete, algum tempo depois.

— Sim, na verdade gosto bastante — respondeu Murilo, contente. Olhava para Bete pelo canto do olho. As meninas estavam sentadas no banco de trás do carro. — Mas eu queria mesmo era fazer um convite a vocês. Gostaria de saber se vocês aceitariam me acompanhar à praia hoje?

As três se espantaram ao mesmo tempo. Mas Violeta foi a que reagiu mais rápido e gritou, entusiasmada:

— Eu aceito, eu aceito. Eu não conheço o mar. Por favor, me leva.

— Violeta, por acaso você ficou maluca? — perguntou Bete, quando se recuperou do susto. Onde já se viu, ele querer levá-las à praia em pleno domingo à tarde? Aquele homem deveria ser maluco de pedra. — Desculpe, Murilo, mas é impossível aceitar. Não hoje, por Deus. Amanhã Natália tem curso pela manhã e trabalha à tarde. E eu preciso entregar alguns pedidos amanhã cedo também. E imagino que o senhor também tenha alguns afazeres, não?

Murilo se permitiu dar uma gostosa gargalhada enquanto parava o carro em frente à casa de Bete. Todos desceram e ele ajudou Violeta a descer.

— Eu estava brincando. Sei que hoje é praticamente impossível. — Então pareceu ficar pensativo. — Mas segunda-feira que vem é feriado. Gostaria que aceitassem passar o final de semana em minha casa em Maresias. Seria uma grande honra para mim.

Bete não sabia se ficava irritada pela insistência de Violeta em ir ou se aceitava para alegrar a filha. Era verdade que nunca levara Violeta a praia alguma, com medo de que a menina pudesse se machucar de alguma forma. Então, pensou nas palavras de dona Mara. Será que ela estava tolhendo os movimentos de Violeta?

Pretendia recusar o convite. Não podia aceitar se hospedar na casa de um homem a quem mal conhecia. Mas, por outro lado, o que ele poderia lhe fazer? Ainda mais sendo irmão do patrão de Natália e tio de Yuri. Não, ele só poderia ser honesto e honrado. O que Bete não entendia era o motivo daquele interesse em ser gentil com suas meninas e, mais ainda, com ela. Ele deveria ser casado. Mas, ainda que não fosse, ele não era pro seu bico.

No entanto, a ideia de Violeta rindo enquanto sentia o mar lhe tocar a fez se decidir. Precisaria fazer algo para agradar a filha mais nova, já que muitas coisas lhe eram restritas. E depois, com bastante atenção, o que poderia lhe acontecer de mau?

— Vocês gostariam de ir? — perguntou Bete.

— Eu adoraria ir, mas tenho outros compromissos para esses dias — respondeu Natália. Na verdade, Yuri estava lhe prometendo uma grande surpresa para o próximo fim de semana e ela não tinha a menor ideia do que seria. Não podia estar ausente. Mas nem por isso poderia impedir a mãe de aproveitar um pouco, afinal Bete raramente passeava, jamais viajava. E era evidente que ela estava se sentindo atraída por Murilo. Natália aprovaria um possível romance ali, desde que Murilo fosse decente. — Não vou poder, mas você pode ir com Violeta, mãe. Yuri quer me mostrar algumas coisas. — completou com um risinho malicioso.

— Você se refere a Yuri, meu sobrinho? — perguntou Murilo, curioso. Fora à festa de noivado de Yuri havia pouco tempo. Que diabo fora feito de sua noiva? Será que Natália sabia que ele era ou esteve noivo?

— Sim, é ele mesmo. Na verdade ele rompeu com a Soraia e passamos a namorar desde então — respondeu Natália de maneira tranquila, saciando as dúvidas de Murilo.

Antes que dessem continuidade ao assunto, que Bete sabia que a filha não gostava de comentar, respondeu:

— Bem, Murilo, eu aceito seu convite. Violeta e eu iremos visitar sua casa na praia e, assim, meu amor — disse ela, beijando a menina no rosto —, você poderá conhecer o mar. O que acha?

Violeta demonstrou sua alegria beijando a mãe repetidas vezes. Em seguida, guiada pelo som da voz de Murilo, fez sinal para que ele se abaixasse e o beijou também. A cena emocionou Bete sobremaneira, afinal, Violeta crescera sem a presença de um pai. Nunca lhe ocorrera que ela pudesse sentir falta de um. Mas ela tinha certeza de que Murilo nunca poderia ocupar esse lugar na vida de sua filha.

Combinaram, então, todos os detalhes. Ele sugeriu ir buscá-las na sexta à noite, mas Bete preferiu que partissem no sábado, ao amanhecer. Violeta mal cabia em si de tanto contentamento. Murilo se despediu beijando mãe e filhas nas bochechas. Prometeu que, quando voltasse, traria uma surpresa a Violeta, que ficou ainda mais ansiosa. Mal poderia esperar a semana passar.

Capítulo 9

A semana passou depressa, para satisfação de Violeta. Na empresa, Tiago tentava a cada dia arrumar uma maneira de se aproximar de Natália. Sempre que possível a visitava em sua sala sob alguma desculpa esfarrapada. Só que Natália nada percebia, o que o deixava mais irritado. Ela o tratava de maneira gentil e formal, mas nunca lhe abrira o mínimo espaço para que investisse. E parecia que, sempre que entrava em sua sala, pouco depois chegava Yuri. Tinha impressão de que o irmão lhe seguia os passos.

Tiago não estava tão errado assim. Yuri sabia que o irmão mais velho não era de confiança, pois a vida inteira dera em cima de todas as suas namoradas. Por que seria diferente dessa vez? Quando tentou insinuar esse fato com Natália, ela sorriu divertida, alegando que Tiago jamais a desrespeitara ou lhe tratara de forma a levantar suspeitas.

No entanto, Yuri estava desconfiado, pois sabia que Soraia ainda não tinha desistido dele. Inclusive, teve uma conversa séria com a mãe, mas Brenda foi rápida em negar tudo. Pediu desculpas pela demissão injustificada de Natália e disse que, embora preferisse Soraia, faria de tudo para se dar bem com Natália.

Isso foi o suficiente para convencer Yuri. Brenda estivera presente em uma reunião de diretoria e fora extremamente amável com Natália, o que deixou o rapaz satisfeito. Ao menos a mãe mudara de ideia e parecia estar mais amena com sua nova namorada. Como Brenda deveria se acostumar de qualquer forma, Yuri acreditou que ela estava indo muito bem. Logo, logo se tornariam amigas.

Mel sempre detestou ter que participar das reuniões, mas quando envolvia todos os membros, o pai sempre exigia a presença dos filhos. Ela achava tudo muito chato, as conversas cansativas e os diretores um porre. Mas decidiu que somente participando mais vezes poderia ficar de olho em Tiago, ou mesmo em Brenda e Soraia. Sabia que eles não eram de confiança e fariam de tudo para desiludir Natália e Yuri de alguma forma.

Perguntou ao pai, então, se poderia comparecer mais vezes à empresa, alegando que desejava aprender mais sobre informática e o mundo dos negócios. Somente naquela semana fora três vezes à empresa. Silas ficou satisfeito, mas curioso para entender por que de repente todos os filhos pareciam tomar gosto pela empresa quase ao mesmo tempo. Qual seria o mistério que os estava atraindo? Tudo o que faltava era Brenda também querer participar com mais frequência dos assuntos empresariais.

Na quinta-feira, Natália estava ansiosa e empolgada. Dali a dois dias a mãe e a irmã partiriam para a viagem com Murilo. Esperava que tudo saísse às mil maravilhas para eles. Notou que Murilo lançava olhares amorosos para Bete, mas nem quis comentar nada com a mãe, para que ela não ficasse muito iludida, pois notara que ela também parecia muito interessada nele.

E no sábado também seria dia de conhecer a grande surpresa que Yuri estava lhe prometendo. Nem tinha ideia do que seria, mas pressentia que era algo muito bom. Dava graças a Deus pela mãe não estar em casa, pois assim poderia ficar sozinha com ele, despreocupada com horários e regras. Riu contente com esse pensamento.

Quando o expediente terminou, Yuri a encontrou para levá-la para casa. Não perceberam o carro que os seguia. Yuri dirigia conversando animadamente com Natália e nenhum dos dois notou que o veículo atrás trazia Soraia ao volante.

Soraia estava decidida: teria que conhecer o lugar em que Natália morava. Só assim poderia dar continuidade ao seu plano. Tiago estava na empresa havia quase quinze dias e não tinha feito nada do combinado. Ela não gostava de demora e achava que Tiago estava mais do que atrasado com sua parte no plano. Teria que agir ela mesma.

Viu quando Yuri parou em frente a uma casinha muito simples. Soraia achou-a ridícula, assim como a moradora, mas pelo menos agora sabia onde era a sua residência. Tinha estacionado o carro a quase uma quadra de distância, e carregava consigo um binóculo pequeno, mas potente, que lhe aproximava as cenas. Ficou furiosa quando Yuri abraçou Natália com amor e trocaram um beijo apaixonado.

Menos de dois meses atrás era ela quem estaria ali com ele. Mas fora trocada por aquela idiota pé de chinelo. Soraia não entendia o que Yuri via naquela garota. Ela era bonita, sim, mas totalmente sem classe para se vestir. Sequer sabia caminhar com pose e elegância, e ainda tinha um corte de cabelo antiquado e feio. Mas o que contava era que Natália estava sendo beijada por Yuri naquele momento, e não ela.

Soraia esperou que eles entrassem. Depois de quase uma hora, eles saíram. Ela o acompanhou até o carro. Beijaram-se novamente. Pouco depois, ele deu partida, e Natália ficou no portão acenando feito uma tonta. Logo, ela entrou novamente.

Soraia estava se preparando para ir embora quando notou o vulto parado atrás de uma árvore, de costas pra ela. Imaginou que fosse algum bandido e já ia sair correndo dali quando notou que o homem também tinha observado toda a cena entre Natália e Yuri. Aquilo a intrigou sobremaneira. Que interesse ele teria no casal? Seria apenas um curioso? Mas um curioso não precisaria estar escondido, à espreita. Aquilo talvez tivesse alguma utilidade para ela. Não custava nada tentar.

Embora um pouco receosa, Soraia desceu do carro. Como já havia anoitecido, por medida de segurança, resolveu levar um canivete, que costumava carregar no porta-luvas do carro, escondido no cós da calça. Aproximou-se lentamente do homem que ainda estava de costas para ela. Tocou-lhe levemente no ombro e ele deu um pulo, virando para trás de imediato. Soraia se descobriu encarando o rosto tenso de Ricardo.

Achou-o muito parecido com Tiago no aspecto físico. Era alto e bastante forte, com cabelos castanhos alourados, embora estivessem bagunçados. Os olhos tinham uma bonita tonalidade de verde escuro. Vestia uma roupa amarrotada, mas Soraia o achou terrivelmente atraente. Estava suando de nervosismo. Os dentes, Soraia soube depois, quando ele sorriu, eram brancos, embora fossem um pouco tortos. Ricardo estava com vinte e um anos, mas aparentava ter um pouco mais, pois a barba por fazer o envelhecia um pouco.

— O que você quer? — ele perguntou bruscamente.

— Saber por que você estava observando aquele casal.

— E isso é da sua conta? — devolveu ele, parecendo irritado. Apoiou a mão no tronco da árvore e mediu Soraia de cima a baixo. Nunca tinha visto aquela moça por aquelas bandas. Teria se lembrado da cabeleira vermelha. — Por que está perguntando isso?

— Porque me pareceu que você tinha algum interesse neles, já que estava espiando detrás dessa árvore. Mas se eu estou enganada, não tem problema — disse Soraia, fazendo gesto de que iria embora, apesar de não pretender sair dali.

— Espere! — Ricardo a segurou pelo braço, talvez apertando um pouco — Você é amiga da Natália? Foi ela quem te mandou aqui?

— Muito pelo contrário, nós não somos amigas. E quer me soltar? — Soraia puxou o braço para trás. — Na verdade, eu pretendia saber onde ela morava. E agora já sei.

— Por quê? — fez ele, desconfiado. Já tinha notado que a moça era fina e elegante.

Soraia ia dizer a verdade quando uma ideia melhor lhe ocorreu.

— Porque aquele cara que a Natália estava beijando — Soraia tomou o cuidado de não dizer que era Yuri quem beijava Natália — é noivo de uma amiga minha. Quer dizer, na verdade, era noivo, já que ele terminou com ela para ficar com essa menina.

Ricardo pareceu pensativo por alguns segundos e respondeu:

— Pois eu namorava a Natália. Depois de uns rolos, terminamos tudo... na verdade, ela terminou tudo. Tentei várias formas de aproximação, mas ela não me quis de volta. Fiquei com outras meninas, mas nenhuma foi igual ela. Daria tudo para tê-la outra vez.

Essas palavras soaram como músicas aos ouvidos de Soraia, que sorriu:

— Daria tudo mesmo? Olha, vou me apresentar e explicar o que realmente pretendo. Meu nome é... Melissa, mas todos me chamam de Mel — mentiu. — Sou irmã do Yuri, aquele que a Natália beijava. Eu tenho uma amiga, chamada Soraia. Ela estava noiva do Yuri quando ele conheceu a Natália. Por causa dela, terminou tudo com minha amiga. Meu objetivo é ajudá-la, tentar fazer com que ele termine tudo com essa Natália e volte para Soraia.

— E meu objetivo é arranjar alguma forma de trazer a Natália pra mim.

— Ora, pois então podemos unir nossas forças. Ajudamo-nos e sairemos os dois vitoriosos — antes que ele tivesse tempo pra pensar, Soraia continuou: — Está vendo aquele carro? É meu. Posso bancar todas as despesas que possamos ter. Financeiramente, eu sou bem de vida, então, quanto à parte da grana, deixa comigo.

— Minha nossa, aquela máquina é mesmo sua? Puxa vida, posso ver por dentro? Sempre tive vontade de entrar em um desses — disse ele com os olhos brilhando.

Soraia suspirou, mas concordou. Só esperava que ele não fosse um bobão viciado em carros. Só lhe atrasaria a vida. Precisava de reforços, e não de enguiços.

Entraram e ele olhava admirado cada parte do veículo. Em dado momento, ele tocou o câmbio e sua mão roçou na perna de Soraia, que estava sentada no assento do carona. Ele pareceu nem notar, mas ela sentiu um calor lhe percorrer o corpo. Enquanto ele contemplava o carro dela por dentro, Soraia se aproximou um pouco mais e, antes que Ricardo tivesse tempo de raciocinar, ela o agarrou e beijou na boca. Quando se separaram, ele perguntou:

— O que foi isso? Por que me beijou?

— Ora, não pode? — e tornou a beijá-lo.

Pouco depois estavam se amando no banco de trás do carro. Soraia e Ricardo estavam entregues aos prazeres da carne e não notaram os vultos escuros que os abraçavam, deliciando-se com as energias sexuais deles emanadas. Eram espíritos apegados aos vícios terrenos e que vinham atraídos por afinidades — nesse caso, pela prática do sexo desregrado. Faziam sexo sem amor, apenas por instinto.

Quando terminaram, Soraia se ajeitou e sorriu satisfeita. Nada se comparava a Yuri, mas aquele rapaz lhe serviria enquanto não o tivesse de volta.

— Sabe, eu pensei que a única forma de separarmos esses dois seria fazer com que o Yuri tivesse raiva dela de alguma forma. A propósito, qual é o seu nome? — perguntou ao rapaz com quem tinha acabado de fazer amor.

— Ricardo. Mas acho difícil o cara ficar com raiva dela. A menina é quase santa. E ainda com aquela irmãzinha cega dela, todos sentem mais pena da família.

— Ela tem uma irmã cega? — perguntou Soraia por curiosidade, não por compaixão. — Aliás, ela mora com quem?

— Mora com a mãe e com essa irmã. O pai dela as abandonou.

— Interessante. Quanto tempo vocês namoraram?

— Por quase um ano. Até que ela...

— Até que o quê, Ricardo? — Soraia estava cada vez mais interessada.

— Até que ela descobriu que estava grávida de mim e...

— Ela engravidou? — Soraia quase gritou. Sentou-se rígida no banco do carro. Muitas ideias se formavam ao mesmo tempo em sua mente. — Mas então quer dizer que ela tem um filho?

— Na verdade, não. Ela trabalhava em uma loja de sapatos e o estoque ficava no primeiro andar. Em um dia, segundo o que ela me contou, um cliente havia pedido vários modelos de tênis para experimentar. Natália estava descendo as escadas com várias caixas de tênis na mão quando perdeu o equilíbrio e caiu. Não foi nada muito grave, ela nem se machucou, pra dizer a verdade. Então, começou a passar mal em seguida, foi levada ao hospital e descobriu que tinha perdido o bebê. Claro que a essa altura ela já sabia que estava grávida. Nunca me escondeu isso. A mãe dela soube também.

— Sim, mas e depois? Aconteceu o quê? Como vocês terminaram?

— Natália achou que eu não tinha me interessado por seu estado. Achou ainda que eu não me preocupava mais com ela e que tinha me importado muito pouco com a perda do bebê. A partir daí, ela foi ficando distante e fria, até que terminou tudo comigo. Pedi, insisti, implorei, mas foi em vão. Natália é muito decidida e, quando quer uma coisa, vai até o fim.

— Sei como é. Ela deve ter insistido tanto no noivo da minha amiga que conseguiu ficar com ele. Mas não será assim por muito tempo. Com essa informação, posso dar um jeito de separar aqueles dois. Yuri volta com sua noiva e você com a Natália.

— Como tem tanta certeza de que ela vai voltar comigo?

Para Soraia, pouco importava se Natália reataria com Ricardo ou não. Mas tinha que fingir para convencê-lo.

— Porque ela vai ficar tão frustrada e triste, que vai precisar de um ombro amigo. E você será o ideal. Bem, fique com meu celular — escreveu o número em um papel e entregou a ele. — Caso não tenha dinheiro, me ligue a cobrar mesmo. Você tem telefone?

Ele lhe deu um número de telefone fixo. Soraia combinou quando se encontrariam novamente. Tinha vontade de ir até o apartamento de Yuri e contar a novidade, mas saberia esperar. E um dia, se viessem a descobrir, a culpa toda cairia sobre Mel, já que tinha se passado por ela. Soraia sairia inocente e reconquistaria o amor de Yuri para finalmente se casarem.

No final da tarde de sexta-feira, quando deixou a empresa, Silas seguiu direto para o apartamento de Alice. Mal continha a ansiedade de estar nos braços da amante, de trocarem carícias e beijos ardentes até bem tarde da noite. Alice era cara, mas agradava Silas em todos os quesitos. Era discreta e nunca dera trabalho. Além disso, na cama era uma mulher perfeita.

Quando Silas chegou ao apartamento em que ela estava instalada, Alice abriu a porta usando uma diminuta camisola preta. Ele entrou e foi recebido com um beijo capaz de fazer qualquer homem enlouquecer. Em seguida, Alice lhe arrancou a gravata e lhe desabotoou a camisa. Segurou-o pela mão e já estava guiando-o até o quarto quando ele a interrompeu. Como sempre, Alice era puro fogo.

— Vamos devagar, meu amor. Não é preciso correr tanto. Temos algum tempo ainda.

— Eu sei, meu bem, mas a hora passa tão rápido quando estamos juntos que mal dá tempo de nos divertirmos — ela fez beicinho. — E depois, você bem que poderia dormir aqui uma noite.

— Sabe que não posso, Alice. Ainda sou um homem casado — disse ele, suspirando.

— É um homem casado porque quer. Poderia pedir o divórcio a ela. E ela teria que aceitar — opinou Alice.

Com menos de 30 anos, Alice era uma ex-modelo que viera tentar a vida em São Paulo. Sua família era do interior e não a visitava. Aliás, sequer mantinham contato, pois Alice nunca os procurava para informar ao menos se estava bem. E eles, sem ter como localizá-la, acabaram desistindo. Tinham outros filhos e Alice seria uma preocupação a menos.

Alice era linda. Dona de um corpo perfeito e flexível, era capaz de seduzir qualquer homem e fazê-lo se apaixonar imediatamente. Mas ela não queria qualquer homem. Para ela, só valeria a pena se fosse alguém com muita grana no bolso. Não venderia seu corpo escultural, nem beijaria com seus lábios carnudos ou ainda permitiria que tocassem seus cabelos aloirados e cortados bem curtos se não fosse por um bom dinheiro. Silas era generoso nessa parte.

Pelo menos uma vez na semana ele lhe presenteava com algo caro. Encontravam-se três vezes por semana. Na última, ganhara um bracelete com rubis incrustados; na anterior, uma gargantilha com fios de ouro e um diamante pequenininho como pingente, mas o suficiente para fazer o acessório custar o preço de um carro seminovo.

O apartamento em que estava também fora presente dele, que mantinha tudo, desde despesas simples, como luz e condomínio, até gastos maiores. Eles se conheceram durante um almoço de Silas em um restaurante próximo à empresa. Sentaram-se juntos e, depois de algumas conversas, Alice resolveu investir. Notara que Silas era bem de vida e logo tratara de atacar.

E agora, depois de quase seis meses, conseguira um apartamento, que, embora estivesse no nome dele, era ter um teto garantido sobre sua cabeça. Às vezes insistia na questão do divórcio, mas no fundo sabia que ele jamais deixaria a esposa e os filhos. Silas sempre lhe fora sincero e Alice não alimentava esperanças de um casamento com ele. Sabia que os homens, depois de muito tempo de casamento, raramente largavam a esposa para viver com a amante.

— Sabe que Brenda nunca me daria o divórcio, Alice — justificou Silas. — E depois, não quero prejudicar meus filhos de nenhuma forma. Prefiro viver como temos vivido desde então. Não está bom para você?

— Quase — ela fez biquinho novamente, porque sabia que ele adorava.

— Por quê? Está faltando alguma coisa?

— É que já é sexta-feira e, nessa semana, não ganhei nenhum presente legal.

— Hum, menininha danada — rindo, ele beijou o queixo dela.
— Deveria ter dito antes. Amanhã é sábado, mas na terça-feira, depois do feriado, passo aqui à noite e iremos juntos à joalheria daquele shopping que você tanto gosta.

Alice deu gritinhos de satisfação e, como pagamento pelo presente, o arrastou para a cama. Amaram-se loucamente e por nenhum momento a imagem de Brenda passou pela cabeça de Silas. Para ele, a esposa era como um fantasma sem brilho nem vida que apenas dividia o mesmo teto com ele.

E para Alice, Silas era apenas uma boa conta bancária. Estava ciente de que ele poderia se cansar dela a qualquer momento e trocá-la por outra, mas, enquanto pudesse, lhe sugaria o máximo que conseguisse.

Capítulo 10

Brenda esperou Silas acordada. Era quase uma hora da manhã quando ele chegou. Estava perfumado e alinhado, como se tivesse tomado banho ainda há pouco. Brenda estava deitada na cama, no quarto escuro, mas não conseguia pegar no sono. Nunca dormia enquanto Silas não chegava. Preocupava-se com ele, ainda que ele não mais se importasse com ela. E quando ele se despiu e deitou-se ao seu lado, ela simplesmente perguntou:

— Reunião na casa do Tenório de novo?

— Nossa, Brenda, nem notei que você estava acordada.

— Eu estava esperando você. — Brenda sorriu no escuro e, sentindo-se uma idiota, continuou: — Mas não me importa se você esteve realmente lá ou não. O que importa é que estamos juntos — ela se virou e o beijou nos lábios. Não foi correspondida, mas insistiu: — Faz tanto tempo que nós não fazemos amor, Silas. Poderíamos tentar hoje, o que acha? Está uma noite tão linda.

— Eu estou cansado, Brenda. Fica para outro dia — respondeu Silas, virando-se de costas para ela. — Durma bem, querida.

Poucos segundos depois, Silas estava dormindo. Brenda custou a dormir, pois tentava entender como pudera deixar o seu casamento afundar daquela maneira.

Como aos sábados não havia expediente na empresa, Silas se permitia dormir até mais tarde. Brenda se levantou por volta de sete horas. Dormira mal a noite toda, com sonhos confusos e nebulosos. Mas, quando se colocou de pé, a primeira coisa que fez foi apanhar as roupas com que Silas viera vestido e levar até a lavanderia. Naquele fim de semana era folga de uma das duas empregadas deles. Mas a outra estava de licença, pois a mãe, em São Roque, tivera um infarto e estava internada, tendo a moça viajado até lá para dar apoio à mãe.

Portanto, não havia empregadas na casa naquele dia. Brenda, com as roupas de Silas na mão, chegou à lavanderia e começou a revistar os bolsos da calça e do paletó. Nem sabia o que procurava, mas esperava encontrar alguma coisa — qualquer coisa — que lhe servisse de prova para o que tinha certeza que estava acontecendo.

E não demorou a encontrar o que procurava. Havia uma conta no nome dele de um endereço na região de Pinheiros. Sabia que ele não tinha nenhum imóvel naquela área. Procurou às pressas um papel e uma caneta e tomou nota do endereço. Depois, devolveu a conta no bolso em que a encontrara.

Brenda tinha certeza de que a resposta de suas indagações estava ali. Decidida a acabar logo com aquilo, resolveu que iria até o endereço indicado naquele dia mesmo. E se fosse para encontrar alguma amante, adoraria bater um papinho com a moça.

Nesse mesmo momento, Bete e Violeta chegavam à casa de Murilo, no litoral. Conforme o combinado, ele as buscara bem cedo. As duas haviam preparado duas malas, embora levassem somente roupas leves. Murilo não se esquecera da promessa e levara três enormes bonecas para Violeta.

— Não sei se ainda brinca com isso, mas espero que goste — disse ele.

Violeta ficou encantada e o beijou repetidas vezes. Mal tinha dormido durante a noite, tamanha a sua ansiedade. Bete lhe agradeceu discretamente, mas ele lhe trouxe duas blusas pelas quais ela se apaixonou imediatamente.

— Imagino que Natália deva estar dormindo, mas vou deixar esses dois pares de sapatos para ela. Eu estive observando e acho que ela calça número 37.

— Acertou em cheio — disse Bete. Ao ver os sapatos, ficou encantada. — Minha nossa, isso deve ter custado uma fortuna — eram dois sapatos de salto alto muito elegantes. — Minha Natália vai adorar isso.

Pouco depois, os três partiram rumo à praia. Fizeram uma viagem tranquila, com Murilo contando coisas engraçadas para divertir Violeta. Bete também ria encantada, mais ainda pelo homem ao seu lado. Ainda não entendia como aquilo estava acontecendo. Se antes tinha dúvidas, agora já não tinha mais. Estava apaixonada, ainda que fosse ridículo, pois Bete achava que alguém na sua idade já não deveria se apaixonar mais. No entanto, Murilo estava mudando todo esse conceito preconceituoso e ultrapassado.

A casa dele em Maresias era tudo o que havia de mais lindo na opinião de Bete. Muito bem iluminada e arejada, com três quartos, sendo um deles uma suíte. E ficava a apenas duas quadras da praia.

— Aqui tem um cheiro tão diferente — comentou Violeta, enquanto explorava a casa com o auxílio das mãos e da bengalinha. — O ar parece mais leve.

— Deve ser a maresia que você está sentindo. Assim que se acomodarem, iremos à praia, disse Murilo.

Violeta apressou a mãe para que se aprontasse logo. Em um dos quartos havia uma imensa cama de casal e Bete e Violeta concordaram em dividi-la, embora Murilo insistisse que cada uma poderia ficar em um quarto.

— É que, caso ela queira se levantar à noite para ir ao banheiro, eu a ajudo — confessou Bete, mais tarde.

Pouco depois seguiram até a praia. Violeta ia soltando gritinhos de excitação o tempo inteiro, pois estava maravilhada. Mas emocionante foi o momento em que ela tocou a areia com os pés. A menina estava extasiada, ria e chorava ao mesmo tempo. E nem Murilo conteve as lágrimas quando segurou nas mãos de Violeta e a guiou até a água. Bete chorava emocionada e Violeta ria enquanto dava pulinhos na água.

— Mamãe, eu estou mesmo no mar? Nem consigo acreditar — disse ela, enquanto se abaixava e sentia as ondas quebrando em suas costas.

Eles brincaram na água até finalmente Violeta se cansar. Murilo a ensinou a dar umas braçadas na água e ela aprendeu rapidamente. Jogou água na direção das vozes da mãe e de Murilo e ele retribuiu, jogando mais água nela também. Logo estavam todos jogando água uns nos outros e as outras pessoas observavam felizes a cena entre eles.

— Aposto que agora você quer um sorvete — Murilo disse a Violeta, enquanto saíam da água.

A menina aceitou e eles se deliciaram com um maravilhoso sorvete de massa vendido em um quiosque ali perto. Depois, comeram um churrasquinho e Murilo comprou refrigerantes para Violeta e Bete, enquanto bebia uma cerveja gelada.

— Não sou chegado a bebidas alcoólicas, mas hoje vou aproveitar — disse ele.

Mais tarde, caminharam pela areia, com Violeta rindo e falando sem parar. Fazia perguntas do tipo: "o mar é grande?", "tem peixes nessa água?", "por que a areia é tão macia?".

Murilo tentava responder dentro do possível e riu emocionado quando Violeta o abraçou e disse:

— Eu queria que você fosse meu pai, sabia?

Bete ficou vermelha até a raiz dos cabelos com a afirmação da filha, mas apenas sorriu quando Murilo a encarou. Estava feliz e desejava apenas que aqueles três dias em que ficariam ali passassem bem devagar.

Por volta de onze horas da manhã, Brenda desceu do táxi em frente ao endereço encontrado no bolso de Silas. Dissera a ele e aos filhos que iria ao salão de beleza. Não queria levantar a menor suspeita sobre o que pretendia fazer e que não podia ser adiado. Tinha que descobrir de uma vez se realmente estava sendo traída.

O porteiro da guarita lhe informou que no apartamento 903 morava a senhorita Alice. Brenda estremeceu com a informação, mas tinha que seguir em frente, já que estava ali.

— Posso subir até lá?

— Quem devo anunciar? — perguntou o porteiro, com voz simpática.

— Na verdade ela não me conhece. Vim até aqui porque soube que ela estava precisando de alguém para ajudá-la na limpeza — mentiu Brenda descaradamente. Claro que o porteiro não iria cair naquela conversa, mas foi tudo em que conseguiu pensar. Estava muito bem vestida, o que não ajudava em nada, mas insistiu:

— Diga que fui enviada pelo seu Onofre.

Brenda ficou observando o porteiro interfonar, murmurar algumas palavras e assentir com a cabeça. Virou-se para ela e perguntou:

— Ela está dizendo que não foi informada pelo seu Onofre de que viria alguém até aqui.

— Talvez ele tenha se esquecido de dizer a ela — a situação estava ficando complicada e Brenda ficava nervosa. Antes tivesse dito a verdade. — Mas eu vim de longe. Diga a ela que não posso perder a viagem. E, depois, o seu Onofre poderia se zangar.

Mais murmúrios pelo interfone e finalmente o porteiro agradeceu e desligou. Disse que Alice havia autorizado sua subida.

— Fica no nono andar, à sua direita.

Brenda agradeceu e seguiu pelo caminho indicado. O condomínio era mesmo muito requintado e elegante, digno do bom gosto de Silas. Subiu o elevador e, quando ele parou no nono andar, Brenda abriu a porta procurando pelo apartamento 903. O corredor era muito limpo e um suave perfume de limpeza pairava no ar.

Encontrou o apartamento, mas, antes de bater, a porta foi aberta por uma loirinha usando minissaia. Alice a mediu de cima a baixo e foi direto ao ponto:

— Sei que você não foi enviada por Silas, pois temos uma pessoa que faz limpeza duas vezes por semana aqui. Pelo modo como está vestida, imagino que seja a esposa dele.

Pega de surpresa, Brenda recuou um passo, como se a mulher fosse mordê-la. Mas tinha ido até lá para enfrentá-la dentro do possível.

— Posso entrar?

— Não, não pode. Quero saber o que deseja. Se não me disser, chamo a segurança do prédio. Não tenho tempo a perder com desconhecidos — disparou Alice, ainda segurando a porta para impedir a passagem de Brenda.

— Mas tem tempo a perder com homens casados, não é? — perguntou Brenda, o que lhe valeu um sorriso descarado da outra.

— Foi Silas quem lhe arranjou esse apartamento?

— Isso não te interessa. Vamos, diga logo o que veio fazer aqui. Não me importa como descobriu onde moro, mas, já que está aqui, creio que tenha vindo escondida de Silas.

Brenda estava começando a se arrepender de ter ido até lá. A cena era ridícula: ela parada diante da porta da amante do seu marido, que estava sendo ríspida com ela.

— Não posso entrar? Vai querer conversar dessa forma? Ao menos esperava que Silas tivesse arrumado alguém com educação.

— Não é de educação que um homem gosta em uma mulher — respondeu Alice, e sorriu quando viu Brenda corar. — Hoje em dia, uma mulher deve apenas saber fazer um sexo perfeito. O cérebro não conta muito, isso lhe garanto. E, além disso, acredito que não tenhamos nada a tratar uma com a outra.

— Acho que você está certa. Tudo o que eu queria era ver a pessoa com quem Silas tem ficado. Você é a causa de ele chegar sempre tarde da noite.

Alice não respondeu e Brenda continuou:

— Só não entendo como isso foi acontecer. Reconheço que você é bonita. Eu mentiria se dissesse o contrário. Mas isso não vale a traição da esposa, depois de tantos anos de casados.

— Se a esposa cumprisse com o papel dela, ele não teria buscado conforto na cama de outra — o comentário maldoso fez

Brenda ficar vermelha novamente. Alice era rápida no gatilho e não deixava por menos. — Sei que é difícil para qualquer mulher reconhecer que foi trocada por uma pessoa melhor. É como um sapato velho. Usamos e, quando não presta mais, atiramos no lixo e compramos um novo.

Brenda empalideceu. Aquela menina a estava humilhando com a maior destreza.

— Você está me ofendendo com suas palavras porcas.

— Então por que veio até aqui? Esperava encontrar o quê? Um lar para velhinhos? No fundo, você já sabia que estava sendo chifrada. Acho que só queria conferir pessoalmente se a amante de Silas era bonita o bastante — Alice se deliciava vendo o efeito que suas duras palavras estavam causando em Brenda. — Mas agora você já me viu, sabe onde moro e que realmente mantenho um caso com seu marido. De posse de todas essas informações, acredito que você já possa ir embora — e foi fechando a porta.

Brenda deteve a porta com uma das mãos. Encarou-a nos olhos e devolveu:

— Pois fique sabendo que você não vai ficar muito tempo com Silas. Aposto que lhe arranca todo o seu dinheiro. Mulheres da sua classe só sabem fazer isso, tirar dinheiro dos trouxas que se aproveitam de um corpo bonito. Mas com Silas será diferente. Eu garanto que seu relacionamento com ele não tem futuro.

Alice sorriu largamente e afirmou:

— Se não tiver futuro, pelo menos teve passado. Saiba você que estamos juntos há mais de seis meses — o que era verdade. — Mas não creio que ele termine tudo comigo. Se quisesse apenas diversão, não teria comprado esse belo apartamento só para nós dois.

Brenda ficou branca como vela e precisou apoiar a mão na parede para não cair. Sentiu uma imensa vontade de chorar, mas nunca o faria na frente daquela sem-vergonha. Sabia que Alice estava dizendo a verdade.

— Já perdi tempo demais com você. Vá embora e não volte mais. Não temos mais nada a dizer uma à outra.

— Eu vou embora, sim — disse Brenda, tentando se controlar —, mas só vou lhe dizer uma coisa. Vocês dois não continuarão juntos pra sempre. Nem que eu tenha que...

— Vai fazer o quê? — cortou Alice.— Mandar alguém me matar? Ou vai matar seu marido? Não banque a idiota, amiga. Deveria ter segurado seu marido enquanto era tempo. Agora ele é do mundo. E caso não esteja satisfeita com a situação, dê-lhe o divórcio.

Sem esperar resposta, Alice bateu a porta na cara de Brenda. Então, a verdadeira intenção daquela garota era essa? Que ela desse o divórcio ao marido? Pois poderia esperar sentada. Jamais faria isso. Nem em sonhos Brenda liberaria Silas para que ele se divertisse com ela ou outra amante qualquer. Ele era seu marido e somente a morte deveria separá-los.

Capítulo 11

Segundo o que Yuri lhe dissera, o fim de semana prolongado seria somente deles. Quando acordou, a mãe e a irmã havia muito já tinham partido com Murilo. Natália estava sozinha em casa. Depois de um banho, foi até a sala e viu alguns pacotes sobre o sofá. Ficou encantada quando descobriu os presentes que Murilo lhe deixara. Não poderia se esquecer de agradecer-lhe quando voltassem.

Bete prometera lhe telefonar depois de meio-dia, mas ainda não o fizera. Natália esperaria mais um pouco, pois à tarde sairia com Yuri. Ainda não era uma hora quando ele chegou. Estacionou seu carro vermelho em frente ao portão e entrou trazendo um gigantesco cesto de flores brancas.

— Vamos abrir uma floricultura? — brincou Natália enquanto pegava o cesto e o beijava. — Adorei o presente.

— Preciso paparicar minha namorada. Vai que ela me troca por outro.

— Sabe que nunca faria isso. Eu o amo tanto, que isso nem me passaria pela cabeça.

— Sabia que este é o nosso fim de semana? — rindo, ele a empurrou para dentro enquanto beijava seus lábios. — Sabe que faremos coisas gostosas juntos?

— Por exemplo? — perguntou ela colocando o cesto de flores sobre a mesa.

— Coisas que casais fazem juntos — disse Yuri. Era verdade que estavam namorando havia um tempinho e até então não tinham feito nada além de trocarem beijos e carícias. Yuri temia que Natália se magoasse se ele tentasse fazer amor com ela. Sabia também que haveria o momento certo de acontecer e estava disposto a esperar. — Quero que conheça meu apartamento também. Onde estão sua mãe e a Violeta?

— Foram viajar. Eu não te disse? — em poucas palavras Natália lhe narrou como Bete conhecera Murilo e o sentimento mútuo que brotava entre eles. Não escondeu que se tratava do tio dele. — Não pode acreditar como fiquei surpresa quando descobri que vocês eram parentes.

— E depois dizem que é tudo coincidência. Acho que as coisas na vida não acontecem por acaso. Às vezes acontece cada coisa que espanta qualquer um.

— Eu nunca acreditei em coincidências. Sempre achei que as coisas acontecem quando têm que acontecer. E acredito que, quando as pessoas se sentem atraídas umas pelas outras, também não é à toa.

— Isso quer dizer que no nosso caso não foi à toa — brincou ele, mordendo-lhe o queixo, fazendo-a rir. — Quando a vi, senti como se já a conhecesse há muito tempo. Já te disse isso uma vez, não?

— Foi a mesma sensação que eu tive. Eu me lembro que uma vez nós comentamos a respeito de vidas passadas e reencarnação.

— Eu tenho vontade de aprender mais sobre esses assuntos, sabia? Quem sabe eu entenderia um pouco mais minha família.

— Por que diz isso, meu amor? Aliás, nem lhe ofereci nada. Quer beber um suco ou um refrigerante? — como ele aceitou, Natália pediu: — Venha até a cozinha para bebermos alguma coisa enquanto você me conta por que está tão interessado em vidas passadas.

Natália serviu refrigerante gelado em dois copos, sentou-se numa mesinha que havia ali e esperou Yuri continuar.

— As coisas na minha família não são normais. Acho que eles não são normais. Veja bem, meu pai vive alheio e praticamente abandonou minha mãe. Você está trabalhando com ele há tempo suficiente para saber que ele mantém casos amorosos com outras mulheres — era verdade e Natália sabia disso. Muitas vezes passara a Silas telefonemas de uma mulher chamada Alice, que se dizia cliente importante, mas ela sabia que era mentira. Era esperta o suficiente para entender que Silas e ela eram amantes.

— Minha mãe está ciente dos casos dele e Mel várias vezes a flagrou choramingando pelos cantos da casa, lamentando um amor perdido. A Mel, coitadinha, mais parece um espantalho fora do roçado. Ninguém sabe como ela se sente bem dentro daquelas roupas de enterro. E meu irmão, o Tiago, vive em eterna disputa comigo, sempre tentando tomar minhas namoradas. Não sei como ele ainda não tentou nada com você.

— Olha, desde que ele começou a trabalhar lá, tem me tratado com total respeito. Não creio que ele vá tentar algo de errado comigo.

— Mas se ele tentar qualquer coisa, quero que me avise. Não quero segredos entre nós, meu amor, lembre-se sempre disso — pediu Yuri, rosto muito sério.

Natália assentiu com a cabeça e se calou. Deveria aproveitar o momento e revelar a Yuri o que mais temia: que estivera grávida uma vez e perdera o bebê. Mas tinha certeza de que, se o fizesse, ele ficaria magoado e poderia não perdoá-la por não ter contado logo de início. E ainda mais se soubesse que Ricardo morava a apenas duas quadras dali. Aí então é que ela o perderia mesmo. Por isso, Natália decidiu manter o segredo. Mal sabia ela que Soraia já estava de posse dessa informação.

— Mas, Yuri, se Tiago sempre tentou tirar de você as suas namoradas, isso quer dizer que ele também já tentou seduzir a Soraia, já que ela era sua noiva?

— Pois com a Soraia ele abriu uma exceção. Pelo menos até onde eu sei, ela nunca me traiu. Mas, voltando ao assunto, eu penso que somente a reencarnação poderia explicar tudo isso. Afinal, tudo o que nos acontece hoje pode ter uma explicação no passado.

— Exatamente. Foi o que eu te disse sobre a Violeta. Sendo Deus tão justo e bondoso, ela não poderia ter nascido cega ao acaso. Teria que haver uma explicação por trás disso. E eu passei a acreditar na teoria de vidas passadas. Como eu acredito na Lei de Ação e Reação, penso que tudo o que nós fizermos será cobrado pela nossa própria consciência mais tarde, daí a responsabilidade dobrada sobre nossos atos.

— Sendo assim, eu deveria ter sido muito ruim para a Soraia, porque agora ela anda me seguindo como um leão a uma hiena — disse Yuri, provocando risadas na namorada. — Você tinha comentado sobre uma cliente da sua mãe que é espírita. Um dia vou querer conhecê-la.

— Claro, quando quiser iremos à casa dela. E poderemos até marcar de ir ao centro espírita que ela frequenta.

Yuri concordou e, mais tarde, a convidou para irem ao cinema no shopping e almoçar em seguida. Assistiram a um filme que havia tempos Natália desejava ver e depois almoçaram na praça de alimentação do shopping. Algumas pessoas olhavam o casal, entre admiradas e encantadas. Yuri e Natália atraíam as pessoas, já que formavam um belo par. Passearam pelo shopping e Yuri lhe comprou um belíssimo vestido azul que deixou Natália sem palavras.

Quando o dia estava quase terminando, eles foram para o apartamento de Yuri. Natália olhava emudecida, pois jamais vira um apartamento tão luxuoso. Yuri ria da expressão atônita que a namorada fazia. Natália o fez rir ao dizer que o quarto dele era quase do tamanho da casa dela inteira.

— Para que alguém quer um quarto tão grande? — perguntou ela, distraidamente.

Yuri abraçou-a por trás e começou a beijar-lhe a nuca.

— Para trazer a namorada até aqui — respondeu ele, aumentando a intensidade dos beijos e das carícias.

Natália nunca imaginara como seria a primeira vez entre eles. Tinha certeza de que seria belo, mas não podia imaginar o quanto. Quando finalmente terminaram, exaustos, permitiram-se largar um nos braços do outro. Natália chorava silenciosamente. Yuri limpou suas lágrimas e beijou seu rosto com amor. Naquele momento, o mundo se resumia a eles e ao amor que sentiam um pelo outro.

O fim de semana passou rapidamente e o feriado na segunda-feira foi muito bem aproveitado por todos. Bete, Murilo e Violeta, na praia, apreciaram cada minuto e desejavam que aqueles momentos não terminassem nunca. Murilo era simpático, atencioso, cavalheiro em todos os sentidos.

Embora já soubesse, Bete confessou secretamente à filha, na última noite em que passariam na casa, que descobrira estar apaixonada por ele. Violeta gritou com alegria, pois se afeiçoara a Murilo como se realmente fosse sua filha.

— Quando vai pedi-lo em casamento? — perguntou Violeta, abraçada à mãe.

— Mas o que é isso? Quem falou em casamento aqui? Eu disse apenas que estou apaixonada.

— Que bom ouvir isso — disse Murilo, que voltava do toalete e não pôde evitar ouvir a conversa entre as duas. Ele pediu licença e entrou lentamente no quarto que elas dividiam. — Mas eu poderia saber quem é o sortudo que conquistou seu coração?

Bete, vermelha e extremamente constrangida, olhou-o sem saber o que dizer. Não esperava ser pega em flagrante, muito menos em seus momentos de confissão.

— Posso contar a ele, mamãe? — perguntou Violeta, batendo palmas.

— Não, acho que eu mesma posso falar — Bete se levantou e se aproximou de Murilo, que a olhava ansioso pela resposta. — Desculpe, Murilo, sei que vai achar que sou ridícula e nunca mais vai nos convidar para vir até aqui. Mas não pude evitar e...

— E...

— Acontece que... na verdade, eu... — Bete gaguejava e não conseguia formar uma frase. — Eu não contava mais com esse

sentimento. Esperava nunca mais me apaixonar por ninguém. Achei que fosse velha demais para isso.
— Mas por quem você se apaixonou? — perguntou ele. Por um momento, estremeceu ao pensar que ela poderia ter conhecido alguém na praia. — Pode me contar?
— Por... eu me apaixonei por... — Bete simplesmente não conseguia dizer, mas usando de toda a força de vontade, ela o encarou nos olhos e soltou: — Murilo, acho que gosto de você.
— Acha? — quis saber ele, sentindo a emoção tomar conta do seu corpo.
— Não, eu tenho certeza — respondeu Bete, abaixando a cabeça.
Mas foi obrigada a levantar a cabeça novamente quando ele lhe segurou o queixo e a beijou com paixão intensa. Um beijo longo, em que ambos confessavam seus sentimentos em relação ao outro. Violeta apurou os ouvidos quando percebeu que tudo silenciou e esteve certa de ter escutado sons de beijos. Aplaudiu em silêncio e perguntou:
— Vocês estão se beijando?
— Estamos, sim — Murilo sorriu. — Eu descobri que amo sua mãe desde que a vi pela primeira vez, na padaria daquele português. E fiquei imensamente feliz descobrindo que sou correspondido.
— Mas, então, por que vocês não dormem juntos hoje? — sugeriu Violeta, às gargalhadas.
Bete olhou-a furiosa e mandou que se calasse, mas Murilo pareceu interessado na sugestão de Violeta. No entanto, sabia que Bete não se sentiria à vontade em fazer amor com ele tendo a filha no quarto ao lado. Por isso, beijou-a nas mãos e sorriu:
— Um dia isso ainda vai acontecer, Violeta. Eu lhe garanto — prometeu Murilo.
Depois de aproveitarem ao máximo, Violeta protestou quando tiveram que ir embora. Murilo lhe prometeu que, assim que possível, voltariam para desfrutar mais alguns dias na praia.
Quando Murilo estacionou o carro em frente à casa de Bete, notaram que havia apenas uma luz acesa lá dentro. Eram nove horas

da noite, portanto, cedo ainda para que Natália já tivesse se recolhido. Mas quando entraram, ficaram surpresos em ver Yuri e Natália abraçados no sofá assistindo a um filme de terror, tendo uma moça ainda mais assustadora deitada no chão, sobre almofadas.

Natália interrompeu o vídeo. Abraçou e beijou a mãe e a irmã. Nunca havia passado um fim de semana distante delas e sentira falta das duas. Depois cumprimentou Murilo, que olhava com ar divertido para os sobrinhos.

— Parece que temos vários pontos em comum — disse Murilo.
— Meus sobrinhos são amigos de sua filha. Que coincidência!

Mel e Yuri abraçaram o tio, e Mel foi apresentada a Bete, que, embora estivesse um pouco horrorizada com a aparência exótica da moça, achou-a simpática. Yuri, em tom de brincadeira, sorriu:

— Tio, qual será o mistério dessas duas? Foram capazes de nos seduzir e roubar nossos corações.

Todos riram. Murilo nem quis saber o que fora feito de Soraia, mas via que o sobrinho estava muito mais feliz com a nova namorada, assim como ele estava encantado pela mãe dela. Bete guardou as bagagens da viagem em um canto do seu quarto e preparou um delicioso jantar para todos. Enquanto comiam, Natália reparou que Mel sorria às vezes, o que já era um bom sinal.

Estavam terminando o jantar quando Violeta foi à cozinha buscar mais suco. Mel a seguiu, tentando ser solícita com a menina. Nunca pudera imaginar que Natália tivesse uma irmã cega.

— Vim saber se precisa de ajuda — perguntou Mel, entrando na cozinha atrás de Violeta.

— Não, eu consigo fazer bastante coisa sozinha. Mas obrigada por perguntar — agradeceu Violeta, enquanto abria a geladeira, tateava à procura do jarro de suco e fechava a porta, com precisão absoluta. — Viu? Eu já estou acostumada a ser assim.

— Desculpe, não queria que você pensasse que estou com pena.

Violeta sorriu. Um sorriso não condizente com sua idade, como se fosse um adulto muito experiente vivendo no corpo de uma criança. Aproximou-se de Mel e tocou-lhe as faces com suas pequenas mãozinhas. Sentiu-lhe os *piercings*, mas nada comentou sobre isso. Deslizou as mãos pelos cabelos de Mel e pela roupa que a moça vestia. Por fim, disse:

— Eu sinto que você é triste.

Mel estremeceu, mas tentou contornar:

— Engano seu, Violeta. Eu sou séria mesmo, não gosto de rir alto.

— Não disse que você está triste, eu disse que você é triste. Nenhuma piada ou brincadeira é capaz de acalmar seu coração e livrá-lo dessa tristeza.

— Você fala como gente grande. Mas acho que está enganada.

— Nós sabemos que não estou. Espere aqui, vou levar o suco para eles tomarem e volto para conversarmos no quarto. Você espera?

Mel queria recusar, mas uma força a fez ficar e aceitar. Não sabia o que uma menina de sete anos queria com ela, mas tinha de confessar que estava interessada.

Pouco depois, Violeta retornou e, sem dizer uma palavra, fez um gesto com a mão para que Mel a seguisse, conduzindo-a ao quarto. Sentaram-se na cama, e Violeta segurou as mãos de Mel, que olhava sem saber o que dizer ou fazer.

— Eu não enxergo com os olhos, mas vejo com o coração — disse Violeta, emocionando Mel com a frase. — E vejo que seu coração está tão negro como a roupa que veste.

Mel deu um pulo. Como a menina sabia a cor da roupa que usava? Teria Natália ou Yuri dito a ela que sempre se vestia de negro? Só poderia ser isso.

Voltou a encarar Violeta. Os olhos da menina muito esbranquiçados giravam no vazio, mas era como se muita energia brotasse dali.

— Quem te disse a cor da minha roupa? Foi meu irmão ou Natália?

— Nenhum dos dois. Mas sei que você usa roupas escuras, porque são da mesma cor do seu coração — Violeta apertou as mãos de Mel e depois relaxou: — Minha mãe sempre disse que as roupas de cor negra representam luto. E você está de luto.

— Não sei do que você está falando — disse Mel, levantando-se da cama. — Como posso estar de luto se ninguém morreu?

— Você morreu. Está enterrando a si mesma — agora, Violeta falava realmente como um adulto. — Você se fechou para todos, Mel. Por que quis agir assim?

— Olha, Violeta, isso não é conversa para se ter com alguém da sua idade — respondeu Mel, dirigindo-se para a porta. — Eles devem estar nos esperando na mesa. Vamos voltar?

— Vamos, sim — Violeta se levantou e, quando alcançou Mel, completou. — Não deixe que ninguém destrua sua felicidade. E procure não destruir a si mesma.

Quando Mel tornou a sentar-se à mesa, estava chocada. Como aquela menina podia lhe dizer aquelas coisas? Parecia saber dos seus segredos mais íntimos. E falava como uma pessoa entendida dos assuntos da vida, não como uma garotinha de sete anos. Os outros estavam distraídos em animada conversa e pareceram não notar sua palidez. Mel tentou não prestar atenção em Violeta para que ninguém notasse seu espanto.

Quando repararam na hora, Murilo se levantou, pedindo desculpas.

— O feriado terminou hoje. Amanhã é dia de acordar cedo e rumar ao trabalho — brincou ele. Virando-se para os sobrinhos, perguntou: — Vocês estão de carro ou querem carona?

— Viemos no meu carro — disse Yuri, agradecendo o convite do tio.

Logo depois, Murilo agradeceu a Bete pelo jantar, que, comovida, também disse estar muito grata pelo passeio que ele proporcionara a ela e Violeta. Antes de ele entrar em seu carro, virou-se para Bete e a tomou nos braços, presenteando-a com um beijo tão cálido e suave quanto as luzes das estrelas que brilhavam no alto. Quando se separaram, ele sorriu e, acariciando-lhe o rosto, perguntou:

— Achei uma coisa engraçada — antes que ela perguntasse, Murilo continuou: — Você nunca fez nenhuma pergunta pessoal a meu respeito. Nunca quis saber se tenho filhos, se sou viúvo, se nunca me casei. Por quê?

Bete demorou quase um minuto inteiro para responder. Era verdade, ele já havia perguntado tudo sobre ela. Sabia desde Luís ter abandonado ela, Violeta e Natália até os seus gostos. Mas ela pouco sabia sobre ele. Apenas que era advogado e irmão de Silas Onofre, além de ser bem de vida e ter uma casa no litoral. Mas nunca perguntara nada sobre sua vida particular.

— Eu não sei, Murilo. Talvez eu estivesse com medo.
— Medo de perguntar?
— Medo de ouvir uma resposta de que eu não gostasse muito.

Então, ele entendeu e sorriu:

— Você pensa que sou casado e que você é apenas uma aventura passageira?

Era exatamente o que Bete pensava, por isso concordou com a cabeça, envergonhada. Não via outra explicação para o fato de um homem bonito e rico demonstrar interesse por uma mulher simples feito ela. Até conseguia entender o romance entre Natália e Yuri, conquanto eram jovens, mas Bete já não era nenhuma mocinha. Apesar de ter vivido momentos maravilhosos ao lado de Murilo, acreditava que tudo poderia acabar num passe de mágica e, no fundo, não alimentava nenhuma ilusão ao seu lado.

— Mas como você pode pensar isso, Bete? Então, não acredita no meu amor?

— Eu acredito — ela respondeu com voz quase sumida.

— Então não confia em mim. Acha que eu brincaria com seus sentimentos?

— Eu sei que você jamais faria isso.

Murilo a abraçou e permaneceram assim, juntinhos, por alguns instantes. Quando ele levantou o queixo de Bete, viu que ela tinha os olhos marejados.

— Não tenho nada a esconder de você. Acho até que já deveria ter contado antes. Eu sou divorciado e não tive filhos com Shirley. Permanecemos casados por doze anos, mas Shirley nunca quis filhos. Ela tinha horror de estragar o corpo. Quando sugeri a adoção, ela quase me assassinou — ele sorriu. — O tempo foi passando, mas minha vontade de ser pai nunca acabou. Nos últimos tempos, não havia mais amor, sequer havia amizade. Discutíamos constantemente e, certa vez, ela me jogou na cara que estava com outro homem havia três anos.

Murilo abaixou o olhar e Bete sentiu vontade de abraçá-lo, mas ele prosseguiu:

— Não sei se senti raiva, pois no fundo eu já imaginava algo parecido. Mas Shirley nunca soube que jamais foi traída. Nesses doze anos juntos, eu nunca a traí com outra mulher.

Ele suspirou e prosseguiu:

— E numa noite ela simplesmente apareceu no meu quarto, já que havia muito tempo não dormíamos juntos, e me pediu o divórcio. Disse que desejava se casar com um tal de Laércio. Como não havia mais nada entre nós, eu não impedi e, em alguns meses, estava tudo pronto. Não éramos mais casados e cada um podia seguir sua vida como bem quisesse. Por isso, Bete, quero que entenda que nunca vou ferir seus sentimentos. Quero que olhe nos meus olhos e veja quanto amor eu tenho para lhe dar. Quero que segure minhas mãos e sinta o carinho que emana delas.

Murilo tomou as mãos de Bete, que chorava emocionada tanto pela história dele, quanto pela declaração de amor a ela. Ficaram abraçados, completamente desligados do mundo ao seu redor. Beijaram-se com ardor quando ele finalmente entrou no carro e deu partida.

Bete, enquanto retornava para casa, teve certeza de que ele realmente a amava e tudo o que mais desejava era que pudesse ser feliz ao seu lado... sempre.

Capítulo 12

Yuri deu carona para Mel até a casa de Brenda e Silas. De lá, ele seguiria para seu apartamento, após cumprimentar o pai e dar um beijo na mãe. No entanto, logo que entraram, ouviram vozes alteradas vindas do andar de cima da casa. Antes que fizessem qualquer coisa, Tiago apareceu, com expressão tranquila.

— Eles estão se matando lá em cima. Papai quer sair e mamãe está botando banca pra cima dele — informou Tiago, quase sorrindo, embora o assunto fosse sério.

— Não pode ser só por causa disso — disse Yuri. — Deve haver mais algum motivo. Eles raramente discutem dessa forma. Já que estou aqui, vou tentar saber — e subiu rapidamente as escadas, seguido pelos dois irmãos. Todos pararam atrás da porta do quarto dos pais e silenciaram.

Lá dentro, Brenda estava furiosa. Até quando o marido lhe inventaria desculpas esfarrapadas para ir se encontrar com Alice? Mais uma vez, Silas dissera que precisava ir ao encontro de Tenório, para discutir assuntos importantíssimos que seriam tratados na reunião do dia seguinte, mas Brenda reagiu:

— Silas, não banque o mentiroso. Ninguém faz reunião sobre negócios em pleno feriado à noite. Acha que sou burra ou o quê?

— Pois pode ligar para Tenório se quiser. Vamos, confirme com ele — Silas, de pé, atirou o telefone celular no colo da esposa, que estava sentada na cama.

— Não preciso ligar para ele. Com certeza ele vai confirmar. Deve ser outro da mesma laia que você. Mas eu não nasci ontem, Silas. Para uma reunião, você não precisaria sair vestido como se fosse a uma festa.

— Brenda, ultimamente você anda insuportável. À medida que fica velha, fica mais chata.

Brenda explodiu. Não se conteve e se atirou sobre o marido, unhando-o e estapeando-o. Silas, nervoso, segurou a esposa pelos punhos e a empurrou com força sobre a cama. Brenda começou a chorar e a xingá-lo de tudo quanto era nome. Foi nesse momento que Yuri e Mel entraram na casa e ouviram a discussão acalorada vinda do quarto.

— Você é podre, Silas. Você vai é se encontrar com outra mulher — Brenda quase deixou escapar que havia conhecido Alice e que ela era o pivô da briga. Mas guardaria essa informação para o momento certo. Por enquanto, daria a entender que não sabia de nada e que apenas fazia acusações sem provas.

— Brenda, eu não vou perder tempo discutindo com você. Estou atrasado e não posso deixar o Tenório esperando — na verdade, se ele demorasse, perderia o início da peça de teatro que assistiria com Alice. Não podia ficar ali dando ouvidos à Brenda. — Já aviso que não tenho hora para voltar.

Sem dizer mais nada, Silas apanhou uma maleta, que sempre levava como pretexto, e saiu do quarto. No corredor, notou os três filhos parados próximos da escadaria.

— O que vocês estão fazendo aí? Estavam ouvindo a conversa?

— Chama isso de conversa? — perguntou Yuri, abalado e triste pelo rumo que o casamento dos pais estava tomando. — Por que trata a mamãe dessa forma?

Silas sorriu para os filhos e desceu as escadas sem responder à pergunta de Yuri. Precisaria correr se quisesse chegar a tempo, ou encontraria uma Alice muito irritada. Já bastava o nervosismo da esposa, não suportaria o mau humor da amante também.

Logo que Silas saiu, Brenda trancou o quarto. Não queria dar satisfações a ninguém, caso algum dos filhos tivesse escutado a discussão e viesse perguntar.

Apanhou na bolsa seu telefone celular e discou um número. Precisava desabafar com alguém e sabia que a única pessoa com quem poderia contar era Soraia. Entre todas as suas amigas, considerava Soraia a mais honesta, fiel e sincera. Ficara chocada quando Yuri rompera com a moça para ficar com uma desconhecida. Mas logo que pudesse esclarecer de uma vez sua situação com Silas, conversaria seriamente com o filho. Ele teria que romper com a secretária de Silas e reatar com Soraia. Seria uma ordem.

Quando Soraia atendeu, Brenda não se conteve e caiu em pranto. Enquanto relatava todo o seu pesar, dor e o medo de perder o marido, Soraia, do outro lado, se segurava para não rir. Achava Brenda e Silas um casal patético e pouco lhe importava se eles se divorciassem ou não. Tudo o que queria era se casar com Yuri. Quando conseguisse isso, mandaria Brenda para o inferno. Por enquanto, era obrigada a ouvir todo aquele mar de lamentações.

Foi nesse momento que uma ideia surgiu na mente poluída da moça. Uma ideia que, tinha certeza, se fosse bem trabalhada, tinha tudo para dar certo. Como não pensara nisso antes? Quando Brenda terminou de falar, Soraia comentou:

— Nossa, Brenda, eu estou horrorizada com essa atitude de Silas. Claro que ninguém acredita nesse papo de reunião com o amigo. Sabemos que ele foi se encontrar com alguma amante — Brenda não contara a Soraia sobre Alice, pois decidira revelar tudo na hora certa. — Sabe, Brenda, os homens são muito fracos. Basta aparecer uma mulher bonita e eles se entregam. De exemplo tem o Yuri, que terminou tudo comigo sem mais nem menos para ficar com uma mulher pobre e sem classe. Isso é algo que eu nunca entendi, mas agora já foi — Soraia soltou um falso suspiro, como se estivesse realmente conformada, mas aos poucos conduzia o assunto a seus interesses.

— Mas Yuri é jovem, Silas já está velho. Não poderia ficar com essas safadezas. Ele pensa o quê? Que ainda é um adolescente?

— Como velho, Brenda? Ele tem cinquenta anos, mas aparenta dez a menos. Yuri, sim, agiu muito mal. Ele me descartou como se eu fosse um guardanapo usado — confessou Soraia, sentindo profundo ódio.

Não esquecia a forma como Yuri a tratou quando disse que jogara a aliança fora e que nunca a amara. Mas ela ainda mostraria a ele o quanto ele estava errado.

— Esse tipo de mulher, Brenda, não merece ser feliz ao lado de um homem que não lhe pertence. Há dias estou querendo te dizer algo em que tenho pensando muito, mas não via a forma de dizer. Agora, quando você me confessou a maneira como Silas agiu, eu senti que é o momento de falar.

— O que foi, Soraia? — por um momento Brenda ficou esperançosa. Teria a ex-nora conseguido uma forma de fazer com que Silas voltasse a amá-la? Nada a deixaria mais feliz. — No que você pensou?

— Que você tem que convencer o Yuri a romper com aquela tal de Natália — antes que Brenda dissesse qualquer coisa, Soraia argumentou: — Sei que pareço estar batendo sempre na mesma tecla, dizendo sempre as mesmas coisas. Mas é a única solução que eu vejo — ela fez uma pausa ensaiada e prosseguiu. — Como eu disse, essas mulheres se dedicam a destruir casamentos. Estão levando seu marido, mas não permita que o mesmo aconteça ao seu filho. Brenda, você é mãe e deve preservar a felicidade de Yuri. Sabe que ele nunca será feliz ao lado de uma moça que não tem nem onde cair morta. E eu soube que ela ainda tem uma irmã ceguinha — emendou, com sarcasmo e maldade. Mas não contaria que obtivera a informação com Ricardo. — Imagina quanto dinheiro ela não vai arrancar de Yuri com a desculpa de cuidar da irmã.

Brenda pensou por um momento e chegou à conclusão de que Soraia estava certa. Na realidade, ela não se preocupava muito com o relacionamento do filho com Natália. O que a inquietava era que sempre imaginava se ela e Silas não tinham um caso também, afinal o marido sempre defendia a nova namorada de Yuri. Se afastassem a tal moça de uma vez, seria uma oportunidade única. Mataria dois coelhos, pois livraria o filho de uma golpista e ainda reduziria as chances de encontros entre Natália e Silas. Sim, Soraia estava certa mais uma vez. Aquilo tinha que acabar de uma vez por todas.

— Soraia, você está certíssima. Vou dar um jeito de fazer Yuri desistir dessa Natália. Mas terei que ir com calma. Se eu lhe disser que deve abandoná-la, ele pode se irritar. Notei que ele anda emburrado comigo desde aquela vez em que a demitimos. Se ficar nervoso, pode acabar apressando as coisas e tudo dará errado. Talvez eles até se casem escondidos.

Soraia quase gritou ao ouvir aquilo. Nunca tinha pensado nisso. E se eles já tivessem se casado? O que faria? No entanto, tinha certeza de que isso não acontecera. Conhecia Yuri, sabia que ele era certinho demais para fazer as coisas às escondidas. Com certeza, quando fosse se casar, iria querer a presença dos pais e dos irmãos.

— Mas, então, qual é sua ideia, Brenda?

— Quero ir à casa dessa moça. Mas quero ir com Yuri, para não levantar suspeitas. Procurarei me mostrar muito simpática com ela. Então, vou chamá-la em um canto e conversar francamente. Direi que, se ela desejar a felicidade do meu filho, deve liberá-lo para ficar com você, que realmente o ama. E aí eu invento um blá-blá-blá para convencê-la. Claro que eu também pedirei mil desculpas pela proposta que lhe fizemos naquele dia.

— Brenda, você é fantástica! — riu Soraia. — Mal posso esperar para estar nos braços de Yuri novamente — e ambas riram.

Quando desligou, Brenda estava mais aliviada. Soraia tinha o dom de acalmá-la, por isso gostava de lhe telefonar quando queria desabafar. Soraia era inteligente e sabia como conversar. Distraída com os novos planos de acabar com o namoro do filho, Brenda se deitou e logo adormeceu, esquecida momentaneamente da discussão que tivera com Silas.

A terça-feira amanheceu chuvosa e as pessoas agradeceram pelo feriado na segunda ter sido bastante aproveitável.

Haveria uma reunião na empresa ao meio-dia. Natália havia combinado com Silas que não iria ao curso de informática somente para poder preparar as atas da reunião. Logo todos os sócios e acionistas chegaram e a reunião começou.

Natália, como sempre, serviu água, chá e café, contando com a ajuda de Marilu. Dessa vez, Brenda se mostrou extremamente simpática e agradeceu com um sorriso. Yuri percebeu e lançou um olhar agradecido à mãe. Pelo menos a mãe estava se acostumando com o namoro dele e Natália. Isso era um bom sinal.

Silas, durante toda a reunião, evitava olhar para a esposa. Chegara tarde na noite passada, quando Brenda já estava dormindo. Pelo menos não tivera que ficar dando explicações. Aquilo estava ficando realmente cansativo. Às vezes, tinha vontade de seguir os conselhos de Alice e pedir o divórcio a Brenda, mas sabia que isso a destruiria. Sabia que a esposa ainda o amava, do jeito dela, e não queria lhe causar esse desgosto.

Alice vivia ameaçando-o de que, se não a assumisse, ela romperia com ele. Silas tinha medo de perdê-la e atendia a quase todas as suas exigências. Quase, porque não poderia simplesmente abandonar Brenda, embora ultimamente tivesse essa vontade.

Soraia fuzilava Natália com o olhar cada vez que algum diretor sorria para a moça. Tinha vontade de gritar para todos ali que ela não era o que todos pensavam. Que ela já estivera grávida e perdera o bebê. Que ela era uma golpista e queria apenas arrancar o dinheiro de Yuri. Quando Natália se aproximou dela, sorriu:

— Aceita um café ou uma água?

— Vindo de você? Eu nunca aceitaria nada — resmungou Soraia, entre dentes.

Natália fingiu nada ouvir e continuou a servir a todos. Quando foi buscar mais biscoitos, Soraia alegou que iria ao toalete e a seguiu. Encontrou Natália dentro da saleta em que ela e Marilu guardavam seus suprimentos.

— Quero falar com você — disse Soraia em tom autoritário.

— Se for um assunto relacionado à empresa sou toda ouvidos. Mas devo informá-la de que só poderemos conversar depois que a reunião terminar — respondeu Natália, enquanto ajeitava os biscoitos na bandeja.

— Ah, quer dizer que você não quer falar sobre outras coisas?

— Não temos nenhum outro assunto a tratar — respondeu Natália, sem se rebaixar.

— Não temos mesmo? Pois eu acho que sim. Vim saber se você não se envergonha de ter roubado o Yuri de mim.

Natália pousou a bandeja sobre o balcão e encarou Soraia. Então sorriu:

— Eu não roubei ninguém. Yuri não é nenhuma peça que possa ser roubada. Eu quero que saiba, Soraia, que nunca foi minha intenção...

— Intenção uma ova! — interrompeu Soraia, começando a se irritar. — Sua única intenção é roubar dinheiro dele para cuidar da sua irmã ceguinha.

Natália empalideceu e recuou, enquanto Soraia disparava, olhos chispando:

— Você acha que sou boba como o Yuri? Eu pesquiso e investigo as pessoas. Sei de tudo. Sei que você mora com sua mãe e tem uma irmã que não enxerga. E sei de muitas outras coisas, desde quando você era vendedora de sapatos.

— O que você sabe sobre mim? — perguntou Natália com voz sumida.

— Muito mais do que você pensa. Não banque a inocente comigo que não funciona.

— Olha, preciso levar essa bandeja para a sala de reuniões. Não posso ficar aqui ouvindo você despejar sua raiva em cima de mim — disse Natália. Pegou a bandeja novamente e ia passar por Soraia, quando esta deu um empurrão na bandeja, derrubando os biscoitos no chão.

— Você não vai a lugar algum enquanto não ouvir tudo o que eu tenho para dizer. O que acha que Yuri diria se soubesse do seu bebê com Ricardo?

Pega de surpresa, Natália quase caiu no chão por cima dos biscoitos. Como Soraia soubera até daquilo? Teria ela conversado com Ricardo? Sim, porque só ele poderia dar aquele tipo de informação. O que faria agora? Pensou em negar, mas sabia que não adiantaria. Soraia parecia muito segura sobre tudo o que estava dizendo.

— Como você soube disso? Foi Ricardo quem te contou?

— Ricardo, aquele loiro bonitão? Sim, foi ele mesmo. Por isso vou avisá-la de uma coisa: quero que você termine seu namorico furado com Yuri. Se não fizer isso, eu mesma vou contar a ele que...

— Vai contar o quê, Soraia? — perguntou Mel, entrando na saleta. Vira quando Soraia fora atrás de Natália e sabia que ela deveria ter ido atormentar a moça. Não estava enganada. — Por que veio atrás de Natália?

— Você não foi chamada à conversa, fantasma de cemitério — rindo da própria piada, Soraia se virou para Natália. — Pense no que eu disse, certo?

— Não pense em nada, Natália — disse Mel. — Seja lá o que ela tenha dito pra você pensar, esqueça tudo e afaste as ideias dela de seus pensamentos.

Soraia sentiu um ódio surdo brotar dentro de si. Por que aquela aberração sempre aparecia onde não era chamada? Não estava disposta a aturar Mel e soltou:

— Não sei qual sua intenção em vir me atrapalhar, Melissa, mas aviso que não vai conseguir. Eu apenas disse a Natália algumas coisinhas que ela deve fazer caso queira continuar namorando seu irmão. Por que você não conta a ela como Yuri detesta pessoas mentirosas?

Mel olhou de uma para a outra sem entender. Então, reparou nos biscoitos jogados no chão.

— Isso caiu, Natália, ou ela derrubou?

— Caiu — respondeu Natália, com a voz fraca. Estava apavorada com a informação que Soraia tinha sobre sua gravidez, do bebê que perdeu quando se acidentou na loja de sapatos. Deveria ter contado aquilo a Yuri, mas temia que ele se zangasse. No entanto, seria muito melhor ele saber por ela do que por Soraia, que aumentaria a história três vezes.

— Bom, vou ajudá-la a servir novamente — ofereceu-se Mel.

Soraia ia sair quando resolveu que seria ótima oportunidade para espezinhar Melissa. Nunca gostara dela e sabia que o sentimento era recíproco. Por isso, voltou e atacou:

— Mel, eu sempre quis saber por que você se veste dessa forma.

— Não é problema seu.

— Ah, não é? Seria por causa do casamento dos seus pais estar desestruturado? Ou porque você nunca teve atenção suficiente dos seus irmãos mais velhos? Ou seria pelo fato de não ter sido amada pela sua família. Sim, porque, se você fosse amada, não usaria essas roupas escuras para esconder um coração sofrido.

Mel empalideceu, mas não permitiria que Soraia a humilhasse. Ela havia tocado em um ponto que lhe era muito sensível e que sempre doía, mas não poderia demonstrar fraqueza na frente de Soraia.

— Se fosse por isso, você e eu faríamos concorrência nas roupas escuras, pois você é menos amada do que eu. Ao menos não levei um chute bem dado no traseiro. E, além disso, você foi trocada por uma moça dez mil vezes mais bonita que você — dessa vez quem ficou pálida foi Soraia. — Aposto que você não sabia que eles se casam na semana que vem, não é?

Dessa vez até Natália se assustou. Que história era aquela? Mas logo que Soraia desviou o olhar, Mel lhe piscou um olho e Natália se acalmou. Continuou servindo os biscoitos na bandeja, observando a reação de Soraia, que quase perdeu os sentidos.

— Isso não é verdade.

— Tanto é verdade que eles estão mantendo segredo, não é mesmo, Natália?

Natália concordou em silêncio, intimamente divertida com a ideia travessa de Mel. Até que estava engraçada a cara de espanto que Soraia assumira.

Soraia estava chocada com a notícia. Então o que Brenda dissera estava certo. Eles podiam mesmo se casar escondidos e era o que fariam. Portanto, tinha que ser rápida dali pra frente ou poria tudo a perder.

Nesse momento, Yuri entrou. Ao ver as três paradas ali, todas muito pálidas, soube que algo de errado estava acontecendo.

— O que houve com os biscoitos? Todos estão perguntando. Você está bem, meu amor? — perguntou Yuri, beijando Natália nos lábios.

Soraia ficou tão furiosa com a cena, que ela mesma pegou a bandeja e voltou para a sala de reuniões. Mel disfarçou um sorriso e saiu também.

— Eu estou bem, querido, estou bem. É que houve uma pequena discussão aqui — disse Natália assim que se viram a sós.

— Foi Soraia, não é? Ela ameaçou você, não foi?

— Esqueça, Yuri, está tudo bem. Ela apenas veio com aquela velha história sobre eu ser a culpada pelo fim do noivado de vocês. Mas não dei muita confiança — Natália hesitou rapidamente, pensando se deveria contar a verdade sobre o bebê perdido, mas achou que aquele não era o momento adequado e tentou finalizar o assunto: — Amor, acho melhor voltarmos para a sala de reuniões. Todos vão querer saber por que eu saí de lá para buscar biscoitos e desapareci. E então a Soraia entra com os biscoitos no meu lugar. E você e a Mel vêm logo atrás. Olha a confusão! — disse ela, sorrindo, para disfarçar o nervosismo.

Yuri se convenceu e beijou a namorada. Em seguida, voltaram para a reunião. Silas e dois diretores estavam tão entretidos em uma discussão amigável que nem notaram a movimentação, mas Brenda e Tiago não perderam os detalhes. Brenda olhou para Soraia, que havia colocado a bandeja sobre a mesa. Soraia desviou o olhar e encarou Tiago irritada. Ele fingiu não perceber e abaixou a cabeça. Sabia que Soraia cobraria sua atitude em relação ao que haviam combinado anteriormente.

Tiago sabia que ela esperava que ele tentasse de alguma forma intervir no namoro do irmão, mas até agora nem sequer tentara. Mas em breve ele lançaria todo o seu poder de sedução sobre Natália. Ela seria frágil e cairia em seus braços. E então Soraia estaria livre para voltar para Yuri.

A reunião terminou pouco depois. Todos os acionistas e diretores da empresa se despediram de Silas com abraços e apertos de mão. Silas estava indo ao encontro da esposa quando sentiu o celular vibrar no bolso de seu paletó. Esperava que não fosse Alice, mas teve seus receios confirmados quando viu seu nome no visor do aparelho, disfarçado de Aline, para que Brenda não pudesse suspeitar, embora os nomes soassem parecidos.

Ele hesitou e se dirigiu ao banheiro. Ali, atendeu, tentando se mostrar zangado:

— Alice, você sabe que não gosto que me ligue quando estou na empresa. Além disso, eu estava terminando uma reunião. E Brenda está por aqui também.

— Pouco me importa. Você me prometeu aquele par de brincos de esmeraldas e ainda não cumpriu — disse ela, com voz chorosa. — Sabe que gosto de usar esmeraldas com aquele meu vestido de seda verde.

— Não prometi que iríamos à joalheria do shopping hoje à noite?

A voz ao telefone ficou simpática no mesmo instante.

— Jura, meu fofinho? Mal posso esperar. Hoje estarei esperando você de roupão. E adivinha o que estarei usando por baixo? — ela assoprou algumas palavras que fizeram Silas suar frio. — Então já sabe, benzinho. Traga os brincos que eu prometo ser muito generosa com você. Beijos mil.

Silas desligou, entre excitado e nervoso. Adorava os jogos sexuais que Alice lhe reservava, mas detestava quando ela vinha com suas chantagens emocionais. Compraria os brincos apenas para que ela o satisfizesse na cama. Ultimamente, aquilo vinha se tornando repetitivo. Havia sexo apenas se Alice recebesse presentes caros.

Mas Silas sabia também que, se cortasse os agrados, Alice o abandonaria. E ele não saberia viver sem a mulher que lhe atendia em todos os quesitos, que fazia tudo o que Brenda havia muito não fazia mais. Alice o fazia sentir-se um homem de verdade.

Capítulo 13

Natália estava de volta em sua sala, arquivando algumas atas utilizadas na reunião. Yuri a levaria para casa, mas haviam combinado de antes passar no apartamento dele para assistirem a um filme no DVD.

Abriu uma gaveta, tirou algumas pastas e colocou outras no lugar. Sabia que precisava ser prática e rápida, pois Silas gostava de eficiência, por isso tinha que ser bastante organizada.

Natália ainda não conseguia acreditar que se tornara secretária da presidência. Não conhecia muitas pessoas nesse cargo; aliás, nenhuma, mas sempre imaginou que uma pessoa nesse cargo deveria ter muito tempo de experiência. Tinha certeza de que não haveria muitas secretárias da presidência de empresas espalhadas por aí com sua idade. Silas lhe dera essa oportunidade e Natália havia jurado para si mesma que trabalharia com afinco e dedicação para nunca decepcionar o patrão, nem frustrar a confiança que ele depositara nela desde o início.

Distraída, enquanto trabalhava, Natália recordou as palavras de Soraia. Sabia que a ex-noiva de Yuri não iria sossegar enquanto não o tivesse de volta. Mas o que realmente a preocupava eram as prováveis formas de ataque da parte de Soraia. Natália não conseguia acreditar que Soraia sabia sobre o bebê havia muito perdido.

Se Soraia contasse para Yuri, o que provavelmente faria, ele ficaria magoado e decepcionado com ela, Natália.

Mas se ela mesma lhe contasse antes de Soraia, ele poderia se magoar da mesma forma, perguntando por que escondera esse fato dela. Por enquanto, torcia para que as coisas permanecessem estagnadas. Mas sabia que Soraia poderia abrir o bico a qualquer momento, e tudo poderia dar errado.

Ouviu uma batida leve na porta. Autorizou a entrada, pensando que fosse Yuri, mas demonstrou surpresa quando viu Tiago entrar. Ele trazia um pequeno embrulho nas mãos, com uma fita colorida enfeitando-o. Tiago sorriu e se aproximou.

— Espero não estar incomodando, mas gostaria de falar com você.

— Não, de forma alguma — Natália retribuiu o sorriso. — Sente-se, Tiago, afinal, você também é patrão.

Ele riu e apoiou umas das mãos no encosto da cadeira, mas não se sentou. Encarou Natália diretamente nos olhos. Um olhar tão direto e profundo que ela sentiu-se constrangida e desviou o olhar. Então, ele riu de novo e disse:

— Eu espero que você não fique brava, nem pense mal de mim.

— Não entendi.

— Esse presente é pra você — declarou Tiago, estendendo a mão com a caixinha embrulhada. — É uma forma de mostrar minha admiração pela sua competência.

Natália sorriu, encabulada. Não sabia se deveria aceitar o presente.

— Não é preciso me dar nada, Tiago. Afinal, eu sou paga para isso, não?

— Sim, mas, por favor, não recuse meu presente. É de coração e eu ficaria muito triste e ofendido se você não o aceitasse.

Sem opção, Natália pegou o embrulho. Tirou o laço e o papel delicadamente e olhou com surpresa para a caixa de chocolates de uma marca caríssima e conhecida. Teve vontade de devolver na hora, pois Yuri poderia não gostar. Porém, se o fizesse, magoaria Tiago, que poderia ficar com má impressão dela. Além disso, ele não estava fazendo nada de mais em lhe dar um presente.

Tiago aguardava ansioso que Natália aceitasse o presente. Pensara em mil maneiras de abordá-la, mas nada lhe viera à mente. Até que tivera a ideia da caixa de chocolates, como um típico adolescente apaixonado que vai fazer uma surpresa à sua primeira namorada. O truque não costumava falhar e Tiago esperava que desse certo com Natália. Se ela aceitasse, ele, aos poucos, começaria a presenteá-la mais vezes, sempre aumentando o valor financeiro de cada presente. Caso ela tentasse recusar, ele usaria toda a sua beleza e sedução para envolvê-la em sua teia de paixão.

E quando ela estivesse completamente apaixonada por ele, não pensaria mais em Yuri, que, sentindo-se triste e traído, correria de volta para os braços de Soraia. "Sim", pensou Tiago, "no final, todos sairão ganhando".

Natália, que não imaginava fazer parte do sórdido plano arquitetado por Soraia e Tiago, agradeceu pelo presente com sua voz muito suave:

— Obrigada, Tiago. Repito que não é preciso me dar presentes em troca dos meus serviços, pois, como disse, eu ganho para dar o melhor de mim.

— Eu sei, mas minha intenção foi apenas que se sentisse bem em receber um agrado meu — Tiago deslizou suas mãos pelas de Natália. — Espero que goste.

Natália estremeceu com o gesto e se afastou. Guardou a caixa de chocolates dentro de sua bolsa e retornou para o arquivo.

— Se me dá licença, Tiago, tenho que continuar minha organização com esses documentos. E obrigada mais uma vez pelos bombons.

Tiago sorriu e saiu da sala. Sabia que a deixara conturbada com sua surpresa. Aos poucos, iria conquistar o coração da secretária do seu pai.

Ligou do seu celular para Soraia, que atendeu no primeiro toque. Ele contou sobre seu plano com os chocolates, ao que Soraia concluiu:

— Não é a melhor das ideias, mas é válida. Só acho que você já deveria ter feito isso antes, pois faz um tempinho que você passou a trabalhar aí.

— Não me apresse. Se quer contar com minha ajuda, deixe que eu faça as coisas do meu jeito. Não sei fazer nada sob pressão.

— Está bem, Tiago, não precisa ficar nervoso. Vá fazendo da maneira que achar melhor. O importante é que eles terminem esse namoro idiota. — Soraia suspirou de raiva e lembrou: — Eu te contei o que descobri sobre o passado dela?

Em poucas palavras Soraia contou a Tiago tudo o que soubera por Ricardo sobre o namoro entre ele e Natália e o bebê perdido devido ao acidente na loja de sapatos, quando Natália caiu nas escadas. Tiago ficou surpreso, pois chegara a acreditar que Natália fosse virgem. Disse isso para Soraia, que sorriu sarcasticamente:

— Ainda que ela fosse virgem, já teria deixado de ser andando com Yuri. Sei que ele não perde tempo.

— Bem, vou desligar agora. Falamo-nos em outra hora. Beijos — finalizou Tiago, guardando o celular. Precisava discutir com o pai um novo projeto de produtos eletrônicos. Na verdade, precisava fingir que estava ali realmente para trabalhar.

———

— Sabe o que eu estou com vontade de comer? — perguntou Yuri, enquanto dirigia o carro em direção a seu apartamento — Deliciosas esfihas. O que acha?

— Eu adoro esfihas. Podemos passar em uma lanchonete, se você quiser — respondeu Natália, do banco do carona.

— Então vamos passar por uma que tem próximo da rua de casa.

Yuri estava feliz. Muitas vezes chegava a comparar as personalidades de Soraia e Natália. Vendo a diferença entre as duas, pensava no quanto se arrependeria se tivesse se casado com Soraia. Soraia era exigente e mordaz, Natália era doce e serena. Soraia gostava de luxo e de se vestir com sofisticação. Natália, vestindo suas roupas simples e modestas, já parecia uma princesa. A mãe de Soraia era tão intransigente e calculista quanto a filha, e Bete era tão amorosa e terna quanto Natália. Como elas eram diferentes!

Além disso, Natália era muito mais bonita do que Soraia. Seus olhos verdes como esmeraldas e sua boca carnuda deixavam Yuri louco de desejo. Adorava passar as mãos pelos longos cabelos cor de ouro da moça, tão sedosos e brilhantes quanto sua pele. Logo que o pai lançasse no mercado alguns produtos que estavam em seu projeto, Yuri pediria Natália em casamento. Mas por enquanto nada contaria.

Entraram na lanchonete pouco depois. Natália ria quando Yuri dava as esfihas em sua boca. A atendente observava-os com inveja. Daria tudo para estar ao lado de Yuri, que, além de bonito, aparentava ser endinheirado. A loirinha ao seu lado era mesmo uma sortuda.

Enquanto Yuri pagava a conta, Natália voltava tranquilamente para o carro, no estacionamento da lanchonete. Observou as estrelas no céu e fechou os olhos quando uma brisa refrescante lhe tocou o rosto. Sentia-se leve ao lado de Yuri. Ele era o homem perfeito, o homem dos sonhos de qualquer mulher. Não poderia pedir mais nada. Entrou no carro e sorriu feliz enquanto aguardava Yuri voltar.

No caixa, Yuri estava pagando a conta para a atendente que estivera olhando para ele, ainda há pouco. Quando terminou de quitar a despesa, a moça lhe deu uma piscada. Sorriu e sussurrou, aproximando-se de Yuri:

— Olha, eu saio às dez horas. Você pode deixar sua namorada em casa e voltar para me buscar. Sei de alguns lugares a que podemos ir que o deixariam louco. O que acha?

Yuri sorriu, mais surpreso do que divertido. Também inclinou o corpo próximo à moça, enquanto guardava a carteira no bolso.

— Eu faria qualquer coisa com você se não fosse um pequeno detalhe — ele estava quase cochichando agora. — Eu sou impotente.

Disse isso e virou as costas, tentando segurar o riso. A atendente o observou se afastar entre triste e decepcionada. Yuri estava quase saindo do estabelecimento, quando um rapaz da limpeza o abordou, dizendo:

— Moço, a senhorita que o acompanhava esqueceu a bolsa sobre o assento.

— Ah, sim, muito obrigado — agradeceu Yuri. De fato a bolsa de Natália estava ali. Ela, distraidamente, a esquecera sobre o banco ao lado de onde se sentara.

Quando Yuri ergueu a bolsa, sentiu-a meio estufada. Curioso, resolveu espiar por uma frestinha do zíper. Não conseguiu ver muita coisa e decidiu que seria melhor se fosse ao banheiro. Não queria que ela o visse mexendo em suas coisas, mas ele estava curioso com aquilo. Seria a bengalinha da irmã outra vez?

Qual não foi sua surpresa quando viu a caixa de bombons embrulhada para presente. Natália saíra da empresa com ele, de modo que não poderia ter comprado no caminho. Isso significava que ela tinha ganhado os chocolates dentro da empresa. Mas quem haveria lhe dado o presente? Por que ela não comentara nada? Teria sido Marilu?

Curioso, assim que entrou no carro, foi logo perguntando, enquanto mostrava a caixa para Natália.

— Você tinha esquecido sua bolsa em um banco. Eu voltei pra pegar quando notei que ela estava cheia demais. Fiquei curioso e acabei abrindo para ver o que era. Peço desculpas por ter mexido nos seus pertences, mas a curiosidade foi maior — Yuri sorriu levemente e quis saber. — De quem você ganhou esses bombons?

Natália se sobressaltou, mas decidiu ser sincera.

— Eu ganhei esse presente do seu irmão hoje, na empresa, logo após a reunião.

Yuri fez um gesto de contrariedade. Sabia que Tiago sempre tentara conquistar todas as suas namoradas. Mas não estava disposto a aceitar que ele tentasse o mesmo com Natália.

— Ele disse que era um agrado pelo meu bom desempenho no trabalho. Eu tentei recusar várias vezes, mas ele ficou insistindo — continuou ela. — Disse que ficaria magoado se eu não aceitasse. Então achei que não haveria mal algum em receber o presente dele.

— Mas por que não me contou? Se eu não tivesse pegado sua bolsa, você não me diria nada, não é mesmo? — Yuri falava secamente, enquanto dava partida no carro e ganhava a rua. — Não gosto de saber que você está ganhando presentes de outros homens.

Natália tentou imaginar se aquilo seria apenas ciúme ou se haveria algo mais por trás daquele aparente rancor. Tentou contornar a situação.

— Se você não gostou, não vou ficar com os bombons. Aliás, você está com ciúme?

— Eu com ciúme? Mas é claro que não — respondeu ele, de mau humor, mas Natália começou a rir. — Também não é preciso jogar fora, afinal são chocolates caros. Pode dar à sua irmã, por exemplo. Do que está rindo?

— De você. Sabia que fica lindo quando está bravo e enciumado? — Natália riu e o beijou na bochecha.

— Não acho graça nenhuma e já disse que não fiquei com ciúme.

Pouco depois, Yuri estacionou o carro na garagem do edifício em que morava. Logo entraram no aconchegante apartamento que Silas lhe dera de presente havia algum tempo.

— Por favor, Natália, nunca me esconda as coisas. Sei que você é uma pessoa sincera e só quero que você me diga sempre a verdade. Promete?

Mais uma vez, Natália se recordou das palavras de Soraia. Sabia que ela faria a fofoca assim que pudesse, o que poderia estragar o namoro dos dois. Por isso, Natália decidiu revelar a verdade antes que Yuri descobrisse pela boca de terceiros.

— Meu amor, antes que comecemos a assistir ao filme, quero te contar algo que é muito importante. Algo que pode abalar nosso namoro.

Yuri olhou-a fixamente e a puxou para que se sentassem no sofá. Não tinha a menor ideia do que Natália lhe contaria, mas percebeu que era algo sério pela expressão dos olhos da namorada.

— Mas o que é? Não me diga que você vai me deixar para ficar com Tiago.

— Claro que não — disse ela, rindo.

— Então o quê? Você é casada? Tem alguma doença desconhecida? Não é brasileira e está vivendo ilegalmente no país? — Yuri estava brincando e sorrindo na medida em que Natália gargalhava. — Talvez você seja um alienígena disfarçado. Ou quem sabe use peruca...

— Claro que não é nada disso. Por acaso meus cabelos se parecem com peruca? E não tenho dedos enormes para ser um E.T. Na verdade o assunto é sério, e espero que você possa me compreender, Yuri. Espero ainda que não fique magoado nem ofendido com isso por não ter lhe contado antes — vendo que ele ia perguntar alguma coisa, Natália se adiantou: — Não, não é sobre os bombons. É outro assunto, um fato que aconteceu antes de nós termos nos conhecido.

Natália fez uma pausa, avaliando o rosto de Yuri. Ele aguardava, olhando-a nos olhos fixamente. Segurou as mãos dele e perguntou:

— Promete que não vai ter raiva de mim?

— Como posso ter raiva da menina dos meus sonhos? — disse ele, beijando-a nos lábios. — Desde que você não uive para a lua nem queira chupar meu sangue, tudo ficará bem. Mas, afinal, qual é esse segredo?

Natália riu de novo, mas ficou séria em seguida. Então, começou:

— Quando eu completei a maioridade, consegui um emprego em uma loja de sapatos. Trabalhei lá como vendedora por mais de um ano, mas a empresa trocou de dono, que demitiu todos os funcionários, pois ele vinha com sua própria equipe.

Natália fez uma pausa, pois sabia que Yuri já analisara seu currículo logo que passara a trabalhar com Silas. No entanto, queria contar a história em detalhes.

— O estoque da loja ficava no piso superior e tínhamos que subir as escadas a todo momento. Você sabe como funciona isso, não é?

Ele concordou com a cabeça, e ela prosseguiu:

— Um dia, um cliente queria experimentar vários modelos de tênis e eu tive que subir para buscar os calçados. Empilhei sete caixas nos braços. Foi mais por preguiça, só para não ter que fazer outra viagem — ela sorriu. — O problema é que, quando notei, tinha rolado a escadaria. Nem sei o que me derrubou, só sei que quando percebi já estava no chão. Não me machuquei, graças a Deus, mas logo em seguida comecei a sentir tonturas e perdi os sentidos. Quando acordei, estava num hospital. E, claro, tinha perdido a venda — brincou ela.

— Nossa, você poderia ter se machucado gravemente. Sempre temos que tomar muito cuidado com as escadas. Mas não vejo o que isso tem de mais. Poderia ter acontecido com qualquer um. Eu mesmo já me machuquei muitas vezes.

— Eu sei, Yuri, mas eu estava grávida — revelou ela, de pronto. Por vezes tinha chorado pelo bebê perdido, mas agora sentia apenas emoção.

Yuri empalideceu, mas recuperou as cores logo em seguida. Sem dizer nenhuma palavra, levantou-se, foi até o barzinho e serviu-se de uma bebida. Ofereceu para Natália, que recusou com um gesto das mãos e continuou:

— Eu sabia que estava grávida e minha mãe sabia também. Aliás, até Ricardo sabia. Assim que eu descobri que esperava um filho dele, eu lhe contei.

— E quem é Ricardo? — perguntou Yuri, embora a resposta fosse óbvia. Voltou a se sentar no sofá. Mantinha uma expressão de surpresa no rosto, e não necessariamente de choque.

— Era o namorado que eu tinha na época. Era o pai da criança que eu perdi — Natália abaixou a cabeça, mas encarou Yuri em seguida. — Ricardo nunca me deu a atenção que deveria ter dado. Enquanto fiquei internada, visitou-me apenas uma vez. Depois que recebi alta, veio me ver em casa mais duas vezes somente. Fiquei triste e magoada, mas pude perceber que ele não era adequado pra mim. Às vezes penso que não perdi essa criança por acaso. Talvez tenha sido um empurrãozinho de um poder maior, para que eu revisse minhas escolhas. E elas não estavam certas.

— E hoje estão? — perguntou Yuri, sorvendo o último gole do copo.

— Com você eu tenho certeza de que estou no caminho certo, isto é, se você ainda me quiser depois disso tudo. Antes que pergunte o porquê de eu não ter dito isso a você, adianto que não me sentia preparada e confesso que tive muito medo de que você se enfurecesse comigo. Aliás, deve estar bravo e não vou tirar sua razão.

Como Yuri não disse nenhuma palavra, Natália foi em frente:

— Quando você viu Soraia, Mel e eu na despensa hoje, não foi à toa. Ela tinha descoberto essa parte do meu passado, não sei como, mas me ameaçou, dizendo que contaria tudo a você. Eu fiquei muito assustada e decidi ser mais rápida. Não queria que você soubesse de tudo isso através dela.

— Por que você me esconde as coisas? Não poderia ter falado isso antes? Não poderia ter contado o motivo da discussão entre vocês em vez de ter dito que não era nada e que estava tudo bem? E sobre os bombons de Tiago, não poderia ter me contado logo em seguida?

Dessa vez foi Natália quem se levantou do sofá. Colocou a caixa de chocolates sobre a mesinha de centro e enfiou a alça da bolsa nos ombros. Jogou os cabelos para trás e se virou de costas para Yuri.

— Aonde você vai, Natália? — perguntou ele, levantando-se também.

— Eu vou embora. Acho que você não merece uma namorada como eu — Natália se virou e Yuri observou, espantado, que ela estava chorando. — Confesso que só fiz trapalhadas. Enquanto você foi supergentil comigo o tempo todo, eu só soube esconder as coisas de você. Desculpe, Yuri, mas você não merece isso. Talvez tivesse sido melhor se você tivesse ficado com a Soraia.

Natália se virou e caminhou em direção à porta. Mas, antes que alcançasse a fechadura, Yuri segurou seu braço com suavidade e a virou para ele. Em seguida beijou-a com uma paixão mais intensa do que nunca. Parecia ávido por ela, como se a tivesse esperado por quinhentos anos e agora não pudesse perdê-la.

Ela retribuiu o beijo, enquanto tentava impedir as lágrimas de caírem. Os carinhos e carícias aumentaram e pouco depois estavam fazendo amor. Foi muito mais terno e cálido do que na primeira vez. Agora, tinham se entregado um ao outro de corpo e alma, cada um tentando mostrar o amor imenso que sentia pelo outro.

Quando terminaram, exaustos, deitaram-se lado a lado e observaram a lua que brilhava muito clara no céu sem nuvens. Ficaram brincando de contar estrelas até que ela finalmente adormeceu. Ele se virou para contemplá-la no escuro. Ela parecia mais linda do que nunca com seus fios louros espalhados sobre o travesseiro, sua boca entreaberta, seus olhos fechados e sua respiração cadenciada.

Yuri esperava que fosse coisa pior o que ela queria lhe contar, mas até que não ficara tão espantado. Natália tinha sido sincera com ele e essa era uma qualidade que ele apreciava muito. Ficara condoído pela sua situação e odiou o tal Ricardo por abandoná-la.

Mas o passado ficara para trás e o que importava agora era viver o presente para idealizar um futuro perfeito. Claro que Natália estava perdoada, pois a amava com todas as suas forças. Desde que a vira pela primeira vez, algo dentro do seu peito explodira, como a alertá-lo de que ele tinha encontrado, como diziam, sua alma gêmea e não pretendia perdê-la.

Capítulo 14

Silas chegou ao apartamento de Alice trazendo os brincos de esmeraldas que ela pedira. Assim que abriu o pequeno embrulho, deu gritinhos de satisfação e correu para a frente do espelho para experimentar os adereços. Sacudiu a cabeça para que os brincos balançassem.

Silas achou-a parecida com uma adolescente quando ganha seu primeiro carro. Animadíssima, ela se atirou em seus braços e o encheu de beijos. Poucos depois, se amavam na cama larga do quarto de Alice. Logo em seguida, tomaram um banho e se amaram novamente debaixo do chuveiro. Quando finalmente voltaram à sala, Alice sorriu:

— Meu amor, eu adorei esses brincos, embora eu quisesse ter ido ao shopping com você para comprá-los — ela tinha guardado os brincos em sua caixinha de joias. — Faz com que eu me sinta mais linda.

— Sabe que você já é linda mesmo sem usar nada de especial — respondeu Silas. Os brincos tinham custado caro, bem como as demais joias com que vinha lhe presenteando nos últimos tempos. Sua conta bancária estava ficando reduzida, pois Alice não aceitava usar nada que não custasse menos de mil reais. Como ela não trabalhava, Silas era quem tinha que lhe sustentar.

— Mas eu ficaria mais linda para você se eu tivesse uma coisa.

— Alice, por favor, chega de presentes por enquanto. Só nesse mês já te dei duas gargantilhas, um bracelete, um colar de pérolas e três pares de brincos sem contar os de hoje. Se somasse tudo isso, teríamos dinheiro para pagar um carro à vista.

Alice fez beicinho. Sempre conseguia convencê-lo a comprar as coisas que queria quando fazia charminho. Mas estava ficando cada vez mais difícil arrancar alguma coisa de Silas. Tudo o que ela não queria era um velho mão de vaca e sovina. Tinha que ser bastante rápida em conseguir tudo o que pudesse, pois sabia que ele poderia largá-la de um momento para outro e arrumar outra garota, já que acreditava que ele não tinha mais futuro ao lado da esposa idiota.

Alice nunca contara a Silas sobre a visita que recebera de Brenda e, pelo silêncio dele, imaginava que Brenda também nada dissera. O que Alice mais desejava era fazer com que ele pedisse o divórcio a Brenda. Uma vez divorciados, ela usaria de todo o seu poder de sedução para levá-lo ao altar.

E quando estivessem casados, em comunhão de bens, claro, ela poderia se divertir com rapazes mais novos, como o Flávio, o professor de ginástica que ela contratara por conta própria sem que Silas soubesse. Ele lhe deixava uma soma para seu consumo mensal e isso era mais do que suficiente para que ela pagasse pelas aulas de Flávio. Aulas que nem existiam, já que Flávio costumava ensinar as coisas na cama de Alice.

Mas, por enquanto, sua atenção estaria concentrada em Silas. Ele sim era a fonte da grana e, se o perdesse de repente, ele lhe tiraria o apartamento e ela seria obrigada a voltar a morar com as moças no pensionato. Não! Com o dinheiro que tinha em joias, ela compraria um apartamento para viver. E levaria rapazes atraentes e agradáveis para se divertir com ela.

Alheio aos pensamentos de Alice, Silas a observava. Alice era a imagem da mulher perfeita. Linda, loira, bem vestida e elegante, com um corpo capaz de fazer os homens se matarem entre si. Era excitante e divertida, mas suas chantagens vinham aborrecendo Silas. Por um lado ele queria que aquilo terminasse, mas sabia que, se Alice se zangasse, ela poderia deixá-lo. E ele pensava que não encontraria tão facilmente outra mulher com os mesmos atributos de Alice. Não que estivesse apaixonado — tinha certeza de que não a amava —, mas também sabia que não gostaria de perdê-la de vista.

— Você está sendo mau comigo, dizendo essas coisas. Nunca mediu gastos comigo — reclamou Alice, sentando-se no colo de Silas. Embora ele estivesse com cinquenta anos e aparentasse dez a menos, Alice comparou-se a uma neta sentando nas pernas do avô. Quase riu com essa ideia. — Você não gosta mais de mim?

— Se não gostasse, não estaria aqui. Mas o que você quer, afinal?

Alice riu e se levantou. Silas poderia contestar, mas, no final, sempre acabava concordando com ela. Alice sempre saía vencedora. Sabia que, para conseguir o que pediria, ia ter que agraciá-lo com muito sexo. Começou a beijá-lo na nuca e, logo que Silas começou a se excitar, ela se afastou e soltou:

— Sempre que eu preciso ir a algum lugar, tenho que ir de táxi, pois não sou mulher de andar de ônibus. Acontece que não me sinto à vontade em táxis, pois têm motoristas que me olham com cobiça. Tenho medo de ser violentada por algum deles dentro do carro.

— Não acha que está exagerando, Alice?

— Mas é verdade. Eu mal entro e eles começam a me observar pelo espelho retrovisor. Teve um que disse que não cobraria a corrida se eu fosse com ele para um motel por meia hora apenas — era mentira, mas fazia parte do plano de Alice para alcançar seu objetivo. — Por isso, meu amor, eu queria um carro para facilitar minha vida.

— Um carro? — Silas deu um pulo do sofá. Pretendia cortar aos poucos as despesas com Alice e não aumentá-las ainda mais. Já investira no apartamento para ela, além dos mimos e agrados. Um carro seria demais. Na semana seguinte, pretendia adquirir uma remessa de teclados e mouses que viriam direto dos Estados Unidos, mas o fornecedor americano exigiu, em troca de um bom preço, que a compra fosse feita com pagamento à vista. Não poderia simplesmente gastar com um automóvel para Alice no momento, ainda mais sabendo que ela não se contentaria com um carro qualquer. Definitivamente, aquilo estava fora de questão, por isso, após uma pausa enquanto refletia, Silas continuou: — Eu não posso dar um carro para você, Alice. Ao menos não agora.

— Mas por que não? Quer que eu seja estuprada ou agarrada por algum tarado dentro de um táxi? — Vendo que sua ideia inicial não surtira o efeito desejado, Alice apelou. — De repente tem um bonitão por quem eu acabo me interessando...

Silas levantou vivamente o olhar. Não lhe agradava saber que Alice poderia se deitar com outros homens. Mas também não poderia consentir com a compra do carro.

— Você está exagerando, Alice. Os taxistas não agem da forma como está dizendo. Além disso, você anda com o celular e pode usá-lo quando for necessário. E se os táxis estão te incomodando, ande de ônibus.

— Ficou louco, é? Já falei que não ando de ônibus. Isso é para os pobres, e eu sou elite.

— Então se contente com os táxis. Lamento muito, mas não posso dar um carro para você, pelo menos por enquanto — Silas explicou sobre a compra das mercadorias que seria feita nos próximos dias, mas isso não pareceu abalá-la. — Mais pra frente, posso ver algum carrinho seminovo pra você.

— Seminovo? Além de me fazer esperar, ainda vai querer me dar um traste usado? Eu não quero, obrigada. E quer saber, Silas — Alice levou a mão à testa —, não estou me sentindo bem, por isso gostaria de ir me deitar.

Aquilo era um fora bem dado e Silas percebeu. Mas em vez de tentar agradá-la, como sempre fazia e como Alice estava esperando, ele lhe deu um rápido beijo na testa e deixou o apartamento sem dizer nenhuma palavra.

Assim que ele saiu, Alice deu um grito de raiva. O que estava acontecendo com Silas, afinal? Aquela era a primeira vez que ele se recusava a lhe dar o que queria. E ainda batera o pé. Não compraria o carro. Alice achou que com a ideia de que poderia ser assediada por outros homens ele fosse se abalar, enciumado, mas lhe disse que ela deveria andar de ônibus em vez disso. Aquilo era o cúmulo para ela e, pela primeira vez, Alice sentiu que perdia o controle que exercia sobre Silas.

— Silas nunca saiu sem nem me beijar direito. E eu pensando que ele fosse me agradar e me encher de beijos. Preciso ficar esperta, porque se continuar dessa forma, ele vai acabar me passando para trás. E aí, sim, meus planos vão por água abaixo — disse ela, em voz alta, como se mais gente a estivesse ouvindo. — E se ele estiver reatando com aquela esposa insossa dele? E se ele arrumou outra pessoa melhor do que eu?

Preocupada com essas perguntas, Alice se deitou e agora realmente uma dor de cabeça surgiu. Silas rapidamente a enxotaria do apartamento. E que armas ela tinha contra ele? A esposa já sabia sobre ela, os filhos provavelmente também desconfiavam. Não tinha nada que pudesse usar para chantageá-lo depois. Eles terminariam tão rapidamente quanto haviam começado.

Decidida a tomar alguma decisão em caráter de urgência, foi só quando o dia começava a clarear que Alice finalmente pegou no sono.

———

Um mês se passou rapidamente. Durante esse tempo, Alice evitou pedir presentes a Silas. Sabia que precisava agir com cautela. Nunca mais voltou a tocar no assunto do carro e quando Silas e ela se encontravam, ela era carinhosa e sensual, envolvendo Silas na sua malha sedutora. E quando Silas estava ausente, ela aproveitava os momentos nos braços de Flávio, o professor de ginástica.

Brenda desistira de esperar o marido acordada à noite. Sabia que ele estava se divertindo com Alice e lhe machucava ouvir da boca do marido que ele estava em reuniões com o amigo. Preferia que ele lhe atirasse de uma vez seu caso com ela, mas Silas era inflexível e preferia manter seu joguinho de mentiras.

Brenda sentia como se tivesse perdido uma batalha e sabia que a qualquer momento o pedido de divórcio viria e ela não poderia segurá-lo. Como se arrependia de ter dispensado Silas quando ele a procurava na cama. Com medo de engravidar, Brenda não quisera fazer amor com ele por um tempo. Agora, a situação era inversa. Silas fugia dela para se encontrar com Alice e provavelmente com outras que ela desconhecia.

Dividiam a mesma cama, mas para Brenda era como se estivesse deitada com um estranho. Silas, assim que se deitava, virava de costas pra ela e pegava no sono. Brenda, no escuro, se permitia chorar silenciosamente. Chorava sua mágoa, seu arrependimento e sua angústia. Às vezes, chorava de raiva e revolta por se sentir impotente perante a situação. Só Deus sabia que ela faria tudo para voltar atrás se pudesse, para recomeçar. Mas agora, pensava ela, já não havia mais tempo.

Tiago, na empresa, tentara por mais duas vezes presentear Natália. Uma vez foram lindos crisântemos, depois um elegante vestido. Ambos os presentes foram recusados educadamente por Natália. Ela não queria mais conflitos com Yuri. Ficara muito feliz por ele tê-la perdoado por ter escondido os fatos passados, então não queria despertar desconfiança.

Mais uma vez, Tiago disse que ficaria ofendido se ela recusasse os presentes, mas Natália foi categórica. Dispensou os agrados com um "sinto muito", e afirmou que não era de bom-tom aceitar presentes de um homem quando se estava comprometida com outro, ainda que fosse com o irmão dele. Tiago, frustrado, resolveu que teria que pensar em outros planos para conquistar o coração de Natália e tirá-la de Yuri.

Natália se desenvolvia rapidamente como secretária da presidência. Era prática e eficiente em suas tarefas e já conhecia praticamente todos os contatos mais importantes da firma, bem como nomes de sócios, diretores e fornecedores. Sabia de cor o telefone de uma grande maioria deles. Silas estava extremamente satisfeito com o progresso de Natália e ainda mais contente pelo namoro entre ela e Yuri ter fluído sem dificuldades.

Por mais que desejasse o filho longe de Soraia, Silas chegara a pensar que ele não iria muito longe com Natália, mas fazia quase cinco meses que eles estavam namorando desde que ela fora trabalhar lá e, salvo pela interferência de Brenda e Soraia certa vez, que resultou numa demissão precoce de Natália, não havia nenhuma queixa contra o namoro dos dois, muito menos em relação ao trabalho bem desempenhado por Natália.

Com o aumento no salário desde que começou a secretariar Silas diretamente, Natália comprara para a mãe um forno de micro-ondas especial, além de uma batedeira e um liquidificador mais modernos para auxiliar na produção de seus doces e salgados por encomenda.

Bete estava duplamente feliz. Por um lado, contente porque a filha se saía bem na empresa e por ter subido de cargo tão rapidamente. Quem diria que Natália, que cinco meses atrás estava triste e desanimada pelas contas que estavam atrasadas e sem vontade de procurar emprego, se tornaria a secretária da presidência de uma firma tão importante quanto aquela? Aliás, quem diria que ela, Bete, estaria namorando o irmão desse mesmo presidente?

Seu namoro com Murilo estava tão perfeito que Bete chegava a se assustar. A cada dia que se passava, ele se mostrava mais carinhoso e atencioso, tanto com ela quanto com Violeta. A menina sempre ria muito quando estava com Murilo e era comum agora Bete deixá-la sair com Murilo para pequenos passeios de carro pelo bairro e região.

Certa vez, ao voltar de uma entrega de doces à noite, Bete flagrou Murilo sentado em uma pequena banqueta, ao lado da cama de Violeta, terminando de ler uma história para ela, que, vencida pelo sono, não pudera esperar pelo final da leitura. Para Bete, a cena foi tão emocionante que seus olhos se encheram de lágrimas. Murilo, ao vê-la contemplando-os em silêncio, parada no vão da porta, levantou-se, aproximou-se e tomou-a nos braços, beijando-a com intensidade.

Ela chegou a pensar que as carícias terminariam na sua própria cama, mas Murilo, muito educado, logo se despediu, lembrando-a do quanto a amava. Dissera que elas eram sua nova família, incluindo Natália.

Bete estava vivendo momentos maravilhosos ao lado de um homem que estava certa de que amava e ainda mais certa de que era correspondida. Eram momentos de amor que ela não desejava que terminassem jamais. Para Bete, seria assim para sempre.

Ao contrário de tanta alegria, Soraia sentia mais ódio a cada dia. Cinco meses haviam se passado desde que Yuri rompera seu noivado para namorar Natália. Cinco meses de esperança de voltar a reconquistá-lo, mas a cada momento suas esperanças iam morrendo. No início, achou que seria algo passageiro, que logo

Yuri se daria conta da tolice que estava fazendo e voltaria correndo para seus braços, mas agora começava a perceber que não seria bem assim. Ele parecia mais feliz do que nunca ao lado da secretária metida e nada parecia abalá-lo.

Um dia, Soraia o abordou rapidamente durante o intervalo de uma reunião. Em poucas palavras, contou-lhe que Natália havia perdido um bebê de um ex-namorado, que não morava distante dela. Mas ela ficou muito surpresa quando Yuri sorriu, muito tranquilo, e disse que já sabia de tudo, que havia entendido a namorada e que a tinha perdoado por omitir o fato. Os planos de Soraia, com isso, desceram pelo ralo.

Sempre que possível, ela se encontrava com Ricardo. Logo após se amarem num motel para onde Soraia o levava de carro, ela tentava sondá-lo na tentativa de obter novas informações sobre o passado de Natália. Não era à toa que se deitava com ele e, como Ricardo nunca tinha nada para lhe contar, ela foi perdendo o interesse nele.

Soraia acreditava que tinha muito azar. Seus aliados eram um pior que o outro. Brenda, que deveria ser a mais forte, mantinha seus pensamentos voltados para Silas e suas infinitas amantes. Brenda lhe dissera que faria uma visita a Natália, mas, pelo que soubera, isso ainda não tinha acontecido. Tiago era lerdo demais. Tentou usar o truque dos presentinhos, que deu certo apenas na primeira vez. Em vez de partir novamente para o ataque, ficava remoendo seus pensamentos, e isso irritava Soraia. Ricardo, o único que poderia ajudá-la, passava quase todo o tempo lembrando-se da época em que tinha namorado Natália. Era evidente que ele ainda gostava dela e se arrependia de não ter sido mais solícito quando a moça perdeu o filho deles.

E foi durante uma conversa entre eles, na cama de um motel, que uma ideia veio à cabeça de Soraia. Um plano que não poderia falhar se Ricardo fizesse sua parte direito. Um plano que faria Yuri odiar Natália até a morte. Um plano que o traria de volta para seus braços. Sim, Ricardo teria que concordar.

Em rápidas palavras, ela contou a ele sua ideia. Ricardo hesitou, mas por fim concordou. Soraia aplaudiu e o beijou. Agora, seria apenas uma questão de tempo.

Capítulo 15

O sábado amanheceu frio e chuvoso. Parecia um dia típico de inverno, embora o outono tivesse começado havia dois dias. Caía uma garoa fria e contínua, e as pessoas na rua tiveram que tirar os casacos do guarda-roupa e usar seus guarda-chuvas.

Yuri se levantou bem-disposto, apesar do dia pouco animador lá fora. Buscaria Natália mais tarde para irem juntos apreciar uma bela exposição na Oca do Ibirapuera.

Enquanto preparava seu café da manhã, com torradas e suco de laranja, Yuri pensava no quanto gostava da moça. Dormia e acordava com ela em seus pensamentos e às vezes ria sozinho quando se lembrava das bobagens que falavam. No dia anterior, enquanto a levava para casa, foram contando piadas um ao outro, muito sem graças na maioria, mas que os levavam às gargalhadas.

Enquanto colocava o suco no copo, Yuri reparou em seus dedos e na ausência de uma aliança. Logo que começaram a namorar, Natália dissera que não seria necessário nenhum anel para representar o compromisso deles, pois os corações de ambos selavam o relacionamento. Por isso, Yuri nunca lhe dera nenhuma aliança, como a que usara quando estivera noivo de Soraia. Esta, por sua vez, dava muito valor a esses detalhes, mas Natália era totalmente desprovida de apego às coisas materiais.

Estava terminando seu desjejum e ainda refletindo sobre a questão do uso de uma aliança em um relacionamento quando ouviu a campainha soar. Embora não estivesse esperando visitas, pensou que pudesse ser Natália, seus pais ou um de seus irmãos. Logo, não se preocupou em abrir a porta de pijamas. Mas nunca esperaria por Soraia.

Ele tinha que confessar que ela estava lindíssima parada à sua porta. Usava um leve casaco branco que destacava seus flamejantes cabelos ruivos, que caíam soltos nos ombros. Tinha brincos dourados nas orelhas e uma maquiagem leve que completava o quadro. Yuri pensou que ela estava parecida com uma atriz de televisão. O perfume adocicado que usava completava seu charme e sensualidade.

— Posso entrar, Yuri?

Ele, mais por hipnose do que por educação, abriu espaço para que ela passasse. Soraia olhou ao redor, como para assegurar-se de que ele estava sozinho, e então se virou, enquanto ele trancava a porta.

— Você estava dormindo?

— Não, eu estava tomando café. Está servida?

Soraia ia recusar, mas achou que ganharia tempo se aceitasse. Quando terminaram de comer, ela olhou através da janela.

— Viu que dia feio está fazendo hoje? Vim de táxi até aqui, pois não gosto de dirigir quando o asfalto está escorregadio — comentou ela, bebendo o último gole do suco.

— Sim, o dia não está empolgando ninguém. Deve ser por algum motivo importante que você veio até aqui, num sábado de manhã. Aconteceu alguma coisa na minha casa?

— Não, fique tranquilo, não houve nada. Podemos conversar na sala?

Eles se levantaram da mesa e se sentaram no sofá, na sala. Soraia admirou Yuri em seu pijama. Quantas e quantas vezes eles ficavam abraçados, no sofá, quando o dia amanhecia frio, ambos de pijamas. Mas ela desviou seus pensamentos do passado, pois tinha que se concentrar no que fora falar com ele.

— Yuri, serei o mais direta possível. Antes que eu comece a dizer qualquer coisa, quero lhe pedir desculpas.

— Por quê? — perguntou ele, curioso e ao mesmo tempo apreensivo. E se Natália aparecesse de repente e os pegasse juntos ali? Ela não iria, no entanto, pois haviam combinado que ele passaria em sua casa mais tarde.

— Eu confesso que nunca aceitei bem nosso rompimento, mas venho lidando com isso. Acredito que vou acabar superando — deu um suspiro ensaiado e prosseguiu. — Mas confesso também que persegui a Natália. Cheguei a ameaçá-la algumas vezes. E fui eu quem convenceu sua mãe a demiti-la uma vez. Até hoje me arrependo disso — mentiu.

— Sei que você agiu muito mal, mas sempre é tempo de se arrepender.

— Yuri, eu preciso falar uma coisa, mas estou com medo de que você me tome por mentirosa — ela se aproximou mais dele. — Eu soube de algo que me deixou chocada.

— Se for sobre o passado da Natália, eu não estou interessado em ouvir.

— Não é do passado, Yuri, é do presente — Soraia abaixou a cabeça, fingindo estar penalizada com alguma coisa.

— Mas o que você soube, afinal? — Yuri olhava-a atentamente e, quando Soraia levantou a cabeça, ele viu o brilho das lágrimas em seus olhos. — Você está chorando?

— Yuri, sei que não devo alimentar esperanças de voltar a namorar você. Já percebi que você realmente gosta dela — ela quase cuspiu essas palavras, mas foi em frente. — Por isso, eu agiria errado se continuasse tentando interferir. O que passou é passado. Mas uma coisa é desistir de você, outra coisa é permitir que você seja enganado.

— Não entendo do que você está falando, Soraia — Yuri a olhava atentamente nos olhos.

— Eu não quero me passar por fofoqueira — as lágrimas desciam livremente pelo rosto bonito e maquiado de Soraia. — Mas como ainda gosto de você, nunca permitiria que fizessem você de bobo — Soraia segurou as mãos de Yuri, mas soltou-as em seguida. — Você nunca acreditaria em mim e pensaria que é mais um truque meu para separar vocês dois.

Com essas palavras, Yuri percebeu que era algo referente a Natália. Mas antes que fizesse qualquer pergunta, Soraia se levantou rapidamente do sofá, apanhou a bolsa e seguiu direto para a porta.

— Aonde você vai, Soraia? — perguntou ele, levantando-se também.

— Vou embora! Aliás, eu nem deveria ter vindo. — respondeu Soraia. Mas todas as suas ações já estavam ensaiadas e, como previa, Yuri correu atrás dela.

— Não pode ir embora sem me contar o que você soube. É com a Natália? Aconteceu alguma coisa com ela? — pensando nessa possibilidade, Yuri se desesperou.

— Não, eu acredito que ela esteja bem. Mas o que eu soube é sobre ela sim.

Lentamente, Soraia voltou para o sofá e se segurou para não rir. Até então, estava dando tudo certo e Yuri estava prestando atenção no que dizia. Então, secando as falsas lágrimas, Soraia ergueu seus olhos castanhos grandes e expressivos, fitou os de Yuri e disparou:

— Natália está traindo você com outro.

Yuri empalideceu. Antes que ele dissesse qualquer coisa, Soraia continuou:

— Se não quiser acreditar em mim, pode ficar de tocaia, perto da casa dela.

— Mas como soube disso? O que você estava fazendo perto de onde ela mora? — Yuri conseguiu perguntar após recuperar o fôlego. — Aliás, você também nunca me disse como soube que Natália havia perdido um bebê do ex-namorado.

Soraia já esperava por essa pergunta e respondeu com firmeza:

— Há algum tempo vinha desconfiando dela. Natália estava mantendo comportamento suspeito, mas você, iludido em seu amor, nunca conseguiu enxergar isso. Eu ainda não tinha desistido de você, por isso passei a vigiá-la. — Vendo o olhar surpreso de Yuri, Soraia se adiantou: — Sim, sei que não deveria ficar espionando, mas foi justamente assim que eu descobri a traição.

— O que você viu, afinal? Conte logo de uma vez, Soraia.

— Numa dessas espionagens, eu vi quando ela se encontrou com o ex dela, o tal de Ricardo. Eu vi os dois se beijando na esquina da casa dela. E então ele virou em uma rua lateral e entrou numa casa, algumas quadras acima. Eu estava de carro e pude ver tudo. Depois desci, fui até a casa ao lado da dele e resolvi me informar com a moradora. Ela me disse que o nome dele era Ricardo e sabia que ele e Natália haviam namorado por um tempo e que, depois de terminarem, reataram havia dois meses. Se não acredita em mim, pode confirmar com a própria vizinha. O nome dela é Zuleica. Posso levar você até ela.

Enquanto Yuri pensava, Soraia ria por dentro. Realmente estivera conversando com a vizinha Zuleica, porém junto com Ricardo. Soraia oferecera dinheiro à mulher para que confirmasse essa história caso Yuri a procurasse para confirmar a veracidade do caso. Zuleica, em sua ganância, rapidamente aceitou a proposta de Soraia. Se aparecesse o mocinho rico, ela diria exatamente o que Soraia lhe mandara falar.

— Eu não estou conseguindo acreditar.

— Ele costuma oferecer presentes pra ela, como flores e caixas de chocolate, segundo as palavras da vizinha.

Aquilo caiu como um raio sobre Yuri. Lembrou-se de quando achara os chocolates dentro da bolsa de Natália e que ela teria lhe ocultado o fato se ele não a tivesse questionado. Mas Natália dissera que o presente fora dado por Tiago, como um prêmio por seu bom desempenho na empresa. E Yuri nunca confirmara com o irmão se realmente fora ele quem presenteara Natália, já que aquela história acabou caindo no esquecimento. Mas agora Soraia vinha com uma nova versão.

— Certa vez, eu encontrei chocolates na bolsa dela e Natália disse que foram dadas por Tiago — caso Yuri fosse perguntar ao irmão, Tiago negaria tudo, seguindo instruções previamente dadas por Soraia. Diria que nunca dera nada a Natália. — Agora que você está me dizendo isso, fiquei intrigado.

— É simples! Confirme com Tiago.

Yuri ligou para o irmão e Tiago disse que nunca daria um presente para Natália, ainda mais sem que ele soubesse. Disse ainda que, apesar de dar em cima de todas as namoradas que Yuri já tivera, ele poupara Natália, pois notara que ela parecia devota ao irmão.

Yuri desligou ainda mais preocupado. Precisava esclarecer aquela história, mas outra dúvida lhe veio à mente.

— Soraia, aqueles chocolates eram dos bons. Custariam caro e nem todo bolso poderia pagá-los.

— Yuri, acorda para a realidade — nesse momento a garoa lá fora engrossou e se transformou em chuva. — Eles moram no subúrbio. Quem garante que ele não possa ter roubado esses chocolates ou mesmo comprado de quem rouba? O preço é o de menos.

Decidido, Yuri disse que iria procurá-la imediatamente. Pediu que Soraia o aguardasse enquanto trocava de roupa. Logo estavam no carro de Yuri, seguindo o mais rapidamente possível, como a chuva permitia. Mas antes de chegarem ao bairro de Natália, a chuva já havia passado. A temperatura, no entanto, tinha caído bastante.

Enquanto Yuri dirigia, atento ao trânsito, Soraia discretamente deu um toque de seu aparelho celular para Ricardo, que daria continuidade ao seu jogo de mentiras. As energias que emanavam dela eram tão negativas que vultos escuros se abraçavam a ela ainda dentro do carro. E esses irmãos espirituais menos esclarecidos assopravam palavras no ouvido de Yuri, incentivando-o a sentir raiva da suposta traição de Natália. Depois que estacionou o carro a uma distância segura da casa da namorada, sua raiva só aumentava enquanto esperava para ver o que poderia acontecer.

— Soraia, espero que tudo isso seja verdade. Se estiver me enganando, nunca vou perdoá-la, esteja certa disso — disse ele, friamente.

Soraia estremeceu, mas forçou um sorriso.

— Eu nunca mentiria sobre algo tão sério, algo que envolve os sentimentos de alguém.

Yuri desligou o carro e pôs-se a esperar. Na verdade nem sabia direito o que estava esperando, mas durante o tempo que ficaria ali, esperava ver algo que realmente comprovasse as palavras de Soraia. Se não visse nada, iria falar com a tal vizinha.

Alheia a esses acontecimentos, dentro de casa, Natália estava ajudando a mãe a amassar uma massa para fazer alguns pães encomendados pela padaria para a qual prestava serviços. Violeta estava sentada em um banco, falando sem parar sobre Murilo.

— Ele gosta da mamãe, sabia? Eles até trocam beijinhos — disse ela, rindo.

— Você anda muito curiosa, não, mocinha? — repreendeu-a Bete, de brincadeira.

— Mãe, eu estou tão feliz por você ter arranjado alguém que realmente gosta de você e aceita a Violeta em todos os sentidos — disse Natália, em voz baixa. Simpatizava com Murilo e torcia para que o relacionamento entre ele e sua mãe desse certo em definitivo.

— Mãe, você já pensou em se casar com ele?

— Mas o que é isso, Natália? Nós ainda estamos nos conhecendo.

— Sei, sei, logo Violeta e eu ganharemos mais um irmãozinho.

Bete ficou pálida, e Natália, rindo, foi atender à porta. Alguém tinha tocado a campainha. Seria Yuri? Eles iriam mais tarde a uma exposição.

Mas ali estava Ricardo. Trazia um pacote embrulhado em uma das mãos.

— Posso falar com você ali na calçada? Prometo que é rapidinho.

— Não pode ser em outra hora? Estou ajudando minha mãe a preparar uns pães.

— Mas é coisa rápida, por favor.

Contrariada, Natália acompanhou Ricardo até a calçada. Estava frio e ela não queria ficar de papo com ele ali fora. Distraída, não percebeu o carro de Yuri parado na quadra seguinte. E nem notou que Ricardo a conduzira praticamente até a esquina.

— Eu a trouxe aqui para lhe dar esse presente — disse Ricardo, estendendo o pacote.

Aquilo fez Natália lembrar das palavras de Tiago quando lhe deu a caixa de bombons. Yuri não aprovaria aquilo, e Natália recusou.

— Obrigada, mas não vejo porque eu devesse aceitar esse presente. Não é meu aniversário nem nada.

— Por favor, é apenas uma forma de acreditar que ainda sou seu amigo. Sei que não tenho nenhuma chance com você agora, mas quero ter certeza de que você ainda valoriza minha amizade.

Sem saber bem o que fazer, Natália aceitou o pacote. E foi nesse momento de distração que Ricardo segurou seu rosto e a beijou com força nos lábios.

No carro, Soraia apontou, e Yuri, cego pela raiva, acelerou o carro. Parou em frente aos dois e desceu rapidamente. Soraia desceu em seguida. Natália, ainda assustada com o beijo repentino de Ricardo, derrubou o presente no chão. Quando finalmente conseguiu se separar, ouviu-o dizer:

— A cada dia que passa gosto mais dos seus beijos. Vamos nos encontrar à noite?

Isso foi tudo o que Natália conseguiu registrar, pois no instante seguinte uma confusão se estabeleceu. Yuri, tomado pela raiva e pelo ciúme, acreditando realmente ter sido traído por ela, avançou sobre Ricardo e, com um soco, jogou-o contra o muro de uma casa. Ricardo, que não esperava aquilo, respondeu com chutes, acertando Yuri na barriga. Logo os dois rapazes se embolaram no chão, trocando murros e pontapés.

Quando Natália finalmente saiu de seu torpor, tentou apartar a briga, mas foi detida por Soraia.

— O que você quer? Salvar o namorado ou o amante?

Sem entender, Natália se desvencilhou dela e correu para separar Yuri de Ricardo, que estavam grudados um no outro, como irmãos siameses. A gritaria fez com que os vizinhos aparecessem para acudir, e até Bete, ouvindo a balbúrdia, saiu para ver o que acontecia. Violeta segurou em sua mão e foi com ela.

Quando Yuri se separou de Ricardo, limpou a boca, que sangrava, e gritou:

— Então é com ele que você me trai, sua vadia? — disparou, num tom agressivo e ofensivo.

Natália, muda de horror, não conseguiu articular nenhum som e Yuri a sacudiu pelos braços, exigindo uma resposta.

— É com esse canalha que você tem me chifrado, não é? É ele quem dá os chocolates para você, não é?

— Mas que chocolates, Yuri, do que você está falando? — Natália estava apavorada.

Bete, ao ver quem estava brigando, aproximou-se rapidamente. Zuleica também acorreu, caso precisassem dela para alguma confirmação. Quando viu Soraia, tentou piscar-lhe um olho, mas Soraia evitou olhá-la.

— Nunca esperei uma traição dessas vinda de você, sua cadela — vociferou. — Não se envergonha de beijar esse traste na quadra da sua casa? — Yuri despejava ofensas em cima de Natália, que não se conteve e caiu em pranto.

— Yuri, por Deus. Ele me beijou à força. Eu nunca traí você. Tem que acreditar em mim — os olhos verdes imploravam, mas Yuri foi impiedoso, pois ele próprio estava a ponto de chorar.

Natália tentou se aproximar, mas ele a empurrou com violência, quase derrubando-a no chão. Bete se aproximou e perguntou:

— Mas o que está acontecendo aqui, minha filha?

— Sua filha estava me traindo com esse canalha aqui — respondeu Yuri no lugar de Natália, apontando Ricardo, que estava encostado no muro e limpava o nariz, que não parava de sangrar. Estava doendo muito, ele até achava que Yuri o tivesse quebrado.

— De longe eu vi quando ele ofereceu esse presente pra ela — apontou o embrulho caído no chão. — E ela aceitou o pacote e o beijou na boca.

— Minha filha não faria isso — defendeu Bete.

— Não faria, mas fez — respondeu Soraia. Estava encantada com o que acontecera. Saíra melhor do que esperava. Só lamentava pelos ferimentos de Ricardo e ainda mais pelos de Yuri. — Nós acabamos de ver os dois se beijando.
— E você quem é? — perguntou Bete.
— Ela é a ex-noiva dele, mãe — respondeu Natália, em meio a soluços e lágrimas. — E aposto que é a culpada por tudo isso.
— Tome vergonha na sua cara, Natália. Estava beijando outro cara e vem querer jogar a culpa em mim? — gritou Soraia. Em seguida, ela abraçou Yuri e falou: — Querido, vamos embora. Você vai sair ainda mais prejudicado disso tudo se continuar aqui. Ela vai continuar negando cada vez que você acusá-la. Isso não vai ter fim e não vai te levar a nada. Venha, vamos voltar para o carro.
— Yuri, espere — Natália correu e tentou segurá-lo pelo braço, mas ele deu-lhe um tranco com raiva. — Acredite, eu estava lá dentro ajudando minha mãe a fazer salgados quando Ricardo me chamou e...
— Cale essa boca, imunda, por favor. Não me interessam mais suas mentiras e sim o que eu vi com meus olhos. Você é nojenta, menina! E merece seu amante.
— Não fale assim com minha filha — interveio Bete, revoltada. — Natália nunca recebeu presentes desse rapaz, aliás, ele nem vem em casa procurá-la.
— Mas veio hoje, não? — perguntou Yuri.
E sem esperar resposta, entrou rapidamente no carro com Soraia, saindo dali em alta velocidade. A chuva voltou a cair e os vizinhos, vendo que a confusão tinha terminado, voltaram para dentro de suas casas, inclusive Zuleica. Ricardo aproveitou e desapareceu dentro de sua casa. Logo, apenas Bete, Violeta e Natália ficaram ali, na calçada. Violeta abraçou a irmã mais velha, que chorava sem parar. Quando entraram em casa, Natália começou a tremer e a chorar.
— Minha filha, antes de qualquer coisa, vá tomar um banho. Você está molhada. Depois vamos conversar sobre o que aconteceu.
— Mãe, o Ricardo me beijou à força. Ele segurou meu rosto assim que eu peguei aquele pacote. Isso está muito estranho,

as coisas aconteceram como se fossem combinadas — refletiu Natália, ainda chorando sem parar.

— Mãe, por que aquela moça estava rindo? — perguntou Violeta.

— Não tinha ninguém rindo lá, Violeta — respondeu Bete, enquanto ia até o quarto apanhar toalhas para Natália se enxugar. — Onde já se viu alguém rir no meio de uma briga como aquela?

— Mas aquela moça que falou com você estava rindo. Eu não vejo, mas escuto.

— Você está falando de Soraia? — perguntou Natália. Apesar de ter mantido sua atenção em Yuri, notara que Soraia estava com o rosto muito sério. — Ela estava séria, Violeta, não estava rindo não.

— Eu já disse que não posso ver, mas posso ouvir muito bem e sentir também. Eu percebi que a voz dela saía como se ela estivesse rindo. Eu diria que ela achou tudo muito engraçado.

Bete e Natália trocaram um olhar, mas logo Natália caiu num pranto profundo novamente. Bete a guiou até o banheiro, enquanto a filha ficava repetindo sem parar que era inocente e que não tinha traído Yuri.

Capítulo 16

Enquanto Yuri dirigia para a casa dos pais, tremia ao volante. Soraia, ao seu lado, ofereceu-se para conduzir o veículo, mas ele disse que estava em condições de dirigir. Fizeram o trajeto em silêncio, até estacionarem e descerem. Logo, entraram na sala de estar de Brenda e Silas.

Assim que entrou, Yuri se dirigiu ao bar de bebidas e se serviu com uma dose de vodca pura. Estava com o rosto vermelho e, nos lábios, o sangue começava a secar. Virou-se para Soraia e disse em voz muito alta:

— Eu nunca poderia esperar uma traição dessas, Soraia. Como eu pude ter sido tão idiota? Há quanto tempo ela vem me traindo desse jeito?

— Acho que há cerca de dois meses, desde que reataram o antigo namoro, segundo informações da vizinha. Eu lamento não ter podido ajudá-lo antes, Yuri — disse Soraia, adiantando-se e tocando-lhe o ombro com suavidade.

— Mas ela é uma vagabunda, sem-vergonha. Ainda não entendo como eu nunca notei nada. Nunca percebi que andava com uma qualquer por aí — gritou Yuri, furioso.

Ele falava com voz tão alterada, que logo Silas e Brenda desceram para ver o que ocorria. Mel e Tiago chegaram um pouco depois. Assim que Tiago viu Soraia, ela piscou um olho e fez um discreto sinal de positivo para ele. O rapaz sorriu e encobriu a boca com a mão.

— Mas por que está tão nervoso, meu filho? — perguntou Silas, conduzindo Yuri até o espaçoso e aconchegante sofá. — Eu nunca vi você assim.

— Porque a Natália é uma safada. Ela estava com outro cara.

Em poucas palavras, Yuri contou a todos o que vira. Disse que acabou trocando socos com o outro rapaz, por isso estava com a boca sangrando. Contou que Natália negara a traição, mas que era evidente que ela estava mentindo. Finalizou, dizendo:

— Eu nunca poderia esperar algo assim de uma menina que eu tinha certeza que me amava de verdade. Como eu pude ter sido tão cego, tão tolo? — e quase chorava, abraçado a Silas.

— Eu sempre achei que você não combinava com ela — opinou Brenda. — Ela bem que deveria ter sido demitida quando eu mandei, mas seu pai a acobertou. Agora vimos do que ela é capaz.

— Você estava chegando à casa dela quando presenciou a cena? — perguntou Silas. Não conseguia acreditar que uma pessoa tão meiga como Natália fosse capaz de trair seu filho, ainda mais na frente de casa, visível para todos que por ali passassem.

— Na verdade, ele foi atendendo a um pedido meu — interveio Soraia. — Eu já sabia das traições daquela menina, mas queria que Yuri visse por si mesmo e não me tomasse por mentirosa.

— Fez bem, minha filha — aprovou Brenda. — Sempre disse que Yuri deveria ter ficado ao seu lado. Não sei o que deu nele para romper um noivado que daria casamento em poucos meses.

— Tiago, você me disse que nunca lhe deu aquela caixa de bombons? — perguntou Yuri mais uma vez. — Porque quando eu descobri aqueles bombons dentro da bolsa dela, ela me contou que você havia dado em troca dos bons serviços dela. Ela pretendia manter segredo, mas só contou porque eu achei os bombons e a pressionei.

— Já disse a você que eu nunca dei nada pra ela — mentiu Tiago, mantendo o trato que fizera com Soraia ainda naquela manhã, antes que ela chegasse ao apartamento de Yuri.

— Silas, essa moça está envolvendo nossos filhos nas suas mentiras. Não a quero trabalhando para nós — protestou Brenda, visivelmente transtornada. — Ainda acho que Yuri deve voltar para Soraia, isto é, se ela perdoá-lo pelo que fez com ela.

— A Soraia perdoá-lo? — perguntou Mel, que até então se mantivera calada. — Brenda, ela não só vai perdoá-lo, como também vai agarrá-lo assim que possível.

— Melissa, isso são modos de falar? — repreendeu Brenda. Ficava muito irritada quando Mel a chamava pelo nome e não por mãe.

— Está mais do que na cara que isso foi armação da Soraia — disse Mel, olhando para a mãe. Desviou o olhar para Yuri e encarou Brenda novamente. — Afinal, pelo que eu entendi, foi ela quem o levou até lá. Provavelmente, o outro cara, o que estava beijando a Natália, foi contratado pela Soraia. Nada tira isso da minha cabeça.

Soraia teve vontade de assassinar Mel. Por que aquela peste sempre vinha se colocar contra ela?

— Mel, querida, eu acho que você está enganada. Não fui eu quem disse que a Natália é uma traidora. Seu irmão viu — redarguiu Soraia, tentando segurar a vontade de esbofetear aquela irmãzinha metida de Yuri.

— Viu porque você o levou até lá. E não me chame de querida, sua hipócrita — respondeu Mel, parecendo mais pálida do que nunca. Virou-se para Silas e continuou: — Pai, será uma injustiça você demitir Natália. Aliás, esse é um assunto particular e não interfere no trabalho dela de forma alguma.

— Mas vai interferir no de Yuri, que está trabalhando com seu pai — lembrou Brenda. — Eles vão continuar se encontrando todos os dias, o que só prejudicará o estado de Yuri.

— Brenda está certa, Silas. Posso indicar uma amiga para ocupar a vaga dela, se quiser — sugeriu Soraia.

— Não preciso de suas indicações — Silas encarou Soraia com raiva. Nunca gostara dela e agora o ressentimento parecia maior. — Eu decido o que fazer com Natália.

— Pai, eu também acho que ela deve sair — sugeriu Tiago. Tinha ficado muito aborrecido com Natália desde que ela recusara os outros presentes que ele oferecera. Quem ela pensava que era? — Trabalharíamos muito mais à vontade sem ela conosco.

— Não faça isso, pai. Natália é excelente funcionária e tenho certeza de que é vítima de toda essa nojeira. Não a demita — pediu Mel, mas quando Silas se levantou do sofá, soube que ele já tinha tomado sua decisão.

— Yuri, você acha que ela deve sair da empresa? — perguntou Silas. — Ou acha que, mesmo após os acontecimentos de hoje, você poderia continuar trabalhando e mantendo contato com ela diariamente?

Yuri encarou o pai e parecia pensativo. Ficou em silêncio por quase um minuto enquanto os outros aguardavam ansiosos por sua resposta. Por fim, respondeu:

— Pai, passo essa decisão ao senhor. Não quero opinar quanto a isso.

— Pois bem, eu já resolvi o que fazer. Embora Natália seja excelente funcionária, sei que podemos conseguir outra igualmente capaz. Na segunda-feira vou dispensá-la da empresa. Yuri e Tiago poderiam ter seu desempenho prejudicado estando na presença dela.

Soraia quase gritou de pura alegria. Estava livre de Natália de todas as formas. Agora, bastava um passo para convencer Yuri a reatar o noivado.

Brenda também ficou contente com a decisão, pois acreditava sinceramente que a felicidade de Yuri dependia do bem-estar e ele não poderia ser feliz vivendo com uma menina pobre e ignorante como Natália. Soraia era e sempre fora a melhor opção para ele.

Mel olhava incrédula para o pai. Ele seria mesmo tão injusto? Logo ele, que sempre se preocupava com justiça para as pessoas. Não podia acreditar no que estava ouvindo. E antes que protestasse, Silas tornou:

— Mas como pai de Yuri, e não como patrão, amanhã irei pessoalmente até a casa de Natália. Quero que ela explique com suas palavras o que realmente aconteceu.

Todos se puseram a falar ao mesmo tempo, mas Silas ergueu a mão.

— Está resolvido. Amanhã vou conversar com ela.

— Silas, o que você pretende fazer na casa daquela moça? — perguntou Brenda, desconfiada. Não seria aquela uma desculpa para se encontrar com uma nova amante? — Yuri já terminou tudo com ela após vê-la traindo-o.

— É verdade, pai. Ela vai mentir para o senhor e se fazer de vítima. E vai tentar segurar o emprego e convencê-lo disso.

— Ninguém me convence quando eu já tomei uma decisão. Irei à casa de Natália amanhã e ponto final. O assunto está encerrado — e sem dizer mais nenhuma palavra, Silas subiu para seu quarto.

— E agora? — Soraia estava começando a se preocupar. Por que Silas tinha que complicar as coisas, logo agora que estava dando tudo certo?

— Agora nada, Soraia — disse Brenda. Mas para ter certeza de que Silas não se encontraria com outra mulher, falou: — Eu irei com ele, fique tranquila. Ela não poderá convencê-lo a se manter na empresa. Eu não vou deixar.

— Eu também quero ir — disse Mel. — Quero tirar algumas conclusões.

Brenda deu de ombros e abraçou Yuri. Como mãe, faria tudo para proteger seus filhos.

No domingo, por volta de nove e meia da manhã, Silas estacionou o carro em frente ao portão de Natália. Fora guiado até ali por Mel, que já visitara a casa com Yuri certa vez. Brenda também os acompanhava e, embora o bairro fosse razoavelmente bonito, fingiu sentir arrepios com o lugar.

— Essas periferias me assustam — resmungou.

Tocaram a campainha e logo Bete surgiu na porta. Nunca tinha visto aquelas pessoas, mas quando olhou melhor para as roupas negras de Mel, reconheceu que era a irmã caçula de Yuri. Correu para abrir o portão, esfregando as mãos no avental.

Ao encarar Silas, soube imediatamente quem ele era, antes que se apresentasse, pois parecia uma cópia um pouco mais velha de Murilo. Era muito bonito também.

— Bom dia. A senhora deve ser a mãe de Natália. Muito prazer, sou Silas Onofre, o presidente da empresa em que ela trabalha. Esta é minha esposa, Brenda. Creio que já conheceu nossa filha, Mel, pois ela nos trouxe até aqui.

Bete cumprimentou a todos efusivamente, enquanto se apresentava e tentava imaginar o que os levara até ali, embora pressentisse que tivesse a ver com a confusão do dia anterior.

— Sua filha está? — perguntou Brenda, no melhor tom possível.
— Gostaríamos de falar com ela.
— Claro, entrem, por favor. A casa é simples, mas é acolhedora — Bete os guiou até a salinha muito simples e arrumadinha. — Aceitam um café? Eu acabei de passar, está fresquinho.

Brenda ia recusar, pois não se sentiria bem tomando café na casa de pessoas tão pobres quanto aquelas, mas, quando Silas aceitou, ela se viu obrigada a aceitar também. Mel pediu um copo com refrigerante.

Bete foi buscar os cafés e a bebida para Mel. Passou pelo quarto de Natália e anunciou que havia visitas para ela. Natália, que estava deitada, mas já acordada, se levantou rapidamente e estremeceu quando ouviu uma voz parecida com a de Silas. Não era possível, o que ele faria em sua casa?

Quando chegou à sala, teve suas dúvidas confirmadas. E ele ainda viera com Brenda. Natália corou e os cumprimentou educadamente. Sequer arrumara os cabelos para recebê-los. Natália encarou Mel, que quase lhe sorriu de volta.

Todos repararam que Natália estava com os olhos inchados e vermelhos, provavelmente de tanto chorar. Antes que iniciassem o assunto, Bete retornou com as bebidas, e Brenda teve que admitir para si mesma que o café estava delicioso.

Mel logo perguntou:

— Onde está Violeta? Eu gostaria de vê-la — ainda se lembrava das palavras da menina na última vez em que estivera ali.

— Está sentada na cama dela. Venha comigo, eu a levo até ela — disse Bete, guiando Mel ao encontro da menina, deixando-os, assim, a sós para conversarem.

— Natália, soubemos o que aconteceu ontem entre você e Yuri — começou Silas, assim que se viram sozinhos. E lamentamos a forma como aconteceu.

— Seu Onofre, eu explico o que...

— Espere eu terminar de falar, por gentileza — cortou ele, delicadamente. — Yuri afirma que a viu beijando outro rapaz. Ele está muito mal e não se conforma com o que aconteceu. Durante uma reunião em casa, ontem, houve sugestões a respeito do seu destino na empresa.

Natália sentiu que o coração disparava. Perguntou-se se as sugestões teriam vindo de Brenda, de Soraia ou das duas.

— Acredita-se que ficaria muito difícil o relacionamento profissional entre você e Yuri, o que acabaria por prejudicar os dois. Por isso, demiti-la seria a melhor solução — disse Silas.

Natália levou as mãos à boca e começou a chorar descontroladamente. Não entendia o que estava acontecendo com ela. Em um dia, era acusada pelo namorado de algo que não tinha cometido, e agora estava perdendo seu emprego. Por que Deus a estava castigando daquela forma?

— Seu Onofre, eu nunca traí Yuri. Ricardo era um ex-namorado meu, mas havíamos terminado fazia muito tempo, desde que... — que importava esconder isso agora? — desde que eu perdi um bebê que estava esperando dele. Então, ele foi se afastando de mim enquanto estava no hospital, e terminei tudo com ele. Juro que não tínhamos mais nada, sequer éramos amigos. E ontem, eu e Yuri tínhamos combinado de ir a uma exposição no Ibirapuera. Eu estava aqui em casa, ajudando minha mãe no preparo de umas encomendas... já lhes disse que ela trabalha com doces e salgados. E foi quando a campainha tocou. Achei que fosse Yuri, chegando mais cedo, mas me surpreendi quando vi Ricardo parado ali.

Natália contou tudo o que acontecera depois, inclusive sobre o presente que Ricardo trazia nas mãos.

— E Yuri não me deixou explicar que nada daquilo era verdade — ela chorava sem parar. — Por isso, seu Onofre, sei que é quem toma as decisões, mas eu imploro que não me demita. Não posso ficar sem meu emprego, pois dependo do dinheiro para ajudar em casa. Tenho uma irmã cega que está naquele quarto e necessita de atenção especial. Por favor, seu Onofre.

— Mas quem falou que você vai ficar sem emprego? Eu disse que iria demiti-la da empresa, mas não disse que você deixaria de trabalhar pra mim, disse?

Brenda olhou para o marido rapidamente. Com aquilo não contava. O que Silas estaria tramando agora?

— Não entendi — disse Natália, enxugando as lágrimas.

— Nem eu. O que pretende, afinal, Silas? — perguntou Brenda, nervosa.

— A partir de segunda-feira, Natália passa a ser minha secretária particular. Atuará nos meus negócios diretamente da minha casa.

— O quê? — Brenda se pôs de pé, mas, a um gesto do marido, sentou-se novamente. — Explique essa história direito, Silas, pelo amor de Deus.

— Natália vai trabalhar em nossa casa. Yuri não mora lá e não tem por que se encontrar com ela. E Tiago tem passado a maior parte do tempo na empresa. Quando ele voltar, Natália já terá ido embora, pois continuará cumprindo seu horário da empresa — Silas sorriu quando viu Natália sorrir entre as lágrimas. — Você vai fazer o que tem feito na empresa, mas em meu escritório, em minha casa. Tenho cópia de quase todos os nossos principais documentos lá. Quem mandou você ser tão competente, hein, menina?

Natália não conteve a emoção e, quando viu, estava abraçada a Silas, agradecendo e pedindo que Deus o abençoasse. Como poderia existir um homem tão bom como aquele?

Irritada, Brenda se levantou. Silas era mesmo louco. E nem tentaria contestar, pois ele era teimoso e, quando decidia algo, ninguém o demovia da ideia.

Enquanto Silas orientava Natália sobre sua nova forma de trabalho, Brenda se aproximou da estante de Bete, onde estavam alguns livros. Apanhou um qualquer e, lendo o nome na capa, descobriu que se tratava de um romance espírita.

"— Credo, esse povo mexe com isso. Que medo!" — pensou consigo, mas sentindo-se atraída pelo livro, começou a folheá-lo. Leu a sinopse atrás e ficou surpreendida.

A história era sobre uma mulher que, após ter sido abandonada pelo marido, depois de um casamento de anos, viu-se sozinha com o único filho de vinte e três anos, que já estava casado. A personagem principal tentaria superar a dor por ter perdido o marido para uma amante que ele mantinha havia dois anos.

Cada vez mais curiosa, pois a história do livro se parecia muito com a dela mesma, Brenda abriu no meio de um capítulo qualquer e leu:

"— Estamos no mundo para ser espíritos livres, por isso não temos o direito de exigir que uma pessoa fique presa a nós eternamente. O sentimento de posse não traz benefícios a ninguém; pelo contrário, confunde o amor com apego. Amar não é se apegar a alguém. É saber libertar o espírito que está ao seu lado sempre que necessário, pois assim ambos poderão concretizar seus objetivos de vida com sucesso se essa for a vontade de Deus".

Um pouco mais abaixo, o texto lhe despertava atenção especial:

"— Imagine duas pessoas apaixonadas que se amam e decidem se casar. Mas conforme o tempo passa, percebem que não tinham tanta coisa em comum assim. Surgem as brigas, as discussões e as divergências. Eles estão casados e pensam que não podem se dar o divórcio, pois estariam contrariando a vontade de Deus. Acredita você que esse casal merece viver preso um ao outro até o fim dos seus dias, sem felicidade nem amor? Onde estaria, então, aquele Deus justo e bom que nos criou para a felicidade?"

"— Mas não entendo. Então Deus é a favor do divórcio?"

"— Deus é a favor da felicidade dos Seus filhos. Tente vencer essa fase pela qual está passando com superação e a cabeça erguida. No fim, tudo sempre dá certo."

Brenda ia virar a página do livro quando ouviu Silas chamá-la. Já tinha terminado de conversar com Natália, que ria toda contente. Brenda se aproximou e, sem perceber, trazia o livro consigo.

— Já está tudo acertado. E olhando nos olhos dessa menina, eu tive a certeza de que ela nunca traiu Yuri.

— Por que está dizendo isso, Silas? — perguntou Brenda, desconfiada.

— Acho que é algo pessoal, algo que a gente só descobre quando consegue ler a verdade que permanece oculta nos olhos de uma pessoa — respondeu Silas. Depois, ele se levantou. — Bem, Natália, acho que nosso assunto se encerra aqui. Gostaria de me despedir de sua mãe.

— Mas fiquem mais um pouco, ainda não conheceram minha irmã. Ela está conversando com Mel. Não sei o que tanto aquelas duas conversam — e sorriu.

— Infelizmente não podemos ficar. Creio que Brenda deseje ir embora.

Brenda detestava admitir, mas gostava do ambiente daquela casa que, embora fosse simples e pequena, era muito acolhedora, como se mãos invisíveis e benéficas abraçassem a todos que entrassem ali. Não se lembrava de quanto tempo fazia desde que sentira um bem-estar tão grande. Confessaria que nem sua própria casa tinha um clima tão leve.

Além disso, gostaria de terminar de ler o trecho do livro que dizia coisas que lhe interessavam. Ela mesma aprendera que o divórcio era algo abominado por Deus, mas o que lia ali mostrava um novo ponto de vista e que até poderia não ser tão errado assim, pois os diálogos fáceis entre os personagens pareciam ricos de ensinamentos.

— Eu não estou com pressa de ir, Silas — disse Brenda finalmente. — Eu gostaria de ficar mais um pouco, a não ser que estejamos incomodando vocês.

— De maneira alguma, dona Brenda — disse Natália, rapidamente. — Venha, vou levá-los para conhecer a cozinha da dona Bete.

Bete, na cozinha, secou as lágrimas rapidamente enquanto os patrões da filha se aproximavam. A casa não era grande e foi impossível não ouvir a conversa de ainda há pouco. Entrara em desespero quando ouvira Silas dizer que teria que dispensá-la da empresa, mas suspirou de alívio quando o patrão disse que Natália apenas seria transferida de local. Trabalharia diretamente na residência dele.

Pelo que ouvira depois, manteria o mesmo horário e o mesmo salário. Descobriu, então, por que Natália tanto elogiava Silas, pois tanto ele quanto o irmão, Murilo, eram encantadores. Mas não tivera a mesma impressão de Brenda. A mulher parecia muito requintada e metida. Bete, no entanto, sabia que nunca se deve julgar uma pessoa, ainda mais sem conhecê-la bem. Mas que Brenda lhe parecia ser chatinha, ah, isso parecia!

Logo que todos se acomodaram na pequena mesinha da cozinha, Bete serviu um delicioso bolo de chocolate com suco de maracujá. Silas elogiou o bolo o tempo inteiro, o que fez Bete rir. Brenda teve de concordar que estava realmente muito bom.

Então Bete pediu licença, pois foi servir as duas meninas que estavam no quarto e voltou em seguida, assim que ouviu a campainha tocar. Foi atender e voltou acompanhada por Murilo, que abraçou alegremente o irmão e a cunhada.

Silas, através de Yuri, soubera que o irmão estava se relacionando com Bete e torcia para que tudo desse certo entre eles. E para que nunca deixassem o amor ir embora, como acontecera entre ele e Brenda.

Capítulo 17

Enquanto Murilo e Silas se entretinham numa conversa, e Natália foi ao quarto ver as meninas, Brenda chamou Bete discretamente a um canto. Voltaram à sala e Bete pediu que Brenda se sentasse no sofá.

— Desculpe, mas esse sofá é meio duro. Creio que esteja acostumada com móveis finos, mas isso é tudo de que disponho — sorriu Bete, meio sem jeito.

— Não se preocupe, eu estou bem. Na verdade gostaria de lhe perguntar uma coisa — mostrou o livro que estava segurando. — Este livro é seu?

— Sim, é meu. É uma lindíssima história sobre amor e renúncia.

— Mas me parece ser um romance espírita, não?

— E é. O espiritismo pode ser compreendido por diversos temas do cotidiano. Situações que envolvem drogas, gravidez indesejada, perda de um ente querido, dificuldade de relacionamento entre um casal... tudo pode ser compreendido de outra forma, por um novo ângulo, segundo a ótica espiritualista.

Brenda estremeceu, mas quis saber mais.

— Creio que você seja espírita também.

— Pode se dizer que sim, pois gosto do assunto e às vezes vou ao centro espírita a que dona Mara vai. Sempre aprendo muita coisa bonita quando vou lá.

— Mas isso é perigoso, sabia? Sempre disseram que lá se praticam coisas horríveis. Só quem frequenta são pessoas ignorantes.

— Isso não é verdade. As pessoas falam daquilo que não conhecem, pois escutaram de outras pessoas que também não conheciam. Quem descobre a espiritualidade sabe que nada disso acontece em um centro. E muitas pessoas que frequentam esses locais são estudadas e cultas, interessadas em entender melhor as questões da vida. Nem sempre são pobres coitadas como eu.

— Peço desculpas, não foi minha intenção ofendê-la — Brenda folheou o livro mais uma vez e, então, encarou Bete. — Mas o que se faz em um centro, então?

— Não me ofendeu, fique tranquila — Bete sorriu e Brenda se sentiu em paz. — Creio que cada centro trabalhe de uma forma, mas esse que frequento é dirigido por um magnífico senhor. Ele é um médium de muita sensibilidade e consegue ver, ouvir e falar com os espíritos.

— Creio em Deus Pai! — disse Brenda, benzendo-se em seguida.

Bete riu. Ofereceu mais bolo e suco, mas Brenda recusou. Aguardava ansiosa pelas explicações, pois estava ficando interessada.

— Não há do que ter medo. Os espíritos são como nós, já viveram aqui na Terra, mas agora desempenham novas funções no astral. Assim, aqueles que estão emocionalmente equilibrados, sempre que possível e com a ajuda de instrutores superiores, voltam à Terra para visitar os parentes que ainda estão por aqui.

Bete percebeu que estava sendo ouvida com atenção e continuou:

— Há também aqueles espíritos que não se voltaram para os caminhos do bem e que agora, vítimas da cobrança da própria consciência, voltam-se para o astral inferior. Alguns não permanecem lá por muito tempo, pois são atraídos por afinidades aqui na Terra e voltam para cá. Outros logo se arrependem e, após um tempo de recuperação, podem se preparar para voltar em um novo corpo. É bem provável que, neste momento, haja espíritos aqui ao nosso lado — respondeu, com voz levemente alterada.

Nenhuma das duas conseguia ver, mas realmente ali havia dois espíritos. Uma mulher mais jovem e um homem de cabelos grisalhos e um sorriso bondoso.

— Veja como as coisas na vida acontecem no tempo certo — disse Valdir, o homem grisalho que inspirava as palavras de Bete. — Brenda, aos pouquinhos, começa a despertar para as verdades da vida.

— Sim, mas infelizmente à custa da felicidade de outros, pois ela não viria até aqui se não fosse pelo término do relacionamento entre Natália e Yuri.

— Ela viria ainda que mais tarde, pois cedo ou tarde todos conhecerão os verdadeiros valores espirituais. Entretanto, a vida é tão perfeita que, através de uma ação maldosa como a de Soraia, que infelizmente ainda está apegada a vícios terrenos e bens materiais, mostrou-nos uma nova situação. Com tudo isso, Brenda está abrindo sua consciência para a realidade que nos cerca.

Inês, a mulher que acompanhava Valdir, sorriu.

— Realmente! E torço para que dê certo.

— Vai dar, Inês, vai dar. As coisas sempre se encaixam segundo a vontade divina.

Brenda se arrepiou quando Bete disse que poderia haver espíritos por ali. Sentiu um pouco de medo, mas ao mesmo tempo seu interesse ficou ainda maior.

— Quer dizer que há espíritos bons e ruins? E que tem como recuperar um espírito ruim do lado de lá — ela apontou para cima, e Bete riu do gesto. — E o que você me diz dessa história de voltar em um novo corpo?

— Vou tentar responder a essas perguntas dentro de minhas possibilidades, embora Mara a esclarecesse melhor. Se quiser, podemos chamá-la para nos acompanhar ao centro. Iremos na quarta-feira. Se desejar, pode me telefonar.

Brenda não tinha certeza se estava preparada para encarar um centro espírita, mas, por outro lado, estava curiosa. Será que diriam ali o que seria feito do seu casamento? Eles poderiam ensinar alguma fórmula para que ela pudesse fazer Silas deixar as amantes de lado e voltar a amá-la como antes? Saberiam eles de alguma maneira de fazer com que Mel rompesse a barreira invisível e impenetrável que criara ao redor de si, impedindo que os outros se achegassem? Poderia, com a ajuda desse centro, mostrar à filha mais nova que a amava também?

Bete, como se lesse os pensamentos de Brenda, respondeu:

— Sei que se sente insegura em ir a um centro espírita. A maioria das pessoas fica insegura, porque temos medo do desconhecido. Eu mesma tive muito receio de entrar lá na primeira vez. Mas quando descobrimos o quão maravilhoso é, a situação muda. Lá, nós nos sentimos bem e, além de aprender muito, após o passe ficamos leves como um pássaro. Mas ninguém lá é mágico. Muitas vezes pensamos que o espiritismo é a chave para solucionar todos os nossos problemas e vamos até lá crentes de que conseguiremos. Somente teremos sucesso se nós mesmos buscarmos o melhor. Tudo depende de nós. Deus trabalha em nosso favor, mas através de nós! Não podemos ficar esperando que as bênçãos caiam dos céus. Temos que trabalhar pelo nosso progresso também.

— O que são passes? — perguntou Brenda.

Bete sorriu carinhosamente mais uma vez e respondeu:

— Vamos lá, vou responder às suas perguntas dentro daquilo que eu sei. Você perguntou se existem espíritos bons ou ruins. Como já tinha dito, os espíritos são seres que viveram aqui na Terra e que, ao desencarnarem, levaram consigo os mesmos sentimentos que tinham aqui. Assim como existem pessoas boas e ruins, existem os espíritos de luz e outros que vivem em escalas inferiores. Diferentemente do que aprendemos, não há sofrimento eterno para ninguém, pois Deus, bom e justo, não permitiria que sofrêssemos por toda a eternidade. — Bete sorriu, fez uma leve pausa e prosseguiu: — Sendo assim, mais cedo ou mais tarde, esses nossos irmãos menos esclarecidos podem rever crenças, mudar a maneira de pensar e prosseguir numa nova vida aqui na Terra. No plano espiritual existem locais benfazejos que auxiliam na recuperação desses espíritos até que eles estejam prontos para uma nova encarnação. E os passes são transferências de energias positivas e salutares de um médium passista para um receptor, ou seja, a pessoa que deseja e necessita dessas energias puras. Como eu disse, na quarta-feira, Mara e eu iremos ao centro. Queira nos acompanhar, Brenda. Sentirá no seu espírito o poder de um passe e como nos faz um bem enorme.

Brenda soltou um profundo suspiro. Nunca pensara que se interessaria tanto por assuntos relacionados ao Espiritismo, tema que lhe causava medo. Mas agora via que não era verdade; pelo contrário, tudo o que Bete lhe dissera parecia explicar muitas coisas da vida. Além disso, o que poderia lhe acontecer de mau se fosse ao centro? Nada, estava certa disso. Portanto, decidiu-se e disse a Bete que aceitava ir ao centro também.

Bete sorriu, feliz, e, sem que notasse, abraçou a elegante dama à sua frente. Brenda se espantou rapidamente, mas retribuiu o abraço, sentindo imensa paz interior. Pediu que Bete lhe emprestasse o livro que tinha em mãos e Bete concordou com prazer. Disse que, com o tempo, lhe emprestaria romances espíritas, mas também livros doutrinários, como *O Evangelho segundo o Espiritismo*. Brenda agradeceu, como se sentisse no íntimo que estava fazendo tudo certo.

Mel e Violeta, no quarto, durante o tempo em que ficaram sozinhas antes que Natália chegasse para lhes fazer companhia, conversaram sobre assuntos diversos. Como da última vez, Mel se surpreendia com a inteligência e destreza que Violeta possuía. Tão logo entrou no quarto da menina, Violeta a chamou pelo nome, como se a tivesse visto parada ali. Cumprimentaram-se com beijos, como velhas amigas. E conversaram rapidamente sobre muitas coisas. Falaram sobre coisas de meninas e Mel fez Violeta sorrir quando disse nunca ter gostado de bonecas. Violeta riu ainda mais quando Mel lhe fez cócegas na cama.

Em certo momento, Violeta comentou que sentia Mel mais alegre do que na última vez em que estivera ali. E, de repente, a menina perguntou, enquanto deslizava suas mãos ágeis pelo rosto de Mel:

— Você é feliz com a vida que tem, Mel?

Geralmente, crianças de sete anos não faziam aquele tipo de pergunta a alguém, mas Mel já percebera que Violeta era uma criança muito especial. E a pergunta a pegara de surpresa. Por isso, tentou sorrir e disfarçou:

— Mas que pergunta estranha, Vi. Posso te chamar de Vi, né?
— Pode sim, mas não respondeu. Você é feliz?

Antes que pudesse prever e segurar, Mel estava chorando. Quando Violeta sentiu as lágrimas de sua nova amiga pingando em suas mãos, teve a pergunta respondida. Não insistiu em continuar o assunto. Somente abraçou Mel, pois sentia que um abraço era do que Mel estava necessitando naquele momento.

Permaneceram longo tempo abraçadas, até que Mel enxugou as lágrimas.

— Eu não gostaria de falar sobre isso, Vi. Quem sabe em outro momento.

Violeta não discutiu e logo falavam sobre outras coisas. Então, Mel se lembrou do verdadeiro motivo de ter desejado acompanhar os pais até a casa de Natália. Precisava descobrir o que realmente levara a moça a ser vista beijando outro homem, pois tinha certeza de que ela não tinha traído o irmão e de que havia o dedo de Soraia naquela história.

— Violeta, me diga. Você sabe onde mora o ex-namorado da sua irmã?

— O Ricardo? Mora na rua aqui do lado. Por que pergunta? Acha que adiantaria falar com ele depois de toda a confusão de ontem? Minha irmã chorava muito e Yuri estava muito nervoso também.

— Sim, vou procurar esse tal de Ricardo. Quero que ele me esclareça algumas coisas. Estou achando que foi armação de uma pessoa interessada em separar Yuri e Natália.

— Está falando de uma tal de Soraia?

Mel a olhou vivamente. Como Violeta poderia saber até daquilo?

— Sim, ela mesma.

— Eu disse para Natália e pra minha mãe que havia algo errado com a voz dela. Eu juro que notei que havia riso misturado na voz.

— Riso? Como se ela estivesse rindo?

— É isso mesmo, mas Natália disse que ela estava muito séria. Mas eu consigo sentir o que outras pessoas não sentem e posso jurar que ela estava rindo, sim, de tudo aquilo.

Mel ia responder quando Natália entrou. Conversaram um pouco sobre outros assuntos, e logo Mel perguntou onde havia uma banca de jornal ali, pois desejava colocar créditos no celular.

— O seu Jair abre a banca aos domingos. Ele faz recarga de créditos em aparelhos celulares — informou Natália, explicando como Mel chegaria até a banca.

Mel agradeceu, levantou-se e saiu rapidamente. Silas e Murilo conversavam na cozinha, e Brenda e Bete estavam entretidas em animada conversação na sala.

Mel logo ganhou a rua, dobrou a esquina seguinte e encontrou o número indicado. Havia um portão enferrujado, cujo trinco estava quase caindo. Tocou a campainha, mas não ouviu som algum. Então, bateu palmas e chamou em voz alta. Logo um rapaz alto e loiro veio lhe receber.

— Se você é daquela religião que fica incomodando a gente nos domingos pela manhã, vou logo dizendo que não estou disposto a recebê-la.

— Por acaso tenho cara de representante de alguma religião? Além disso, já não é tão cedo, pois passa de meio-dia. Você é Ricardo?

Ricardo olhou desconfiado para a figura vestida de negro parada à sua frente. A moça era muito bonita, mas parecia envelhecida pela roupa preta, pelos cabelos opacos e, principalmente, pelos olhos verdes inexpressivos.

— Sou Ricardo, sim, mas quero saber quem é você e o que quer.

— Meu nome é Melissa. Sou irmã de Yuri, o namorado de Natália.

Mel tomou o cuidado de não dizer ex-namorado de Natália. Notou quando Ricardo ficou ligeiramente pálido e desnorteado. E notou também os sinais arroxeados espalhados pelo rosto e o nariz ainda inchado, resultados da briga com Yuri.

— Pelo jeito você sabe do que estou falando — disse Mel.

Ricardo não estava entendendo. Como essa moça se apresentava como irmã de Yuri, se a outra moça, a ruiva com quem combinara o plano, também se dizia chamar Melissa? Percebeu que alguma coisa estava errada quando Natália, no momento da discussão, dissera a Bete que a moça ruiva era ex-noiva de Yuri. Alguém estava mentindo ali. Ricardo abriu o portão e convidou Mel a entrar.

Mel reparou que a casa era menor que a de Bete e muito bagunçada e escura. Os móveis eram velhos e estavam muito desgastados. Ricardo indicou uma poltrona esburacada para Mel se sentar. Não ofereceu nada a ela.

— Não entendo — disse ele. — A outra também disse que se chamava Melissa e que era irmã do tal Yuri.

— Que outra? Você está falando de Soraia, uma mulher bonita, com os cabelos pintados de vermelho?

— Sim, essa mesma. Ela me disse que estava ajudando uma amiga a recuperar o ex-noivo, pois ele estava namorando Natália.

Foi então que Mel entendeu tudo. Soraia invertera os papéis e enganara o pobre idiota. Talvez até tivesse pagado para que Ricardo fizesse tudo como ela queria.

— Vou explicar pra você entender o que realmente aconteceu. Eu sou a Melissa verdadeira. A outra se chama Soraia, e ela sim era a ex-noiva do meu irmão. Mas, quando ela te procurou, decidiu que seria melhor se assumisse meu nome — para provar que não estava mentindo, Mel mostrou a Ricardo sua carteira de identidade. — Por que ela procurou você?

— Pra ajudar uma amiga. E eu, como gosto de Natália, queria ficar com ela de novo. Os dois sairiam ganhando com isso tudo.

— Mas você perdeu e ela ganhou. Ou ao menos pensa que ganhou — resmungou Mel. — Porque tenho certeza de que Natália não volta a namorar você.

— Por que diz isso?

— Porque assim que eu conseguir desfazer essa armação, os dois vão voltar a ficar juntos.

— E como pode ter tanta certeza? — perguntou Ricardo, indignado.

— Porque eles se amam. Basta ver isso pra saber que não vão ficar separados por muito tempo. E, além disso, eu me mataria se tivesse Soraia como cunhada — disse Mel, sorrindo, o que fez Ricardo sorrir também. — Mas pra eu conseguir tudo isso, preciso de sua ajuda.

Vendo que Ricardo ia abrir a boca para contestar, Mel foi mais rápida:

— E não aceito um não como resposta. Você ajudou Soraia nessa sujeira toda. Agora é hora de limpar a bagunça.

Ricardo ficou pensativo por um momento. Claro que não era obrigado a ajudar aquela moça a desfazer o que já estava feito. Com Natália solteira, ele teria mais chances de voltar a namorá-la. Por outro lado, talvez Mel não estivesse tão errada assim. Se antes Natália já não o queria, agora, sabendo que ele participara do plano com Soraia, é que ela não ia querer vê-lo nem pintado em ouro.

Ricardo então decidiu que o melhor a fazer seria ajudar Mel, mesmo porque, no fundo, sabia que não amava Natália como antes. E tinha certeza de que o galãzinho, o tal de Yuri, parecia gostar muito dela. Chegando a essa conclusão, Ricardo disse que topava o plano. Ajudaria Mel a reaproximar Natália e Yuri.

— Eu sabia que podia contar com você — disse Mel quase sorrindo. Então, ficou séria novamente e olhou ao redor. — Você mora sozinho aqui?

— Não, eu moro com meu avô. Ele está deitado no quarto, ali no fundo — e apontou a direção. — Meu avô já é de idade e não consegue se locomover com facilidade. E é com o dinheiro de sua aposentadoria mais o que eu ganho como *office boy* que vamos tocando a vida. Não sou como você, que parece ser acostumada ao luxo e à riqueza.

Mel ignorou o comentário e se levantou. Quando o fez, a poltrona quase respirou de alívio. Então, olhou para Ricardo e, sem que soubesse o porquê, disse que gostaria de conhecer o avô dele, caso estivesse acordado.

Ricardo estranhou o pedido, mas não discutiu. Pediu que aguardasse na sala enquanto se dirigia ao quarto do avô. Voltou pouco depois e disse que Benício a aguardava. Mel seguiu por um corredor empoeirado, que terminava em uma porta escura. No caminho, reparou em um móvel muito usado. Em cima dele, havia a foto de um casal abraçado a um menino loiro. Mel se perguntou se seriam os pais de Ricardo e, se fossem, onde eles estariam.

Assim que entrou, sentiu um cheiro desagradável de urina e mofo. Reparou que no quarto, muito simples, havia apenas a cama em que estava deitado o velho senhor e algumas caixas de papelão empilhadas num canto, contendo roupas. Apesar da pobreza, da aparente falta de higiene e do cheiro ruim, devido ao penico cheio de urina que estava embaixo da cama de Benício, Mel sentia-se tranquila e calma. O ambiente era muito mais leve do que o da sua própria casa. Tivera essa sensação na casa de Natália, mas ali, apesar de tudo, o clima parecia igualmente calmo e sereno.

— Vovô, a Mel está aqui — anunciou Ricardo.
— Quem? — perguntou uma voz fraca, mas limpa, da cama.
— A menina que eu disse agora há pouco que queria conhecê-lo.

Benício, como se lembrasse de algo, sentou-se na cama com agilidade impressionante, apesar dos seus quase 90 anos. Era muito magro, com os poucos cabelos que possuía embranquecidos. Não tinha nenhum dente na boca, mas o que chamou a atenção de Mel foram os olhos dele. Era um olhar direto e jovial, e Mel poderia jurar que, por trás daquele corpo velho, habitava alguém muito mais jovem.

— Seja bem-vinda, minha filha — disse ele, esticando a mão ossuda para cumprimentá-la.

No momento em que Mel segurou sua mão, Benício disse:
— Então é você. Tenho certeza de que é você.
— Que sou o quê? — perguntou Mel, sem entender.
— Você é a menina que eu estava esperando. Você é a menina que se sente abandonada pelos pais. Você é a menina que trocou a alegria pela tristeza. Você é a borboleta que, em vez de mostrar suas asas e voar em liberdade, preferiu se fechar dentro de um casulo tão escuro quanto as roupas que veste. E mais do que tudo, você é a menina que vai se casar com meu neto.

Capítulo 13

Nesse mesmo momento, na casa de Natália, enquanto Brenda e Bete acertavam os detalhes finais sobre a visita que fariam na quarta-feira ao centro espírita, na cozinha, Silas e Murilo conversavam. Falaram sobre muitos assuntos, como a coincidência de Murilo namorar justamente a mãe de sua melhor funcionária.

Murilo perguntou a Silas sobre o rumo que o casamento dele com Brenda estava tomando, e Silas, diminuindo o tom de voz, lhe confidenciou sobre Alice. Contou tudo sobre a maneira como Alice vinha agindo ultimamente, sempre o explorando em troca de um sexo perfeito. Ademais, Alice vinha jogando indiretas sobre ele se divorciar de Brenda, coisa que ele até já andava pensando em fazer.

— Mas não pode fazer isso, meu irmão — aconselhou Murilo. — Não pode destruir algo tão sólido quanto seu casamento com Brenda por causa de uma... — Murilo pensou em uma palavra adequada para Alice e que não ofendesse Silas — moça quase desconhecida. Sim, porque você e Brenda estão casados há anos, e agora você não pode atender aos caprichos de uma menina. Por Deus, Silas, onde está com a cabeça?

— Eu sei que você não está errado em falar isso, mas não sei. Sinto que meu casamento com Brenda não tem mais solução.

É como um navio prestes a afundar. Eu preciso apenas buscar o bote salva-vidas.

— Sim, e deixar que Brenda afunde por sua conta e risco? Silas, meu querido, eu sei que ela ama você. Não desista do seu casamento, homem, lute pelo que é seu. Brenda é uma mulher maravilhosa, estudada, mãe de três filhos perfeitos. O que mais pode querer? Esqueça essa tal de Alice e tente reiniciar seu casamento do zero, como na época da faculdade em que vocês namoravam.

— Parece fácil falar quando se está fora da brincadeira, Murilo, mas na realidade não funciona assim. Não posso simplesmente descartar Alice, sem mais nem menos.

— Me diga, você a ama? — vendo que Silas não respondia, Murilo prosseguiu: — Não acredito que você a ame, e sabe por quê? Seu coração ainda é de Brenda, por mais que tente negar. Como amar uma mulher que vende seu corpo em troca de joias e presentes caros? Desculpe-me, Silas, mas essa Alice está fazendo o papel de uma prostituta.

Silas olhou horrorizado para o irmão mais novo, mas o difícil era aceitar que Murilo estava certo. Então, como se quisesse fugir daquele assunto tão desagradável, Silas perguntou:

— E você? Como vai seu relacionamento com Bete?

Murilo fez um olhar apaixonado que arrancou risos de Silas.

— Eu amo essa mulher e posso dizer isso sem pensar. E amo ainda mais sua filhinha, Violeta. Você já a conheceu?

— Ainda não, parece que ela está deitada no quarto. Mas antes de sair, vou conhecê-la — Silas olhou o relógio de pulso e exclamou. — Minha nossa! É quase uma hora da tarde. Como a hora passou depressa, não?

— É verdade, aqui as horas voam — concordou Murilo.

Então Silas se lembrou de algo que gostaria de perguntar ao irmão.

— Você já contou a ela?

— Contou o que a quem? — perguntou Murilo.

— Sabe do que estou falando. Não lhe contou sobre Shirley?

— Contei...

— Contou tudo ou só uma parte da história?
— Fale baixo, Bete está na sala e pode escutar.
— Pelo jeito não contou. O que espera, Murilo?
— Não espero nada. Eu disse a verdade. Disse que fui casado com Shirley por doze anos, que ela nunca quis ter filhos comigo e que me pediu o divórcio para ficar com Laércio. Qual é a mentira nisso?
— Sabe bem que está faltando algumas partes dessa história. Não lhe contou que Shirley, após ter se divorciado de você e ido morar com Laércio...
— Pare! Silas, por favor, não quero falar sobre isso aqui. Se Bete não ouvir, alguma das meninas pode escutar.
— Mas devia ter sido sincero e contado logo de cara.
— Meu irmão, você não é a pessoa mais indicada para falar em sinceridade, pois aposto que Brenda também não sabe sobre Alice. Ou sabe?
— É claro que não, embora ela desconfie. Mas é diferente, pois, no seu caso, está lidando com os sentimentos da mãe e até mesmo das filhas. Abra seu coração com ela e explique logo o motivo de Shirley ter morrido.
— Pelo amor de Deus — Murilo se levantou rapidamente. — Chega de falar nisso! Por favor, Silas, o assunto morre aqui.

Silas não insistiu. Foi até a sala e chamou Brenda para partirem. Perguntou por Mel, e Bete sugeriu que ela deveria estar no quarto de Violeta e, então, levou-os até lá. Silas e Brenda ficaram encantados com Violeta, que os recebeu com carinho e educação, mas disse que Mel havia saído para recarregar o celular e que ainda não tinha voltado. Brenda ligou para a filha e Mel atendeu, dizendo que estava olhando coisas interessantes na banca e que iria para casa mais tarde sozinha, de táxi. Brenda não insistiu.

Despediram-se de todos. Silas abraçou o irmão e Bete e disse para Natália:

— Não se esqueça, mocinha, que amanhã você começa a trabalhar em minha casa.

— Não me esquecerei. Obrigada mais uma vez pela chance e vá com Deus — agradeceu ela, intimamente grata pela bondade e confiança do patrão.

Mel só conseguiu se acalmar quando finalmente entrou no táxi. Ainda não conseguia acreditar no que ouvira do avô de Ricardo. O que era aquilo? Como o homem poderia ter resumido os principais conflitos de sua vida em menos de um minuto? Aliás, como ele poderia saber? Mel tinha certeza de que Violeta não teria dito nada, já que parecia ser a única pessoa que realmente entendia os problemas mais íntimos dela. Mas, então, como explicar tudo aquilo?

Enquanto o táxi avançava, Mel se recordou dos fatos daquele dia. Tão logo fora apresentada a Benício por Ricardo, após um pequeno momento de confusão, ele dissera estar à espera dela, que ela era infeliz e que vivia fechada em seu casulo. E dissera ainda, para horror de Mel, que ela se casaria com Ricardo. Poderia haver absurdo maior?

Tomada de pânico, Mel se levantara imediatamente e saíra correndo para a rua, seguida por Ricardo, que parecia estar espantado pelo que o avô dissera. Ele a alcançara antes que ela virasse a esquina.

— Melissa, por favor, espere — vendo que ela parava, Ricardo prosseguiu — Desculpe pelas coisas que meu avô falou. Não deve dar muito crédito ao que ele diz, pois ele já tem certa idade e sua cabeça já não regula muito bem.

— Eu sei, mas é que fiquei um pouco assustada, por isso saí correndo — Mel fez uma breve pausa para recuperar o fôlego. — Mas de qualquer forma, peço a ele que me perdoe também pela forma grosseira como saí correndo, deixando-o falar sozinho. Mas é que as palavras dele pareciam... esquece — Mel tornou a se virar e acenou para um táxi que se aproximava. — Preciso ir. Tchau!

— Mas você nem me disse qual seria o seu plano para ajudar seu irmão.

— Nós conversamos em outra hora. Agora preciso ir mesmo — respondeu Mel, enquanto abria rapidamente a porta do veículo e sentava-se no assento traseiro. Virou-se e acenou para Ricardo.
— Eu volto a procurar você.

Ricardo ficou parado na calçada, vendo o carro se afastar.

Os pais já estavam em casa quando Mel chegou. Aos poucos seu coração foi se acalmando. Nunca levara um susto tão grande. Como poderia saber que ela se sentia abandonada pelos pais? Nunca dissera isso a ninguém, nem mesmo a Violeta. Era impossível que ele a julgasse uma pessoa triste apenas pelas roupas que vestia.

Em casa, Silas já havia dado ordem às duas empregadas que estavam trabalhando naquele domingo, para que providenciassem o local que seria o novo escritório de trabalho de Natália. Silas costumava usá-lo quando queria revisar algum contrato ou alterar algum processo de compra e venda. Agora, Natália trabalharia ali.

Mel estava feliz pela decisão do pai. Sabia que Silas era um homem muito justo, por isso ficara assustada quando o pai disse que iria despedir Natália. Sabia que a moça era inocente naquela jogada suja de Soraia. E teve suas dúvidas confirmadas com Ricardo. Bastava agora convencer Yuri de que ele fora vítima de uma armação.

Yuri naquele momento estava sentado no sofá em seu apartamento. Soraia estava na cozinha terminando de estourar pipocas no micro-ondas. Eles haviam pedido comida chinesa para o almoço. Depois, Yuri dissera que queria comer pipocas enquanto assistisse a um filme. Tudo o que ele mais desejava era tentar esquecer o lamentável episódio do dia anterior. Toda vez que pensava no que vira, uma súbita onda de raiva lhe sacudia o corpo. Ainda não conseguia acreditar no cinismo de Natália.

Na noite anterior, ele foi para seu apartamento tentar descansar. Soraia seguiu com ele, mas Yuri a dispensou na entrada do edifício. Na manhã seguinte, Soraia estava de volta. E permanecera lá até então.

— Sabe, Yuri, estou curiosa para saber a decisão que seu pai tomou sobre Natália — disse Soraia saindo da cozinha com uma enorme vasilha com pipocas. — Eles ficaram de ir até a casa dela hoje, não é?

— Pois eu não estou preocupado com isso. Meu pai comentou ontem que iria demiti-la — Yuri parecia infeliz com esse pensamento. Ele pegou algumas pipocas e jogou na boca.

— Mas do jeito que seu pai gosta dos serviços dela... — Soraia estava louca de vontade de falar com Brenda para saber os detalhes. — O que acha de telefonarmos para sua casa só pra saber o que aconteceu?

— Por que você quer tanto saber, Soraia? Não importa o que meu pai tenha decidido. Com Natália eu nunca mais volto a namorar.

Soraia soltou um discreto suspiro de alívio. Assim que tivesse certeza de que Yuri estava deixando de pensar em Natália, começaria a seduzi-lo. Logo reatariam o noivado e, se tudo desse certo, se casariam em breve.

O telefone tocou pouco depois e Soraia atendeu. Quase gritou de alegria quando escutou a voz de Brenda, que ligava para saber se Yuri estava bem. Soraia respondeu que estava tudo certo e passou o telefone para o rapaz, que logo depois de cumprimentar a mãe, perguntou sobre a visita que haviam feito a Natália.

— Seu pai não a demitiu, meu filho — respondeu Brenda com certo pesar. — Na verdade, ela vai sair da empresa, mas vai passar a trabalhar aqui em casa. Natália vai usar aquele escritório particular do seu pai.

Quando ouviu aquilo, Yuri mal pôde esconder um suspiro de alívio. Estava com muita raiva por Natália tê-lo traído daquela forma, mas não podia negar que ainda a amava com força total. Dormira mal durante a noite, pois a todo momento a imagem de Natália lhe vinha à mente. Sabia que, se Natália saísse mesmo da empresa, ele deixaria de frequentá-la também. Somente demonstrara interesse pelos negócios para poder ficar mais próximo de Natália. Mas se agora ela passaria a trabalhar na casa dos pais... Yuri se odiou por isso, mas não conseguia esconder que estava feliz.

Soraia sorriu quando o viu rir ao telefone pela primeira vez desde que presenciara Natália beijando Ricardo. Se Yuri estava rindo, era porque provavelmente o pai colocara Natália para correr. E isso era simplesmente fantástico.

Pouco depois, Yuri desligou, virou-se para Soraia e sorriu. Os olhos castanhos, até então apagados, pareciam ter ganhado vida novamente. Se o pai perdoara a traição de Natália, talvez fosse porque ela se explicara para ele de modo a convencê-lo. E Yuri sabia que era tarefa quase impossível alguém conseguir convencer o pai de alguma coisa.

— Por que você está sorrindo, Yuri? — perguntou Soraia sorrindo também. — Imagino que sua mãe tenha comentado que Natália é carta fora do baralho.

— Meu pai a demitiu da empresa. Ele foi até a casa dela dizer isso — respondeu Yuri.

Nenhum dos dois conseguia ver, mas os espíritos de Inês e Valdir estavam ali. Jogavam energias fluídicas sobre Yuri na tentativa de dispersar a raiva que ele sentia por Natália, para que o sentimento se transformasse em perdão.

— Acho que estamos conseguindo, Valdir — disse Inês. — Veja como ele parece mais calmo.

— É verdade. Infelizmente, Yuri não tem o hábito de orar, por isso está sujeito à influência negativa de Soraia, que tenta a todo instante incitá-lo contra Natália. Mas parece que agora ele está mais acessível às nossas energias benéficas.

— Há momentos em que estamos mais acessíveis às energias do bem? Se as energias são boas, todo mundo deveria receber, estando acessível ou não — comentou Inês, sem entender muito bem.

— E todo mundo recebe em maior ou menor quantidade.
— Vendo o olhar confuso de Inês, ele prosseguiu: — Imagine o

seguinte: todos têm uma porta que dá acesso ao espírito de cada um. Por essa porta, entram e saem todos os tipos de pensamentos, sentimentos ou energias. Suponhamos que uma pessoa que tenha o hábito de orar, que faça a prática do evangelho no lar, que consiga perdoar e amar o próximo ou um inimigo tenha essa porta. Essa porta permaneceria aberta ou fechada?

— Permaneceria aberta para que ela possa transmitir e receber energias salutares, assim como transmitir pensamentos bons, sendo ela uma pessoa boa — disse Inês, ainda sem entender aonde Valdir queria chegar.

— Muito bem, Inês. Agora, pensemos em um indivíduo como Soraia, que deseja apenas alcançar seus objetivos, passando por cima de qualquer pessoa, pouco se importando com o sentimento do próximo. Como acha que seria essa porta?

— Olha, Valdir, eu acho que nesse caso a porta ficaria fechada para o bem, permitindo somente a entrada e saída de sentimentos ruins.

— É isso mesmo. Vejo que você está aprendendo bastante sobre o mundo espiritual — sorriu Valdir, satisfeito.

Inês era uma jovem que, em sua última vida terrena, fora uma estudante de medicina. Faltavam apenas três meses para se formar quando foi atingida por uma bala perdida em frente à sua casa. Os sonhos da família de Inês foram destruídos, já que a moça morreu no local. Quando despertou no astral, Inês chorou muito ao conscientizar-se de que tinha desencarnado.

Aos poucos foi aceitando a nova realidade, mas sentia muita saudade dos pais e de um irmão mais novo. Ainda não estava preparada para visitá-los na Terra por conta do controle das emoções, mas Valdir garantia que ela poderia ir em breve.

Quando Inês estava recuperada, passou a acompanhar Valdir em suas visitas ao plano físico, mas ele ainda não lhe explicara por que estavam ajudando as famílias de Yuri e de Natália. Mas Inês era paciente e esperaria pelo momento certo. Valdir gostava de explicar e esclarecer as dúvidas de queridos irmãos como Inês, ainda confusos com a vida astral.

— Você disse certo — tornou ele. Se pensarmos que qualquer sentimento bom fecharia a porta de uma pessoa apegada aos bens terrenos e a outras vicissitudes, como faríamos para que ela recebesse energias boas?

— Acho que entendi, Valdir. Você está dizendo que, no caso de Yuri, é como se essa porta estivesse fechada devido à raiva momentânea que ele nutre por Natália. A partir do momento em que essa raiva começar a diminuir, essa porta vai se abrindo e o bem naturalmente terá acesso ao seu coração. — Vendo Valdir sorrir de sua explicação correta, Inês concluiu: — Por isso você disse que há momentos em que não conseguimos receber as energias salutares em maior quantidade. Porque essa "porta" não está totalmente aberta ao bem.

— Perfeito, Inês, era exatamente isso que eu queria que você entendesse. Yuri passou as últimas horas tomado pela raiva e pela mágoa, acreditando em uma traição inverídica, embora ele não saiba disso. Fora influenciado pela maldade de Soraia, mas agora, ao saber que Natália continuará trabalhando com a família, o amor falou mais alto e conseguiu desanuviar a raiva quase que completamente. Mas vamos continuar enviando vibrações positivas para ele, já que os pensamentos de Soraia praticamente a tornam imune a essas energias fluídicas.

Alheios a todo esse diálogo no astral, Yuri olhava Soraia fixamente enquanto dizia que o pai realmente demitira Natália da empresa.

— Pelo menos seu pai fez o que era justo — disse Soraia, contente por seu plano ter dado tão certo. — Essa menina não vale nada mesmo e, se ela traiu você, pode muito bem trair a empresa e... não?

Yuri estava sacudindo a cabeça negativamente.

— Meu pai a demitiu da empresa, mas a transferiu para a casa dele. A partir de amanhã, ela vai trabalhar naquele escritório do meu pai. Pelo que minha mãe disse, ela vai continuar secretariando meu pai de lá. Na empresa, Marilu dará toda a assistência ao meu pai.

Soraia ficou branca como leite. Então, não estava livre de Natália em seu caminho? Aliás, em vez de Silas afastá-la de Yuri, parecia querer aproximá-los?

— Eu não acredito, Yuri. Será que seu pai não pensa que ela pode trair a empresa da mesma forma que fez com você? E por falar nisso, Yuri, do que você estava rindo?

Yuri não respondeu, mas estava satisfeito por Natália continuar com seu pai. Silas sabia mesmo como resolver os problemas sem causar mal a ninguém.

— Eu não estava rindo, Soraia — disse Yuri, por fim. — Apenas penso que meu pai parece gostar de contrariar todo mundo às vezes.

— É... parece que é isso mesmo — resmungou Soraia, irritada.

O assunto morreu ali, mas Soraia estava decidida a procurar Silas. Ele não podia simplesmente levar Natália para casa. Dessa forma, Yuri passaria a arrumar desculpas para visitar a casa dos pais, assim como fizera para vê-la na empresa. Não, definitivamente aquilo não poderia acontecer! Assim que pudesse, procuraria Silas.

Capítulo 19

Natália havia concluído seu curso de computação com sucesso e agora tinha as manhãs livres. Na segunda-feira, logo pela manhã, Natália chegou à casa de Silas. Era uma magnífica residência localizada na região do Brooklin, e Natália ficou pasmada quando adentrou a casa. A sala de visitas parecia ser maior do que sua casa e a casa de sua vizinha juntas. A empregada convidou Natália a se sentar no imenso conjunto de estofados, mas ela permaneceu em pé. Parecia que estragaria a beleza do local se ficasse sentada ali.

— O doutor Silas está tomando o café da manhã com os filhos e a esposa na sala de jantar. Vou avisá-los de sua chegada — disse Vicentina, a moça que a atendera.

Natália assentiu em silêncio, sempre olhando ao redor. Uma bonita escadaria de mármore conduzia ao piso superior, que deveria ser tão lindo quanto o primeiro.

Em cima de um móvel antigo, mas muito bem conservado, havia algumas fotografias da família. Natália se aproximou e contemplou os retratos. Havia fotos de Brenda e Silas bem jovens e fotos das crianças, ainda bem pequenas. Natália sorriu quando viu Yuri e Tiago sorridentes em uma fotografia, cada um segurando uma lagartixa. Outra foto mostrava Mel aparentando uns treze anos de idade, com a expressão fechada e carrancuda.

Percorrendo as fotos com o olhar, deteve-se em uma que mostrava Soraia e Yuri abraçados em uma festa. A foto era recente e Natália concluiu que era do dia em que os dois haviam noivado. Pareciam muito felizes no retrato, e Natália se perguntou quanto tempo demoraria para que estivessem juntos outra vez.

— O doutor Silas pediu que você vá até a sala de jantar para acompanhá-los no café — disse Vicentina. — Pode deixar sua bolsa ali no porta-chapéus.

— Agradeça a ele em meu nome, mas eu já tomei café em casa — respondeu Natália, sorrindo. Perguntava-se se Yuri estaria na cozinha e não queria um encontro com ele. — Será que eu poderia me dirigir ao local onde vou trabalhar?

Vicentina hesitou por um momento, mas conduziu Natália até o escritório amplo e bem arejado de Silas. Imediatamente, a jovem gostou do seu novo ambiente de trabalho.

— Doutor Silas pediu pra dizer que você pode modificar o escritório se achar necessário. E pode pedir minha ajuda ou a de Carla, a outra funcionária, se precisar — explicou Vicentina.

Natália só assentiu com a cabeça, enquanto olhava ao redor. Havia dois grandes armários em uma parede, e algumas gavetas de arquivo em outro canto. A mesa era maior do que a que ela tivera na empresa, com tampo de vidro fumê. Havia um ventilador pequeno próximo à mesa e um pequeno galão de água mineral. Sobre a mesa, um computador, um porta-lápis e outros acessórios essenciais para seu trabalho. Um aparelho de telefone com fax completava o quadro.

— Acho que não preciso modificar nada, obrigada — respondeu Natália, agradecida.

Vicentina assentiu com a cabeça, pediu licença e saiu.

Natália se instalou, ligou o computador e ia abrir seus e-mails quando bateram à porta. Era Silas, com uma maleta na mão. Sorriu ao ver Natália.

— Bom dia, moça eficiente. E então, o que achou daqui?

— Bom dia, doutor Silas — respondeu Natália, levantando-se. —Estou simplesmente encantada com seu escritório. Tenho certeza de que vou me dar muito bem aqui.

— Eu acredito que sim. Posso saber por que você não quis tomar café conosco? Sabe que é bem-vinda aqui em casa e pode nos acompanhar à mesa todos os dias se quiser.

— Obrigada, doutor Silas. Na verdade eu já tinha lanchado em casa.

— Mas almoçará aqui. Sabe que eu não venho para casa almoçar, mas poderá fazer companhia a Brenda e Mel.

Natália sorriu e não respondeu. Sabia que não era bem vista por Brenda e não queria que ela a julgasse mal por nenhum motivo. Se pudesse, pediria para almoçar no escritório.

Silas deu algumas explicações sobre o que havia nos arquivos e armários. Em seguida, explicou sobre uma reunião que haveria na empresa, porém, avisou que Marilu o auxiliaria por lá. Comunicou-lhe sobre alguns telefonemas que deveria efetuar e disse que avisaria aos principais fornecedores e clientes sobre o novo telefone a que Natália atenderia. Pouco depois, despediu-se e foi embora, acompanhado de Tiago.

Por volta de dez horas da manhã, bateram à porta novamente. Natália autorizou a entrada e deparou-se com Brenda, que entrou calmamente. Imediatamente, Natália se colocou de pé.

— Bom dia, dona Brenda — cumprimentou, afável.

— Bom dia — Brenda correu o olhar pelo escritório e, por fim, fixou-o em Natália. — Está feliz com o que conseguiu?

— Não entendi.

— Perguntei se ficou contente por ter se mantido em seu emprego, muito embora eu não conheça nenhuma secretária da presidência que trabalhe a quilômetros da empresa. Mas, enfim...

— Eu sou muito grata ao doutor Silas por ter...

— Não sei por que, mas você não me convence, mocinha — afirmou Brenda, secamente. — Tenho certeza de que seu objetivo era ludibriar meu filho para crescer dentro da empresa e financeiramente também.

Natália sentiu o rosto arder. Contornou a mesa e se aproximou de Brenda. Então, conseguiu firmar um sorriso no rosto.

— Minha mãe sempre me ensinou que não devemos ter ganância na vida. Que as pessoas egoístas, que querem tudo para si, nada conseguem. A vontade de querer e de possuir bens materiais é tanta que no final nada dá certo. Por isso, eu garanto que jamais ambicionei namorar seu filho pela sua posição social. Tanto que foi ele quem veio atrás de mim logo em meu primeiro dia de trabalho.

Brenda não respondeu. Olhava atentamente para os olhos verdes de Natália. Detestava confessar, mas a moça realmente parecia sincera. E Brenda diria, ainda, que havia uma suavidade ao redor dela que parecia acalmar as pessoas.

Decidida a não criar uma discussão desnecessária com Natália, já que pretendia ir ao centro espírita com Bete na quarta-feira, Brenda retribuiu o sorriso.

— Vou acreditar no que está dizendo. Mas aviso que você não vai conseguir voltar com Yuri, pois eu sou a favor do casamento dele com Soraia.

Natália assentiu em silêncio e voltou para trás da mesa. Antes que pudesse impedir, as lágrimas desceram livremente.

— Por que você está chorando? — perguntou Brenda, parecendo preocupada. Sabia que a menina era defendida por Silas e, se Natália contasse a ele, provavelmente ele tiraria satisfações com ela. E isso Brenda queria evitar a qualquer custo.

— Não é nada, dona Brenda. Perdoe minha idiotice.

Brenda se adiantou um passo, abriu a boca para dizer alguma coisa, mas desistiu. Virou-se e, antes de sair, sem olhar para trás, avisou:

— O almoço será servido ao meio-dia e meia. Esteja à mesa no horário.

Assim que a porta bateu, Natália deu livre curso às lágrimas. Sabia que Brenda não gostava dela e sentia-se acuada diante da figura imponente da mulher. E acreditava que dali para a frente seria sempre assim, já que estaria trabalhando na residência dela. Só esperava que Soraia não aparecesse por ali com Yuri, a fim de provocá-la.

No horário do almoço, Natália foi até a sala de jantar e avisou que estava sem fome. Sem esperar resposta, retornou ao escritório. Mel bateu na porta por volta de uma e meia.

— Oi, Natália. Por que não quis almoçar? — perguntou assim que entrou.

— Eu estava sem fome — respondeu Natália. Era evidente que estivera chorando, pois os olhos estavam muito avermelhados.

— Quer que eu traga algo pra você fazer uma boquinha aqui? — Mel quis saber.

Natália sorriu, mas recusou e agradeceu. Em seguida, abriu um programa de planilhas no computador e começou a digitar. Mel a acompanhava com o olhar.

— Você aprendeu bastante coisa sobre computadores, não é? — observou. — Yuri me disse que você fazia um curso de informática.

— É verdade. Já peguei inclusive meu certificado — respondeu Natália, sorrindo, mas sem parar de digitar.

— Queria te dizer algo que pode chateá-la.

Natália levantou a cabeça e olhou para Mel.

— Diga, Mel. O que é? Garanto que nada pode me deixar mais chateada.

— No sábado, depois de ter visto você beijando o tal cara, meu irmão chegou aqui transtornado. E Soraia o acompanhava. Depois, os dois foram embora juntos. E ontem, quando minha mãe telefonou para o apartamento dele, Soraia atendeu. Desculpe, Natália, mas acho que eles dormiram juntos por lá — confessou, quase se culpando por ter dito aquilo.

Natália parou o que fazia no computador e voltou a chorar. Como era possível que Yuri e Soraia tivessem reatado o romance tão rápido? E Yuri sequer havia deixado ela se explicar.

Mel se levantou e abraçou Natália. Permaneceram algum tempo juntas, até Mel dizer:

— Eu já sei que você é inocente, Natália. Já sabia antes, mas fui confirmar.

— Como assim, Mel?

— Eu... — hesitou por um momento. Não sabia se devia dizer que estivera com Ricardo e que descobrira que ele participara do plano de Soraia. Natália poderia ir tirar satisfações pessoalmente. Por outro lado, ela ficaria sabendo de qualquer maneira, cedo ou tarde. — Ontem, quando eu disse que ia recarregar os créditos do meu celular, na verdade fui procurar o seu ex-namorado, Ricardo. Ele ajudou Soraia a armar essa confusão.

Natália ficou séria e parou de chorar. Mel explicou rapidamente tudo o que eles haviam conversado, omitindo somente sua conversa com Benício. Concluiu, dizendo:

— Apesar de tudo, peço que você perdoe Ricardo, Natália. Ele foi ingênuo e foi isca fácil para a inteligência de Soraia. Por favor, não fique com raiva dele — pediu Mel, que pretendia reencontrar Ricardo logo que pudesse.

— Mas eu já devia ter imaginado que ele estava envolvido. Foi tudo muito estranho, Mel. E sabe o que me deixa mais triste? Foi a facilidade com que Yuri acreditou em Soraia. Além disso, ele usou palavras duras e pesadas para me ofender. Nunca esperaria ouvir tudo aquilo dele.

— Eu sei como é, mas entenda, meu irmão é ciumento e, vendo o que viu, qualquer um ficaria ofendido, você não acha? — perguntou Mel, sorrindo.

Natália notou como os dentes dela eram brancos. Notou como ela rejuvenescia quando sorria. Percebeu que Mel ficaria belíssima se mudasse aquele visual, tirasse aqueles *piercings* e passasse a sorrir mais vezes. A jovem era bonita, mas a beleza permanecia escondida.

— De qualquer forma, Mel, eles provavelmente reataram, já que ela estava no apartamento dele ontem. Não há mais nada que eu possa fazer.

— Se tem uma coisa que eu detesto é conformismo — resmungou Mel, levantando-se. Puxou Natália pelo braço e a fez ficar de pé. Vamos agora mesmo resolver o seu problema.

— De jeito nenhum, Mel, eu não posso sair daqui. Estou esperando alguns telefonemas que...

— Meu pai vai entender. Pode deixar que eu explico a ele depois. Venha comigo. Se você ainda gosta do Yuri, vai ter que me ajudar com essa ideia.

———

Silas estava sozinho em sua sala, na presidência da empresa, quando bateram à porta. Pensou que se tratava de Marilu e não conseguiu esconder uma careta de desagrado quando viu Soraia entrar. A moça estava muito bem vestida. Silas reparou que ela ainda usava a aliança dourada de noivado com Yuri.

— Preciso falar com você, Silas. É urgente e envolve Yuri.
— Aconteceu alguma coisa com ele?
— Não, mas pode acontecer — disse ela, sentando-se na cadeira para ficar de frente para Silas. — Soube que você transferiu Natália da empresa para sua casa. Vim dizer que discordo disso.
— E por quê? — perguntou Silas, com as sobrancelhas arqueadas.
— Porque ela traiu Yuri no meio da rua. Vimos quando ela beijou o vizinho. E se ela o traiu dessa forma, imagine o que poderia fazer com sua empresa.

Se antes Silas já não gostava de Soraia, naquele momento a odiou. Como conseguia ser tão faladeira e venenosa?

— Diga-me, Soraia, quantos anos você tem? — perguntou Silas, de súbito.

Soraia estranhou a pergunta, mas respondeu:
— Fiz vinte e três em junho e...
— E com essa idade acha que pode enganar um homem de cinquenta anos?
— Como?
— Eu não nasci ontem. Não caio na sua conversa fiada. Sei muito bem que você armou tudo isso — Silas fez um gesto com a mão aberta, interrompendo Soraia, que pretendia dizer algo. — Para começar, como você sabia que a pessoa que Natália supostamente estava beijando era vizinho dela? E, depois, tudo foi teatral demais. De repente você quer convencer Yuri a acompanhá-la

até a rua em que Natália mora para, no momento em que chegam, flagrá-la beijando outro rapaz. Yuri é ingênuo, minha jovem, mas eu sou vivido. Jamais permitiria que Natália fosse vítima de tanta sordidez articulada por mentes poluídas.

Soraia estava pálida e tremia de raiva. Silas era mesmo um atrevido. Se não fosse pai de Yuri e dono da empresa, o teria mandado para o inferno. Mas se controlou e respondeu:

— Sei que você não gosta de mim, Silas, mas vai ter que se conformar, pois vou me casar com Yuri de qualquer forma.

— Não se depender de mim. Aliás, eu prefiro pagar para qualquer outra mulher se casar com ele. Não quero você em minha família — e nesse momento o telefone na mesa de Silas tocou. Ele acrescentou antes de atender: — E não quero você na minha sala nesse momento. Como vê, estou ocupado. Tenha um bom-dia, Soraia.

Soraia se levantou chispando fogo enquanto Silas cumprimentava um cliente pelo telefone. Encontrou Marilu parada no corredor, conversando com uma mulher da limpeza. Aproximou-se e disparou:

— Vocês duas não têm o que fazer, suas desocupadas? — e sem esperar resposta, entrou rapidamente no elevador, que estava parado no andar.

Marilu se virou para a mulher com quem conversava e disse:

— Doutor Silas me explicou que, a partir de hoje, Natália não virá mais trabalhar na empresa. Estou triste com isso, mas ele disse que eu poderei visitá-la em sua residência. Eu ainda torço para que Natália e Yuri se casem para mandarem essa Soraia passear.

Yuri chegou a seu apartamento quando a noite começava a cair. Estava com fome, mas não sentia vontade de comer. Era incrível como não conseguia tirar Natália da cabeça. Na empresa, se confundira e chamara duas mulheres de Natália. O nome da moça surgia em sua mente sempre que se lembrava da cena do beijo com o outro rapaz, ou quando se lembrava dos momentos divertidos que haviam passado juntos. Queria poder sentir mais raiva dela, mas não conseguia.

Por isso, quando entrou em seu apartamento e acendeu as luzes, levou um susto ao ver Mel e Natália sentadas em seu sofá. Mel o olhava ironicamente, mas foi Natália que lhe chamou a atenção. Ela permanecia de cabeça baixa, como se estivesse adormecida.

— Ele já chegou, Natália — disse Mel, cutucando a amiga.

— Posso saber o que vocês duas estão fazendo aqui? — ele perguntou. Quando Natália o olhou, ele sentiu o coração pular.

— Eu a trouxe para cá. Estamos aqui desde o começo da tarde. Ela tinha deixado algumas roupas dela aqui e veio buscá-las — respondeu Mel, quase sorrindo. — Você tinha lhe dado uma cópia da chave e pudemos entrar.

Yuri não respondeu. Jogou o terno e uma maleta sobre um móvel e se aproximou de Natália. A cena da traição lhe vinha à cabeça a toda hora agora.

— E o que vocês estavam fazendo sentadas no escuro? — perguntou ele.

— Tínhamos apagado as luzes logo que ouvimos você se aproximar — esclareceu Mel. — Natália veio conversar com você.

— Não quero ouvir suas explicações — cortou Yuri, secamente. — O que eu vi dispensa satisfações.

— Ele está certo, Mel — concordou Natália, enquanto se levantava e pegava a bolsa. — Eu fui a única a errar nessa história. Ele está coberto de razões.

— Não, Natália, não vá embora — pediu Mel. Virou-se para o irmão e disse: — Por favor, ouça o que ela tem a dizer. Se você pode acreditar na versão de Soraia, o que custa ao menos ouvir o que ela vai falar?

Yuri concordou em silêncio. Sentou numa poltrona e pediu que Natália se sentasse à sua frente. Ela concordou.

Ninguém notou o sorriso de Mel. Esperava agora que Natália conseguisse convencer o irmão e que os dois reatassem. Era mais do que óbvio que eles se amavam. Tinha que dar certo.

Quando Yuri e Natália se viraram para encará-la, Mel já havia desaparecido, deixando os dois a sós. Foi Yuri quem quebrou o silêncio.
— Quer tomar alguma coisa?
— Não, obrigada. Na verdade eu não deveria estar aqui. Vim somente porque sua irmã me obrigou. Larguei o serviço pela metade e seu pai vai me repreender com toda razão.
— Natália... — Yuri hesitou, mas prosseguiu — Eu não consigo entender por que você estava lá fora beijando aquele rapaz...
— Por que eu sou uma vadia. Não foi essa a palavra que você usou? Sou uma cadela e beijo qualquer homem que vejo pela frente — Natália se pôs de pé, mas ele a deteve mais uma vez, fazendo-a sentar.
— Eu fiquei furioso quando vi vocês dois juntos...
— Yuri, quero que saiba que eu nunca traí você — e então Natália contou tudo como acontecera, desde o momento em que Ricardo tocara a campainha até o momento do beijo. Finalizou:
— Eles estavam o tempo todo de combinação.
— Não consigo acreditar que Soraia seja capaz de...
— Não consegue acreditar nas maldades dela, mas consegue acreditar que eu o traí. Sinceramente, Yuri, esperava que você fosse mais inteligente.
— Então, você veio aqui somente para me ofender? — perguntou ele, ficando irritado. — Eu sei que você ganhou aquela caixa de chocolates desse cara.
— Quem me deu os chocolates foi seu irmão Tiago.
— Ele negou e disse que nunca deu nada a você.
Muda de perplexidade, Natália se levantou pela terceira vez, mas dessa vez caminhou rapidamente até a porta. Yuri não a impediu.
— Yuri, só quero que saiba que eu nunca traí você — ela parecia a ponto de chorar, e Yuri ficou assustado quando a viu assim. — Eu só esperava que você entendesse que eu fui enganada, assim como você. Mel esteve na casa do tal Ricardo e ele confessou tudo a ela.
— O quê? — Yuri, espantado, se aproximou de Natália.
— Minha irmã esteve na casa daquele porco? Eu vou matar aquele canalha.

— Ela foi procurá-lo para esclarecer tudo. E Ricardo confessou que Soraia o viu, certa vez, nos espionando detrás de uma árvore. Ele explicou que era meu ex-namorado e que desejava ficar comigo de novo. Soraia, passando-se pela Mel, inventou uma história complicadíssima, mas que o convenceu. Ela ficaria com você e ele ficaria comigo. Pergunte a Mel, já que não acredita em mim. Se quiser, vá até a casa de Ricardo e confirme com ele.

Yuri estava chocado. Não conseguia acreditar que caíra numa armadilha articulada por Soraia. Devia ter desconfiado que estava tudo muito estranho. Por que não acreditara em Natália?

— Pode me perdoar, Natália? — perguntou ele, com olhar entristecido.

— Você e Soraia reataram?

— Não, de forma alguma.

— A questão é que...

— Pode ou não? — insistiu ele.

Natália não respondeu e, quando ele a abraçou, ela retribuiu. Não conseguiu segurar o choro. Yuri beijou seus cabelos e disse:

— Se puder me perdoar, quero que esqueça todas as grosserias que eu te disse. Por favor, Natália — ele segurou o rosto dela para encará-la nos olhos. — Saiba que pensei direto em você. Simplesmente amo você, Natália.

Natália não conseguiu responder e, em poucos momentos, estavam se beijando. Yuri sentiu como se um grande peso tivesse saído de suas costas.

— Aposto que eu convenci você a me perdoar com meu velho olhar de cachorro pidão.

Ela riu e o abraçou.

— Se não fosse esse olhar, você não estaria perdoado.

— Venha, meu amor, vamos para o meu quarto.

— Mas eu preciso voltar e...

— Esqueça o trabalho. Tenho certeza de que meu pai ficará feliz em saber por que você deixou o trabalho pendente — respondeu Yuri, com o coração palpitante de felicidade, enquanto a conduzia lentamente até o quarto.

Capítulo 20

Murilo apertou o passo logo que saiu do carro. Tinha estacionado o veículo próximo ao Fórum João Mendes, onde teria uma audiência dentro de meia hora. Atuando na área cível e trabalhista, aos 48 anos, Murilo era advogado desde os 23, quando se formara. Estudara com Brenda, e fora ele quem a apresentara ao irmão. Ainda se lembrava de como os dois tinham sido felizes no casamento.

Por isso, agora se sentia entristecido ao ver como a vida conjugal dos dois estava se desintegrando. Esperava que Brenda e Silas ainda conseguissem dar a volta por cima para reconquistar a felicidade perdida.

A audiência foi tranquila. Quando retornou à rua, Murilo caminhou até uma floricultura próxima ao fórum. Escolheu um lindo arranjo de flores que achou que agradaria Bete. Pretendia passar pela casa dela antes de seguir para o escritório.

Era terça-feira e a temperatura estava amena. Consultou o relógio e constatou que ainda eram três e meia. Tinha tempo, pois havia marcado com um cliente às cinco e meia no escritório. Colocou o arranjo de flores cuidadosamente no banco de trás do carro e deu partida.

Quando estacionou em frente à casa de Bete, notou que havia um homem parado no portão, do lado de fora. A princípio, pensou que fosse um cliente dela que fora retirar alguma encomenda, mas, quando desceu do carro e chegou mais perto, notou que o homem parecia um andarilho ou mendigo. Vestia-se mal, estava barbudo e sujo. Com certeza, estava querendo alguma esmola.

Murilo tocou o ombro do homem levemente e ele levantou o olhar. Era mais baixo que Murilo e levemente encurvado. O rosto era tão enrugado que parecia ter sido amassado. Os olhos estavam avermelhados e a barba grisalha descia quase três dedos abaixo do queixo. Mas, quando falou, Murilo percebeu que ele não estava alcoolizado nem drogado.

— Moço, quem mora nessa casa? — perguntou ele, com sua voz rouca.

— Posso saber o que deseja? Se for dinheiro, eu posso te dar — sem esperar por resposta, Murilo enfiou a mão no bolso do terno e pegou algumas notas que recebera de troco no estacionamento. — Aqui está.

O homem olhou as notas na mão de Murilo e sacudiu a cabeça negativamente. Não queria o dinheiro.

— Não estou pedindo dinheiro não, moço. Eu quero saber quem mora nessa casa aqui — disse ele, quase parecendo ofendido pela atitude de Murilo.

— Não importa quem mora aí. Quero saber o que faz parado aqui no portão dessas pessoas.

— Quero falar com o dono da casa — resmungou o homem. Ele cuspia enquanto falava. — Estou procurando alguém.

— Sinto muito, mas deve estar no lugar errado — Murilo segurou-lhe o braço sujo, tentando afastá-lo, mas o homem não se moveu nem um centímetro. — Se não sair daqui, vou tomar minhas providências.

Murilo já estava pegando o celular para chamar a polícia, quando o homem o encarou e disparou:

— Quero saber se a Bete ainda mora aqui.

Ao ouvir o nome, Murilo lentamente guardou o aparelho. Mas, afinal, quem seria aquele homem maltrapilho? Seria algum pedinte a quem Bete costumava ajudar? Afinal, ele a conhecia pelo nome.

— Olha, acho melhor ir embora. Não deve incomodar as pessoas.

— E quem é você, que veio aqui cuidar dos meus assuntos? — o homem parecia indignado. — Eu preciso falar com Bete, se ela ainda morar aqui. Afinal, sou o marido dela.

Murilo piscou. A princípio, achou que o homem era louco ou que estava fantasiando. Mas algo na maneira como ele se expressou fez Murilo acreditar. E já estava se preparando para responder, quando a porta da casa foi aberta e Bete apareceu segurando Violeta pela mão. Na outra mão, trazia um pacote embrulhado em uma sacola plástica.

Bete não reconheceu o homem malvestido, mas sorriu quando viu Murilo parado ali. Não reparou na expressão séria dele.

— Adivinha quem está parado ali na frente, meu amor? — perguntou Bete.

— Será que é o Murilo? Por favor, diga que é ele — respondeu Violeta, sorrindo. Ficava feliz sempre que se encontrava com Murilo. Gostava dele sinceramente e torcia para que ele se casasse com sua mãe.

— Sim, é ele mesmo — Bete riu e se aproximou. Quando abriu o portão, sorriu, mas notou que havia algo errado quando Murilo não correspondeu ao seu sorriso. E quando se virou para encarar o homem a sua frente, estremeceu. Apesar de estar vestido como um andarilho, barbudo e curvado, Bete reconheceu a figura de Luís, pai de Natália e Violeta, o homem que as abandonara tão logo Violeta nascera.

Bete ainda se lembrava da frustração de Luís quando não nascera o menino que ele tanto esperava. E ele ficara ainda mais decepcionado quando soube que a criança não enxergava. Não pôde suportar o que ele chamou de "castigo de Deus". Uma semana depois do nascimento de Violeta, ele deixou a casa. Nunca mais voltou desde então, nem tentou entrar em contato com Bete. E agora reaparecia, após quase oito anos.

— Não se lembra mais de mim, Bete? — perguntou Luís, sorrindo. Os dentes estavam muito amarelados e estragados.

— Você o conhece, Bete? — perguntou Murilo, assombrado. Afinal, o estranho dissera ser marido de Bete. — Eu vi que ele estava parado aqui no portão, tentando entrar, e vim falar com ele.

Bete soltou um profundo suspiro. Sentiu quando Violeta lhe apertou a mão com força para esconder a tensão. A menina sempre se assustava quando ficava próxima de um estranho.

— Sim, Murilo, eu o conheço — Bete não queria entrar em detalhes na frente de Violeta e Luís pareceu entender, pois se manteve calado. Então, Bete se virou para Luís e disse: — Embora fosse melhor nunca tê-lo conhecido.

— Mas o que é isso, Betinha? É assim que trata o homem que foi...

— Por favor, Luís, não é hora nem lugar para falarmos sobre o passado. Aliás, nem sei o que você está fazendo aqui. Por que voltou?

— Vim pra ver como andam as coisas — respondeu ele, olhando para a menina. — Essa aí é ela? — apontou para Violeta.

Murilo percebeu que Bete estava ficando constrangida e convidou Violeta para acompanhá-lo até o carro. Fez um sinal para Bete de que tudo estava bem. Ficaria observando do automóvel caso o tal Luís tentasse algo contra Bete. Só queria afastar Violeta antes que aquele homem dissesse algo inconveniente na frente dela.

Bete estava pálida. Ainda segurava a encomenda que entregaria na padaria. Não conseguia acreditar que ele estava de volta. Era o homem que talvez até tivesse amado um dia, mas que agora não representava nada. Luís parecia um mendigo e chegava mesmo a assustar com sua aparência sinistra. Não entendia o porquê de ele ter retornado. Naturalmente, não estaria interessado em saber das filhas, já que nunca as procurara nos últimos sete anos.

Bete e ele nunca tinham sido casados no papel, mas viviam como marido e mulher. E ela nunca soube onde ele estivera morando, trabalhando e vivendo todos aqueles anos. Ficara chocada quando Luís disse que iria embora.

Natália, na época com doze anos, sempre lhe perguntava quando o pai voltaria. Com o passar do tempo, foi esquecendo-o e se dedicando a ajudar a mãe e a irmã. Quando Violeta perguntava do pai, Bete, acreditando que Luís nunca voltaria, respondia que o pai tinha morrido. Natália sabia da verdade, mas nunca dissera nada à irmã.

E, de fato, era como se Luís tivesse morrido, pois Bete tivera que cuidar das filhas somente com seus esforços solitários. E agora não era justo que Luís reaparecesse para lhe desorganizar a vida e prejudicar o bem-estar de Violeta e Natália. E nem mesmo o seu romance com Murilo.

— Luís, não sei por que você voltou, mas quero que saiba que não vou permitir que você tenha contato com as meninas. Sabe que Violeta não o conhece e Natália já não pensa em você. Não seria justo expô-lo a elas agora.

Luís ficou sério por um momento, e então soltou uma gargalhada sinistra. Bete estremeceu. Quando estivera com ele, Luís nunca fora um homem violento. Jamais agredira ela ou Natália. Mas mais de sete anos haviam se passado e Luís nem de longe parecia o mesmo. Para Bete, aquele homem à sua frente era realmente um estranho.

— Mas é claro que eu quero ver Natália e conhecer minha filha menor. Qual é o nome dela?

— Sua filha? Você não tem filha nenhuma, pelo menos não comigo — Bete ficou vermelha. Como podia haver alguém com tanto descaramento?

— Mas é claro que ela é minha filha. Natália está registrada em meu nome.

— Mas Violeta não está! E mesmo que estivesse eu não permitiria que você entrasse em sua vida. Quanto a Natália, tenho certeza de que ela não quer nenhum contato com o pai ausente que teve até hoje. Você está fora de nossas vidas há muito tempo, Luís.

— Não tente me afastar de minhas filhas, Bete. Não estou pedindo para morar em sua casa. Quero apenas chamar Natália e essa outra menina de filhas, e ouvi-las me chamando de pai.

— Pode sonhar com isso — Bete estava visivelmente transtornada. — Se eu souber que você tentou qualquer contato com alguma delas, vou chamar a polícia. — Sem dizer mais nada, Bete fez menção de se afastar, mas Luís a deteve pelo braço. — Quer me soltar, seu maluco? Tenho encomendas para entregar e não posso ficar perdendo tempo com sua insanidade.

Luís intensificou a força do aperto e Bete fez uma careta de dor. Do carro, Murilo, que acompanhava a cena, pediu que Violeta aguardasse dentro do veículo e saiu em disparada. Em menos de cinco segundos estava diante de Bete.

— Solte-a imediatamente, seu canalha — sem esperar por resposta, Murilo empurrou Luís para trás, que tentou lhe revidar com um soco. Não acertou o alvo, mas Murilo retribuiu com um soco no estômago do homem. Luís se curvou, mas logo avançou com a cabeça, como um touro bravo. A pancada foi tão forte que derrubou Murilo.

Bete, desesperada, colocou a entrega sobre o muro da casa e correu para acudir. A gritaria atraiu os vizinhos, que saíram à rua para ver o que acontecia. Quando notaram que Bete estava na confusão, se aproximaram.

No chão, Murilo tinha recuperado o controle e esmurrava Luís sem parar. Nem percebeu quando dois homens o ergueram do chão. Luís tinha o rosto barbudo sangrando e parecia atordoado. Murilo passou a mão pelo canto dos lábios, onde havia um pequeno corte. Aproximou-se de Bete e a abraçou. Ela chorava, muito nervosa e assustada.

A rua estava agora apinhada de curiosos. Algumas pessoas comentaram que a rua estava ficando muito agitada, já que no sábado houvera a briga entre Yuri e Ricardo. Zuleica, a vizinha que ajudara Soraia no plano, comentou com outra mulher:

— Engraçado que todas as brigas envolvem a Bete e sua família. Não vou querer morar em um lugar que só tem arruaceiros.

Pouco depois conseguiram colocar Luís de pé. Ele encarou Bete e Murilo com ódio.

— Quer dizer que você arrumou um cão de guarda, Betinha? Eu já devia imaginar que você arrumaria um macho pra esquentar sua cama.

Bete ficou pálida pela ofensa diante das pessoas, mas Murilo tentou avançar sobre Luís novamente. Foi detido pelos curiosos, mas avisou:

— Cara, se eu souber que você está rondando a casa de Bete novamente, eu o ponho na cadeia. Sou advogado e sei muito bem como lidar com tipos feito você.

Luís fez um gesto obsceno com o dedo, mas deu meia-volta apressadamente. Dobrou a esquina e desapareceu. Murilo se virou para os demais que a tudo assistiam e disse:

— Obrigado pela ajuda de vocês. A briga já acabou. Tenham uma boa-tarde.

As pessoas começaram a se dispersar e, quando se viu a sós com Bete, Murilo pegou a encomenda dela e, abraçando-a, guiou-a até o carro onde Violeta aguardava. Assim que entraram no veículo, Bete começou a chorar. Violeta, que acompanhara os gritos de dentro do carro, ficara assustada e temerosa pela mãe. Agora, ao ouvir Bete chorar, caiu em pranto também.

Murilo, embora estivesse tenso e nervoso, aos poucos conseguiu acalmar Violeta, até a menina parar de chorar. Bete tremia incontrolavelmente. Murilo sugeriu que eles entrassem para tomar um refresco até ficarem mais tranquilos. Bete concordou.

Pouco depois estavam sentados à mesa da cozinha. Havia muitas interrogações no ar por parte de Murilo, mas ele se manteve calado. Esperaria até que Bete estivesse em condições de falar. Embora trêmula, ela fez um suco de maracujá e serviu em três copos. Violeta, ao pegar o seu, disse que tomaria no quarto, pois queria descansar e esquecer o ocorrido. Murilo beijou a menina no rosto assim que ela passou próxima a ele. Violeta sorriu e retribuiu o beijo.

Quando se viram a sós, Bete deu livre curso às lágrimas. Contou a Murilo tudo o que Luís dissera e finalizou perguntando:

— Murilo, você á advogado de causas cíveis. Esclareça-me, pelo amor de Deus. Natália é registrada em nome de Luís, mas Violeta não. E se ele tentar pedir a guarda de Violeta? Embora não acredite que ele vá querer assumir essa responsabilidade, fico pensando em como seria.

— Imagino que na certidão de nascimento de Violeta não conste o nome dele. — Vendo que Bete sacudia a cabeça em concordância, Murilo prosseguiu: — É um direito da mãe não fornecer o nome do pai de seu filho ao realizar o registro, como você fez, mas não creio que ele vá entrar na justiça com o pedido de guarda. Ainda que ele tenha abandonado a criança, a justiça lhe concede alguns direitos por ser o pai biológico. Mas a guarda é sua, fique tranquila quanto a isso.

Bete sacudiu a cabeça mais calma. Tinha um estranho pressentimento de que Luís não desistira e que reapareceria em breve. Murilo segurou-lhe as mãos gentilmente e sorriu, dizendo:

— Mas há algo que me preocupa.

— O que é, Murilo? — perguntou Bete, assustada.

— Penso se existe a possibilidade de eu ser trocado por ele. Afinal, ele veio primeiro, não é mesmo?

Bete riu e disse que Murilo deveria ficar despreocupado quanto a isso. Não havia espaço para Luís em seu coração, agora que pertencia a ele.

— Meu Deus, esqueci até a minha encomenda.

— Deixe isso para lá. Tenho certeza de que seu cliente vai entender sua situação — comentou Murilo. — Eu comprei flores pra você e esqueci no carro. Vou buscar e já retorno.

Foi e voltou em seguida trazendo as lindas flores. Bete sorriu emocionada, agradecendo.

— Ainda me resta um tempinho antes de voltar ao escritório. Marquei com um cliente meu às cinco e meia. Vou só lavar o rosto e passar um creme pra disfarçar o corte. Não é de bom-tom assustar o cliente assim. Vai pensar que sou um advogado beberrão.

Bete riu. Ainda bem que conhecera Murilo. Sentia que ao lado dele estava segura. E rezava para que Luís nunca mais voltasse.

Eram quase seis horas da tarde, na quarta-feira, quando Soraia chegou à residência de Silas. Vestia-se com esmero, pois pretendia levar Yuri para jantar. Telefonara para o celular dele, mas o aparelho estava desligado. No entanto, quando telefonou para a casa de Silas, a empregada que a atendeu disse que Yuri estava lá. Sorridente, ela seguiu diretamente para lá.

Assim que entrou, viu Tiago descendo as escadas. Sua fisionomia estava muito séria, como se estivesse com raiva.

— Tire esse sorriso do rosto, Soraia — disse ele, assim que chegou perto dela. — Eles voltaram!

Soraia sentiu-se gelar, mas quis confirmar, embora já deduzisse:

— Quem voltou, Tiago?

— Meu irmão e a secretária do meu pai. Quem mais poderia ser?

Sem ar, Soraia se deixou cair sobre o sofá. Não era possível. O que tinha dado errado, afinal? Estivera com Yuri havia três dias e tudo parecia estar bem. E agora Tiago aparecia dizendo que eles haviam reatado. Só podia ser praga.

— Como você soube disso?

— Ora, eles saíram daqui agora há pouco. Você deve saber que meu pai não a demitiu, e sim a transferiu aqui pra casa. Até eu fiquei espantado, pois Yuri chegou, não demorou muito e saiu junto com ela. E os dois pareciam muito felizes.

Soraia sentiu um ódio tão grande que até estremeceu. Só poderia haver uma maldição por trás disso. A tal Natália não poderia ter tanta sorte — isso se fosse mesmo uma questão de sorte.

— Você está vestida toda chique pra quê? Pretendia envolvê-lo em sua malha sedutora? — perguntou Tiago, ironicamente.

Soraia lhe dispensou um olhar feroz e não respondeu. Pegou a bolsa e já pensava em sair quando uma ideia melhor lhe ocorreu.

— Sua mãe está lá em cima? — perguntou ela.

— Deve estar. Minha mãe nunca sai de casa à noite — respondeu Tiago, dando de ombros.

Mas ele estava enganado. Brenda combinara de ir ao centro espírita com Bete e estava tomando um banho. Passara o dia inteiro meditando se deveria ir ou não e, embora temerosa, resolvera que nada de mal poderia lhe acontecer lá. Tinha esperanças de que conseguiriam ajudá-la a reconquistar o amor de Silas.

Assim que saiu do banheiro, notou que Silas estava vestido e pronto para sair. Imaginou que ele iria se encontrar com Alice novamente. No entanto, para não se prolongar em discussões desnecessárias, ficou calada.

E ele notou que Brenda também estava se arrumando. A esposa não costumava sair à noite. Só o fazia quando encontrava algumas amigas ou saía com Soraia. Estranhando, Silas quis saber:

— Vai sair hoje, Brenda?

— Vou — foi a única resposta.

Silas notou quando ela espirrou algumas gotas de perfume no pescoço. E quando Brenda se virou de frente pra ele, Silas achou-a mais linda do que nunca. Quase desistiu de ir se encontrar com Alice. Quase... Só não o fez porque queria evitar conflitos com a jovem.

— Vai com Soraia?

— Não. Eu vou sozinha — Brenda o olhou. — Não posso?

— Ora, é claro que pode. Só perguntei porque estou estranhando você sair sozinha à noite. Posso perguntar aonde vai?

Brenda abriu um lindo sorriso e respondeu:

— Vou a uma reunião na casa do Tenório. Quem sabe nos encontremos lá.

Ele sabia que a esposa estava sendo irônica e, naquele momento, uma pequena pontada de ciúme o atingiu. E se Brenda estivesse indo se encontrar com outro homem? Afinal, não seria justo ela ter um amante, já que ele mantinha seu caso com Alice?

— Posso saber que horas você pretende voltar? — perguntou Silas, secamente.

Brenda quase exultou. Silas estaria fazendo aquelas perguntas por ciúmes? Ou estaria ele pensando que ela pretendia segui-lo para ver com quem ele se encontrava? Preferiu, no entanto, pensar na primeira possibilidade.

— Não tenho horas para voltar — e ia acrescentar mais alguma coisa quando bateram à porta e ela ouviu a voz de Soraia perguntando se podia entrar.

Silas quase suspirou aliviado, pois agora tinha certeza de que Brenda ia sair com Soraia. Nem queria pensar em outras situações que envolvessem a esposa. Se ela tivesse um amante...

— Eu já estou saindo, Soraia. É que Silas também está aqui — respondeu Brenda. Deu um beijo de leve no rosto de Silas, apanhou a bolsa e um casaco, e saiu.

Enquanto se dirigia à garagem, Soraia lhe fez uma dezena de perguntas sobre a reconciliação de Yuri e Natália. Foi só então que Brenda observou que Soraia era extremamente cansativa. Nunca lhe fazia perguntas sobre sua situação com Silas. Só queria contar sobre ela mesma e seus problemas com Yuri.

Pensando em Natália, Brenda fez uma rápida comparação entre as duas. Natália lhe parecera muito singela, mas sincera. Brenda reparava agora que Soraia tinha um quê de falsidade. Teria ela se enganado ao julgar a moça como a melhor esposa para Yuri?

— Tudo o que eu sei é que eles saíram juntos. Não tenho mais informações — respondeu Brenda assim que chegou ao carro.

— Eles não podem voltar, Brenda. Você vai consentir?

Brenda estava feliz demais pelo possível ciúme de Silas e não deu muita atenção a Soraia. Abriu a porta do carro e se virou para encará-la.

— Façamos o seguinte: eu tenho um compromisso particular agora à noite. Mas, logo que eu voltar, prometo telefonar para Yuri e saber mais detalhes. Ele chegou aqui em casa, encontrou Natália e saíram rapidamente. Não pude apurar as coisas.

— Está certo. Aliás, aonde você vai, Brenda?

— Segredo — respondeu ela com ar misterioso. — Só não te ofereço uma carona porque vou para o lado contrário do seu. Até mais.

Soraia ficou parada ali, vendo o carro se afastar. Reparou que Brenda estava meio estranha, como se não quisesse lhe dar muita confiança. E ainda estava fazendo mistério quanto ao local aonde iria. Tinha que tomar muito cuidado para não perdê-la como aliada.

Tinha ido até lá de táxi e voltaria de táxi. E não conseguiria dormir tranquila se não tivesse certeza da reconciliação entre Yuri e Natália, por isso, decidiu que ainda ligaria para Brenda no final da noite para saber mais informações.

Capítulo 21

Eram quase sete horas da noite quando Brenda parou o carro na esquina da casa de Bete. Gravara bem o caminho desde que estivera lá com Silas, no domingo. Estava temerosa tanto pela região, que, por ser periferia, a fazia pensar que poderia ser assaltada a qualquer momento, quanto por ter aceitado ir a um centro espírita.

— Oh, Deus, onde eu estava com a cabeça quando decidi aceitar? — perguntou-se enquanto saía do carro e ligava o alarme.

Pouco depois, estava tocando a campainha na casa de Bete. Não demorou muito até que Bete saísse. Estava bem-arrumada e parecia feliz. Sorriu ao vê-la parada no portão.

— Boa noite, Brenda. Fico feliz por ter vindo. Não quer entrar antes de irmos, para tomar um café?

Embora tivesse achado o café de Bete simplesmente maravilhoso, Brenda agradeceu e disse que aceitaria tomá-lo na volta, se não fosse muito tarde. Indicou o carro parado na esquina e Bete pareceu surpresa.

— Quer ir de carro? O centro fica a três quadras daqui. É bem pertinho. Podemos ir a pé.

— Mas não é perigoso? — Brenda parecia muito assustada.

— De forma alguma. Esse bairro é muito tranquilo e ninguém ameaça ninguém — exceto Luís, pensou Bete. — Violeta ficou na casa de uma vizinha. Ela tem um cachorro que adora brincar com minha filha.

— E sua outra filha? — perguntou Brenda, com ar inocente. — Ela está aí?

— Não sei se já soube, mas nossos filhos reataram o namoro — Bete falava cautelosamente, pois Natália já havia comentado que Brenda não via com bons olhos o romance entre eles, já que preferia que Yuri namorasse e se casasse com Soraia. — Ela me telefonou ainda há pouco dizendo que chegaria mais tarde, pois iria ao teatro com seu filho.

Brenda sacudiu a cabeça em silêncio. Bete procurou desviar o assunto e perguntou se ela já tinha começado a ler o livro que lhe emprestara. Ela respondeu que estava gostando bastante da história e que se surpreendia à medida que descobria que a espiritualidade não era nada do que pensava.

— Vai se surpreender ainda mais assim que chegarmos lá — prometeu Bete.

Brenda comentava distraidamente sobre o livro que nem percebeu que fizeram todo o trajeto a pé. Minutos depois, Bete parou e apontou uma casinha branca:

— Chegamos. Esta é a casa espírita que frequento.

Brenda parou de súbito, como se seus pés ficassem colados no chão de repente. Um medo profundo lhe sacudiu o corpo. Sempre ouvira dizer que ali as pessoas falavam com gente morta e evocavam forças malignas. Embora a casa tivesse uma aparência muito acolhedora, estava desconfiada. Tudo poderia ser fachada. O perigo só residiria lá dentro. E se vozes misteriosas começassem a falar dentro de sua cabeça? E se eles começassem a mexer com tábua *ouija* para invocar demônios? E se fizessem outras diabruras com ela?

Bete sorriu quando notou que Brenda estava hesitante. Olhava para a entrada do centro como se estivesse vendo um disco voador. Percebendo aquilo, disse amavelmente:

— Pode ficar despreocupada. Aqui é um lugar do bem, de energias positivas e revigorantes. Tenho certeza de que, assim que entrar, vai se sentir muito melhor.

Ainda nervosa, Brenda seguiu Bete. E de fato, assim que entrou, Brenda sentiu a leveza do ambiente. Viu mais ao fundo uma pequena sala com algumas pessoas sentadas. Passaram por uma moça simpática, sentada a uma mesa anotando os nomes dos visitantes em um livro. Ao seu lado, havia outra mesa com alguns livros expostos para venda.

— Boa noite, Bete — cumprimentou a moça. — Não quis trazer a Vivi hoje?

— Boa noite, Cidinha. Não, a Violeta só gosta de vir aos sábados pra ouvir os lindos ensinamentos do professor João. Ela adora a forma como ele trata o evangelho adaptado para o entendimento das crianças.

Cidinha cumprimentou Brenda, que respondeu com um sorriso trêmulo. Ainda não estava calma, embora já não estivesse tão apavorada. Cidinha preencheu os nomes das duas visitantes num grande livro e entregou uma folha em branco com o nome de cada uma em cima. Logo, Bete seguiu por um corredor com Brenda colada em seus calcanhares. Olhava para todos os lados como à espera de ver algum terror.

Finalmente, Bete encontrou Nivaldo e Mara. Nivaldo era o dirigente da casa e também um dos principais palestrantes. Mara, que também era uma de suas clientes que sempre encomendavam doces e salgados, era uma excelente médium e passista. Nivaldo e Mara cumprimentaram Bete, que apresentou Brenda.

— Essa é dona Brenda, a patroa da minha filha, Natália.

— Esqueça o "dona". Chamem-me de Brenda, apenas — disse ela, timidamente.

— Seja bem-vinda. Espero que goste da casa — sorriu Nivaldo. Ao ver o sorriso bondoso de Nivaldo, Brenda se sentiu muito mais calma. — Por que vocês não vão tomar um passe?

— Iremos sim — Bete se afastou, e logo seguiram por outro corredor muito iluminado, onde havia algumas pessoas, numa pequena fila, aguardando sua vez de entrar na sala do passe. — Já tomou algum passe?

Brenda fez que não com a cabeça e quis saber para que servia o papel que Cidinha lhes dera na entrada. Bete explicou que, após tomarem o passe, haveria uma palestra. Ao final da palestra, se quisessem, poderiam passar por uma entrevista com alguns médiuns da casa. Brenda assentiu em silêncio. Estava surpresa, pois não esperava encontrar pessoas tão simpáticas em um local que achava só servir para o mal. E tudo o que mais desejava era que alguém pudesse lhe dar um conselho de como recuperar o amor de Silas, para que seu casamento não fosse destruído.

Quando estavam quase entrando na sala de passes, Brenda perguntou se teria que pagar. Já estava abrindo a bolsa quando Bete a deteve com um gesto suave. Sorriu e disse que ali tudo era gratuito, mas que Brenda poderia fazer uma doação para a casa se desejasse.

— É que certa vez fui a uma igreja que pedia dinheiro sem parar. Mal fechava o zíper da bolsa e tinha que abrir de novo — confessou Brenda.

Bete apenas sorriu, repetindo que ali nada era pago.

— Não se pode cobrar pelo bem, não é mesmo? — disse Bete, que não pôde esconder o sorriso quando viu Brenda entrar na sala com os olhos arregalados. Quando ela se sentou em frente ao passista, os olhos ficaram ainda maiores.

— Pensemos em Jesus — Brenda ouviu uma voz dizer, ao fundo. Fechou os olhos, mas abriu-os em seguida quando escutou um movimento de mãos. Claro que já vira aplicação de passes pela televisão, mas jamais imaginaria que ela, um dia, estaria recebendo um. — Graças a Deus — disse a mesma voz de antes. Brenda se levantou e saiu da sala com Bete.

— E então? — perguntou Bete, sorrindo.

Brenda não respondeu. Estava extasiada. Poderia voar, de tão leve que se sentia. Naquele momento se esqueceu de todos os seus problemas familiares. Esqueceu as traições de Silas, esqueceu o romance atribuído de Yuri e Natália, esqueceu as esquisitices de Mel, esqueceu Tiago, que sempre tentava disputar com o irmão.

A sensação que sentia era tão boa, que tinha vontade de sorrir.
— Como eles conseguem fazer isso? — perguntou Brenda.
Antes que Bete respondesse, encontraram Nivaldo, que tinha ouvido sua pergunta. Ele sorriu e respondeu:
— É natural que as pessoas que nunca tomaram um passe sintam-se revitalizadas. O passe é uma espécie de terapia que atua diretamente no físico e no espiritual. É uma transmissão de fluidos positivos e benéficos da pessoa encarnada ou desencarnada que aplica o passe para outra que o recebe — explicou com sabedoria.
— Encarnadas? Desencarnadas? Fluidos? — Brenda parecia confusa.
Nivaldo sorriu e respondeu:
— Sei que as pessoas que vêm pela primeira vez a uma casa espírita ficam com muitas dúvidas. É um processo natural do ser humano. Vou explicar rapidamente, pois daqui a pouco vou dar início à palestra. Fluidos são substâncias energéticas manipuladas e controladas pelos pensamentos de espíritos, que vestem um corpo de carne, como nós, ou que usam apenas o corpo espiritual.
— Ou seja, aqueles que já morreram? — perguntou Brenda, estremecendo.
— Todos nós somos espíritos. Ora vivemos em um corpo de carne, aqui na Terra, ora vivemos com nosso corpo espiritual, no astral. Quando nosso corpo físico morre, nosso espírito o deixa. Esse processo é chamado de desencarnação. Nesse momento, estamos encarnados, pois vivemos na carne. Sei que à primeira vista parece complicado, mas aos poucos entenderá melhor. Agora, se me dão licença, preciso ir. Depois da palestra poderá tirar mais algumas dúvidas com os médiuns — Nivaldo sorriu e se afastou.
Pouco depois, Bete e Brenda seguiram até a sala em que Brenda vira as pessoas sentadas. Bete sussurrou:
— Sabe o que é interessante nas palestras? É que parece que elas foram feitas para nós. Há momentos em que parece que o palestrante, nesse caso o Nivaldo, fala direto em nossos corações. Acredite.

Quando Nivaldo se apresentou, dizendo boa-noite a todos, informou que o tema da palestra da noite seria o perdão.

— Não sei como o tema do perdão pode ter a ver comigo — comentou Brenda, mais para si mesma do que para Bete.

Depois de transcorridos vinte minutos de palestra, Brenda já tinha outra opinião. Assimilava as palavras de Nivaldo com extrema atenção. Nivaldo, orientado pelo seu mentor espiritual, presente no momento, assim como outros espíritos e amigos benfeitores, comentou que Jesus nos ensinara a perdoar o próximo setenta vezes sete e que a própria reencarnação é uma forma de perdão a cada espírito, pois trata-se de outra chance para vivenciar novas experiências e aprender com elas para o amadurecimento e crescimento espiritual.

Depois, leu um pequeno trecho de *O Evangelho segundo o Espiritismo* que mencionava duas formas diferentes de se perdoar. O perdão honesto e generoso, em que não deixa qualquer rancor e mágoa, e o perdão no qual a pessoa antes ofendida impõe condições humilhantes a outra como forma de se perdoar. Disse ainda que o maior impedimento do perdão é o orgulho, sentimento que deve ser evitado sempre. E Nivaldo encerrou a palestra com palavras de que Brenda nunca se esqueceria:

— E a partir do momento em que perdoamos o próximo, seja a esposa ou o marido, os pais ou os filhos, os amigos ou os inimigos, a mágoa desaparece e o amor resplandece. Pois o amor é o mais nobre dos sentimentos e está presente em todos os corações. O amor não morre jamais, por isso devemos sempre acreditar que, por pior que possa parecer uma situação, por mais mágoa ou raiva que estivermos sentindo do outro, meus queridos, o amor nunca vai embora.

Ao fim da palestra, algumas pessoas tinham lágrimas nos olhos, entre elas Brenda. Pensava que o tema do perdão não lhe diria muita coisa, mas estava enganada. Brenda relacionou o tema com a situação que vivia com Silas. Sabia e sempre soubera que não o odiava por ele não amá-la mais. Claro que estava ressentida por ter sido trocada por mulheres mais jovens, como Alice, mas entendia agora que, por mais difícil que pudesse parecer, ela tinha que perdoar suas atitudes como forma de acalmar o seu próprio espírito.

Logo depois, Brenda tirou algumas dúvidas sobre o tema da noite com uma médium que a atendeu. A médium, uma mulher simples, mas com alto grau de conhecimento, complementou tudo o que ela ouvira dizendo:

— Sabemos que às vezes parece fácil falar, enquanto é muito difícil cumprir. Mas sequer costumamos tentar. Por que nunca tentamos substituir o ódio, a mágoa, o ressentimento e as ofensas por sentimentos como o amor, a caridade, o perdão e a reconciliação? Por que é mais fácil sentir raiva do que amor? Por que preferimos humilhar o outro em vez de fazermos um simples elogio ou dizermos uma palavra de amizade? Repito que não é tarefa fácil, mas garanto que saber perdoar representa um passo muito importante para o aperfeiçoamento de nosso espírito.

Enquanto retornavam, já na rua, Bete perguntou se Brenda gostara da visita e sorriu ao ouvi-la dizer que pretendia voltar na próxima quarta-feira.

— E eu achando que lá eles mexiam com os capetinhas — disse, brincando, e Bete soltou uma gargalhada gostosa.

Brenda comprara alguns livros com Cidinha e, ao saber que a casa estava coletando alimentos para distribuição de cestas básicas às comunidades carentes, preenchera um cheque e fizera uma doação:

— É um dinheiro que não vai me fazer falta, mas sei que vai ajudar muitas pessoas — disse.

Quando chegaram à casa de Bete, esta fez um novo convite para que Brenda entrasse para tomar um café, mas ela agradeceu novamente, alegando que já estava tarde.

— Não costumo sair à noite sozinha, meus filhos podem ficar preocupados. Nem sei como ainda não me ligaram. Mas na próxima quarta-feira, quero chegar mais cedo para tomarmos um cafezinho e tomarmos outro passe. Nossa, que energia pura!

Bete riu, agradeceu a visita de Brenda e, pouco depois, despediram-se. Naquela noite, Bete tivera a chance de conhecer

Brenda um pouco melhor e achou que, no fundo, ela era uma ótima pessoa.

— Não sei o que está acontecendo com você hoje. Tenho a impressão de que você está distraído, pensando longe — reclamou Alice.

Estavam sentados em um barzinho próximo à rua da Consolação e, desde que haviam chegado, Silas parecia disperso.

— Não, está tudo bem. Só estou pensando em algumas questões da empresa — respondeu Silas, sem passar muita credibilidade. Jamais poderia confessar a Alice que estava tentando imaginar aonde Brenda poderia ter ido. Ainda há pouco fora até o toalete do bar telefonar para casa do celular, tendo sido informado de que Brenda ainda não havia chegado. E já passava das nove.

— Mas agora não é hora de pensar em trabalho, meu amor. Para isso eu estou aqui, para distraí-lo — disse Alice, segurando as mãos dele por cima da mesa. Ela estava linda e sensual, os cabelos loiros curtos lhe dando uma aparência de adolescente. — Assim que chegarmos ao apartamento, vou fazer uma deliciosa massagem em você.

Silas sorriu sem muito ânimo. Logo Alice começou a sussurrar algumas palavras obscenas do que ela pretendia realizar com ele no quarto, mas Silas não conseguia tirar a imagem da esposa do pensamento. Brenda não tinha parentes na cidade, à exceção de uma meia-irmã que morava em Guarulhos e com quem ela não mantinha contato. E quando saía, geralmente ia com Soraia ou alguma outra amiga, mas nunca sozinha.

Alice percebeu que, pela primeira vez, Silas não parecia empolgado por estar junto dela. E isso não era um bom sinal. Poderia indicar que Silas conhecera outra moça, talvez ainda mais atraente do que ela. Alice acreditava que não havia a menor chance de Silas tentar salvar seu casamento com Brenda, que já estava praticamente no fundo do poço. E ela tinha um plano em mente para acabar de afundá-lo.

Ela planejara cuidadosamente. Silas gostava de lhe satisfazer todas as vontades, mas ultimamente começara a regular os presentes. Desde que Alice pedira o carro e recebera um "não" como resposta, soubera que andava em campo minado. Se começasse a extrapolar, Silas poderia se irritar e mandá-la embora de sua vida. Havia milhares como ela que dariam tudo para ser amante de um homem rico e atraente como Silas, mas existiam poucos homens como ele. E Alice não estava disposta a perder sua galinha dos ovos de ouro. Então, pensou em algo que tinha certeza de que levaria ao seu maior objetivo: tornar Silas um homem divorciado.

Alice não desistira de possuir um carro, mas, por ora, deixaria esse desejo de lado. Se realmente quisesse ter tudo o que desejava, deveria, antes de qualquer coisa, possuir Silas e sua conta bancária. Para tanto, tinha esperanças de se casar com ele em comunhão de bens logo que saísse o divórcio dele com a esposinha insossa. E assim que se transformasse em Alice Onofre, Silas não poderia lhe negar mais nada. Ela seria dona do dinheiro dele e poderia gastar da melhor maneira possível. Ficava excitada só de pensar nas viagens que faria ao redor do mundo. Silas poderia acompanhá-la se quisesse; caso contrário, ela iria sozinha, divertindo-se com homens mais interessantes como Flávio, seu professor de ginástica.

Mas não conseguiria nada disso se antes não eliminasse seu maior obstáculo: Brenda. Sempre que sugeria o divórcio a Silas, que constantemente se dizia infeliz no casamento, ele desconversava ou alegava cansaço. Alice conhecia muitos casos em que homens casados costumavam enrolar as amantes com histórias parecidas. Diziam que estavam com o casamento por um fio e que pediriam o divórcio em breve para viverem felizes para sempre ao lado delas. No entanto, esse "breve" nunca chegava e o tempo ia passando.

Ela não estava disposta a esperar cinco ou dez anos. Se Silas estava realmente descontente com seu casamento, que se divorciasse e pronto. E não adiantaria vir com papo-furado, pois não a convenceria. Ela queria que ele deixasse Brenda e fosse viver com ela definitivamente, casados no papel.

Dando continuidade ao seu plano, Alice pensara na hipótese de sugerir uma viagem com Silas. Iriam somente os dois para qualquer cidade do Brasil, passariam no mínimo uma semana, esquecidos de todos os problemas. E, nessa semana, Alice deveria convencê-lo a abandonar Brenda de uma vez por todas assim que voltassem. Seduzido da forma que estaria, Silas sequer hesitaria.

Claro que havia a possibilidade de Brenda se recusar a dar o divórcio. Esposas chatas, grudentas e abandonadas costumavam dificultar nos últimos momentos. Mas quanto a isso, Alice estava despreocupada. Bastariam algumas palavras ameaçadoras à Brenda e ela se poria em seu devido lugar. Alice achara-a uma tremenda idiota quando foi conhecê-la em seu apartamento. Não seria muito difícil fazê-la se esquecer de Silas e se convencer de que perdera.

Estava disposta a fazer a sugestão da viagem ainda nessa noite, no apartamento, após terem feito amor ardentemente. Mas estava começando a se preocupar, pois não contava que Silas fosse estar disperso e distraído daquela maneira.

Quando finalmente chegaram ao apartamento, Alice serviu conhaque em duas taças, mas, para seu espanto e frustração, Silas recusou. Disse que não estava com vontade de beber. Sentou-se no sofá, tirou os sapatos e ficou olhando para o nada. Alice daria tudo para saber em que ele pensava.

E ele ainda pensava na misteriosa saída noturna de Brenda, quando sentiu as mãos de Alice lhe massageando os ombros. Logo, a boca quente de Alice desceu pelo seu pescoço e, momentos depois, Silas já não pensava mais na esposa. Foram para o quarto e amaram-se com fervor. Quando se deitaram na cama, lado a lado, Alice achou que era o momento propício para dar o golpe.

— Meu amor, eu estive pensando. Tenho reparado que você está muito cansado e sempre parece estar preocupado com alguma coisa — não era verdade, mas Alice decidiu jogar verde.

— Hoje mesmo, você está tão aéreo que parece estar no mundo da lua — Silas riu e ela o beijou na ponta da orelha —, e cheguei à conclusão de que você precisa de férias. Uma viagem de alguns dias fora da cidade seria o ideal. Não precisa mais do que isso.

Silas se sentou na cama e olhou para Alice com ar de espanto.

— Ficou louca, Alice? Eu não posso me ausentar de maneira nenhuma, ainda mais agora, com tantos trâmites na empresa. Esqueça isso. Você nem deveria ter cogitado essa ideia.

Insatisfeita com a recusa, Alice insistiu:

— Mas, meu amor, pense bem. Ninguém é de ferro. O corpo precisa de um descanso. Há quanto tempo você não sai de férias?

Era verdade. Fazia mais de três anos que Silas trabalhava todos os dias, sem descanso. Mas ele não se sentia cansado.

— Eu não estou pedindo pra você deixar o país por mais de um mês. Apenas estou sugerindo alguns dias de descanso fora de São Paulo. Seus filhos são adultos e sua mulher não se importaria se você dissesse que vai estar em reuniões de negócios. Eu tenho certeza de que, quando você voltar, será um novo homem, estará totalmente revigorado.

Silas não era uma pessoa que se convencia facilmente, mas achava que Alice estava com a razão. De fato, às vezes sentia-se cansado e indisposto. Suas constantes discussões com Brenda o esgotavam, e as transações comerciais no dia a dia da empresa poderiam ficar a cargo do vice-presidente e de Marilu por alguns dias. Silas virou-se para Alice e perguntou, com um sorriso nos lábios:

— E aonde você deseja ir?

Alice soltou um gritinho de empolgação, enquanto o beijava e repetia sem parar: "Salvador, Salvador". Silas concordou com a cabeça. Não seria má ideia passar uma semana idílica na bela capital baiana.

Capítulo 22

Os dias transcorreram rapidamente. Natália autorizou a entrada ao seu novo escritório quando bateram na porta. E sorriu quando viu Mel entrar.

— Atrapalho? — perguntou Mel.

— De maneira nenhuma. Entre, por favor.

Natália parou o que estava fazendo para dar atenção à jovem. Sempre se admirava quando se comparava a Mel. Embora tivessem praticamente a mesma idade, Mel agia e se comportava como uma mulher muito mais madura. Natália pagaria qualquer coisa para ouvir uma gargalhada de Mel.

Mel entrou, sentou-se na cadeira em frente à mesa de Natália e permaneceu em silêncio. Olhou ao redor como se estivesse entrando ali pela primeira vez. Por fim, pareceu suspirar e perguntou:

— Você e meu irmão firmaram namoro dessa vez?

— Eu acredito que sim, embora eu confesse que às vezes tenho até pesadelos com a cena daquele sábado fatídico. Por mais que eu tenha perdoado Yuri, nunca vou me esquecer das ofensas que ele me disse.

Mel assentiu com a cabeça e depois perguntou por Violeta e por Bete. Natália informou que elas estavam bem, mas omitiu o detalhe do recente reaparecimento do pai. Bete lhe contara naquela mesma noite o episódio em que Luís discutira com ela, a ponto de ameaçá-la, e a precisa intervenção de Murilo. No entanto, ela não ficou abalada pela volta do pai. Admitiu que não tinha a menor vontade de vê-lo e que Bete deveria evitá-lo quando saísse na rua. Para Natália, Violeta não deveria ter nenhum contato com o pai que ela sequer sabia que existia, ao menos por enquanto.

Mel fez mais algumas perguntas triviais sobre a família de Natália e ela sempre respondia com um sorriso. Não sabia se deveria comentar com Mel que Brenda estava frequentando o centro espírita. A jovem não tinha tecido nenhum comentário a respeito, sinal de que não sabia de nada. Talvez Brenda quisesse ser mais discreta quanto a isso e não seria Natália que daria a notícia a sua família.

Ambas conversaram então sobre outros assuntos e Natália percebeu que Mel era muito mais inteligente do que parecia. Durante a conversa, houve momentos em que Natália pensou que conseguiria transpor a barreira de concreto que Mel criara em torno de si mesma. Era como tentar quebrar uma casca resistente. E quando Natália achava que ia conseguir, Mel se fechava de novo. Natália perguntou se Mel tinha namorado e ela respondeu que nunca namorara. Nesse momento, sem que Mel pudesse impedir, a imagem de Ricardo surgiu em sua mente.

— Nunca namorei, Natália, por enquanto... — disse, misteriosa.

Não confessaria nem mesmo para sua própria imagem no espelho, mas tinha se sentido um pouco atraída por Ricardo. Só um pouco. Acreditava que ele também a olhara de um modo esquisito, mas, como não tinha experiência com meninos, não sabia com certeza o que seria um olhar normal ou esquisito. Só achava que tinha gostado do modo como ele a olhara. No entanto, as palavras estranhas de Benício, o avô de Ricardo, a tinham impressionado. Pensava em voltar a casa deles somente para que o velho senhor explicasse direito tudo o que dissera a ela.

— Devo estar atrapalhando você com meu papo-furado, não é? — perguntou Mel, deslizando o olhar sobre a mesa atulhada de papéis de Natália.

— De maneira nenhuma — respondeu.

Na verdade, ela estava com o serviço bastante adiantado, visto que Silas lhe contara confidencialmente no dia anterior que planejava passar uma semana fora da cidade. Não dera maiores detalhes, dissera apenas que seria a negócios. Natália, que não era boba, sabia que se Silas realmente fosse tratar de assuntos relacionados à empresa a teria chamado para acompanhá-lo, sendo ela sua secretária pessoal. E o tom confidente com que ele lhe informara fez Natália compreender que o patrão pretendia se ausentar com alguma mulher. Como a vida particular de Silas não era problema dela, a jovem apenas deu de ombros e disse que estaria ao dispor dele em qualquer lugar que Silas estivesse.

— Sou bastante rápida e consegui adiantar boa parte do meu serviço. Por isso, sei que não vou me prejudicar se me dedicar a conversar com você, Mel. Gosto da sua inteligência e perspicácia.

Mel esboçou um sorriso. Também gostava de Natália. Ficaria muito feliz em tê-la como cunhada em vez de Soraia. Mel não tinha amigos, mas via que começava a nascer uma amizade entre ela e Natália. Sentia que a moça era boa e de confiança. De repente, sem que soubesse explicar o porquê, sentiu imensa vontade de fazer uma pergunta a Natália.

— Você é feliz, Natália? — perguntou, quase sussurrando.

Natália entendeu a profundidade da pergunta. Poderia jurar que Mel estava fazendo aquela pergunta a si própria. Por isso, em vez de responder, contornou a mesa e a abraçou. E o abraço foi muito forte, puro e fraternal, como duas irmãs que havia muito não se viam. E sem que soubessem o motivo, ao se separarem, ambas tinhas lágrimas nos olhos. E Natália soube que tinha que perguntar:

— E você? É feliz, Mel?

Mel fechou os olhos e começou a chorar. As lágrimas caíam em grossas gotas no seu colo. O rosto, sempre muito pálido, estava levemente avermelhado. As mãos sem esmalte nas unhas tremiam.

— Eu sou feliz — continuou Natália, passando um braço sobre os ombros de Mel. — Eu tenho saúde, posso trabalhar, comer, passear. Tenho uma família que me ama e que eu amo. Tenho o

Yuri, que amo com toda a força do meu coração e sei que sou amada na mesma medida. Tenho um emprego excelente com um ótimo patrão, que sempre me deu inúmeras oportunidades de crescimento.

Mel prestava atenção e a moça continuou:

— Sabe, Mel, as pessoas sempre se perguntam o que é ser feliz, mas, se parássemos e olhássemos os pequenos detalhes em nossa vida, encontraríamos a felicidade. Todos os dias, agradeço a Deus por tudo o que tenho. Não tenho dinheiro, nem boas roupas, não tenho formação superior nem posso fazer viagens para o exterior, mas posso trabalhar para me sustentar. E isso é o importante. O trabalho dignifica e nos faz sentir útil. E a utilidade é um dos maiores combustíveis do ser humano, sabia? A partir do momento que temos algo que nos motive a um propósito, passamos a dar o melhor de nós para consegui-lo. E, finalmente, quando chegamos lá, podemos dizer sem medo de errar que somos felizes.

— Como você consegue dizer essas coisas tão lindas? — perguntou Mel, ainda chorando.

— Digo apenas o que penso e no que eu acredito. Você me perguntou se eu era feliz! Eu respondi que sim e expliquei os motivos. — Natália sorriu e pousou leve beijo na bochecha de Mel, que pareceu espantada com o gesto. — Mas agora é sua vez de responder à minha pergunta, Mel. Você é feliz? Gostaria que fosse muito sincera comigo nesse ponto.

Mel chorou longamente. Natália, tranquila, aguardou. Quando a jovem finalmente conseguiu se recompor, encarou Natália e disse:

— Para que eu pudesse responder a essa pergunta, seria necessário contar a minha história. E ao final dessa história, você mesma poderá tirar suas conclusões.

Natália concordou, sentindo-se intimamente satisfeita. Parecia ser o momento em que Mel poderia revelar mais sobre si mesma. E as perguntas começaram a surgir na cabeça de Natália: por que ela sempre se vestia de preto? Por que não tinha amigos ou namorado? Por que chamava Brenda pelo nome, e não de mãe? Por que parecia estar fechada para o mundo?

Mel suspirou, se levantou, caminhou pelo escritório, até se sentar novamente. Olhou para Natália, enxugou algumas lágrimas e começou:

— Como você já sabe, eu sou a caçula de três irmãos. Quando nasci, Tiago estava com oito anos e Yuri com cinco. Só mais tarde fui saber, ouvindo as discussões dos meus pais, que minha mãe se recusava a ter mais filhos. Quando meu pai a procurava, ela o dispensava. Isso levou meu pai a procurar conforto na cama de outras mulheres — Mel fez uma breve pausa enquanto Natália a avaliava em silêncio.

— Talvez por que eu fui a filha indesejada, sinto que Brenda nunca gostou muito de mim. Diferentemente do meu pai, que sempre me mimava muito, Brenda dedicava total atenção somente para os seus dois filhos mais velhos. Eu fui uma criança quieta e costumava brincar em silêncio com meus brinquedos. Tenho poucas... na verdade, quase nenhuma lembrança de Brenda me pegando no colo ou me dando beijinhos, como fazia com Yuri e Tiago.

Deu um longo suspiro e prosseguiu:

— Eu me lembro que, uma vez, acho que quando tinha uns cinco anos, meu pai levou todos nós ao Parque do Ibirapuera. Tiago, nessa época com treze anos, já não se importava mais com balanços e escorregadores, preferia paquerar as menininhas de sua idade. Yuri e eu brincávamos sozinhos. Nesse dia, Yuri estava me empurrando no balanço. Acho que ele empurrou com força demais e, quando notei, estava caída no chão. Meu rosto, braços e pernas ficaram bastante ralados. Eu chorava muito e Yuri me levou ao encontro de Brenda, que estava sentada à sombra de uma árvore lendo uma revista. Meu pai fora dar uma volta com Tiago. Quando Brenda me viu sangrando, apenas me chamou de burra e descuidada. Yuri tentava assumir a culpa pelo acidente, mas ela apenas me acusava de ser desatenta e relaxada. Nunca mais eu me sentei em um balanço.

Mel não conseguiu evitar que novas lágrimas escorressem. Depois de se recompor, continuou:

— Sempre era assim. Às vezes eu não fazia nada de errado, mas era a vítima perfeita de Brenda. Não sabia que ela mantinha certo rancor de mim por eu ter nascido. Como te disse, fui saber disso só muito tempo mais tarde. Na época de Natal, meu pai sempre me presenteava com lindas bonecas, roupas e brinquedos. Meus irmãos ganhavam bastante coisa bonita também. Brenda comprava lindas surpresas para meus irmãos, mas os meus pacotes eram sempre murchos e pequenos. Eu sorria agradecida, mas muito magoada por dentro.

Mel limpou o rosto, fungou e continuou:

— Graças a Deus Brenda nunca me bateu, até porque sei que meu pai não permitiria. Mas por vezes ela tinha vontade de me agredir, tenho certeza. Conforme o casamento deles foi afundando, mais eu me sentia à margem do seu amor. Sempre me perguntava por que ela podia amar meus irmãos e a mim não. Sempre tentava entender o que eu fazia de tão errado para não ser merecedora de seu amor. Por que meus irmãos tinham o direito de se sentarem em seu colo, mas eu não? Sempre que me aproximava, Brenda logo se levantava e me punha no chão. Para as amigas dela, eu era a caçulinha linda. Mas somente eu sabia que era rejeitada. É muito triste para um filho compreender que não é amado pela mãe.

Mel afastou alguns fios teimosos de cabelo que caíam em seu rosto. Depois de novo silêncio, disse:

— Quando chegava à época do Dia das Mães, a história era parecida. Na escola, meus irmãos faziam lindas surpresas que Brenda recebia com entusiasmo e empolgação. Quando eu entregava minhas lembrancinhas, ela apenas dizia: "É lindo, Mel, obrigada". Nada de beijos ou abraços. Meus irmãos a faziam sorrir. Eu nunca consegui essa proeza. Mas ainda tinha esperanças de conseguir fazê-lo um dia.

Mel suspirou, o olhar perdido no passado. Ainda estava com o rosto molhado por lágrimas amargas de ressentimento da mãe.

— Eu ainda me lembro de que na terceira série, quando tinha oito ou nove anos, a professora disse que faríamos uma grande homenagem em cartolina cor-de-rosa. Cada um poderia expressar, através de desenhos ou mensagens, algo que representasse o amor pela mãe. Eu, muito inocente, achei que, se Brenda não tinha gostado dos presentes dos anos anteriores, dessa vez iria se surpreender. Dei o melhor de mim para que meu cartaz fosse o melhor da sala. E de fato foi. A professora, ao ler o que eu tinha escrito, me beijou e disse que ela mesma ficaria honrada em ser minha mãe. A mensagem era muito bonita. Eu tinha decorado as bordas da cartolina com flores coloridas para deixar Brenda muito feliz. A professora enrolou as cartolinas como canudos e fomos todos para casa. Eu tinha uma babá na época que me levava e buscava na escola todos os dias. Ela viu a cartolina e eu confessei que seria uma surpresa para Brenda.

— E então? — Natália quis saber.

— Quando cheguei em casa, mal podia esperar para ver a cara de alegria dela quando visse minha surpresa. Estava tão bem-feito, que eu sabia que superaria qualquer coisa que meus irmãos trouxessem para agradá-la. Logo que entrei, a vi sentada no sofá da sala, tendo uma manicure fazendo-lhe as unhas dos pés. Coloquei a cartolina nas costas e me aproximei, sorrindo. Brenda me olhou e perguntou o que eu queria. Disse que tinha uma surpresa. E lentamente tirei a cartolina enrolada das costas, sempre sorrindo.

Mel estava a ponto de chorar novamente e Natália a abraçou, transmitindo-lhe forças.

— Então, Brenda me olhou e simplesmente disse: "O que você está fazendo parada aí como um dois de paus? Quer desconcentrar a Joana, enquanto faz minhas unhas? Se não tem deveres da escola, é melhor ficar em seu quarto". Aquilo foi pior que uma facada no coração. Acredito que ela nunca soube como aquilo me feriu. E... ainda dói, sabe...

Mel caiu em pranto profundo, encostando a cabeça nos ombros de Natália.

— É tudo muito triste, querida...

— Eu subi correndo para meu quarto e escondi a cartolina em um baú de madeira que eu ganhara de uma vizinha. Chorei muito, me perguntando se eu era tão má a ponto de ser odiada pela minha mãe. Mais tarde, olhei detidamente para a cartolina, tentando encontrar alguma falha que desagradasse Brenda. Mas como ela sequer chegara a olhar o que eu escrevera, soube que o problema não era o presente que eu pretendia lhe dar. O problema era eu.

Mel afastou Natália lentamente enquanto chorava sem parar. Ficou em pé e segurou-a pelas mãos, que estavam trêmulas e geladas.

— Você se importaria em me acompanhar até meu quarto? Tem algo que quero lhe mostrar.

Natália a seguiu em silêncio e, pouco depois, estavam no quarto de Mel. Ela se abaixou e pegou um baú cor de canela com um pequeno cadeado que estava embaixo da cama. Mel apanhou as chaves em um compartimento secreto em seu guarda-roupa e destrancou-o.

A primeira coisa que Natália viu foi a cartolina cor-de-rosa enrolada. Mel a apanhou, desenrolou-a lentamente e mostrou para a nova amiga.

— Brenda nunca chegou a ler essas palavras. Esse foi o último presente que tentei dar pra ela.

— E depois?

— Nos anos seguintes, somente fazia surpresas na escola para meu pai, que sempre me agradecia com um beijo. Quando fiquei maior, os presentes escolares foram substituídos por presentes comprados em lojas. Meu pai me dava uma mesada e, com o dinheiro, eu comprava algumas coisas para mim e outras para eles. Sempre que podia presenteava meus irmãos e meu pai. No Natal, eu dava presentes até para as empregadas. Mas Brenda nunca mais ganhou nada meu. Nem no aniversário dela, nem no Natal e muito menos no dia das mães. Foi a partir dessa época que eu deixei de chamá-la de mãe e passei a tratá-la pelo nome, como uma estranha.

— Pelo que eu entendi, você deve ter trazido essa surpresa para casa — Natália virou a cartolina nas mãos — em um dia da semana. O dia das mães cai sempre em um domingo. Por que você não tentou dar o presente no domingo outra vez?

— E isso mudaria o quê? Se ela recusara da primeira vez, recusaria quantas fossem necessárias. No domingo, meu pai nos levou para almoçar fora. Quando voltamos, Tiago e Yuri deram beijos amorosos no rosto de Brenda, que retribuiu feliz. Eu me aproximei timidamente, como uma criança que quer beijar o Papai Noel em um shopping, e dei um beijo em sua bochecha. Brenda me olhou e devolveu um leve beijo em meus cabelos. E isso foi tudo.

Mel, ainda chorando, analisou a cartolina nas mãos de Natália.

— E decidi que, se minha mãe não gostava de mim, a culpa era toda minha. O melhor a fazer seria poupá-la de trabalho. Confesso a você que, quando tinha quinze anos, pensei seriamente em me suicidar, mas não tive coragem.

Mel quase sorriu ao ver a cara de espanto de Natália.

— Nunca ninguém soube disso e concluí, então, que eu deveria me "apagar" da vida na família Onofre. Foi quando passei a usar roupas escuras e muito fechadas. No começo estranhei, todos eles estranharam, mas acabamos nos acostumando. Meu pai discutiu muito comigo sobre isso, Tiago debochava sem parar e Yuri pedia que eu voltasse a me vestir como antes. Nunca dei atenção a nenhum deles e continuei assim. E assim pretendo continuar. Bem, Natália, essa é minha história. Imagino que agora você tenha a resposta de quando me perguntou se eu era feliz.

Natália enrolou cuidadosamente a cartolina sem responder. Colocou-a devagar no baú e fechou o cadeado. Sentou-se sobre a cama de Mel e tomou-lhe as mãos novamente. Antes que ela falasse, Mel acrescentou:

— Você tinha dito que é feliz mesmo sem dinheiro. Eu sempre tive tudo o que o dinheiro do meu pai poderia comprar, menos o que mais queria.

"O amor de sua mãe", pensou Natália, mas não disse em voz alta.

— Mel, por mais que você tenha me contado, eu não posso saber o que realmente vai em seu coração. Mas posso dizer o seguinte: você é amada, ainda que não saiba.

— Por quem? Pelo meu pai? Pelos meus irmãos? Ou pelas funcionárias da casa e da empresa?

— Antes de mais nada, acima de todos eles, você é amada por Deus. Ele é nosso Pai Maior, nosso Criador, e deseja apenas nosso bem e conquista interior para que possamos progredir. Sei que para quem está de fora parece muito fácil tentar resolver os problemas dos outros, mas eu sei como é passar por grandes conflitos familiares.

— E o que você pode saber de conflitos familiares, Natália? — perguntou Mel rispidamente. — Ainda há pouco você me disse que é muito feliz com sua família. Aposto que nunca soube o que é sofrer em silêncio como eu.

Natália sorriu e Mel percebeu que dessa vez era um sorriso triste. Imediatamente se arrependeu do que disse. Natália estava ali, tentando ajudá-la e consolá-la, e retribuía com palavras rudes?

— Está enganada, Mel, eu sei o que é sofrer em silêncio, sim — Natália fez uma breve pausa. — Afinal, eu tenho uma irmã com necessidades especiais. Tenho uma irmã que não enxerga. Não sabe como foi difícil pra mim e pra minha mãe criarmos a Violeta. Pense em como lidar com uma criança que pode se guiar apenas pelo som, com a ajuda das mãos.

— Não deve ser fácil...

— Não. E meu pai nos abandonou logo que Violeta nasceu, pois ele desejava um menino e não podia aceitar outra menina, e ainda por cima cega. Logo que ele se foi, eu, então com doze anos, e minha mãe sofremos muito para ensinar a Violeta tudo o que ela precisava. Apesar das dificuldades, minha mãe nunca perdeu a fé em Deus e sempre dizia que, se estávamos passando por aquelas situações, era porque deveria haver um motivo. Sabe, Mel, Deus não coloca em nossos ombros um peso maior do que podemos suportar. Por isso, sem deixar de acreditar que éramos amparadas por forças amigas do bem, fomos levando a vida. E chegamos aonde estamos. Vivemos bem, Violeta é feliz e somos gratas a Deus por tudo ter dado certo. Ninguém sabe como o trabalho foi árduo e cansativo, mas superamos esse desafio.

— Desculpe, Natália, eu sou mesmo uma idiota. Não consigo enxergar os problemas dos outros — manifestou Mel, arrependida.

— Não tem por que pedir desculpa. Quero apenas que saiba que você deve alcançar a felicidade por si própria. Ninguém pode nos tirar o direito de ser feliz, de conquistar a paz e o sucesso interior. Não culpe sua mãe pela sua insatisfação com a vida. Motive-se a melhorar, Mel. Sabia que, quando buscamos a mudança, as pessoas ao nosso redor começam a notar a diferença e, consciente ou inconscientemente, elas começam a mudar também? Você pode ser a primeira a tentar. O que acha? — Natália falava com um sorriso nos lábios e Mel acabou sorrindo também.

— Mas é tão difícil. Eu sempre esperei pelo amor de Brenda, mas nunca recebi nem um pouco de carinho da parte dela. Não posso simplesmente chegar até ela agora e começar a beijá-la.

— Não pode por quê? Quem a impede de fazer isso? Não vá me dizer que tem vergonha da própria mãe.

— Não. É o contrário, Natália. A mãe tem vergonha da filha — disse Mel, a voz ficando embargada novamente.

Natália não estava disposta a deixar que Mel caísse no choro outra vez. Por isso, passou as mãos pelos cabelos escorridos de Mel e perguntou:

— Independentemente do que aconteceu entre vocês duas, você a amou um dia?

Mel não hesitou em responder:

— Com certeza. Eu sentia um amor muito grande por ela quando criança, mas, depois de tanta decepção, esse amor desapareceu e foi substituído por mágoa, desilusão e tristeza.

— Está enganada, Mel — Natália falava suavemente. — O amor nunca vai embora, aprenda isso. Se você diz que já amou sua mãe, acredite que esse amor ainda continua aí dentro, em algum lugar. Talvez esteja esquecido, talvez esteja apagado, talvez esteja adormecido, mas ele continua aí. O amor é o mais nobre dos sentimentos, aparece no primeiro mandamento de Deus, é capaz de unir todas as criaturas na face da Terra. Acha mesmo que Deus, em sua infinita bondade, permitiria que um sentimento tão lindo simplesmente desaparecesse do coração humano?

— Não sei.

— Nada disso, Mel. O amor é como o sol. Em dias nublados, parece que ele não vem para mostrar seu calor e brilho. Mas ele está lá, apenas oculto pelas nuvens. E no momento em que essas nuvens se dissipam, o sol volta a brilhar com toda a força. A mesma coisa acontece com o amor. Às vezes, a mágoa parece dominar toda a nossa alma, encobrindo o poder do amor. Mas esse belíssimo sentimento não é substituído por nenhum outro. Ele não some, simplesmente fica oculto, como o sol atrás das nuvens. Por isso eu reafirmo, Mel, o amor nunca vai embora.

Mel prestava atenção às palavras de Natália e se emocionou. Sabia que a amiga estava com toda a razão. E tudo o que Natália dissera parecia fazer muito sentido. Mel se perguntou se ainda restava mesmo um pouco de amor pela mãe. E agora, analisando o que ouvira, compreendeu que ainda gostava da mãe, não queria que nada de mal acontecesse a ela. Seria esse sentimento de proteção uma manifestação do amor?

— O que você quis dizer com tudo isso, Natália?

— Eu tentei te mostrar que o amor, com toda a sua força, é capaz de destruir esse bloqueio que você criou em torno de si mesma. Essas roupas escuras, esse cabelo descuidado, esses *piercings* no rosto são apenas maneiras de se fazer notar. Ou estou enganada?

Mel não respondeu, mas assentiu. Como Natália pudera descobrir o que ia em seu coração?

— E eu seria capaz de apostar todo o meu salário que, mesmo você vivendo dessa forma, sente-se infeliz. — Vendo que Mel sorriu, Natália prosseguiu, ainda mais animada: — Por isso, Mel, eu queria lhe dar uma sugestão. Que você pudesse mostrar à sua mãe que você existe sim e que a ama, mas não usando essas roupas escuras que trazem tristeza aos olhos de quem a vê. Prove que ama a si mesma, para demonstrar seu amor incondicional por ela. Não espere retribuição, Mel, apenas faça a sua parte. E Deus fará a parte Dele.

— Como pode ter tanta certeza disso, Natália?

— Simplesmente porque você estará trabalhando com o amor, que, como eu disse, é um sentimento puro, belo e poderoso. O amor é o bem e o bem é Deus. Cure suas feridas, Mel, e será um grande passo para a conquista da felicidade.

Mel sorriu e se abraçou a Natália. Quando se separaram, Natália se levantou e finalizou:

— Eu espero ter mudado alguma coisa em seu coraçãozinho com o que disse. Se não consegui, pelo menos fiz com que você se abrisse e me confiasse seus segredos mais íntimos. Agora, preciso voltar ao escritório. Seu pai pode me telefonar a qualquer momento e preciso estar à sua disposição.

Natália caminhou em direção à porta e, antes de sair, ouviu:

— Acho que o que você disse é verdade. Yuri estava furioso por acreditar ter sido traído, mas o amor que ele sente por você foi mais forte e ele pôde enxergar a verdade, com minha ajuda, é claro. — Ambas sorriram e Mel continuou: — Se o amor fosse mesmo embora, ele não teria entendido você e poderia estar com a Soraia agora.

A própria Natália não tinha feito uma análise desse ponto de vista, mas via que realmente fazia sentido. Yuri a ofendera de modo exagerado, era verdade, mas conseguira voltar para ela mais rápido do que Soraia poderia imaginar.

Natália se voltou e disse que Mel entendera bem o recado, já que estava até dando exemplos da atuação do amor. E quando se abraçaram mais uma vez, ambas sentiram novamente a sensação de velhas irmãs se abraçando.

As duas tinham a certeza de que uma nova amizade fora construída ali. Uma amizade que duraria muito tempo, com suas estruturas fortalecidas pelo amor, esse incrível sentimento que nunca nos abandona.

Capítulo 23

Soraia estava em seu apartamento, que dividia com os pais, quando tocaram a campainha. Os pais estavam passando o fim de semana na casa dos avós maternos de Soraia, em Gramado. Era comum eles viajarem e Soraia ficar sozinha no apartamento. Se ainda estivesse noiva de Yuri, com certeza eles estariam se divertindo juntos, de alguma forma. Mas como fora trocada pela secretária golpista, era obrigada a se conformar em ficar sozinha.

Natália não perdia por esperar. Soraia sempre idealizara seu casamento com Yuri como uma festa de arrasar, com direito a fotos em revistas e jornais. Pesquisara muitos salões onde a festa ocorreria, fora atrás de lindos vestidos de noiva, consultara os melhores decoradores de bolos de casamento. Já escolhera até mesmo a igreja em que se daria. E, no entanto, quando menos esperava, Yuri surgia do nada, dizendo que jogara a aliança fora e que ela não seria feliz ao lado dele, desmanchando o noivado em tom jocoso, como se debochasse dela.

E tudo por culpa de Natália. A mocinha saíra do inferno para tentar lhe destruir a vida. Mas a situação ia se inverter. Se o primeiro plano não dera certo, o segundo teria que ser melhor. Ou mesmo o terceiro, ou até que Natália desistisse de Yuri e o devolvesse para ela. E quando Yuri estivesse com ela novamente, o faria sofrer um pouco por tudo o que a fizera passar. E só então se casaria com ele.

Soraia ainda pensava em qual seria a melhor forma de fazer Yuri sofrer quando ouviu o som da campainha. Perguntou-se quem poderia ser quando deparou-se com o rosto de sua amiga, Denise. Convidou a moça para entrar e logo estavam conversando animadas no sofá. Denise era uma das pessoas em que Soraia mais confiava, inclusive lhe contava seus segredos íntimos. Denise soubera do término do noivado de Soraia, bem como o plano arquitetado por ela na tentativa de separar Yuri de Natália.

Denise era uma moça bonita de vinte e seis anos, filha de pais ricos e que nascera em berço de ouro. Tinha um irmão mais jovem, de dezenove anos, que estudava nos Estados Unidos. Denise nunca concluíra um curso superior, o que deixava os pais muito contrariados.

— Por que você não desiste desse Yuri, hein? — perguntou Denise, após uma breve conversa informal. — Você é uma mulher tão bonita, de classe e muito educada. Rapidamente encontraria um homem muito melhor do que ele.

— E deixar que a tal Natália ria de mim, achando-se a vencedora? Nunca! Enquanto eu estiver viva, não vou desistir. E não pretendo morrer tão cedo.

As duas riram e Denise ficou pensativa. Soraia logo percebeu e quis saber:

— Em que você está pensando, Denise? Sabe que gosto das suas ideias.

— Em uma ideia meio louca que jogaria Yuri aos seus pés. Mas você não vai topar.

Subitamente interessada, Soraia perguntou:

— Eu topo qualquer coisa que possa me trazer Yuri de volta. Ainda vou me casar com ele, você sabe disso.

— Mas isso você não ia aceitar.

— Não enrola e fala de uma vez o que é, Denise.

— Sei de uma pessoa que poderia ajudá-la. Mas você teria que pagar.

Soraia ficou um instante em silêncio e então perguntou de quem se tratava.

— Trata-se de uma mulher que lida com forças espirituais — respondeu Denise, muito séria.

Subitamente, Soraia soltou uma estrondosa gargalhada. Riu tanto que os olhos ficaram rasos d'água. E quando encarou Denise, notou que ela estava com a expressão fechada.

— Desculpe, Denise, mas tem horas em que você é muito engraçada. O que eu faria em um lugar assim? Um despacho? — e caiu na risada de novo.

— Se não acredita nessas coisas, também não é necessário zombar. Aliás, eu vim aqui para visitá-la e ver se você estava bem. Preciso ir embora — Denise se levantou, demonstrando irritação, e Soraia, aos poucos, foi deixando de rir.

— Calma, Denise, não é preciso ir embora por isso. É que eu achei engraçada a ideia de ir a uma charlatã pedir...

— Ela não é uma charlatã. Essa pessoa que eu conheço sabe mesmo das coisas. É capaz de conseguir qualquer coisa. Faz trabalhos para o bem e para o mal. Cobra caro, mas tem uma vasta clientela. E muitos dos seus clientes são pessoas de boas condições financeiras, já que Madame Juju tem uma tabela de preços bem alta e...

— Madame Juju? — Soraia explodiu em uma nova gargalhada. — Desculpe, Denise, mas você está brincando comigo, não é mesmo? Não pode haver uma cartomante chamada Juju.

— Para começar, ela não é cartomante. Juju consegue "ver" os problemas das pessoas e, com a ajuda dos guias espirituais dela, pode fazer e desfazer qualquer trabalho. Ela seria capaz de trazer Yuri de volta pra você em um tempo mais curto do que você imagina.

Soraia logo ficou séria. Seria mesmo verdade? Alguém teria o poder de manejar a vida de outras pessoas?

— E como funciona esse procedimento, Denise? Aliás, como você conheceu essa Madame Juju?

— Assim como você, eu soube dela por intermédio de outras pessoas. Meu pai estava tentando comprar uma empresa que estava quase falida. Mas o dono estava relutante em vendê-la. Para meu pai, esse processo de compra aumentaria nossa conta bancária em muitos milhares de reais. Então, eu fui até Madame Juju, expliquei que desejava ajudar meu pai a efetuar essa compra e aguardei. Dias depois, o dono sentiu uma súbita pressa em vender a empresa para o meu pai e, inclusive, vendeu mais barato do que o preço que pedira inicialmente — Denise sorriu ao se lembrar dos fatos. — Bem, você teria que ir lá conversar com Madame Juju para expor seus problemas. Então, ela dirá o que será necessário para a continuação do trabalho. E, como eu disse, Juju cobra caro.

— Nunca coloquei fé nessas coisas, Denise, mas da maneira séria que você está falando, começo a acreditar que seja verdade.

— E é, Soraia. Madame Juju é uma mulher poderosa.

Se fossem outros tempos, Soraia teria descartado a ideia logo de cara. Mas estava disposta a recuperar Yuri a qualquer preço. E se a tal de Madame Juju não fosse uma charlatona e soubesse realmente fazer o trabalho, estava disposta a concordar.

— E onde fica essa Madame Juju? Poderia me levar até lá?

— Eu posso acompanhá-la até a casa dela amanhã, que é domingo, na parte da manhã. O que acha?

— Aceito — respondeu Soraia, dessa vez sem hesitar.

— Ótimo, Soraia, venho buscá-la às nove. E uma última coisa: o pagamento deve ser feito à vista. Madame Juju não aceita cheques.

— Não fique preocupada quanto a isso, Denise.

Por volta de dez e meia da manhã do dia seguinte, Denise e Soraia paravam em frente à casa paupérrima de Madame Juju. Soraia estava apavorada, pois notou que haviam entrado em uma favela.

— Se formos assaltadas e levarem meu carro, o prejuízo será maior do que o preço que essa Madame vai me cobrar — reclamou, estremecendo.

— Ninguém mexe com os clientes de Madame Juju. Fique tranquila quanto a isso — garantiu Denise, descendo do carro.

Denise bateu na porta de madeira muito frágil, que parecia que ia desmontar com um simples sopro. Um menino negro, sem camisa e de cabelo raspado, se aproximou de Soraia.

— Tia, me dá um trocado — pediu ele, com o nariz escorrendo.

— Ah, sai pra lá, menino. Nem tenho sobrinho da tua idade — Soraia enxotou-o com um gesto de mãos. Quando o garoto se afastou, ela se virou para Denise. — Você não disse que ninguém mexia com os clientes dela? Poderíamos ter sido assaltadas por esse moleque.

— Não exagera, Soraia, era apenas um pedinte.

Denise ia dizer mais alguma coisa quando a porta foi aberta e um negro gigantesco apareceu. Não usava camisa e Soraia se perguntou se naquele local era moda não usar camisas.

— Bom dia, nós viemos falar com Madame Juju.

— Vocês têm hora marcada? — rugiu o negro de quase dois metros de altura.

Ele tinha um mau hálito tão forte que deixou Soraia vesga.

— Na verdade não temos — explicou Denise. — Eu já passei com ela antes e trouxe uma amiga que queria se consultar com ela.

O negro mal-encarado mediu Soraia de cima a baixo. Por fim, autorizou a entrada delas. Para Soraia, o negro tinha os ombros mais largos que a Avenida Paulista, com olhos negros avermelhados por alguma droga ou bebida. Ele as conduziu por um corredor fedendo a urina que terminava em outra porta tão deprimente quanto a de entrada. Bateu levemente, ouviu o resmungo que veio lá de dentro e disse que Madame Juju estava desocupada.

— Qual das duas vai entrar? — perguntou o negro.

— Não podemos entrar as duas? — inquiriu Soraia, assustada. Não lhe agradava a ideia de se separar de Denise naquele lugar horrível.

— Madame Juju só gosta de atender uma pessoa por vez, ainda que esteja acompanhada. Se for você quem vai entrar, a outra vai esperar lá na frente.

Soraia olhou para Denise em busca de ajuda, mas Denise deu de ombros e logo desapareceu em um corredor escuro acompanhando o enorme homem. Lentamente, Soraia abriu a porta e espiou.

— Entre de uma vez, menina — disse Madame Juju com voz trêmula.

Soraia entrou e sufocou um grito. As paredes eram decoradas com cabeças de animais empalhadas e fotos de pentagramas. Juju sabia que isso era fundamental para impressionar seus visitantes. Uma única lâmpada caseira iluminava a sala escura, que mais parecia uma gruta.

Madame Juju aparentava cerca de cinquenta anos e, embora fosse mulata, Soraia logo percebeu que ela deveria ser a mãe do rapaz negro que as atendera. As feições eram muito parecidas. Ela estava sentada em uma pequena mesa com algumas pedras coloridas e cartas que pareciam de baralho.

"E Denise me disse que ela não lia cartas nem que era cartomante", pensou Soraia, contrariada. Quando se sentou no banco de madeira em frente a Madame Juju, esbarrou o joelho na perna da mesa bamba e quase virou tudo no chão. Madame Juju lhe lançou um olhar feroz.

— Tome cuidado, menina. Quer enfurecer os meus guias?

Soraia não respondeu. A pequena mesa era tão estreita que seus joelhos quase se encostavam nos joelhos de Juju, por baixo da mesa.

— E então, posso saber o que a traz aqui?

— Bem... eu vim aqui porque quero que meu noivo volte a gostar de mim.

— E você tem certeza de que ele gostou de você algum dia?

Soraia se irritou. Além de feia, a mulher era esnobe.

— Mas é claro que ele gostava de mim, caso contrário não teria sido meu noivo, não é mesmo?

Madame Juju não retrucou. Pegou as pedras coloridas, sacudiu-as nas mãos e jogou de volta sobre a mesma. Olhou pensativa para o resultado.

— Hum... me diga, mocinha. Onde estão os seus olhos?

Soraia ficou aturdida com a pergunta e piscou sem entender.

— Ora, estão em cima do meu nariz, não?

Madame Juju deu um soco na mesa fazendo as pedras coloridas saltarem. Algumas caíram no chão. Soraia pulou de susto.

— Não estou aqui de palhaçada, mocinha. Meu trabalho é sério e se acha que é brincadeira pode dar meia-volta e cair fora.

— Desculpa, mas é que não entendi a sua pergunta.

— Deixa pra lá.

Soraia estava passando do nervosismo à irritação. Concluíra que Madame Juju era de fato uma charlatona, fazendo perguntas sem sentido. Ela não seria intimidada tão facilmente.

— Diga-me quanto custa sua consulta porque eu não posso perder tempo...

— Vejo a moça loira que se intrometeu em seu caminho — interrompeu Madame Juju, com os olhos fechados. Soraia se calou imediatamente e deu total atenção à mulher. — Trata-se de uma jovem muito bela, com olhos da cor da mata verde. E vejo que seu ex-noivo está apaixonado por ela.

— É essa mesmo. A senhora viu certo. O nome dela é Natália e...

— Shiiii! — cortou Madame Juju outra vez. — Vejo que os dois estão cercados por muito amor. Eles se amam muito, sabia?

— Não preciso de detalhes.

— Você veio até aqui para separar esse casal — adivinhou Madame Juju, surpreendendo Soraia.

"Teria Denise avisado a mulher com antecedência? Como ela poderia saber das coisas dessa maneira?", pensou Soraia.

— Sim, é isso mesmo. Essa Natália o seduziu e fez Yuri se esquecer de mim. Ela deve pagar por isso.

Madame Juju permaneceu por mais alguns instantes com os olhos fechados e, quando os abriu, comentou:

— Eu posso fazer o trabalho. Claro que terá um custo, mas garanto a você que em menos de um mês eles estarão separados.

Soraia mal pôde esconder a alegria.

— É verdade? Mas um mês é muito. Não pode ser em menos tempo?

— Não há pressa, menina, afinal você terá seu ex-noivo só para você durante muito tempo. E vou fazer com que vocês consigam se reconciliar. Meus guias se encarregarão disso, mas há um preço. E ainda vou precisar de alguns materiais.

— Tudo o que a senhora quiser. Posso pagar agora mesmo. Do que precisa, Madame Juju?

A mulher entregou uma folha de papel amarrotada para Soraia.

— Você deverá me trazer esses itens até o próximo fim de semana. E esse valor no fim da lista é o preço que vou cobrar pelos meus préstimos.

Soraia olhou para o valor e quase desmaiou.

— Credo, isso tudo? Além das coisas que tenho que trazer, ainda tenho que pagar quatro mil reais pelo trabalho?

— Errado! Quatro mil reais é apenas o valor da entrada. Para que você consiga seu ex-noivo de volta, cobrarei dez mil.

— Dez mil? A senhora pirou?

— Escuta, mocinha, meu trabalho é sério. Se você prefere valorizar seu dinheiro, é porque não quer seu homem de volta. Fique com seu dinheiro e deixe o homem para a outra.

— De jeito nenhum — Soraia suspirou, nervosa. — Peço que me perdoe a exaltação, Madame Juju. Eu vou aceitar o trabalho. Mas não trouxe quatro mil para deixar agora. Tenho apenas mil e quinhentos em dinheiro.

— Serve. Deixe isso comigo e, quando você voltar no próximo fim de semana com os materiais, traga-me mais dois mil e quinhentos. Como garantia dos meus serviços, você me paga os seis mil faltantes somente quando tiver seu noivo de volta.

Soraia concordou e entregou o dinheiro, que Madame Juju conferiu com mãos ávidas. Pouco depois se despediam e, antes que ela saísse, Madame Juju avisou:

— Não se esqueça que terá que me pagar os seis mil no final do trabalho. Se esquecer ou se recusar a pagar, desfaço tudo e seu homem volta para a outra. É você quem sabe.

— Sou uma mulher de palavra. Pode ficar despreocupada.

Quando se viu no carro com Denise, Soraia respirou aliviada. Contou para a amiga que tudo parecia ter dado certo. E enquanto Denise dirigia, Soraia conferiu os itens constantes da lista.

— Algumas coisas são fáceis de conseguir. Ela pede uma fotografia de Yuri e, se possível, uma peça de roupa dele — riu Soraia, esfregando o dedo anular onde estava a aliança dourada. — Mas pede também outras coisas estranhas aqui. Para que ela quer um sutiã meu?

— No mínimo para fazer uma amarração com a foto de Yuri — riu Denise.

Soraia estava satisfeita. Teria de gastar um bom dinheiro, mas no final, quando estivesse casada com Yuri, tudo teria valido a pena.

No plano espiritual, Valdir e Inês tinham acompanhado Soraia e Denise e, para eles, era possível visualizar uma energia escura envolvendo as moças, principalmente Soraia. Inês mantinha o olhar interrogativo e Valdir sorriu.

— Veja, Inês, como os sentimentos humanos podem variar. Estivemos intuindo Natália a falar com Melissa, tentando fazê-la entender que o perdão é a única forma de estar em paz. E esperamos sinceramente que ela possa perdoar sua mãe.

— Sim... mas por que não intuímos Soraia para que ela não se envolvesse com essa mulher? — perguntou Inês, sem entender.

— Você sabe que ao ser humano foi dado o livre-arbítrio, o direito de escolhas e decisões. Por mais que tentemos sugerir ao encarnado que ele permaneça no caminho do bem, não podemos impedi-lo de seguir o caminho que preferir. Soraia tomou a decisão de ingressar no caminho do mal. Ela acredita ter o poder de possuir Yuri, como se ele fosse um objeto precioso. E precisa descartar Natália, fazê-la sofrer por ter-lhe tirado esse objeto precioso. Assim é o pensamento de Soraia — explicou Valdir tristemente.

— Tenho me perguntado se Soraia ama Yuri à sua maneira.

— O que você acha, Inês? Sabe que amor não é sinônimo de apropriação. Não podemos nos julgar no direito de ser dono de ninguém. Soraia não sente amor por Yuri. Ela apenas acredita que, se casar-se com ele, terá sua vida garantida por muito tempo, transformando Yuri em seu animalzinho de estimação. Não é um desejo muito diferente do de Alice para com Silas.

— Sim, Valdir, e essa Alice? Ela vai mesmo conseguir separar Silas da esposa? Se ela conseguir, não vou acreditar que haja justiça.

— Infelizmente não temos como saber se Alice sairá vitoriosa ou não, já que não podemos prever que atitude Silas irá tomar. Lembre-se sempre de que temos livre-arbítrio, portanto, cabe a Silas decidir o que é melhor para si.

— Pobre Brenda. Eu ficaria muito triste se Silas a deixasse.

— Talvez nem tanto — sorriu Valdir, fazendo ar de mistério.

— Como assim?

— Você sabe que Deus é bondade e perfeição e nenhuma flor desabrocha sem que Ele não saiba. Deus nos concede a bênção da reencarnação visando ao nosso equilíbrio emocional, ao nosso sucesso moral e a uma grande possibilidade de vencermos as mágoas do passado para que possamos ficar bem com aqueles que nos cercam e com nós mesmos, melhorando em todos os sentidos.

— Ainda continuo sem entender, Valdir.

— Mais para frente você saberá que tudo está sempre certo e que Deus não erra jamais. Brenda pediu, antes de reencarnar, que pudesse passar por situações em que deveria valorizar o casamento. Ela e Silas foram casados na última encarnação. Brenda o traía com todos os amigos dele e também com homens desconhecidos. Silas amava a esposa e não acreditava que Brenda pudesse enganá-lo, como algumas pessoas tentaram alertá-lo. Silas ficou muito doente e só soube que Brenda o traía poucos dias antes de ele morrer. Ele a perdoou devido ao grande amor que sentia por ela. Assim, desencarnou em paz. Brenda, porém, ficou muito arrependida por ter enganado o marido por tantos anos.

— E então?

— Quando Brenda desencarnou, anos mais tarde, eles se reencontraram no plano espiritual. Silas ainda a amava, mas Brenda não conseguia perdoar a si mesma. Pediu uma nova chance, que lhe foi concedida. Brenda prometeu valorizar o amor do marido e jamais traí-lo nesta vida. Pediu ainda que pudesse ser ela a pessoa traída desta vez para conseguir se ajustar com sua própria consciência e assim tem sido. Jamais traiu Silas e ama o marido. No entanto, sofre em silêncio por saber que ele mantém um caso amoroso com Alice. Silas, antes de reencarnar, também havia jurado se manter fiel à esposa, mas ele não está tendo muito sucesso.

Valdir fez uma pausa e prosseguiu:

— Esperamos que ele consiga superar este desafio que a vida está lhe trazendo e que, ao voltar para a pátria espiritual, nosso verdadeiro lar, possa ter fortalecido o amor que sente por Brenda.

Inês concordou com a cabeça. Após uma pausa, ele continuou:

— Posso adiantar que Brenda vai passar por um importante processo de amadurecimento de seu espírito ao se reconciliar com a filha Melissa. É preciso que as duas demonstrem o amor que uma sente pela outra de maneira clara e espontânea. Brenda sente-se culpada por Melissa ter adotado um comportamento estranho e rebelde. E, em vez de simplesmente procurar a filha e dizer que a ama, prefere guardar para si esse desejo de beijá-la e dizer que sempre a amou muito. O orgulho é um sentimento perigoso que deve ser superado pela sinceridade e pelo amor. Nós devemos orar para que todos consigam sair vitoriosos na conquista de seus objetivos de vida, protegendo-os de ataques de irmãos menos esclarecidos, presos às ilusões da mente, como Soraia, Alice e Tiago.

— O Tiago também?

— Assim como todos nós, Tiago é um espírito aprendiz. Não é de todo mal, mas é facilmente manipulado por espíritos desequilibrados emocionalmente. Soraia, fazendo o pacto com Juju, selou um compromisso que a tornará suscetível aos guias da mulher. Mais cedo ou mais tarde, eles cobrarão a dívida de Soraia.

— Mas, ao que pareceu, ela pretende pagar pelos serviços que serão realizados — disse Inês, lembrando do acordo financeiro que Soraia combinara com Madame Juju.

— Não estou me referindo ao dinheiro. A cobrança de Soraia será muito maior do que isso. É preciso que ela mude de ideia o quanto antes e volte para o caminho do bem. — Valdir olhou para Inês e sorriu: — Bem, acho que é hora de voltarmos, Inês.

— Eu só queria fazer mais uma perguntinha: por que você está ajudando a todos eles?

Valdir sorriu e, por um momento, pareceu olhar para um ponto indefinido. Por fim, respondeu:

— Aguarde mais um pouco, Inês. Logo você vai entender o porquê de muitas coisas que agora parecem estranhas, injustas ou confusas.

Inês concordou com a cabeça, em silêncio. Realmente estava bastante confusa, com muitas dúvidas, mas ia esperar. Fechou os olhos, segurou nas mãos de Valdir e os dois espíritos desapareceram entre muita luz.

Capítulo 24

Brenda estava gostando de frequentar o centro espírita. Já terminara de ler o romance que pegara na casa de Bete e agora lia *O Evangelho segundo o Espiritismo* e *O Livro dos Espíritos*, de Allan Kardec, que adquirira na casa espírita. Gostava de conversar com Nivaldo, que sempre esclarecia muitas de suas dúvidas, principalmente sobre vida após a morte e reencarnação.

Tinha acabado de chegar em casa, voltando de uma palestra belíssima que assistira sobre a caridade. Assim que entrou, viu Mel sentada no sofá, assistindo a televisão. Raramente a filha ligava o aparelho da sala, pois preferia ficar trancada no quarto. A moça usava calça e blusa de moletom preto. Os cabelos aloirados caíam sobre o lado da face.

— Boa noite, Mel. O que você está vendo de bom? — perguntou Brenda, querendo ser simpática.

— Boa noite, Brenda. Na verdade eu estava assistindo a um filme no DVD, mas já acabou. Aí liguei a televisão e fiquei vendo bobagem — Mel desligou o aparelho pelo controle remoto e se levantou. — Vou dormir. Tchau.

Quando Mel estava se afastando, Brenda perguntou:

— Por que você não consegue me chamar de mãe, como seus irmãos?

Mel se virou lentamente e lançou um olhar gelado sobre a mãe. Brenda encarou os olhos da filha e, por um momento, pôde jurar ter visto um mar de tristeza infinita ali. Mas logo os olhos se tornaram frios e objetivos.

— Talvez eles chamem você de mãe por eles serem seus filhos — respondeu Mel, saindo rapidamente.

Brenda ficou parada, em silêncio. Sentia que a filha a desprezava, mas não era capaz de enxergar a mágoa por trás do rancor. Sempre se perguntava se fizera alguma coisa tão errada para enfurecer a filha dessa forma. Mel ficava fechada dentro de uma cúpula de vidro e ninguém tinha acesso ao seu coração.

Suspirando resignada, Brenda subiu as escadas e foi para o quarto. Tomaria um banho e leria um pouco um dos livros de Allan Kardec. Pelo que já lera, encontrara respostas para muitas perguntas que sempre fizera na vida. E pretendia aprender ainda mais.

Assim que entrou no quarto, a primeira coisa que viu foram as malas abertas sobre a cama. Em seguida, viu Silas jogando algumas peças de roupas dentro delas.

— O que você está fazendo, Silas? Vai viajar? — perguntou ela, colocando os livros e a bolsa sobre a penteadeira.

— Vou — foi a única resposta.

— E aonde você vai? Nem me falou sobre essa viagem.

— Vou resolver alguns problemas da empresa. Na verdade, tenho um cliente muito importante que decidiu marcar uma reunião em Salvador e...

— Salvador? — perguntou Brenda, se assustando. — Mas por que em Salvador? O cliente não poderia vir a São Paulo? Aliás, que cliente é esse?

— Você não conhece, Brenda — respondeu Silas, ficando de mau humor.

— Mas quero conhecer. Sou acionista da empresa e tenho direito de conhecer todos os...

— Vai começar o interrogatório? Não vou morar em Salvador, vou apenas passar uma semana negociando...

— Uma semana? — gritou Brenda. Se Silas tivesse se virado, teria visto as lágrimas nos olhos da esposa. — Que espécie de venda demora uma semana para ser concluída?

Silas não respondeu e Brenda olhou para as malas. Foi quando notou que a maior parte das roupas eram trajes de praia. Não vislumbrou nenhuma peça de roupa social. E então compreendeu tudo.

— Por que não diz a verdade, Silas? — perguntou ela, agora chorando abertamente. — Por que não me diz que vai viajar em busca de diversão?

— Brenda, pare de me atormentar. Já disse que vou...

— Vai com quem? Não me diga que vai com Tenório — Brenda sentiu imensa vontade de dizer que já sabia de tudo entre ele e Alice. — Por que não me conta logo que você tem uma amante?

— Porque não tenho nenhuma — respondeu Silas. Jogou mais algumas roupas nas duas malas, fechou-as com fúria e tirou-as de cima da cama. — Mas você deve ter, não é mesmo? Ou acha que não percebi que toda quarta-feira à noite você sai sozinha e volta tarde? Imagino que quem tenha um amante seja você.

Brenda ficou chocada. Então era isso? Silas pensava que ela estava se encontrando com um amante quando na verdade ia até o centro espírita? Se não fosse pelo desespero da situação, ela teria rido. O marido estaria com ciúme? Estaria fazendo tudo aquilo somente como uma forma de vingança?

— Pois saiba que eu faço algo muito bonito às quartas-feiras.

— Sei... algo muito bonito na cama de algum cara.

Ela não respondeu. Tinha certeza agora de que Silas estava mesmo com ciúme. E pensou que, se fosse isso mesmo, era porque ainda pensava nela de alguma forma.

— Como já disse, vou passar uma semana em Salvador. Estou partindo amanhã pela manhã. Devo estar de volta na quinta-feira da semana que vem. Vou estar com o celular, se precisar de mim. Já passei algumas informações a Natália, e Camargo ficará responsável pela empresa em minha ausência.

Camargo era o vice-presidente da companhia.

Brenda evitou prolongar a discussão, pois não queria que Silas partisse ofendido com ela. Mas quando ele voltasse, Brenda estava disposta a colocá-lo na parede. Diria que conhecera Alice e sabia tudo sobre o caso entre eles, inclusive que ele lhe dera um apartamento.

Ambos dormiram em silêncio, Silas se mantendo afastado de Brenda na cama o máximo possível, e já ressonava quando Brenda finalmente conseguiu pegar no sono. Quando acordou, na manhã seguinte, ele já havia partido.

A capital baiana é fantástica e Silas e Alice puderam constatar isso de perto. A semana que passaram em Salvador pareceu voar. E os dois se divertiram como nunca. Naquela belíssima cidade, todos os problemas de Silas desapareceram como num passe de mágica. Eles passeavam por todos os pontos turísticos de Salvador e à noite dormiam juntos, após terem feito amor. Alice estava no paraíso e estava certa de que, assim que voltassem de viagem, Silas pediria o divórcio a Brenda.

Silas estava inebriado pela sedução de Alice. A moça o satisfazia em todos os sentidos. Conseguia ser divertida, interessante, sexy e carinhosa. Tudo o que Brenda não era. E conforme os dias passavam, Silas achava que estava cometendo um grande erro em continuar casado com ela. Os filhos já eram adultos e saberiam cuidar da própria vida. Brenda poderia muito bem ficar com o amante com quem se encontrava nas noites de quarta-feira.

Silas tinha certeza de que Brenda não perdera tempo e procurara consolo em ombros masculinos. De certa forma, não a culpava, já que havia muito tempo não se amavam. E Brenda sabia que ele mantinha seus casos amorosos, embora ele pensasse que ela não soubesse nada sobre Alice. E talvez fosse egoísmo da parte dele impedir que Brenda também desse seus pulinhos de cerca. No começo, Silas confessaria ter sentido ciúme, mas agora, passando dias fantásticos ao lado de Alice, decidira que Brenda deveria ser feliz ao lado de um homem que a valorizasse. Gostava da esposa como uma velha amiga, mas não sentia mais paixão e nem vontade de fazer amor com ela.

Silas e Alice conheceram vários locais importantes de Salvador. Fizeram compras no Mercado Modelo, tiraram belas fotografias no Dique do Tororó e no Pelourinho. Conheceram o Forte de Santo Antônio da Barra e foram até a Praia de Itapuã ver o Farol. Alice deu gritinhos de satisfação ao ver a fascinante vista para o mar a partir do Morro do Cristo.

Atravessaram da Cidade Alta para a Cidade Baixa através do Elevador Lacerda e tomaram banho de mar nas maravilhosas praias de Stella Maris, Piatã, Jaguaribe e Amaralina. Beijaram-se muito na praia Jardim dos Namorados, talvez para fazer jus ao nome do lugar. Fizeram compras em diversas lojas e feiras e não deixaram de visitar o Salvador Shopping, situado na área mais moderna de Salvador.

Na quarta-feira, véspera do embarque para retorno a São Paulo, Silas se desvencilhou de Alice no restaurante do hotel em que estavam hospedados e fez uma rápida ligação para sua residência.

Assim que Tiago atendeu, após os cumprimentos habituais, ele perguntou por Brenda. E foi informado pelo filho de que a mãe havia saído sozinha, bem vestida e elegante, dizendo não ter hora para voltar. Silas sentiu o rosto arder e, quando desligou o telefone, após ter se despedido do filho, compreendeu que havia chegado a uma decisão muito importante. E disse isso à Alice naquela noite, no quarto.

— Amanhã retornaremos, mas quero que saiba que, assim que chegar em casa, vou arrumar minhas coisas e sair de lá.

Alice pensou ter ouvido mal.

— Meu amor, você está dizendo que vai sair da sua casa?

— É isso mesmo, Alice. Há algumas semanas tenho notado que Brenda tem saído nas noites de quarta-feira, sempre arrumada e sozinha. Nunca diz aonde vai nem chama ninguém para acompanhá-la, nem mesmo Soraia, minha ex-nora. Com certeza ela tem um amante.

— E isso preocupa você, querido? — perguntou Alice, rancorosa. Só faltava agora Silas passar a ficar enciumado com a esposa.

— Confesso que preocupou sim, no começo. Mas agora entendo que chega um momento no casamento em que não é possível continuar convivendo. Gosto de Brenda e não lhe desejo o mal. Quero que ela seja feliz ao lado de um homem que a respeite como ela merece. Por isso, se ela realmente está se encontrando com outra pessoa, quero deixar o caminho livre pra ela. Vou sair de casa e morar no apartamento com você temporariamente. E em breve pedirei o divórcio.

Alice ficou feliz por um lado, mas não por outro. A parte positiva era que estaria a um passo de seu objetivo de casar-se com Silas, após se consumar o divórcio dele. Por outro lado, com ele morando no mesmo apartamento que ela, ficaria difícil manter seus encontros secretos com Flávio e com outros homens que a visitavam lá. Mas... nem tudo poderia ser flores e já ficava satisfeita por saber que em breve teria o sobrenome Onofre.

O voo de retorno foi tão tranquilo quanto o de ida havia sido. Silas chegou em sua casa no final da tarde, na quinta-feira, deixou as malas no quarto e saiu à procura de Natália. Cumprimentou-a sorridente e deu-lhe uma linda lembrança que trouxera de Salvador. Natália informou que não houvera grandes novidades na sua ausência e que ela e Marilu mantiveram contato o tempo todo. Silas perguntou pela esposa, e Natália informou que ela estava em casa.

Encontrou Brenda no jardim vasto e espaçoso na parte de trás da casa. Ela estava sentada em um aconchegante banco de madeira com um livro entre as mãos. Assim que o viu se aproximar, sorriu.

— Oi, como foi de viagem?

Silas se aproximou e beijou-a levemente no rosto. Brenda fingiu que não percebeu o gesto seco.

— Foi tudo bem. A reunião foi um sucesso e o negócio com meu cliente foi fechado — respondeu Silas. Entregou uma sacola com algumas coisas que trouxera para ela. — Espero que goste.

Brenda pegou a sacola e agradeceu com um gesto tímido. Evitou tocar no assunto do "cliente" em Salvador para não criar brigas desnecessárias.

— Você ficou bem bronzeado, sabia?

— Também, com aquele calor abençoado que faz naquela terra — disse ele, sorrindo. Então, resolveu que teria que ir direto ao ponto. — Sabe, Brenda, eu estive pensando em nossa situação e decidi que algo precisa ser feito.

Brenda sentiu que o coração pararia, mas aguardou pela continuação.

— Nós dois sabemos que nosso casamento já não existe mais. Sabemos que temos vivido como estranhos, falando apenas sobre o necessário. Nossos filhos estão cientes disso e creio que não é justo continuarmos agindo dessa maneira.

— O que você está querendo dizer, Silas? — perguntou Brenda, mortalmente pálida. Não era possível que estivesse ouvindo aquilo. Suas mãos começaram a tremer enquanto encarava o marido.

— Brenda, sabe que gosto muito de você e a respeito de verdade, mas não podemos mais viver dessa forma. Creio que você não é feliz ao meu lado, já que não tenho realmente cumprido meu papel de marido. E quero que você encontre a felicidade ao lado de um homem que possa amá-la mais do que eu. Eu também preciso ser feliz e creio que conseguirei se mudar meu modo de vida — Silas falava devagar, enquanto observava com compaixão as lágrimas que haviam brotado nos olhos de Brenda. Sabia que aquilo iria machucá-la, mas não conseguia ver uma maneira melhor de lhe dizer o que realmente desejava.

Mil pensamentos e sentimentos passaram pela cabeça de Brenda ao mesmo tempo. Sempre temera o dia em que Silas pediria a separação. E o momento chegara. A viagem havia sido apenas um pretexto para Silas preparar a mudança de vida.

E agora tudo o que restava era o fim. Brenda sentiu raiva, tristeza, abandono e medo. Acima de tudo, medo. Não conseguia se imaginar vivendo sem o marido para lhe dar todo o apoio. Não que ela dependesse dele financeiramente, mesmo porque tinha ações na empresa, mas não suportava a ideia de viver como uma mulher divorciada. Com uma profunda sensação de derrota e fracasso, compreendeu que Alice vencera.

— E posso saber quando você vai embora? — perguntou Brenda corajosamente, pois temia a resposta.

— Não vou desfazer as malas. Esta noite já não pretendo dormir aqui.

Brenda assentiu em silêncio e olhou para o marido. A tristeza que ele viu ali foi tão grande que por um momento quase desistiu de ir embora. Mas sabia que tinha de fazê-lo.

— Você pretende avisar seus filhos?

— Creio que eles entenderão. A que talvez demonstre mais ressentimento será Mel, mas ela é forte e vai superar, assim como você, Brenda.

Brenda assentiu novamente com a cabeça, em silêncio. Silas mostrou um sorriso fraco e se virou para sair do jardim. A discussão teria se encerrado ali, mas Silas já tinha caminhado quatro passos quando ouviu Brenda dizer:

— O nome dela é Alice, não é?

Ele se virou lentamente para defrontar a esposa. Brenda decidira manter esse segredo oculto, mas achou que era o momento certo. Já que estava em uma guerra, tinha que usar suas armas também. Não era justo a esposa perder o marido para uma amante após quase trinta anos de casamento.

— Não entendi.

— Não entendeu? Que parte sobre o nome de Alice você não entendeu? — Brenda conseguiu sorrir entre as lágrimas. — Ela não se chama Alice? Só sei que o apartamento na região de Pinheiros não é dela.

Agora era Silas quem empalidecia. Onde Brenda conseguira aquelas informações?

— Do que você está falando, Brenda?

— Ah, você não sabe, não é? Esqueci que ela atende pelo pseudônimo de Tenório, aquele velho amigo de reuniões tardias — Brenda estava em pé e disparava as palavras, sem esconder o rancor. — Estou falando da mulher que provavelmente o acompanhou nessa viagem de "negócios". Imagino que a reunião com seu "cliente" tenha sido na areia da praia, não é mesmo? Ou será que foi balançando, a bordo do Elevador Lacerda?

Silas, mudo de espanto, não conseguiu responder. E Brenda continuou falando cada vez mais alto:

— Alice, aquela moça de cabelos loiros e curtos que ganhou um apartamento de presente de um homem com mais dinheiro. O que mais você deu pra ela, Silas? Joias, carros, roupas e perfumes importados?

— Como você soube de Alice? — finalmente ele conseguiu perguntar.

— Engraçado, ela não contou pra você? — vendo o olhar atordoado do marido, Brenda prosseguiu. — Não contou sobre o dia em que eu descobri o endereço do apartamento e fui até lá? E que estive conversando com ela cara a cara? Nossa, essa Alice não é tão sincera quanto parece.

— Você esteve no apartamento? Por que nunca me disse nada?

— Ia mudar alguma coisa? Eu esperei que ela contasse, mas como você nunca se manifestou sobre o assunto, fiquei quieta também. Parece que vocês são amantes há um bom tempo. Há quanto tempo exatamente, Silas? Eu gostaria de saber há quanto tempo estou sendo traída.

— Deixa de ser irônica, Brenda. Pensa que não sei que você também arrumou outro homem? Ou acha que sou cego ou tolo?

Pega de surpresa, Brenda não evitou o riso nervoso. Mas que maluquice era aquela agora? Só faltava Alice ter enchido a cabeça de Silas com abobrinhas sobre ela.

— Você está dizendo que eu também tenho um amante, Silas?

— Claro. Ou acha que não sei que é com ele que você tem se encontrado toda quarta-feira à noite.

Brenda riu, sem deixar de chorar. Ria sem nenhum humor, mas achava de certa forma engraçada a maneira como Silas havia compreendido suas visitas à casa espírita.

— Você é banal! Eu nunca me rebaixaria traindo você se eu era a primeira pessoa interessada em salvar nosso casamento.

— Se você estivesse interessada no nosso casamento, nunca teria se recusado a fazer amor comigo logo que Melissa nasceu. Você, por medo de engravidar de novo, passou a me desprezar. Queria o que com isso? Sou homem e precisava de conforto. Passei a encontrar esse conforto com outras mulheres.

— Então a culpada sou eu? — mas intimamente Brenda sabia que Silas não estava errado. Ela mesma sempre se arrependera por ter agido daquela forma. — Sabe, creio que seja um favor que você vai me fazer se for morar com essa idiota da Alice. Aliás, de idiota ela não tem nada. Conseguiu até arrancar um apartamento de você. Só espero que você não tenha comprado com o dinheiro da empresa.

— Como você é egoísta, Brenda. Sempre pensando em dinheiro.

— Egoísta? Ainda me chama de egoísta? — furiosa e descontrolada, Brenda partiu pra cima do marido, agredindo-o com chutes e socos. A gritaria atraiu a atenção dos filhos, inclusive de Yuri, que chegava para buscar Natália. — Tomara que você se contamine com uma doença enquanto estiver com ela — rugia Brenda, tomada pelo ódio e pela revolta.

— O que está acontecendo aqui? — perguntou Tiago, interpondo-se entre os pais. — Por que estão brigando como dois búfalos disputando território?

— Por que seu pai merece morrer, esse canalha — gritava Brenda, com a voz falha. Virou-se para os filhos e disparou: — Vocês sabiam que ele comprou um apartamento para viver com a amante dele? Eu a conheci e ela deve ter a mesma idade que você, Tiago. E ele acaba de me dizer que está indo embora de casa hoje.

Os três filhos encararam o pai, que não respondeu. Silas estava envergonhado. Yuri tentou amenizar:

— Pai, isso é verdade? Você vai deixar a mãe pra viver com uma amante?

— Sei que vocês já tinham notado que meu casamento com sua mãe chegou ao fim. Nós precisamos de independência.

— Não responda por mim, Silas — reagiu Brenda.

— Pois eu creio que o pai deve decidir o que é melhor pra ele — defendeu Mel, abraçando-se a Silas.

Brenda encarou a filha com raiva.

— E o que você sabe sobre decisões, Melissa? É uma mal-amada que vive metida nesses costumes pretos como uma freira. Não sabe nada sobre vida amorosa.

Mel estremeceu e ficou muito branca. Olhou por um momento para a mãe, deu meia-volta e saiu correndo para dentro da casa. Natália a seguiu.

— Não desconte suas frustrações na menina, Brenda. Sabe que ela não tem culpa de nada.

— Vá embora, Silas. Vá embora antes que eu perca a cabeça outra vez.

— É melhor, pai — ratificou Tiago. — Ninguém vai conseguir pensar com os ânimos alterados.

Silas concordou em silêncio e saiu em companhia de Tiago. Yuri permaneceu abraçado à mãe, que chorava e tremia descontroladamente. Quando eles entraram em casa, puderam ouvir o carro de Silas se afastando em alta velocidade.

Capítulo 25

— Ele disse que vai mandar alguém vir buscar suas coisas — explicou Tiago, mais tarde. — Conte-nos como essa discussão começou, mãe.

Brenda contou tudo o que ocorrera desde que Silas chegara da viagem. E contou que conhecera Alice, mas que decidira manter o segredo.

— Meninos, eu sei que vocês não têm culpa nenhuma disso, mas quero ficar sozinha — disse Brenda subindo para o quarto e trancando-se lá.

— Sabe, Tiago, eu já imaginava que isso aconteceria mais cedo ou mais tarde — confessou Yuri, assim que se viu a sós com o irmão.

— Eu sei. Eu também já esperava por isso. Papai sempre deu suas escapadinhas, mas dessa vez pisou na bola, já que comprou um apartamento para a amante. Ela deve estar interessada somente no dinheiro dele — acrescentou Tiago. — Tem mulher que é muito interesseira e não valoriza o amor do cara. Natália é um exemplo disso. Traiu você e voltou como se nada tivesse acontecido.

Yuri pulou, como se tivesse levado um beliscão.

— Não meta Natália nessa história.

— Ela não é muito diferente da amante do papai. Aposto que pediria um apartamento para você se pudesse.

— Tiago, cale a boca — pediu Yuri, ainda mais nervoso do que já estava.

— Você ainda a defende. Depois de ter visto a menina beijando outro cara na boca, ainda a perdoa como se tudo fosse um sonho. Você deveria ter mais vergonha na cara, meu irmão.

— Você sabe muito bem que aquilo foi armação de Soraia.

— Isso foi o que disseram pra você, Yuri. O que conta é o que você viu com seus próprios olhos na rua.

Irritado, Yuri olhou para o irmão, que o encarava com ar de deboche.

— Natália garante que foi você quem deu aquela caixa de bombons pra ela. E você nega, alegando que provavelmente ela a tenha ganhado do tal vizinho. Alguém está mentindo nessa história.

— A mentirosa é ela — garantiu Tiago, com ar inocente. — Bobo é você por acreditar em tudo que Natália diz. Aliás, se quer saber minha opinião, você deveria reatar o noivado com Soraia. Tenho certeza de que ela nunca o traiu com outro.

— Vamos fazer o seguinte: como esse assunto do presente que Natália recebeu nunca ficou totalmente esclarecido, iremos os dois conversar com ela agora. Vou colocar vocês frente a frente para que eu possa ter certeza. Mas já aviso, Tiago, que se você ajudou Soraia naquele plano sórdido, eu sou capaz de...

Nesse momento ouviram a campainha soar. Logo a empregada voltou acompanhada de Soraia. Ela trazia uma sacola de papel nas mãos. Assim que viu Yuri, sorriu. Aproximou-se e beijou-o no rosto. Cumprimentou Tiago também.

— Ainda bem que você apareceu, Soraia — disse Yuri. — Assim vai poder participar de nossa pequena e breve reunião.

— Do que você está falando, Yuri?

— Eu quero esclarecer de uma vez por todas aquela polêmica sobre a suposta traição de Natália.

— Ainda isso? — perguntou Soraia, contrariada. Tinha ido até a casa de Silas justamente para encontrar Yuri. Comprara uma blusa para Brenda em um shopping e levava o presente somente como pretexto para saber se Madame Juju tinha conseguido algum progresso com Yuri. Estivera na casa da mulher no final da semana anterior levando o material solicitado e o valor restante da entrada para o serviço de Juju. Como já era quinta-feira, acreditava que deveria haver alguma alteração com Yuri, embora Madame Juju tivesse pedido o prazo de um mês para a concretização do trabalho.

— Sim, Soraia, ainda isso. Estava agora mesmo discutindo com meu irmão sobre aquele papo da caixa de chocolates que Natália recebeu. Tiago nega ter dado o presente e Natália nega ter recebido do tal vizinho.

— Sei, assim como ela negou ter traído você. A não ser que ela tenha uma irmã gêmea — resmungou Soraia. — Eu vim aqui pra dar este presente à sua mãe — ela mostrou a sacola de papel. — Brenda está?

— Está, mas acho que não é um bom momento pra dar presentes a ela — respondeu Tiago. — Ainda há pouco ela teve uma briga explosiva com meu pai. Ele foi embora para morar com a amante.

Soraia quase não conseguiu conter o riso. Bem feito para Brenda. Quem mandava não tentar seduzir o marido. Deveria ter procurado um macumbeiro, como ela tinha feito. Só esperava que Madame Juju realmente fizesse alguma coisa, senão chamaria a polícia para ela.

— Mas já que você está aqui, Soraia, vamos nós três conversar com Natália, que está no quarto com Mel.

— Não vejo o porquê dessa conversa, Yuri. Não vai nos levar a nada. Será a palavra de Tiago contra a dela.

— É que acaba de vir uma ideia na minha cabeça. Algo em que eu não tinha pensando antes. E isso com certeza prova quem estava mentindo — respondeu Yuri, ignorando a troca de olhares cautelosos entre Soraia e Tiago. — Vamos subir e colocar as cartas na mesa.

No quarto, Natália consolava Mel, que chorava, muito sentida.

— Você viu como ela falou comigo, Natália? Brenda me odeia.

— Mel, entenda que ela estava nervosa. Quando estamos com raiva, normalmente dizemos coisas que ofendem as pessoas

— justificou Natália, lembrando-se da forma como Yuri a tratara no dia em que a vira na rua com Ricardo.

— Diz isso porque tem uma mãe que ama você.

— E você diz isso porque não sabe as palavras que Yuri me disse no dia em que pensou que eu o estava traindo. Ele usou cada nome feio — lembrou Natália, sorrindo. — Mas eu entendi que ele estava impulsionado pela raiva. A mesma coisa aconteceu com sua mãe hoje. Há quantos anos seus pais são casados, Mel?

— Há quase trinta anos. Tiago já está completando vinte e oito anos.

— E você acha que uma pessoa não ficaria fora de si ao ter um casamento destruído por uma amante, depois de quase trinta anos de vida comum? Até que sua mãe se portou muito bem, Mel. Perdoe-a e livre seu coração dessa mágoa.

Mel enxugou as lágrimas no momento em que batiam à porta. Foi Natália quem abriu e parou, espantada, quando viu Soraia, Yuri e Tiago entrarem. Mel secou o rosto mais rapidamente.

— Olha, desculpe atrapalhar a privacidade de vocês — disse Yuri —, mas eu gostaria de esclarecer algo que é muito importante para mim e também para você, Natália.

Natália olhava de um para outro sem entender.

— Mas por que você trouxe essa menina para o meu quarto, Yuri? — perguntou Mel, referindo-se a Soraia.

— Soraia veio visitar a mamãe, mas como creio que ela não esteja querendo receber visitas agora, resolvi pôr a limpo o assunto da caixa de bombons. Natália, eu gostaria que você me dissesse novamente como conseguiu aquela caixa.

— Eu não consegui, eu ganhei de Tiago — explicou Natália, sem hesitar.

— De mim você não ganhou nada —Tiago mentiu descaradamente. — Pare de inventar histórias, menina.

— Como inventar histórias? Você sabe muito bem que eu não estou mentindo. Seja homem e reconheça seus feitos — retrucou Natália, com irritação.

Tiago corou. Em seguida, tomado de ódio, disparou:

— Quem tem que reconhecer seus feitos é você, sua prostituta. Tenho certeza de que deita na cama com metade da sua vizinhança.

Natália empalideceu e Yuri gritou para o irmão moderar a linguagem.

— Não a ofenda, Tiago. Não estamos aqui para insultar ninguém.

— Yuri, eu não disse lá embaixo que essa discussão não levaria a nada? — perguntou Soraia. — A verdade é que você gosta dessa garota e vai acreditar em tudo que ela disser, mesmo tendo que se colocar contra o próprio irmão.

— Soraia, nós duas sabemos a verdade — interveio Natália. — Você sabe que eu não estava beijando Ricardo. Ele simplesmente me chamou para conversar na rua, me deu aquele presente e me agarrou de repente.

— Essa é a sua versão — argumentou Soraia. — A versão mais válida é a que Yuri viu.

— Deixe de ser mentirosa — Mel se aproximou de Soraia. — Eu estive conversando com Ricardo e ele me contou tudo. Inclusive que você teve a desfaçatez de se passar por mim. — Mel se virou para Yuri. — Eu já disse para você ir conversar com Ricardo. Ele é ingênuo e caiu facilmente na armação de Soraia. Seu plano foi quase perfeito, Soraia, quase. Conseguiu combinar tudo certinho com Ricardo e com Tiago, que deveria negar ter dado qualquer coisa para Natália. Mas você errou em dois pontos. Primeiro porque não pensava que eu fosse confirmar tudo com Ricardo. E segundo porque você não acreditava no amor de Yuri e Natália. O amor consegue superar a raiva, sabia?

Natália sorriu ao ver que Mel tentava repetir as palavras que ela mesma lhe dissera antes. Soraia fuzilou Mel com o olhar. Como odiava aquela irmãzinha metida de Yuri. Mas no dia em que ela se casasse com Yuri, Mel ia ter uma lição por tudo o que fazia para atrapalhar seus objetivos.

— Basta, Mel. Eu já sei quem está mentindo aqui — concluiu Yuri. E antes que alguém pudesse esperar, acertou um soco em cheio na boca de Tiago, que caiu sobre a cama de Mel.

Natália e Mel seguraram Yuri, e Soraia tentou deter Tiago, que queria revidar e esmurrar o irmão. A boca de Tiago já estava sangrando.

— Você ficou louco, Yuri? Por que fez isso? — gritou Tiago, enfurecido.

— Louco ficou você. Eu fui muito idiota mesmo ao duvidar de Natália — Yuri se aproximou e abraçou Natália. — Eu devia ter pensado em um pequeno detalhe que faria toda a diferença. Eu descobri os chocolates na bolsa de Natália, quando ela a esqueceu sobre o banco em uma lanchonete. Tínhamos acabado de sair da empresa e paramos para comer algumas esfihas. De lá, seguimos para o meu apartamento. Até aí, teria sido tudo normal não fosse por uma questão: Natália trazia os chocolates retornando da empresa, logo, ela teria ganhado de alguém na empresa.

Tiago quis falar, mas Yuri não permitiu:

— Ricardo não teria acesso à empresa para simplesmente aparecer lá e presenteá-la. E se ela tivesse ganhado os bombons na rua, próximo à casa dela, creio que teria deixado o presente em casa em vez de levar a caixa lacrada dentro da bolsa. Pensando dessa forma, entendi que Tiago mentiu o tempo todo. Foi ele quem deu o presente pra ela. Estive falando com Marilu e ela me contou que Tiago andara perguntando a ela onde poderia comprar uma caixa de chocolates, pois pretendia dar para uma menina que estava paquerando. Marilu, inocentemente, lhe informou onde comprar. Tiago comprou, embrulhou e entregou para Natália. — Yuri falava rapidamente. Todos o olhavam atentamente. — Eu nunca deveria ter duvidado de você, meu amor. Pode me perdoar?

Antes que Natália respondesse, Tiago ainda tentou se defender.

— Se ela fosse tão honesta, teria contado a você sobre o presente. Você só soube porque achou na bolsa dela por acaso.

— Sim, é verdade. Mas eu entendi que ela não queria me contar justamente para evitar ciúme e uma discussão desnecessária. E nunca mais ela aceitou nada de você. Eu deveria saber, Tiago, você sempre foi um frustrado mesmo. Nunca conseguiu arrumar uma namorada por contra própria e sempre tentou tirar minhas namoradas de mim. Por que seria diferente com Natália?

Tiago estava branco como papel. Soraia, com medo de que a situação virasse para o lado dela, tentou sorrir.

— Bom, pelo jeito tudo ficou esclarecido. Agora vou ver se encontro Brenda...

— A conversa ainda não terminou, Soraia — Yuri lançou um olhar tão feroz sobre a moça, que ela acreditou por um instante que nenhuma magia de Madame Juju poderia surtir efeito sobre ele. — Se Tiago mentiu o tempo todo, você mentiu também.

— Eu? Yuri, está me chamando de mentirosa?

— Estou. Não foi à toa que você apareceu em meu apartamento naquele sábado para falar sobre a traição de Natália. Tudo foi tão bem preparado, que eu, envolvido pelo ciúme e pela desconfiança, não conseguia pensar nos detalhes. Agora, que vejo com mais clareza, entendo qual foi sua jogada, Soraia. Mandou que eu telefonasse para meu irmão para confirmar sobre a caixa de bombons e me levou até a casa de Natália. Menos de cinco minutos depois de chegarmos, Natália saiu à rua com Ricardo e eles trocaram aquele beijo. Eu, com raiva pelo que estava vendo, não consegui enxergar que estava sendo manipulado.

— Yuri, você me assusta com essas palavras — disse Soraia, trêmula. As palmas das mãos estavam molhadas de suor. — Sabe que eu nunca...

— Não quero mais ouvir nenhuma palavra sua. Aliás, ficaria muito feliz em não vê-la mais na minha frente. Pessoas como você merecem ficar sozinhas — Yuri beijou Natália nos lábios. — Você pode perder as esperanças, Soraia. É Natália quem eu amo e é com ela que pretendo me casar. Vou anunciar um jantar de noivado brevemente.

Soraia estava mortalmente pálida. Tremia como se estivesse sob a neve. Sem dizer nenhuma palavra, deu meia-volta e saiu do quarto. Tiago a seguiu. No corredor, não trocaram nenhuma palavra. Desceram até a sala de jantar e Tiago finalmente quebrou o silêncio, enquanto passava as costas da mão no ferimento da boca.

— Eu disse pra você que mais cedo ou mais tarde Yuri ia acabar descobrindo tudo. Agora ficou bom. Eu não tenho a menor chance de conquistar Natália e você perdeu sua oportunidade de reatar seu noivado. Aliás, Yuri acaba de anunciar que ele e Natália ficarão noivos.

Soraia não respondeu, pois ainda não se recuperara do choque. Como Yuri pudera descobrir tudo rapidamente? E que diabos Madame Juju estava fazendo por ela? Em vez de Yuri terminar tudo com Natália e voltar correndo para seus braços, simplesmente dizia que nunca mais queria vê-la em sua frente. Decidiu que teria que voltar a falar com Madame Juju ou iria querer o dinheiro de volta.

— Tiago, não podemos desistir tão facilmente. Você precisa me ajudar a reverter essa situação.

— Como? Tenho certeza de que nada do que dissermos irá convencer Yuri agora... a não ser que fosse o contrário.

— Como assim? — perguntou Soraia, interessada. Ela se agarraria a qualquer ideia que pudesse trazer Yuri de volta para ela.

— E se tentássemos fazer o contrário dessa vez? Em vez de Yuri flagrar Natália beijando outro, seria ela quem o veria beijando outra menina.

— Esqueça isso — disse Soraia, desanimando. — Natália ficaria com raiva, mas o perdoaria rapidinho. Não vai dar certo.

— Então o que podemos fazer?

Soraia pensou se seria melhor deixar tudo por conta de Madame Juju. Decidiu que não era o melhor e que ela mesma deveria se manifestar. Se Madame Juju fosse uma charlatona, como ela já imaginava que fosse, não faria nada para alterar a situação. Ela mesma iria agir.

Foi nesse momento que a ideia surgiu.

— Tiago, já sei o que poderemos fazer. Tenho certeza de que não vai falhar. Eu vou ficar com Yuri e você ainda vai conseguir levar Natália para a cama — informou Soraia, subitamente excitada.

— Sonhe, Soraia. Natália nunca iria comigo para a cama em sã consciência.

— Aí é que está, Tiago. Ela não vai estar consciente em nenhum momento.

E pôs-se a explicar sua ideia.

Capítulo 26

No quarto de Mel, Yuri estava abraçado com Natália. Sentia-se leve como havia muito tempo não se sentia. Agora estava provado que Natália não mentira em nenhum momento.

— Um dia você vai me perdoar, não é, Natália? — perguntou ele.

— Posso pensar — respondeu ela, brincando e beijando-o na bochecha.

— Se você demorar muito pra me perdoar, vou fazer cara de cachorro triste.

— Então faça. Eu adoro aquela carinha.

Yuri fez uma careta triste e Natália e Mel riram.

— Yuri, aquela história de noivar comigo era verdade? — quis saber Natália um pouco depois.

— Mas é claro que é verdade. Você será minha noiva. E marcaremos nosso casamento para breve. A não ser que você não queira.

Natália sorriu em resposta e trocaram um longo beijo apaixonado. Mel assistia à cena e sorriu:

— Eu vou ficar aqui segurando velas para o casal de pombinhos?

— Só até o dia em que você arrumar um namorado, Melissa Onofre — rebateu Yuri, sorrindo para a irmã.

Mel ficou séria e pensou em Ricardo. Sempre que falavam em namoros, a imagem dele lhe vinha à mente. Na última vez em que o vira, saíra correndo da casa dele, assustada com as palavras de Benício.

— Natália, você namorou Ricardo, por isso quero lhe fazer uma pergunta.

— Que irmãzinha linda eu tenho! — ironizou Yuri. — Vai falar com minha namorada sobre o ex-namorado dela!

— Não ligue pro Yuri — riu Natália, cutucando-o com o braço. — O que quer saber, Mel?

Mel decidiu contar tudo o que acontecera na casa de Ricardo naquele dia. E contou que fora apresentada ao avô dele. Contou ainda tudo o que ele dissera sobre ela. Finalizou dizendo:

— É muito estranho isso. Por que ele diria essas coisas?

— Em minha opinião — era Yuri quem falava —, ele não precisaria ser nenhum *expert* para adivinhar que você se fecha em um casulo. Vestida como se estivesse voltando de um enterro, qualquer um tiraria conclusões lógicas a seu respeito.

— Acontece que o seu Benício é médium, Yuri — justificou Natália.

— Ele é médico? — perguntou Yuri.

— Médico não. Ele é médium, uma pessoa que tem a mediunidade muito aflorada — disse Natália, olhando de Yuri para Mel, que a observavam curiosos e confusos.

— Que troço é esse de mediunidade? — Mel quis saber.

— Não é um troço, Mel. Trata-se da possibilidade de uma pessoa estabelecer contato com o mundo espiritual. É uma faculdade inata a todo ser humano, podendo se apresentar em maior ou em menor grau. Muitas pessoas procuram Benício, que é visto como o benzedeiro da região. Pais levam seus filhos para tirar quebranto e mau-olhado. Adultos acreditam que Benício costuma quebrar qualquer tipo de olho gordo, inveja e outras mazelas. Agora ele está muito velho e raramente atende alguém em sua casa. Mas é um homem muito bom, com grandes conhecimentos sobre os assuntos espirituais. Provavelmente ele "viu" o que você tenta esconder em sua alma.

— Esse assunto de espíritos é bastante interessante. Eu gostaria de frequentar o centro espírita a que sua mãe vai. Lembra que você mencionou isso certa vez? — disse Yuri.

— Claro que podemos ir. A própria dona Brenda... — de repente Natália se lembrou de que não deveria mencionar as visitas de Brenda ao centro, pois não sabia se ela comunicara alguma coisa aos filhos.

— O que tem minha mãe? — indagou Yuri.

— Nada... eu só acho que ela também deveria ir ao centro, pois vai precisar de muita ajuda espiritual agora que o doutor Silas foi embora.

Yuri e Mel concordaram. Conversaram sobre outros assuntos e depois Yuri e Natália se despediram. Natália tinha avisado à mãe de que dormiria aquela noite no apartamento de Yuri. Pelo menos duas vezes na semana ela passava a noite ao lado do namorado.

Assim que eles saíram, Mel procurou um número de telefone guardado na agenda do celular e ligou. Quando Ricardo atendeu, ela, após os cumprimentos habituais, foi direto ao assunto.

— Preciso falar com você e não pode ser por telefone. E preciso ver o seu avô novamente. É possível?

— Claro. Quando você quer vir?

— Hoje não vai dar, mas me encontro com você no sábado, depois do almoço. Preciso me desculpar com seu avô, pois não fui educada ao deixá-lo falando sozinho aquela vez em que estive aí.

— Sem problemas. Meu avô não guarda rancor. Vou te esperar então.

Quando Ricardo desligou, sentiu uma agitação na barriga. Desde que conhecera Mel, não pudera pensar em outra menina. Havia um ar de mistério misturado com provocação em Mel. Nem mesmo quando namorava Natália ele experimentara tal sensação. Simplesmente queria poder enchê-la de beijos e aninhá-la em seus braços. E então Ricardo se perguntou se essa seria a sensação de estar apaixonado de verdade por alguém.

— Pode entrar — autorizou Brenda assim que bateram à porta de seu quarto. Estava mais calma, mas o rosto estava muito vermelho. Não ficou animada quando viu Soraia entrar. — Olá, Soraia.

Soraia a abraçou teatralmente, dizendo estar muito sentida pela separação dela e de Silas. Disse que não esperava que Silas realmente fosse deixá-la. E antes que Brenda pudesse cair no choro novamente, Soraia mostrou o pacote que trouxera. Brenda abriu e agradeceu-lhe pela linda blusa que acabava de ganhar.

— Espero que goste, Brenda. Achei que seria sua cara.

Brenda colocou a blusa novamente na embalagem. Soraia aproveitou o momento para contar parte da conversa que tivera no quarto de Mel. Contou que Yuri tinha certeza de que Tiago mentira e que, por causa de Natália, os dois irmãos trocaram socos. Brenda ficou chocada. Soraia encerrou dizendo que Yuri afirmara que em breve anunciaria o noivado com Natália.

— Brenda, eu sei que não é da minha conta, mas essa Natália é uma ameaça para a paz de sua família. Ela está colocando seus filhos uns contra os outros. Tiago ficou com a boca sangrando. Você não pode consentir. Sei que Yuri é maior de idade, mas você, como mãe, tem o direito de intervir nessa relação — de repente Soraia começou a chorar, tremendo e soluçando. — Brenda... eu amo o Yuri. Por favor, me ajude a voltar para ele. Eu não peço mais nada nessa vida. Só quero ficar com ele. Eu o amo tanto... — e se atirou sobre Brenda, que a abraçou comovida.

Brenda já não sabia mais o que pensar. Chegara a pensar que Soraia era falsa e que só pensava em seus próprios problemas. Mas a moça sabia pensar nos outros também. Estava entristecida pelo fim do seu casamento, e isso era uma prova de carinho e amizade da parte dela.

Por outro lado, sabia que o filho estava muito mais feliz com Natália do que quando estivera noivo dela. Mas não seria justo deixar Soraia sofrer daquela forma. Natália era muito bonita e arrumaria outro namorado facilmente. Embora confusa, Brenda chegou à conclusão de que a melhor opção para Yuri seria realmente se casar com Soraia.

— Não chore, Soraia, por favor. Eu vou ajudar você, fique sossegada. Vou conversar com essa moça mais uma vez. Não posso ofendê-la, pois fiz amizade com a mãe dela, que é um amor de pessoa. Se Natália não quiser me dar ouvidos, irei conversar com Bete, a mãe dela. Sem machucar os sentimentos de ninguém, prometo trazer Yuri pra você.

O abraço de Soraia em Brenda se intensificou. Sem que Brenda visse, no entanto, Soraia sorria satisfeita. Agora era tudo ou nada. Se Brenda não conseguisse dar um jeito, contava apenas com a ideia que tivera e que comunicara a Tiago, e com o trabalho de Madame Juju. Se essas coisas falhassem também, tudo estaria perdido.

Natália estava terminando de arrumar o escritório para ir embora. Yuri saíra alguns minutos antes, pois queria preparar um jantar romântico para ela em seu apartamento. Natália rira da ideia, mas estava ansiosa para chegar logo. Estava desligando o computador quando Brenda entrou sem bater. Parou no meio do escritório e ficou olhando para Natália.

— Oi. Está melhor?

— Preciso conversar com você, Natália.

Vendo que Brenda estava séria, Natália a convidou a se sentar.

— Na verdade, vim até aqui fazer um apelo pra você — Brenda foi direto ao ponto. — Sabe que, como mãe, desejo o melhor para meus filhos. Por isso, quero pedir que você deixe Yuri ser feliz ao lado de Soraia. — Vendo que Natália ia se manifestar, Brenda estendeu a mão: — Por favor, deixe-me continuar. Sei que sou repetitiva falando a mesma coisa. Sei que inclusive já ofereci dinheiro para que você fosse embora e me arrependo desse gesto tão vulgar. Mas eu sinceramente quero ver Yuri feliz.

— E por que acha que ele não pode ser feliz ao meu lado? Por que eu sou pobre? — perguntou Natália com tranquilidade.

Brenda, pega de surpresa com a pergunta, não soube o que responder. Pensou em uma resposta mais adequada.

— Não é isso. Na verdade, Soraia esteve comigo agora há pouco e eu prometi ajudá-la. A pobrezinha veio chorando e...

— E a senhora acreditou. Perdoe-me, mas Soraia é extremamente manipuladora e calculista. Yuri já sabe que ela armou aquela jogada para que eu fosse vista com outro rapaz. E ele disse pra ela que nunca mais queria vê-la na sua frente de novo. Acredito que isso deixou Soraia desesperada, por isso ela foi pedir sua ajuda.

Brenda ficou calada novamente. Como sempre, Natália lhe transmitia a sensação de sinceridade. E o que ela dizia não era tão sem fundamento assim.

— Me diga, Natália. Se eu pedisse como um favor, você deixaria Yuri?

— Seria um favor que eu não poderia cumprir.

— Então vou fazer outra pergunta. Se Yuri fosse pobre, você terminaria com ele?

— A senhora está me ofendendo com essa pergunta. Eu nunca estive interessada no dinheiro de sua família e permaneceria ao lado de Yuri ainda que ele não tivesse nenhum centavo no bolso.

Sem que soubesse explicar como nem por que, de repente veio à mente de Brenda a imagem de Alice. Silas tinha se separado dela por causa de Alice. Yuri tinha se separado de Soraia por causa de Natália. Logo, Natália seria a outra da história, assim como Alice o era. E, infelizmente, esse pensamento distorcido fez Brenda se enfurecer subitamente contra Natália. Colocou-se de pé e olhou a moça com raiva.

— Eu duvido disso. Com certeza você só quer o dinheiro de Yuri. Diga-me, Natália, você também já tentou seduzir meu marido?

Natália empalideceu. E por mais que quisesse, não conseguiu impedir as lágrimas. Rapidamente se levantou da cadeira, pegou a bolsa e um casaco e fez menção de sair.

— Por que vai embora? Não consegue aguentar a verdade, não é mesmo? Vocês, amantes, são um tipo de mulher que só se contenta destruindo vidas em família.

Natália se virou e retrucou:

— Está enganada. Eu não sou amante de ninguém porque, quando Yuri veio me procurar, ele jogou a aliança dele no meio da rua. Eu nunca aceitaria sair com um homem comprometido. Tenho minha dignidade. Sou uma pessoa honesta. A senhora conheceu minha mãe. Acha mesmo que ela tem jeito de ser uma pessoa interesseira?

Brenda não sabia o que falar.

— Nós somos pessoas humildes, precisamos de dinheiro, como todo mundo precisa, mas não temos ganância — emendou Natália. — O dinheiro é apenas um meio de acesso a bens materiais. Acima desses bens materiais estão as atitudes do ser humano. E são essas atitudes que levaremos conosco quando morrermos, já que o dinheiro vai ficar. Mas eu peço, não volte a me chamar de interesseira nem de destruidora de famílias. Quando um casamento é destruído, somente os próprios envolvidos são os culpados.

Natália disse isso e saiu, deixando Brenda sozinha e atordoada no escritório. A última frase de Natália a deixou curiosa, porém. Abriu a porta do escritório e alcançou a jovem no corredor.

— Natália, espere, por favor. Olha, quero que perdoe a maneira como me expressei. Sabe que estou bastante nervosa hoje por tudo o que me aconteceu — Brenda fez uma pausa, vendo Natália passar as mãos pelo rosto. — Por favor, eu quero conversar com você direito.

— Não tenho mais nada a dizer se o assunto for sobre o fim do meu relacionamento com Yuri.

— Não é. É que... eu só queria... não sei... alguém pra conversar comigo.

— E Soraia não serve?

— Não sobre o assunto que eu gostaria de falar. Por favor.

Natália assentiu e, pouco depois, estavam sentadas no jardim da casa, que estava iluminado por lâmpadas esverdeadas.

— Queria que me explicasse melhor quando você disse que os envolvidos num casamento, ou seja, o marido e a esposa, são os únicos responsáveis pelo seu fim.

— É o que penso — Natália estava mais calma e já não chorava, embora ainda estivesse nervosa. — O marido e a esposa são os responsáveis por um casamento durar ou não.

— Você diz isso porque não conheceu Alice — e, dizendo isso, Brenda lhe contou tudo o que sabia sobre Alice. Contou que estivera no apartamento dela, presente de Silas, contou sobre as mentiras que Silas lhe contava quando estava indo se encontrar com a amante e contou ainda que havia muito tempo eles não mantinham intimidades. — E agora, depois dessa viagem, Silas simplesmente disse que ia sair de casa. Ele suspeita de que eu esteja me encontrando com um amante às quartas-feiras, quando na verdade vou ao centro espírita com sua mãe.

Natália sorriu. E foi então que Brenda entendeu por que Yuri estava tão apaixonado por ela. Natália tinha um dos mais belos sorrisos que já vira.

— Isso é um bom sinal. Desperte o amor do seu marido pela senhora novamente.

— Que amor? Ele há muito tempo deixou de me amar. Eu nunca conseguiria isso, por mais que tentasse.

— Me perdoe, mas está completamente enganada. Doutor Silas a ama sim, e eu tenho certeza disso.

Brenda se aproximou de Natália, muito interessada no assunto. Já tinha esquecido totalmente a discussão recente e não pensava mais em Soraia e Yuri. Estava concentrada no que Natália dizia.

— Como você pode ter tanta certeza disso?

— Quando um homem arruma uma amante, é porque ele está procurando algo que não tem em casa. Não me refiro necessariamente ao sexo, mas, talvez, apenas carinho e compreensão. Muitos homens procuram outra mulher apenas porque ela lhe dedica atenção, coisa que a esposa às vezes não faz. Se a esposa o atende em todos os aspectos, um homem nunca a trairá, porque o amor fala mais alto.

— Mas Silas deixou de me amar faz tempo — Brenda contou a Natália a forma como o casamento deles começara a se desintegrar. Disse ser a culpada por ter desprezado Silas no início, mas que agora faria qualquer coisa para tê-lo de volta, embora soubesse ser tarde demais.

— Nunca é tarde demais para a mudança. Poderá começar amanhã mesmo. Sei uma forma de fazer o doutor Silas entender que a ama e voltar para casa.

Brenda estava tão desesperada que Natália quase teve pena.

— Eu faço qualquer coisa, Natália. Posso pagar o que for necessário. Se me ajudar, prometo te dar qualquer coisa que você quiser.

Natália sorriu e segurou as mãos de Brenda.

— Por favor, não faça de mim uma imagem de uma pessoa interessada apenas no dinheiro. Não quero receber nada em troca e... — um pensamento passou pela mente de Natália — aliás, acho que pode me pagar de um jeito, sim.

— Claro, Natália, claro. Quanto você quer?

— Não é quanto, e sim o quê — Natália olhou dentro dos olhos de Brenda. — Comece a extravasar seu amor. E pode começar mostrando a Mel que a ama.

— Ora, mas eu amo minha filha.

— Não duvido disso, mas acredito que a senhora nunca tenha demonstrado isso devidamente.

— Por que está dizendo isso?

— Nunca estranhou a forma como Mel se veste?

— Isso já foi muito discutido logo que ela passou a se vestir dessa maneira, mas ela nunca quis mudar. Mel parece gostar de ficar apagada.

— É justamente isso. Faça brilhar a luz que ela possui.

— Sinceramente, não estou entendendo aonde você quer chegar.

— Já beijou sua filha hoje? Já esteve em seu quarto dizendo que a amava? Sentou-se com ela para conversarem sobre qualquer assunto, ainda que por alguns poucos minutos?

— Não, hoje eu não fiz isso porque estou nervosa com o que o Silas fez...

— E ontem? Fez essas coisas ontem?

Brenda não respondeu, pois estava estupefata. Não conseguia se lembrar da última vez em que beijara a filha. Aliás, alguma vez ela teria dito que amava Mel?

— Não consegue responder, não é mesmo? Não consegue se lembrar de quando esteve junto com Mel pela última vez.

Era verdade e Brenda abaixou a cabeça, sentida. De repente, devido às grandes emoções sofridas, deixou-se cair num pranto silencioso. Ela soluçava e tremia, e Natália não interferiu. Deixou que ela extravasasse tudo o que ia em sua alma naquele momento. Quando Brenda finalmente se acalmou, Natália disse:

— Se quiser me pagar, tudo o que eu peço é que faça as pazes com sua própria filha. Ame-a como ama Yuri e Tiago.

Brenda concordou com a cabeça. Limpou o rosto molhado enquanto pensava na forma como sempre tratara a filha caçula. Brenda detestava admitir, mas culpara Mel pelo fracasso do seu casamento. Dera toda a atenção para os dois filhos mais velhos e deixara a menina de lado. E provavelmente Mel crescera guardando mágoa e rancor no coração.

Tudo parecia se encaixar com perfeição agora. Era por isso que a filha a chamava pelo nome e nunca dizia "mãe", só demonstrando amar o pai, que sempre a tratara igual tratava os outros filhos. Nunca houvera carinho por parte de Brenda e, quando o fazia, mantinha certo distanciamento. Como pudera ser tão idiota? Por que quisera jogar a culpa toda em Melissa quando a verdadeira culpada pelo casamento ter sido destruído ela era mesma?

— Oh, Deus, agora entendo o que você quer dizer. Só agora consigo entender como Mel deve ter sofrido em silêncio. Mel sempre era vista se esgueirando pela casa, como um vulto. Não gostava de participar das reuniões em família e, quando o fazia, evitava me encarar. No aniversário dela, dávamos presentes e ela agradecia, mas sempre me olhava como se estivesse esperando mais alguma coisa. E agora entendo que tudo o que ela mais desejava era amor — Brenda chorava novamente. — Eu mereço morrer, Natália — ela esticou as mãos e segurou as de Natália com força. — Além de ter perdido o marido, descubro agora que perdi uma filha também. Aliás, acho que a perdi há muitos anos.

Natália apertou as mãos trêmulas de Brenda como a lhe inspirar confiança. Então sorriu.

— A senhora não a perdeu. A qualquer momento pode recuperar o carinho de sua filha. Tenho certeza de que Mel irá perdoá-la.

— Não acredito nisso. Ela tem todo o direito de estar zangada. Imagino como ela deve me odiar.

— Ela não a odeia, isso eu garanto. Claro que ela está muito ressentida, afinal Mel tem quase vinte anos. Mas o amor sempre fala mais alto e ela vai perdoá-la. Lembre-se do que eu disse: o amor nunca vai embora e o de Mel pela senhora não se foi. Pode confiar.

Brenda encarou o sorriso de Natália e foi só naquele momento, naquele único instante, que ela decidiu com quem Yuri realmente deveria se casar.

— Estou tão arrependida por tantas coisas. Acho que a primeira pessoa a quem eu devo pedir perdão é a você, Natália. Pode me perdoar?

— Perdoar por quê?

— Eu sempre vi você como uma inimiga porque achava que fosse amante de Silas. E percebo que caía na conversa de Soraia. Até dinheiro eu ofereci pra você ir embora. Deus, eu até a demiti — Brenda parecia chocada, mas Natália mantinha o sorriso. — Gritei com você durante uma reunião simplesmente porque você adoçou meu chá. E agora há pouco a chamei de interesseira e pedi que deixasse o caminho livre para Soraia.

— É isso realmente o que deseja? Acredita mesmo que Soraia é a esposa ideal para Yuri?

— Eu acreditava sinceramente nisso até quinze minutos atrás — as duas riram e Brenda continuou. — Mas agora vejo que vocês duas são completamente diferentes. Gosto de Soraia, mas a acho exigente demais. Conhecendo você melhor, Natália, percebo sua confiança, sinceridade, sabedoria e bondade. Seu sorriso é encantador. Se eu fosse homem, ia te disputar com o Yuri.

Natália soltou uma gargalhada gostosa. Não sentia que estava diante da patroa, e sim diante de uma amiga. E sem que pudesse se controlar, deu um abraço apertado em Brenda, que retribuiu muito emocionada.

— Agora tudo o que eu peço é que vá até o quarto de Mel. Diga que a ama e peça perdão. Não seja orgulhosa. Não garanto que vá dar certo logo de primeira, mas vai derreter o gelo que envolve o coraçãozinho dela.

— Como você sabe de tudo isso, Natália? Mel te contou alguma coisa?

Natália achou que seria melhor não comentar sobre o que Mel lhe dissera a respeito de sua vida. Mel confiara nela, portanto, somente a própria Mel poderia autorizá-la a falar.

— Apenas senti que Mel está em busca da felicidade. E a senhora é peça-chave e fundamental para essa conquista.

— É isso mesmo o que eu vou fazer, Natália. Muito obrigada pelos seus conselhos tão lindos e sábios. Vou dizer para Soraia procurar outra pessoa, porque Yuri já é seu. E agora você tem meu total apoio.

— Obrigada pela confiança em mim. Prometo do fundo do meu coração que farei Yuri muito feliz.

— E eu acredito nisso — Brenda estava se afastando quando se lembrou de algo e se voltou. — Mas você ainda não disse como vai me ajudar com Silas.

— Acredito que será melhor irmos por partes. Mas fique tranquila. Doutor Silas vai voltar pra casa.

Confiante nas palavras de Natália, Brenda se dirigiu ao quarto de Mel. Parou em frente à porta e bateu. Como não obteve resposta, bateu com mais força e então ouviu a voz da filha lá dentro.

— Pode entrar.

Com o coração aos pulos, como uma mãe que vê a filha pela primeira vez, ela abriu a porta do quarto devagar. Sabia que ia conversar com uma estranha. Rezava para que Mel a perdoasse, mas, se não conseguisse, pelo menos desejava que ela voltasse a chamá-la de mãe, como fazia quando criança. Natália tinha lhe dito que o amor nunca ia embora, e Brenda esperava que fosse mesmo verdade. Estava prestes a descobrir.

Enquanto entrava no quarto, pensava na melhor forma de dizer tudo o que queria. As palavras pareciam estar fugindo agora.

Mel estava deitada na cama de fones de ouvido, ouvindo música, mas quando viu a mãe entrar em seu quarto, coisa que raramente acontecia, ela desligou o aparelho sonoro e tirou os fones. Sentou-se na cama e encarou a mãe com olhar feroz.

— O que deseja aqui, Brenda?
— Vim conversar com você, Melissa. Vim dizer que a amo.

Capítulo 27

Naquele mesmo momento, Bete estava voltando de uma cliente. A noite estava fria, mas ela não sentia o frio. Estava animada pensando em Murilo. Embora os dias não estivessem muito quentes, Murilo convidara ela e Violeta, assim como Natália e Yuri, se eles desejassem, para passarem mais um fim de semana na praia.

Antes que Bete pudesse responder, Violeta se pendurou no pescoço de Murilo, como um enorme pingente, e disse que estava louca de vontade de voltar à praia. Bete sorriu e concordou. Pelo menos seria uma distração para sua cabeça, que ainda não tinha se esquecido da presença de Luís.

Virou uma esquina que a levaria direto para a rua de casa e sentiu alguém lhe agarrar o braço e puxar. Bete se virou, abafando um grito, mas o vulto a empurrou pra trás. Ela quase se desequilibrou e precisou se apoiar no muro de uma casa. Um cachorro surgiu detrás de um portão e começou a latir sem parar.

Quando Bete conseguiu reagir, deparou-se com Luís. Ele parecia ainda mais sujo e fedido do que da última vez em que o vira. E, apesar de estar escuro, Bete pôde ver que ele estava alcoolizado.

— O que você pensa que está fazendo, Luís? Por que me empurrou dessa maneira? — perguntou Bete, branca como papel. Não queria se deixar intimidar por ele.

— Porque você não quer me deixar ver minhas filhas — ele respondeu com a voz pastosa e rouca.

— Já disse que você não tem nenhuma filha comigo.

— E aquelas duas meninas que vivem com você são o quê? Duas prostitutazinhas? Você coloca suas filhas pra trabalhar nas esquinas, Betinha?

Bete ficou ainda mais pálida e tentou desferir um tapa contra o rosto de Luís. Ele recuou com agilidade, apesar da embriaguez, e Bete quase perdeu o equilíbrio de novo. Então, ele a agarrou pelos cabelos e encostou uma pequena navalha em sua garganta. O cachorro continuava a latir incontrolavelmente.

— Se você gritar ou tentar qualquer coisa eu te mato — bafejou Luís em seu ouvido. — Esta rua é bastante deserta e ninguém vai ver o que eu faço com você. — Ele encostou ainda mais a lâmina fria no pescoço de Bete.

— Pelo amor de Deus, Luís, abaixa isso. Você não sabe o que está fazendo — gemeu Bete, com voz sumida. Tremia e chorava, acreditando que Luís realmente iria matá-la.

— Vou dizer o que eu quero. Se tentar qualquer idiotice, eu furo seu pescoço como furaria a barriga daquele cachorro imbecil — resmungou Luís, apontando o cão que continuava a latir. — Eu quero que você me leve para ver minhas filhas. Agora!

— Calma! Guarde essa navalha, por Deus. Eu faço o que você quiser, mas não me machuque.

— Você vai me levar até sua casa. E quero ir agora.

Nesse momento, o dono do cachorro saiu no quintal para ver por que o animal estava latindo tão irritado. Luís foi obrigado a tirar a lâmina do pescoço de Bete, contrariado, mas empurrou-a de novo.

— Você vai andando na minha frente. Se tentar alguma bobagem, enfio essa navalha nas suas costas. Não tenho nada a perder mesmo.

Bete não respondeu e se pôs a caminhar lentamente. Luís a empurrou para que andasse mais rápido. Quando pararam em frente ao portão de Bete, ela pediu:

— Vou lá dentro chamar Violeta. Natália não está. Ela foi dormir na casa do namorado. Aguarde aqui, por favor.

— Acha que sou mané? Você vai entrar pra chamar a polícia que eu sei. Vou entrar com você.

— Pelo amor de Deus, não faça nenhuma besteira. Sabe que Violeta é cega. Não deixe a menina nervosa. Ela não o conhece.

— Mas vai conhecer. Vamos, abra esse portão.

Bete fez sentida prece, clamando por ajuda espiritual. Pediu que os bons espíritos protegessem ela e Violeta e que nada de mal acontecesse à filha. Quando abriu a porta da casa, viu Violeta sentada no sofá, ouvindo um desenho que passava na televisão. Violeta virou a cabeça pra trás e sorriu:

— Mãe? Você voltou rápido e... — antes de terminar de falar, Violeta sentiu que a mãe não estava sozinha. — Mãe, quem está com você?

— Seu pai, minha bonequinha — respondeu Luís, com voz pastosa.

Violeta gritou assustada e se levantou do sofá. Na tentativa de fugir, tropeçou na beirada do tapete e caiu. Então, gritou.

— Mãe, você está aí? Quem é esse homem?

— Eu estou aqui, filhinha — Bete correu e ajudou Violeta a se levantar. A menina estava tremendo como se estivesse com febre. — Vou levar você para seu quarto porque esse homem e eu...

— Não vai levar ninguém para o quarto — ordenou Luís, aproximando-se de Violeta. Tocou o queixo da menina com seus dedos ásperos e Violeta se agarrou à mãe. — Ela é bem parecida comigo, Betinha. Você e Natália são loirinhas, mas essa menina parece comigo.

— Por favor, Luís, você a está assustando.

— Eu quero ver esses olhinhos — Luís forçou a cabeça de Violeta para cima para ver os olhos da menina. Ele segurava a navalha com a outra mão. Bete só esperava o momento em que ele pudesse se distrair para tentar acertá-lo com alguma coisa. — Vamos, menina, abra esses olhos.

Violeta estava com os olhos fechados e se agarrou ainda mais forte à mãe. Luís deslizou as mãos nodosas pelo rosto da menina e, quando se aproximou da boca, Violeta lhe acertou uma dentada.

Ele gritou e Bete rapidamente tentou lhe segurar o pulso para tomar a navalha. Mas Luís, embora estivesse bêbado, era bastante forte e ágil. Recuperou a navalha e desfechou a lâmina no ar, na direção do rosto de Bete. Passou a centímetros do alvo. Bete tentou segurar o braço dele de novo e ambos caíram no chão. Violeta se levantou e correu para a cozinha, procurando uma faca para se defender do estranho. Acabou achando um garfo e, quando tentou localizar a voz de Luís, ouviu o grito de Bete.

— Mãe? Mãe? — chamou Violeta, desesperada.

Bete não respondeu, mas Violeta ouviu a voz de Luís.

— Agora é você quem vai ter um castigo merecido, sua vadiazinha cega.

Violeta, guiando-se pelo som dos movimentos de Luís, contornou o sofá e tropeçou em Bete, que estava caída no chão. Quando tocou no braço da mãe, sentiu um líquido quente e pegajoso escorrendo: sangue.

— Você matou minha mãe — gritou Violeta. — Eu vou matar você agora, seu assassino — gritou novamente a menina, empunhando o garfo.

— Eu estou bem, meu amor, fique calma — pediu Bete, tentando se levantar. Na disputa pela navalha, Luís lhe esfaqueara o braço.

Ela olhou para o homem com fúria. Ele estava encostado na parede, e Bete se levantou e ordenou que Violeta fosse imediatamente para o quarto, pois não queria que a filha se machucasse. Violeta, relutante, obedeceu, levando o garfo consigo por medida de segurança.

Quando a filha se afastou, Bete, tentando estancar o sangue com as mãos, lançou um olhar furioso sobre Luís.

— Você é maluco mesmo! O que quer, afinal? Matar a mim e a Violeta? Saia daqui imediatamente ou chamarei a polícia.

— Você não vai chamar a polícia coisa nenhuma. Posso acabar com você daqui de onde estou — e dizendo isso, ele levantou a blusa, revelando o cano de um revólver preso no elástico da calça. — Você é quem sabe.

Chorando, Bete perguntou o que ele queria afinal.

— Se você quiser preservar sua vida e a de suas filhas, vai ter que dar um jeito de eu me mudar pra cá. É isso mesmo. A partir de hoje eu moro aqui de novo.

— Você é louco. De onde tirou essa ideia?

— Se você se recusar a concordar, eu mato você e sua filha — ele indicou a arma na cintura de novo. — E sei aonde a outra pega o ônibus pra ir trabalhar também. Posso disparar um tiro na cabeça dela sem que ninguém fique sabendo de onde a bala partiu.

Bete gritou e, desesperada, caiu de joelhos no chão.

— Pelo amor de Deus, Luís, eu faço tudo que você quiser, mas não faça mal às minhas filhas... nossas filhas.

Ela não duvidava de que Luís fosse realmente cumprir a ameaça. E se pudesse enxergar o mundo astral, veria uma mulher que se mantinha agarrada às costas de Luís. A mulher ria ensandecida:

— Você vai pagar por ter tirado meu homem. Murilo poderia estar comigo, mas eu morri e ele ficou. Você não vai ficar com ele também.

Bete, então, fechou os olhos e fez uma nova oração rapidamente.

Uma forte luz se fez no plano espiritual e ofuscou as vistas da mulher que se agarrava a Luís. Então, ela se afastou dele e, quando a intensidade da luz diminuiu, ela pôde enxergar Valdir e Inês, espíritos que não conhecia.

— Mas que luz forte é essa? Querem me cegar?

— Você já está cega pelo ódio, minha querida — disse Valdir. — Está incentivando esse pobre espírito — indicou Luís — a usar de violência contra pessoas inocentes. Ele nunca foi um homem violento e gostava de Bete do seu jeito quando estavam juntos. Não é justo tentar induzi-lo ao crime.

— Ora, não me encha o saco! Vocês, espíritos bobões da luz, sempre vêm perturbar quem está quietinho.

— Shirley, por favor, não culpe Bete por não estar com Murilo. Sabe que você é a única culpada pelo fim do seu casamento com ele quando estava encarnada.

— Mas eu estava enganada — retrucou Shirley. Era uma mulher bonita, mas o rosto estava sujo e os cabelos revoltos. — Laércio não era o que eu pensava. E quando decidi voltar para Murilo, ele me recusou. Nunca mais me aceitou, nem mesmo quando me internaram naquele maldito sanatório.

— E você acredita que Bete é a culpada, sendo que naquela época ela nem conhecia Murilo — comentou Valdir.

Shirley pareceu refletir por um instante, mas sacudiu a cabeça negativamente.

— Mas conhece agora. E por causa dela, Murilo não pensa mais em mim. Acho que ele nunca foi visitar meu túmulo — Shirley olhou ferozmente para Inês e Valdir. — Eu só queria saber por que me sinto tão mal nessa porcaria de casa.

— Normalmente você não teria acesso à casa, porque Bete mantém a prática do Evangelho no lar, que higieniza o ambiente e afasta irmãos sofredores, como você. No entanto, com as ameaças de Luís, Bete teve sua energia muito rebaixada e você pôde entrar. Vamos orar para que Bete se mantenha fiel a seus pensamentos em Deus e essa energia positiva se restabeleça. Somente assim você será afastada e Luís ficará mais calmo novamente.

— Vocês só querem me atrapalhar, mas eu acabo com vocês — furiosa, Shirley tentou se jogar sobre Valdir, que apenas a olhou amorosamente. Sem saber o porquê, Shirley foi arremessada contra uma parede. Levantou-se e tentou investir novamente, mas outra vez foi jogada para longe. Por fim, sentou-se no chão e pôs-se a falar diversos palavrões.

— O que aconteceu com ela, Valdir? — perguntou Inês, amedrontada.

— A frequência vibratória dela é tão baixa que simplesmente não suportou entrar em contato com a luz. Shirley vibra no ódio e na raiva, por isso sente que a luz a prejudica.

— Mas não é justo permitir que ela continue aqui influenciando Luís a agir com violência, maltratando Bete e Violeta.

— Não devemos responsabilizar um espírito pelos atos que cometemos. Cada um é o único responsável por suas ações. Um espírito só pode nos influenciar se tivermos afinidade de pensamentos com ele. Lembre-se do livre-arbítrio. Luís também está agindo mal, em grande parte influenciado pelo excesso de bebida — Valdir se aproximou de Shirley enquanto falava. Ela o olhou furiosamente, mas se encolheu. — Shirley, por que não esquece essa vida de ódio e nos acompanha no caminho do bem?

— Vocês sempre vêm com esse papinho de acompanhá-los. Eu quero ficar aqui, atrapalhando a vida da família de Bete.

— Como você conheceu o Luís? — perguntou Inês. — Por que passou a incentivá-lo a atacar Bete?

— Eu estava seguindo Murilo havia um tempo e pude notar que ele estava apaixonado por outra mulher. Fui casada com ele por muito tempo e ele não deveria ter me esquecido naquele sanatório. Morri e acordei em um lugar feio e escuro. Pensei muito na minha casa e, sem saber como, me vi de volta ao meu antigo lar. Fiquei feliz por estar longe daquele lugar horrível. Outros espíritos já tinham me falado que eu estava morta e, se querem saber, nem liguei muito. Logo encontrei Murilo e passei a segui-lo. Estava com ele no dia em que Luís apareceu no portão da casa de Bete.

— E?

— Incentivei Murilo a brigar com ele, mas depois percebi que eles estavam brigando por causa dela — Shirley apontou para Bete. — Naquele dia, descobri que era por ela que Murilo estava apaixonado. Ele tinha se esquecido da ex-esposa que morreu sozinha como indigente. Quando percebi que Luís tinha os mesmos interesses que eu, ou seja, separar o casal, decidi me aliar a ele e passamos a nos alimentar com pensamentos similares. Ele queria Bete e as filhas de volta, e eu queria Murilo. Claro que Luís não sabia da minha presença, mas tenho certeza de que sente que estou ao seu lado.

— Você se sentiria mais feliz sabendo que conseguiu sua vingança?

— Com certeza. Eu ficaria satisfeita. E se Murilo tentar arrumar outra mulher, vou fazer tudo de novo. E vou ficar repetindo até que ele se arrependa por ter se esquecido de mim.

— Acha mesmo que ele a esqueceu, Shirley? — Valdir usava um tom de voz tão meigo que conseguia acalmar a ira de Shirley aos poucos.

— Claro. Murilo já tinha me esquecido naquele sanatório. Agora que eu morri é que ele não vai se lembrar mesmo de mim — Shirley falava com raiva, mas era evidente a tristeza em seus olhos.

— Shirley, minha querida, quero que olhe nos meus olhos, por favor — pediu Valdir, abaixando-se para ficar na mesma altura dos olhos de Shirley.

— Não vou olhar.

— Por favor. Apenas olhe para mim e escute o que pretendo lhe dizer.

— Por que vocês dois não vão embora? Só estão me amolando.

— Prometemos partir se você acatar o meu pedido. Olhe em meus olhos, Shirley, e responda a uma pergunta.

Contrariada, Shirley resolveu obedecer. Só o fazia na tentativa de se livrar da presença incômoda de Valdir e Inês. Fixou o olhar nos olhos de Valdir e sentiu o amor e a bondade irradiando dali.

— Você se sente feliz desse jeito que está vivendo, Shirley?

— E o que isso importa? Ninguém gosta de mim mesmo — e, dizendo isso, começou a chorar. — Ninguém nem sabe que eu existo.

— Deus conhece cada um dos Seus filhos e você é muito especial para Ele, sabia? Você é um espírito que pode ser de grande utilidade para a humanidade em encarnações futuras. Não se minimize, Shirley! Pelo contrário, mostre a todos que você é uma pessoa vencedora e que sabe perdoar.

— Eu não posso perdoar Murilo. Tenho que vigiá-lo.

— Para quê? Para aumentar seu próprio sofrimento? Shirley, você não pertence mais ao mundo dos encarnados. Você agora vive em espírito e deve se dedicar à sua nova forma de vida. Venha conosco para aprender mais sobre esse mundo que a espera — Valdir estendeu a mão e Inês ficou surpresa quando Shirley a segurou.

— Eu quero ser feliz, só isso — Shirley chorava enquanto apertava com força a mão de Valdir. — No lugar de onde o senhor vem existe felicidade?

— A felicidade não mora em nenhum outro lugar a não ser no coração das pessoas. Esqueça essa vingança que só machuca sua alma. Perdoe, minha irmã, e verá que se sentirá muito melhor.

Shirley assentiu com a cabeça. Estava cansada de viver daquela forma, mas pensava que tinha de seguir em frente com o propósito de se vingar de Murilo e Bete. Porém, as palavras de Valdir tinham despertado algo em seu íntimo e, pela primeira vez desde que desencarnara, Shirley sorriu.

Valdir e Inês compreenderam que ela tinha perdoado.

Pouco depois, os três espíritos deram-se as mãos e desapareceram, deixando no ambiente fluidos positivos e restauradores.

Assim que Valdir e Inês se foram, levando com eles o espírito de Shirley, Luís instantaneamente se sentiu mais calmo. Ainda estava com muita raiva, mas já não queria machucar Bete e Violeta. Bete continuava ajoelhada e ele a ajudou a se levantar.

— Vou dizer uma coisa pra você, Betinha — disse ele, exalando o odor da bebida. — Vou morar com você de agora em diante, mas se você se recusar eu apago as meninas e você depois. E quero que você ligue agora mesmo para aquele advogadozinho porcaria e diga que quer vê-lo longe de você.

— Luís, eu não posso...

— Vai fazer isso agora, senão... — ele deixou a ameaça no ar.

Bete concordou com a cabeça, intimamente torcendo para que Murilo pudesse captar nas entrelinhas que algo estava errado e viesse ajudá-la. Mas quando ligou para o celular dele, ouviu o recado de caixa postal. Ele também não estava no escritório. Murilo dissera que estava sem telefone em casa devido a uma reforma na portaria do seu edifício, que deixou quase todos os moradores sem linha telefônica.

Desesperada, Bete tentou no celular de novo, mas ouviu a mesma mensagem. Então, tentou no celular de Natália, que atendeu no segundo toque. Ela estava com voz sonolenta e Bete pôde ouvir a voz de Yuri ao fundo.

— Quer falar comigo, mãe?
Bete olhou de soslaio para Luís e respondeu:
— Murilo, eu preciso terminar tudo com você. Nosso relacionamento não pode mais continuar — disse Bete, rezando para que Natália captasse o sentido da mensagem e pudesse ajudá-la.
— Do que você está falando, mãe? — perguntou Natália, confusa.
— Eu não estou brincando, Murilo. Luís está aqui em casa e, depois de uma longa conversa com ele, eu entendi que é com ele que desejo ficar — Bete fez uma rápida pausa e olhou para Luís, que a olhava satisfeito. — Não faça perguntas, Murilo, por favor. Ele é o pai das minhas filhas e deve ficar com elas.
— Mãe, do que você está falando? — perguntou Natália alarmada. Sentou-se na cama de Yuri e apertou o fone. — Mãe, meu pai está aí?
— Sim, Murilo, ele está aqui. Eu estava voltando da casa da dona Socorro quando o encontrei na rua. Trouxe-o aqui pra casa e conversamos bastante. Luís estava sem lugar pra ficar e eu o chamei pra voltar a morar aqui em casa.
— Que dona Socorro é esta? — quis saber Natália. Pelo que ela sabia, Bete não tinha nenhuma cliente com esse nome. — E que papo é esse do meu pai estar aí? Mãe, você está bem?
— A dona Socorro é aquela que eu apresentei pra você na última vez em que esteve aqui, lembra-se, Murilo? Sim, é a Socorro. Socorro mesmo. Espero que você compreenda e não me procure mais — e desligou. Quando olhou para Luís, viu que ele aprovou a forma como ela se livrara de Murilo.

Natália, então, compreendeu a mensagem. A mãe estava pedindo socorro. Luís deveria estar na casa ameaçando ela e Violeta. Só poderia ser isso. Precisava ir até lá imediatamente.

Deu um pulo da cama e começou a vestir as roupas imediatamente. Yuri, assustado, levantou-se correndo e se vestiu também, perguntando o que tinha acontecido.

— Eu não sei direito, mas parece que minha mãe está em perigo — respondeu Natália.

Pouco depois, ambos seguiam em disparada para a casa dela.

Capítulo 23

Durante o percurso para casa, Natália foi explicando a Yuri que Bete telefonara para ela pedindo socorro discretamente, como se o fizesse nas entrelinhas do que dissera. Provavelmente deveria estar sob a ameaça ou chantagem de Luís. Yuri, enquanto dirigia em alta velocidade, entregou o celular para Natália e pediu que ela discasse para a polícia.

A atendente da polícia disse que enviaria o mais rápido possível duas viaturas ao local, assim que Natália informou o endereço de sua casa e explicou o que estava acontecendo. Talvez tudo não passasse de um engano e não fosse nada daquilo, mas seu coração dizia que Bete e a irmã estavam realmente em apuros.

— Telefone pro meu tio e diga pra ele correr pra lá — lembrou Yuri, sem desviar a atenção do trânsito. Passara por alguns semáforos vermelhos e sabia que deveria ter levado alguma multa por excesso de velocidade.

Natália tentou, mas não conseguiu falar com Murilo. O celular dele estava desligado. Desesperada, fechou os olhos e fez uma prece, pedindo proteção divina. Orava para que nada de mal tivesse acontecido em sua casa. Pediu a Yuri que dirigisse mais depressa. Só esperava que tudo desse certo.

Bete olhava atentamente para as mãos de Luís. Ele ainda segurava a navalha em riste. Ela sabia que, ainda que conseguisse desarmá-lo, ele contaria com o revólver, o que era muito pior. Imaginava se Natália teria entendido seu recado ou se achara que tudo era bobagem ou brincadeira dela.

— Eu quero que você me beije — pediu Luís. — E quero que me beije agora!

Bete olhou estarrecida para ele, mas não se moveu. Ele repetiu a frase e ela continuou parada. Então, Luís esticou o braço para a frente e grunhiu:

— Se não me beijar, vou entrar no quarto da menina cega e causar terror.

Com a presença do espírito de Shirley, Luís estava violento. Não hesitaria em agredir ou machucar Bete ou Violeta. Mas agora que Shirley fora doutrinada e encaminhada para tratamento, ele estava mais calmo, mas continuava violento. No entanto, não sentia mais vontade de machucar as duas de fato. Ia apenas ameaçá-las e assustá-las um pouco.

— Luís, no que você se transformou? — perguntou Bete, chorando. — Nós vivemos por treze anos juntos sem nenhum tipo de problema. E estaríamos vivendo bem se não fosse sua obsessão por um filho homem. Não se satisfez quando viu nascer mais uma menina e nos abandonou de vez quando descobriu que Violeta era cega. Saiba que eu sofri muito para cuidar das meninas sozinha. Natália tinha somente doze anos. Era ela quem fazia alguns doces e salgados para vender, pois eu tinha que ficar em casa me recuperando do parto e também cuidando do bebê. Natália saía sozinha pra entregar os doces nas padarias e para os clientes. Claro que muitas pessoas reclamaram, pois, por mais que ela se esforçasse, os quitutes não ficavam tão saborosos quanto os meus. Com isso, perdi clientes e a situação ficou ainda pior. Sorte minha ser dona da casa, pois, se eu morasse de aluguel, com certeza teria ido para a rua com duas meninas. Enquanto isso, onde você estava? Com certeza na farra por aí, talvez bebendo, gastando dinheiro, não fazendo nada. Foi Deus quem me deu forças para permanecer firme na minha caminhada, embora eu confesse que tive vontade de jogar tudo para o alto muitas vezes.

Notando que Luís prestava atenção, ela se encorajou a continuar:

— Antes que você pergunte, eu nunca contei com o apoio de Murilo. Aliás, faz menos de um ano que eu o conheço. Ele nunca me ajudou financeiramente com nada e eu também não aceitaria. E nunca tive outro homem depois de você, além dele. Não é justo você aparecer do nada, brigando comigo, exigindo direitos, fazendo ameaças e me machucando. Não quero saber onde você esteve esses anos todos, Luís. Eu quero apenas que deixe a mim e às minhas filhas em paz. É tudo o que eu lhe peço, por caridade. Vá embora, vai ser melhor para todos nós.

— Pois saiba que eu morei com outra mulher nesses anos todos e tive uma filha com ela. Para minha maldição, nasceu outra menina. Mas quando ameacei ir embora, Joana brigou comigo e disse que me mataria se eu a largasse. Ela não era uma boca aberta como você. Era uma mulher forte e mandona. Mandava em mim, até. — Luís fungou e finalizou: — Até o dia em que eu bebi além da conta e bati nela e em Gabriela, minha filha. Ela é um ano mais nova do que essa sua filha, mas enxerga.

Aquilo foi um golpe para Bete, mas ela não respondeu.

— Nesse dia em que eu bati nas duas — continuou Luís —, Joana me botou pra correr. Na verdade, era ela quem me sustentava com o dinheiro que recebia das roupas que costurava, lavava e passava pra fora. Eu não estava trabalhando e ela me jogou na rua. Fiquei vagando, perdido, e até dormi na sarjeta. Foi quando eu me lembrei de você. Achei que você fosse me dar abrigo, mas não podia imaginar que você tivesse arrumado um homem tão cheio de pose quanto aquele. E ele me mandou correr outra vez. Quando voltei na casa em que morava com Joana e Gabriela, descobri que ela tinha se mudado, levando suas roupas e seus poucos móveis. E até agora não sei onde elas estão morando.

Por um instante apenas, Bete sentiu pena dele. E quando se preparava para responder, ouviu o som de sirenes se aproximando. Instantaneamente, Luís ficou alerta e sacou a arma da cintura quando ouviu vozes masculinas gritarem "polícia".

Ele rapidamente apontou a arma para a cabeça de Bete, que empalideceu ainda mais. Gritou que estava com uma refém e que a mataria se os policiais entrassem.

Nesse momento, Yuri estacionava o carro com um cantar de pneus em frente à casa. Ele e Natália saltaram rapidamente do veículo. Natália berrou horrorizada quando viu a casa rodeada de viaturas policiais. Então, não estava errada. Luís realmente deveria estar lá dentro, ameaçando a vida de Bete e Violeta.

Logo, ela abordou um policial e se apresentou como filha de Bete e moradora da casa. O policial a informou de que o homem lá dentro mantinha mãe e filha como reféns, e que eles estavam tentando uma negociação. Disse, por fim, que Natália não poderia entrar, e ela se agarrou a Yuri, chorando muito.

Yuri ligou para Silas e lhe contou o que estava acontecendo, e ele disse que seguiria imediatamente para lá. Perguntou se haviam avisado Murilo, e Yuri o informou de que o celular do tio estava desligado, mas que continuaria tentando.

Sem tirar os olhos da casa, Natália não parava de chorar. Estava apavorada com a possibilidade de que o pai acabasse matando a mãe e a irmã. Quando disse isso a Yuri, ele a tranquilizou, abraçando-a apertado. Beijou sua cabeça enquanto a moça tremia, em pânico.

Durante mais uma tentativa de Yuri de falar com o tio, Murilo finalmente atendeu. Disse logo que a bateria do celular tinha descarregado e ele o esquecera carregando no carro. Como estava sem telefone em casa, devido à reforma no prédio, ficara incomunicável. Só agora voltara ao carro para apanhar o aparelho de telefone.

— Parece que você está nervoso. Já sei, você brigou com sua namorada outra vez e quer conselhos do seu tio — brincou Murilo, sorrindo.

— Não é nada disso, tio. Aconteceu algo muito grave.

— Ah, eu já estou sabendo. Silas me telefonou. Ele disse que saiu de casa hoje. Estou muito triste com isso, Yuri. Sinto muito mesmo, mas eu...

— Tio, me deixe falar, por favor — algo no tom de voz de Yuri fez Murilo se calar. — O pai de Natália está ameaçando a dona Bete e a Violeta com uma arma, segundo a polícia. Ele as fez de reféns dentro da casa delas.

Murilo empalideceu e sentiu o coração falhar uma batida. Não fez perguntas. Encerrou a ligação sem pedir mais informações, desceu pelas escadas os quatro andares do edifício e, quando ligou o carro, pisou no acelerador com toda a força.

A primeira coisa que viu quando se aproximou da casa de Bete foram os giroflex das viaturas. Conseguiu contar seis carros de polícia e dois carros de reportagem de televisão. Era incrível como a imprensa conseguia sentir o cheiro de notícias desagradáveis. A rua estava repleta de curiosos, que permaneciam atrás do cordão de isolamento da polícia.

Murilo procurou na multidão e localizou Yuri e Natália, que recebia assistência de paramédicos que tinham sido chamados ao local. Murilo tocou os ombros rígidos de Yuri e pediu notícias. O rapaz lhe disse que tudo continuava na mesma. E já eram quase onze horas da noite.

Foi nesse momento que ouviram um disparo vindo de dentro da casa. Natália soltou um urro, como se tivesse sido ferida. Os policiais arrombaram a porta com um violento chute e entraram com as armas em punho. Rapidamente, viram três corpos estendidos no chão. Havia sangue espalhado pelo tapete. A arma estava caída ao lado da mão de Luís.

Um policial se aproximou, mantendo a arma apontada. Então Bete, que estava caída no chão sobre o corpo de Violeta, levantou a cabeça lentamente. Os policiais rapidamente a ajudaram a se levantar. Violeta chorava e não desgrudava da mãe. Bete logo mostrou que não estava machucada e que Violeta também estava bem, e explicou o que ocorrera. Luís mantinha a arma apontada pra ela quando ordenou que chamasse Violeta. Ela se negou, mas Luís a obrigou a levar a menina para a sala. Sempre sob a mira da arma, ela chamou a filha, que abriu a porta do quarto chorando e se agarrou à mão da mãe. As duas permaneceram juntas. Violeta não enxergava, mas "via" o medo da mãe e se sentia ainda mais amedrontada.

Luís dissera estar muito insatisfeito com a vida e que suas duas famílias o haviam abandonado, tanto Bete quanto Joana. Disse que não via mais razão para viver e que acabaria com tudo. Bete contou que nesse momento teve certeza de que ele as mataria. Então, ele mandou que elas deitassem no chão. Bete obedeceu e deitou Violeta sobre o tapete. Em seguida deitou-se sobre a filha, encobrindo seu corpinho frágil.

Foi quando ouviu o disparo. Em seguida, ouviu o barulho de um corpo indo ao chão e a porta sendo arrombada. Bete tremia muito enquanto falava e os policias a encaminharam aos paramédicos que aguardavam na rua.

Natália, assim que viu a mãe e a irmã saindo com vida de dentro de casa, gritou de alegria e agradeceu a Deus por tê-las protegido. Murilo, que estava a ponto de enfartar, soltou um suspiro aliviado e também, a seu modo, agradeceu a Deus por Bete e Violeta terem saído sãs e salvas. Em meio à confusão, ninguém percebeu a chegada de Silas, que viera em companhia de Alice.

Amparadas pelos médicos, Bete, Violeta e Natália estavam logo reunidas em um abraço emocionado, em meio às lágrimas. Murilo e Yuri se juntaram ao abraço. Silas procurou informações com um policial, que lhe avisou de que Luís havia disparado um tiro contra a própria têmpora, vindo a falecer instantaneamente.

As pessoas na rua se puseram a falar todas ao mesmo tempo. Zuleica, a vizinha de Bete e Ricardo, que ajudara Soraia no plano sórdido, comentou mais para si mesma do que para os outros que a vizinhança estava ficando muito violenta e que todas as confusões envolviam a família de Bete.

Enquanto todos tentavam se recuperar do grande susto, Luís observava com olhos esbugalhados o próprio corpo caído no chão. Não entendeu o que tinha acontecido. Tinha certeza de ter atirado contra si mesmo, mas pelo jeito não morrera. Via um corpo caído no chão que sabia ser o seu, mas se estava ali, sentado ao lado do cadáver, era porque não morrera. Passou as mãos pela cabeça e sentiu o sangue escorrendo pelo buraco feito pela bala. A dor logo se intensificou e Luís gritou. Viu que os policiais apontavam o corpo, mas ninguém parecia ouvir seus gritos.

A muito custo, Luís conseguiu se colocar de pé. Quisera acabar com todo o seu sofrimento, mas não conseguira. Talvez o tiro tivesse pegado de raspão. E quando os policiais viraram o corpo caído no chão, Luís divisou o próprio rosto ensanguentado ali, como se estivesse olhando para uma enorme fotografia sua. Gritou ainda mais alto tanto para ser ouvido pelos policiais quanto pela dor terrível que parecia se alastrar por toda a sua cabeça.

Então, virou-se novamente e viu os dois homens de preto parados ali. Não sabia de onde eles tinham vindo, mas pareciam bem assustadores. Tinha certeza de que eles o viam. Um deles sorriu friamente e segurou Luís pelo braço. Antes que ele pudesse protestar, uma energia densa e escura saiu do braço do homem e se espalhou por todo o seu perispírito, que adormeceu imediatamente.

— Esse irá nos servir — disse o outro homem. — É mais um mergulhado na ilusão de que a morte representa o fim de todos os problemas. Ele nos será muito útil durante o período em que ficará desorientado, até compreender que a vida continua.

O outro espírito sorriu, concordando. Logo os dois homens envolveram Luís e o levaram para longe dali.

Luís matara o corpo, mas não o espírito, que é eterno. Assim, ele adentrou o mundo astral com um baixo padrão vibratório e viu-se rodeado de espíritos desequilibrados. Só o tempo para ajudá-lo a se tornar mais lúcido e fazer com que finalmente aprenda os valores verdadeiros e espirituais.

Capítulo 29

Algumas horas antes de todos esses acontecimentos na casa de Bete, Brenda entrou no quarto de Mel. Viu quando a filha se sentou na cama, tirando os fones de ouvido. Encarou a mãe com olhar irritado e perguntou o que ela desejava. Brenda respondeu:

— Vim conversar com você, Melissa. Vim dizer que a amo.

Melissa pareceu não entender. Olhou fixamente para a mãe.

— Você ficou louca, Brenda, ou é apenas carência devido ao fato de o papai ter ido embora? Ele foi hoje, você não devia ficar assim tão depressa.

Cada palavra da filha a machucava por dentro, e Brenda podia ver o quanto Mel estava ressentida. Duvidou que fosse conseguir ultrapassar as muralhas que Mel erguera em torno de si mesma.

— Não tem nada a ver com seu pai — Brenda se aproximou da cama. — Posso me sentar com você aí na cama?

Mel estranhou, mas deu de ombros. A mãe nunca viera falar com ela, nunca viera ver se ela dormia bem ou se precisava de alguma coisa. Não tinha nem lembranças de Brenda lhe contando alguma história antes que ela dormisse, quando pequena.

Brenda se sentou e olhou para a filha. Sorriu e não foi correspondida. Percorreu o olhar rapidamente pelas paredes do quarto. Não havia nada pendurado, nem mesmo um quadro. O quarto de

Melissa tinha uma aparência conservadora e sóbria, como algum velho escritório ou uma biblioteca para estudos.

— Você está bem, Mel? — perguntou Brenda, sentindo-se tola com a pergunta. Aliás, estava se sentindo tola por ter entrado no quarto da filha daquela forma. Sentia-se tola por tentar entrar na vida da filha quando ela já estava com quase vinte anos de idade.

— O que você quer afinal, Brenda? — quis saber Mel, em vez de responder à pergunta da mãe. — Que conversa é essa de que me ama? Por que está interessada em saber se estou bem?

— Porque você é minha filha e eu me interesso...

— Um minutinho — cortou Mel com a mão aberta. — Eu sou sua filha? Você diz isso só por eu ter nascido de você, não é mesmo?

— Mel, por favor, você nem está me deixando falar por que vim até aqui — Brenda olhava entristecida nos olhos claros de Mel, que pareciam endurecidos e gelados.

— Não estou interessada em seus motivos — Mel se levantou da cama e apontou para a porta do quarto. — Saia, Brenda. Sei que você quer apenas uma ouvinte pra lamentar seu sofrimento. Procure Soraia para isso. Não sou padre pra ouvir confissões.

Brenda olhou chocada para Mel. A situação era pior do que pensava. A garota não apenas sentia mágoa dela, mas também a odiava com toda a sua força. E parecia que nada poderia fazê-la mudar de ideia. Lentamente, Brenda se levantou, evitando chorar na frente de Mel. Caminhou devagar até a porta. Quando se virou, viu que a filha ainda a fitava com olhos gélidos.

— Antes de sair, eu gostaria de fazer uma única pergunta, Mel. E gostaria de ouvir uma resposta sincera. — Brenda, vendo que Mel aguardava que ela prosseguisse, continuou: — Até que ponto você me odeia?

Mel não respondeu. Olhou para a mãe por alguns segundos e seu semblante pareceu se suavizar por instantes. Mas rapidamente endureceu de novo e ela sorriu friamente ao dizer:

— Não tenho que te dar nenhuma satisfação quanto a isso. Saia do meu quarto agora.

— Com isso você quer dizer que sou uma péssima mãe, não é?

— Péssima mãe e péssima esposa. Não fosse assim, meu pai não teria ido embora hoje — eram palavras duras para se dizer a uma mãe, mas Mel falava sem nenhum pesar.

As lágrimas brotaram dos olhos de Brenda, que saiu rapidamente. Seguiu direto para o seu quarto. Deitou-se na cama, que dividira com Silas por três décadas, e chorou silenciosamente, sozinha, no escuro, enquanto compreendia que havia perdido o marido e a filha.

Os dias pareceram passar voando. Mel esteve na casa de Ricardo e conversou com Benício novamente. Mais uma vez, ele repetiu tudo, dizendo que ela deveria romper a casca que a encobria e procurar ser feliz. E disse que, para isso, o perdão seria fundamental. E concluiu dizendo que tinha certeza de que Mel ainda se casaria com seu neto, Ricardo.

Na rua, Mel não se conteve e perguntou a Ricardo:

— É você quem fica dando ideias para seu avô, não é mesmo?

— De jeito nenhum, Mel. Meu avô sempre soube das coisas. Ele fala sem pensar e, geralmente, o que ele diz realmente acontece.

Ela não respondeu. Os dois seguiram até uma praça próxima da casa dele e conversaram sobre diversos assuntos. Logo, descobriram que tinham bastante coisa em comum. Ricardo gostava do ar enigmático de Mel e ela gostava do jeitão rude dele. Ela perguntou sobre os pais dele e Ricardo contou que a mãe falecera vítima de câncer quando ele era ainda criança. O pai de Ricardo, inconformado com a morte da esposa, foi se afastando do filho e do próprio pai, Benício. Caiu no vício da bebida e foi assim até a morte, por cirrose aguda. Ricardo sofrera muito a morte dos pais e disse isso para Mel, que o abraçou, como se quisesse lhe dar conforto.

Então, Ricardo perguntou sobre ela, mas Mel não disse muita coisa. Falou apenas sobre os irmãos e sobre gostar muito do pai. Quando Ricardo perguntou sobre a mãe dela, Mel quase afirmou que a mãe também tinha morrido, mas apenas disse que ela e Brenda não se davam muito bem.

Os dois continuaram a conversar sobre outros assuntos até que, repentinamente, Ricardo disse que gostava dela. Pega de surpresa, Mel respondeu que também gostava dele e pouco depois os dois estavam se beijando apaixonadamente. Ricardo nunca experimentara uma sensação tão gostosa ao beijar os lábios de uma moça. E Mel, que nunca beijara ninguém, descobriu como era maravilhoso. E riu dessa ideia.

Ricardo lhe contou sobre os acontecimentos de quinta-feira na casa de Natália, embora Yuri já tivesse lhe contado no dia anterior. Yuri lhe dissera que Natália, Bete e Violeta ainda estavam muito abaladas, mas Murilo contratara uma psicóloga para lhes dar toda a assistência necessária a partir da próxima semana.

Pouco depois eles se despediram com um beijo ardente a apaixonado. E antes que Mel partisse, Ricardo confessou estar apaixonado por ela.

— Sei que é muita loucura da minha parte perguntar, mas você aceitaria me namorar, Mel?

— Sei que é muita loucura da minha parte responder, mas eu aceito.

Ele mal acreditou no que ouviu. Trocaram um longo beijo e logo Mel entrou em um táxi. Ricardo ficou acenando, satisfeito com o que ouvira. Tinha certeza de que faria Mel ser feliz e jurou a si mesmo que tomaria todo o cuidado para não magoá-la como fizera com Natália.

Mel, no carro, sorria como havia muito tempo não fazia. Embora estivesse abalada, tanto pelos acontecimentos ocorridos com a família de Natália como pela conversa que tivera com a mãe, descobrir-se apaixonada por Ricardo tornava seu coração leve como uma pena. E ela achava aquela sensação muito boa.

Duas semanas haviam se passado. Soraia estava irritadíssima com Madame Juju. Fora informada por Tiago de que Natália e

Yuri estavam combinando de organizar um jantar de noivado entre eles. Tiago ironicamente dissera que Soraia perdera o jogo e teria de ciscar em outras vizinhanças. Não conseguiria ter Yuri novamente, pois a cada dia que passava ele demonstrava estar mais apaixonado por Natália. Afirmou, ainda, que o plano que eles haviam combinado não surtiria o efeito desejado, mas Soraia disse que seria sua última tentativa. Depois da conversa com Tiago, Soraia tomou um táxi e seguiu direto para a casa de Madame Juju.

Estava inconformada. Denise garantira que a mulher era mesmo boa e que era capaz de fazer qualquer trabalho de amarração. Pois não passava de uma mentirosa farsante. Já estava findando o prazo e nada acontecera até então. Em vez de Yuri abandonar Natália, anunciava um jantar de noivado.

Assim que Soraia chegou, Madame Juju lhe garantiu que tudo estava dentro do esperado e que Soraia teria uma surpresa positiva em breve. Disse que o trabalho estava demorando a surtir efeito porque os seus guias espirituais não estavam conseguindo vencer a barreira do amor que envolvia Natália e Yuri. Soraia não gostou da informação, mas se resignou. E antes de ir embora, avisou à Madame Juju que esperaria mais uma semana apenas, do contrário iria querer o dinheiro que dera de entrada de volta.

Como já duvidava de Madame Juju, Soraia decidiu que teria que agir sozinha. Não podia contar com a mulher, afinal. Naquela tarde, telefonou para Tiago e perguntou se o plano ainda estava de pé. Tiago garantiu que faria o que estivesse ao seu alcance, pois ao menos uma vez na vida ele teria que conquistar uma namorada do irmão. Isso o faria se sentir mais homem, mais poderoso e melhor do que Yuri. Soraia repassou o plano passo a passo e finalizou dizendo:

— Sabe que só posso contar com você. Brenda me contou há alguns dias que conseguiu enxergar que Natália é a mulher ideal para Yuri. Isso quer dizer que não posso mais contar com ela. Desculpe, Tiago, sei que ela é sua mãe, mas Brenda está agindo feito uma burra.

— Não precisa se desculpar não, Soraia. Depois que meu pai saiu de casa, acho que minha mãe ficou meio caduca.

Os dois riram e Soraia perguntou de Silas.

— Meu pai nunca mais voltou pra casa. Mandou uma transportadora recolher seus pertences pessoais que as empregadas já haviam separado pra ele. Você sabe que Natália também reassumiu sua vaga na empresa, pois meu pai disse que não havia mais motivos para que ela trabalhasse no escritório de casa se ela e Yuri tinham reatado o namoro havia um tempo.

Tiago contou para Soraia que Yuri estava tão ligado a Natália que só eram vistos juntos. Ela mesma soubera que o pai de Natália reaparecera e causara tumulto na casa de Bete, fazendo reféns e se suicidando em seguida. Saíra até uma pequena matéria sobre o caso num jornal. Os vizinhos ainda comentavam o caso. Há alguns anos não havia nenhum crime no bairro, ainda mais daquela forma. Soraia tinha desejado sinceramente que Luís tivesse matado Natália, mas as reféns tinham sido a mãe dela e a irmã menor.

Reconfirmou os detalhes do modo como agiriam e Tiago disse que faria tudo sem levantar suspeitas. Soraia desligou, sorrindo. Dessa vez Natália veria o que era bom. Ou melhor, Yuri veria.

———

Tão ligados quanto Yuri e Natália estavam Murilo e Bete. Desde o dia fatídico em que Luís se matara em sua própria sala, Bete vivia amedrontada e se assustava com facilidade. Murilo tinha contratado uma excelente psicóloga que as atendia em casa e que logo ficou encantada com Violeta. Um dia, perguntou a Bete se a menina frequentava alguma escola.

— Na verdade já me falaram pra matricular Violeta em uma escola, mas sempre tive muito medo. Se ela for matriculada em uma escola comum, os professores não terão como cuidar dela o tempo todo.

— Concordo, mas existem outros locais de atendimento especializado para pessoas cegas. Já tentou a Fundação Dorina Nowill[1]?
Bete sacudiu a cabeça negativamente.
— Onde fica isso?
— Fica aqui mesmo em São Paulo. É uma excelente instituição que trabalha em favor das pessoas cegas. E o melhor de tudo é que todo o trabalho é gratuito — a psicóloga, vendo o olhar abismado de Bete, sorriu. — A principal missão dessa instituição é promover a inclusão social dessas pessoas, promovendo a cultura e valorizando a educação. Violeta sabe ler em braille?
— Não. São aqueles livros com umas bolinhas pequenininhas para as pessoas que não enxergam, não é?
— Não existem somente livros, mas também revistas, fotos e outros materiais. E a Fundação Dorina Nowill oferece outros serviços, como avaliação, diagnóstico e reabilitação profissional tanto para o cego quanto para sua família. Muito me espanta você namorar um advogado e nunca ter sido informada disso. Vou puxar a orelha dele — disse a psicóloga, brincando.
— Murilo sempre me falou muito sobre essa questão, mas eu tenho muito medo. Preocupo-me que Violeta possa sofrer. Acho que seria bom esperar mais algum tempo, sabe? Até ela esquecer esse fato tão lamentável que aconteceu. Ela praticamente conheceu o pai na noite em que ele se matou. Foi muito horrível — Bete começou a chorar e a psicóloga segurou suas mãos com firmeza.
— Sei que a situação foi traumatizante para todos os envolvidos, mas isso não impede Violeta de ter acesso à educação. Saiba, dona Bete, que a educação é um direito e um dever da criança, assim como é obrigação da família matriculá-la em uma escola. Violeta, por ser uma criança com necessidades educacionais especiais, não pode ser considerada uma exceção. Temos que incentivar a inclusão, e não a apartação social. Violeta já está com quase oito anos. Há muito tempo você deveria ter procurado uma instituição como a Fundação Dorina Nowill.

---
1 Mais informações: www.fundacaodorina.org.br

A psicóloga insistiu e conversou com Murilo, que também pressionou Bete a procurar uma instituição que auxiliasse Violeta a desenvolver seus aspectos cognitivos e culturais. Quando Bete procurou Violeta, ficou surpresa por ver que a filha estava muito interessada em conhecer novos amigos e brincar com crianças de sua idade, coisa que nunca fizera, pois vivia limitada devido à sua cegueira. Bete jamais deixara Violeta brincar até mesmo na porta de casa com outras crianças, por medo de que elas pudessem machucar a filha.

Depois de muita discussão, Bete se convenceu e conseguiu efetuar a inscrição na Fundação Dorina Nowill. Através de programas que incentivavam a aprendizagem e a adaptação social por atendimento direto e orientação à família, Bete logo conseguiu uma vaga em uma escola com uma equipe pedagógica preparada para lidar com crianças na faixa etária de Violeta com diversos tipos de necessidades. Violeta ficou muito feliz e disse à mãe que em breve estaria lendo histórias em braille pra ela. Bete chorou, emocionada.

Com a ajuda financeira de Murilo, Bete deu início a uma reforma na casa. Não queria mais entrar ali e ter a visão do corpo de Luís caído sobre o tapete. Murilo concordou que a reforma seria o ideal, e as convidou para morar com ele em seu apartamento enquanto a casa estivesse em reforma. Bete e Violeta responderam ao mesmo tempo:

— Aceito.

Capítulo 30

Mel e Ricardo engataram firme no namoro. Saíam juntos, trocavam presentes e se divertiam, mas Mel sempre se mostrava fechada quando ele tocava no nome da mãe dela. A jovem logo procurava mudar o rumo da conversa e, com o passar dos dias, Ricardo evitou tocar no assunto. Mel continuava se vestindo inteiramente de preto e Ricardo também não fazia nenhuma objeção quanto àquilo. Gostava quando via a namorada sorrir e uma vez conseguira fazê-la rir alto ao lhe contar uma piada.

Mel adorava estar com ele, mas, quando chegava em casa e encontrava a mãe, seu bom humor desaparecia. Além das empregadas, agora havia praticamente só as duas na casa. Tiago saía de manhã a caminho da empresa e só voltava no final da noite. Não almoçava nem jantava em casa. Silas não morava mais lá, Yuri havia muito tempo dormia em seu próprio apartamento e Natália deixara o escritório para voltar a trabalhar na empresa. Assim, a casa parecia muito grande a vazia sem a presença das pessoas de que Brenda gostava.

Mel evitava se sentar à mesa sozinha com a mãe, mas uma manhã estava terminando seu café matinal quando Brenda chegou e se sentou, cumprimentando-a com um amável "bom-dia" enquanto começava a se servir. Mel não respondeu.

— Eu disse bom dia, Mel.
— E eu ouvi. Não sou surda.
— Trate sua mãe com mais respeito, Mel.
— Não estou faltando com respeito. Só não respondi porque não acho que seja um bom dia quando me encontro com você.

Brenda sentiu os olhos se encherem de lágrimas, mas não disse nada. Mel atacava-a como podia. Então, procurou mudar de assunto.

— Tem notícias do seu pai?
— Ele deve estar na empresa. Por que não vai até lá visitá-lo?
— Marilu me informou que haverá uma reunião da diretoria na próxima semana. Então eu irei. Sabe que não vi mais seu pai desde que ele se foi.

Na verdade, nem Mel voltara a ver Silas e estava com saudades.

— Agora que você falou nele, fiquei com saudades. Ele sim é uma pessoa que vale a pena ser lembrada. Acho que vou vê-lo hoje.

Brenda ignorou o comentário maldoso e perguntou:

— Posso ir com você?
— Nós não nascemos grudadas. Cada uma pode chegar lá independentemente da outra.
— Quando esse seu ódio por mim vai diminuir, Mel? — perguntou Brenda, entristecida. Duvidava de que algum dia fosse fazer as pazes com a filha. Continuava a frequentar o centro espírita com Bete e aprendia muito sobre a espiritualidade, mas não escondia a decepção por não lhe informarem uma maneira de fazer Silas voltar para casa e para ela. E esperava, ainda, que eles lhe passassem algum tipo de receita mágica para que a filha a perdoasse.
— Vai me odiar pra sempre, não é?

Mel, sem responder, retirou-se da mesa. Ia contornando a cadeira por trás da mãe quando Brenda a deteve pelo braço.

— Posso pedir um favor, Mel?

A jovem parou e se virou, encarando a mãe com frieza.

— O que você quer, Brenda?
— Quero que você olhe atentamente em meus olhos e diga que me odeia. Sei que você é capaz de dizer isso e eu mereço ouvir essas palavras. Vamos, Mel, diga olhando pra mim que me odeia.

Mel puxou o braço e tentou se afastar, mas a mãe a deteve novamente. Então, Brenda ficou em pé e fixou seus olhos nos de Mel.

— Alguém me disse que o amor nunca ia embora, mas eu começo a perceber que é mentira — disse Brenda. — E quero ter certeza de que essa pessoa mentiu. Pois se ainda resta algum sentimento bom por mim nesse seu coração, você não vai conseguir dizer que sente ódio por mim. Se você disser, sei que nada do que essa pessoa me disse é verdade.

Brenda se referia a Natália, mas também a Nivaldo, que, coincidentemente, sempre costumava dizer isso em suas palestras, no centro.

— Sabe, Mel, eu sei que eu errei em muitas coisas, de muitas formas. E estou sendo punida por isso, quer você acredite quer não. Você pode não acreditar, mas eu sofri muito em silêncio desde o dia em que conheci a amante do seu pai.

Vendo que Mel a olhava com atenção, Brenda, sem conter as lágrimas, disse:

— Eu descobri o endereço dela num papel que encontrei no bolso da calça do seu pai. Fui procurá-la sozinha, pois queria saber com quem estaria lutando. Fiquei chocada ao ver uma linda mulher aparentando uns trinta anos, talvez menos. Ela foi bastante irônica comigo e quase me expulsou da casa dela, aliás, ela nem me deixou entrar. Nossa rápida conversa foi no corredor do prédio em que ela mora. Seu pai comprou um apartamento pra ela, e provavelmente é onde ele está morando agora.

Brenda fez uma pausa para enxugar os olhos, surpresa por Mel ainda estar ali, em pé, ouvindo-a.

— Nunca quis contar ao seu pai que eu sabia sobre ela e acredito que nem ela tenha dito nada a ele. Ela se chama Alice. Sabe, seu pai está muito apaixonado por ela, eu tenho certeza. Mas sou uma boba e ainda alimento esperanças de que ele vai voltar pra casa. Enquanto ele não volta, eu paro e penso na nossa relação. Sei que não fui a melhor das mães e acredito que eu não tenha essa capacidade. Talvez tenha exagerado em meu amor por Yuri e Tiago e tenha deixado você de lado. Acho que você sempre se perguntou por que eu não tinha tempo pra você, não é verdade? Quero que saiba, Mel, que talvez eu tivesse medo de amá-la demais ou talvez eu a visse como um fardo a ser carregado. Eu já não desejava mais ter filhos quando você nasceu.

Brenda pigarreou e prosseguiu:

— Depois me afastei do seu pai, com medo de engravidar pela quarta vez. E foi esse afastamento que fez Silas procurar outras mulheres. Quando percebi meu erro, já era tarde demais. Foi nessa época que eu o perdi. E me dediquei tanto a ele que esqueci que deveria amá-la também e retribuir o amor que você tinha por mim quando criança.

Brenda sorriu tristemente e falou:

— Mas agora é tarde demais pra tudo. Eu estou apenas colhendo o que plantei e reconheço isso. Sei que você tem motivos de sobra pra me detestar e não tiro sua razão. Mas eu ainda tenho esperanças de, um dia, ouvi-la me chamar de mãe outra vez. Quem sabe possamos até ser amigas. Por isso, eu quero que você diga que me odeia, Mel. Ponha pra fora tudo o que você sente por mim.

Mel estava fazendo um esforço sobre-humano para não chorar. Nunca poderia imaginar que Brenda tinha conhecido a amante do pai e que guardara o segredo só para ela. E, lembrando-se das palavras de Natália, decidiu que só poderia ser realmente feliz ao lado de Ricardo se conseguisse se livrar do ressentimento pela mãe, que carregava como um fardo.

Por isso, em vez de responder, Mel, sentindo-se novamente com oito anos, atirou-se nos braços da mãe enquanto ambas choravam, emocionadas. Permaneceram um longo tempo abraçadas, em pé, até que Brenda olhou para a filha e beijou-a no rosto. Mel sorriu e retribuiu o beijo, enquanto dizia:

— Por favor, me perdoe por ter sido tão dura. Tudo o que eu queria era me vingar por não ter sido amada. Mas agora, ouvindo a sua explicação, sei que sua maneira de gostar de mim era aquela e que você estava fazendo o seu melhor.

— Eu que devo lhe pedir perdão, minha filha. Foi você quem sofreu em silêncio ao longo de todos esses anos. Era natural que me odiasse. Estou tão feliz por ter sido perdoada por você, Melissa — e Brenda não conseguiu falar mais, enquanto caía em prantos novamente.

— Eu preciso lhe mostrar uma coisa. Venha, vamos até o meu quarto — convidou Mel, segurando a mãe pela mão como se fossem duas velhas amigas. Assim que entraram, ela pegou o baú de madeira, destrancou o cadeado e pegou a cartolina cor-de-rosa. Esticou para a mãe e sorriu entre as lágrimas:

— Sei que estou te dando esse presente com onze anos de atraso, mas sempre é tempo. Naquele dia, quando voltei da escola com isso, você estava ocupada demais fazendo as unhas e não podia olhar. Mas agora estou vendo que você já está disponível e espero que aceite. As palavras são de uma menina de oito anos, mas o amor é de uma filha de dezenove. Não estamos mais em maio, mas mesmo assim te desejo um feliz dia das mães.

Brenda levou a mão à boca enquanto tremia e chorava sem parar. Lembrava-se vagamente do dia em que Mel chegara da escola trazendo a cartolina. Ela não olhara na hora e não se lembrara de olhar depois. Lentamente, desenrolou a cartolina e leu as palavras escritas por mãozinhas infantis havia onze anos.

O maior presente que um filho pode ter é poder estar perto de sua mãe querida e poder amar e ser amado por ela. Mães são os anjos que Deus colocou na Terra e os filhos devem sempre amar suas mães do fundo do coração. Eu amo muito a minha, que é a melhor do mundo. E sei que esse dia das mães será muito especial, pois vamos nos abraçar e nos beijar muito, felizes por estarmos juntas. Com muito amor, Melissa.

Eram palavras inteligentes para uma criança de oito anos. Brenda soube que provavelmente Mel sempre esperara pelos beijos e abraços dela, e que eles nunca chegaram. Lentamente, enrolou a cartolina e olhou para a filha. Não sabia o que dizer. Mas Mel se aproximou e sorriu, parecendo uma menininha de novo. Beijou a mãe no rosto e, quando a abraçou, disse em seu ouvido:

— Amo você, mamãe. Feliz dia das mães.

— Obrigada, Mel. Obrigada por tudo isso e por me dar uma segunda chance de demonstrar que a amo. E prometo que desta vez não vou falhar.

As duas permaneceram abraçadas por muito tempo e de repente pareciam ter muito a dizer uma à outra. Então, Mel lhe perguntou:

— Mãe, quem foi que lhe disse que o amor nunca vai embora?

Brenda pensou em Natália, a menina que antes desprezara, mas que agora valorizava e reconhecia como uma grande amiga.

— Eu diria que foi um anjo, sabia? E esse anjo estava corretíssimo.

Mel sorriu e piscou um olho, com ar de cumplicidade ao dizer:

— Eu espero me tornar cunhada desse anjo brevemente.

Felizes, as duas soltaram uma gostosa gargalhada. Depois de algum tempo, Mel sugeriu:

— Sabe, mãe — não se sentia estranha em voltar a chamar Brenda de mãe, e Brenda estava achando maravilhoso ouvir aquilo da boca da filha —, eu gostaria de ir até a casa dessa amante do papai. Você disse que ela foi bastante irônica e que quase a expulsou de lá. Penso que agora é tempo de revidarmos.

— O quê? Não podemos fazer isso, Mel. A tal Alice é muito esperta e poderia nos jogar contra Silas.

— Ela que tente. Vai me dizer onde ela mora ou terei que descobrir sozinha?

Duas horas depois, as duas saltavam do táxi em frente ao edifício em que Alice morava. Perguntaram por ela na portaria e foram informadas de que Alice não estava em casa. Em frente ao prédio, do outro lado da rua, havia uma sorveteria e as duas decidiram esperar lá até que Alice voltasse.

— Ainda acho que foi uma besteira termos vindo até aqui — disse Brenda.

— Preste atenção na chegada da tal Alice. Como eu não a conheço, você me diz quem ela é.

— Não sei se ela tem carro, mas, se tiver, acredito que ela vá entrar diretamente na garagem. Não vamos poder abordá-la.

— Bom, vamos esperar mais um pouco e ficar atentas aos carros que entram — comentou Mel.

Naquele dia, no entanto, as duas estavam com sorte. Não demorou muito e logo viram Alice e um rapaz chegarem a pé, conversando. Ela e o rapaz estavam vestidos com uma roupa esportiva e pareciam ter feito uma caminhada juntos.

— Quem é aquele, mãe? — perguntou Mel.

— Não sei.

As duas pagaram a conta na sorveteria e, assim que saíram do estabelecimento, viram Alice sair novamente em companhia do homem, ambos com a mesma roupa de quando entraram no prédio. Ele estava com uma bicicleta, que provavelmente deixara guardada nos fundos do edifício. Saiu para a calçada empurrando a bicicleta e Alice seguiu ao seu lado.

Viraram uma esquina e Mel e Brenda os seguiram. Quando se aproximaram da próxima esquina, o rapaz se inclinou, segurou o rosto de Alice com uma das mãos e a beijou na boca. Brenda ficou chocada, mas Mel rapidamente sacou o aparelho celular, deu *zoom* para aproximar a imagem e tirou algumas fotos. Dava pra ver perfeitamente Alice beijando o rapaz nos lábios. Ele, então, montou na bicicleta e começou a pedalar, enquanto Alice tomava o caminho de volta pra casa. Brenda e Mel viraram-se de costas até que Mel ordenou:

— Mãe, atravesse para o outro lado da rua e evite ser vista. Já sei o que pode ser feito.

— O quê? O que você vai fazer?

— Depois a gente conversa, mãe. Atravesse a rua agora.

Sem entender o que se passava na mente ágil da filha, mas valorizando a sua inteligência, Brenda passou para a outra calçada, mantendo-se de costas para Alice. Mel esperou que Alice passasse por ela e então a segurou pelo braço.

— Por favor, moça.

Alice se assustou com o gesto, mais ainda ao deparar com uma menina pálida, vestida de preto e usando *piercings*.

— Quem é você? O que quer comigo?

— Nós precisamos conversar.

— Não tenho nada pra conversar com você, a quem nem conheço. Quer fazer a gentileza de soltar meu braço? — Alice, nervosa, puxou o braço com um gesto brusco e fez menção de se afastar.

— Já vi que está com pressa, Alice.

Alice estacou de súbito. Mas, afinal, quem era aquela estranha que sabia até o seu nome?

— Quem é você? Como sabe?

— Meu nome é Melissa. Sou a filha de Silas, o homem de quem você está roubando o dinheiro — respondeu Mel friamente.

Do outro lado da calçada, Brenda acompanhava a cena, aflita. Não sabia o que a filha estava dizendo, mas podia ver que estava deixando Alice muito assombrada.

— Olha, menina, não sei do que você está falando. Não posso perder meu tempo com você, que, aliás, deveria procurar uma butique pra se vestir melhor.

— É... realmente... acho que você não sabe mesmo do que estou falando. Tanto é que nem vai se importar quando eu mostrar as fotos para o meu pai — disse Mel, deliciando-se com a expressão de terror de Alice.

— Que fotos? Do que você está falando, garota?

— Estou falando das fotos que tirei agora há pouco de você beijando aquele rapaz com a bicicleta. Aposto que meu pai ficará bastante satisfeito.

Alice empalideceu e recuou dois passos. Não era possível o que estava ouvindo.

— Ainda não sabe do que eu estou falando ou vai continuar bancando a idiota?

Alice, com a respiração descontrolada, apontou a mesma sorveteria em que Brenda e Mel estiveram. Sugeriu que fossem até lá para que pudessem conversar melhor.

— Acho que nós duas estamos nos precipitando — disse Alice, forçando um sorriso trêmulo. — Enquanto tomamos um sorvete, a gente se conhece melhor e você me diz o que realmente quer. Eu pago o sorvete.

— Com o dinheiro do meu pai, não é? — Mel sorriu com frieza. — Mulheres do seu tipo só querem se dar bem na vida. Sei que você deve ter falado muito na cabeça do meu pai para que ele abandonasse minha mãe e viesse morar aqui com você.

Alice aos poucos ficou mais calma. Percebeu que a menina não era tão boba quanto a mãe. Brenda ficara intimidada com sua beleza e não tivera argumentos suficientes para enfrentá-la, mas essa menina de preto era rápida no gatilho, com as respostas na ponta da língua. Ela teria de ser muito esperta ou poderia pôr tudo a perder.

— Você disse que se chama Melissa, não é? Podemos fazer o seguinte: você sobe comigo até meu apartamento, eu te ofereço um refresco qualquer e poderemos conversar mais tranquilas. O que acha?

— Não vai haver conversa nenhuma. Vou dizer o que quero. Você vai deixar meu pai e fazer com que ele volte pra casa. Se não o fizer, mostro pra ele as fotos da sua traição. O que acha, Alice querida?

Alice teve vontade de esbofetear aquela menina enxerida que vinha infernizar sua vida com chantagens imbecis. E burra fora ela ao beijar Flávio no meio da rua. Pensou que poderia ter sido vista pelo próprio Silas.

Fora com muito custo que conseguira chegar ao ponto em que estava. Faltava bem pouco para que Silas pedisse o divórcio a Brenda para que, quando estivesse livre, pudesse se casar com ela. E agora vinha aquela menina dos diabos fazendo ameaças aos seus objetivos?

Alice de repente virou a cabeça e viu Brenda parada do outro lado da rua, que não conseguiu se ocultar a tempo. Virou-se enfurecida para Mel.

— Ah, então é isso? Você e sua mãezinha bobalhona estavam me seguindo. Pois se quer saber, eu mesma irei noticiar Silas sobre isso.

Brenda, vendo-se descoberta, atravessou a rua e se aproximou de Alice. Mais uma vez sentiu mágoa e inveja por estar diante da beleza fenomenal de Alice, quase vinte anos mais nova do que ela.

— Olá, Brenda — cumprimentou Alice sarcasticamente. O medo de ser denunciada já tinha ido embora e pensava que agora dominaria a situação novamente. — Não contente por ter ouvido umas verdades quando esteve aqui, mandou essa sua filha horrorosa vir me ameaçar? Quem vocês pensam que são?

— Mel não vai ameaçá-la. Ela vai mostrar ao pai dela o tipo de mulher que você é.

Alice riu com desdém. Algumas pessoas que passavam se viraram para olhar, mas pensaram que se tratava de três amigas conversando animadamente no meio da rua.

— Vocês duas são mesmo divertidas. Sabe o que eu acho mais engraçado em você, Brenda? É a sensação que deve ter por ser uma mulher traída. Acho que toda mulher casada que sabe que o marido tem uma amante deve ter a mesma sensação esquisita. Acho que a todo momento pensa: "Será que meu marido a está beijando nesse momento?", "Será que eles estão juntos agora?", "Será que ela faz sexo melhor do que eu?". Por falar em sexo, Silas reclama muito de você, sabia? Sempre me disse que era como fazer sexo com uma múmia.

Vendo Brenda empalidecer, Alice continuou a soltar seu veneno:

— A mulher traída é uma frustrada que sabe que perdeu para outra melhor que ela. Você perdeu pra mim, Brenda. Olhe para o meu corpo, olhe para o meu rosto. Aposto que você passou muitas noites sem dormir, pensando na forma como Silas me beijava. E garanto a você que ele é muito bom.

Alice falava distraidamente e não esperava pelo tapa que atingiu sua bochecha. Quando Brenda a acertou, o bracelete de prata que usava cortou o lábio inferior de Alice. Assustada com o gesto violento e inesperado de Brenda, ela pensou em gritar, mas achou que seria muito pior se o fizesse.

— Realmente, Alice, eu posso ser tudo isso que você falou, mas tenho uma coisa muito melhor do que você: vergonha na cara. Sou uma pessoa honesta e digna, e nunca teria a cara de pau de me meter com um homem casado. Quando você chegar à minha idade, ninguém vai querê-la, pois vai estar velha e sem atrativos. Mas ainda assim eu digo que você é digna de pena. Uma pessoa como você é merecedora apenas da compaixão de outras pessoas. Usa o corpo para ganhar dinheiro como uma reles prostituta, e sabe que nunca será amada realmente. Você é apenas uma caricatura, uma figura bonitinha que o tempo irá corroer, mas não é digna de ser amada.

Brenda deu o assunto por encerrado, segurou Mel pela mão e se afastou alguns passos. Então, voltou-se e mediu Alice da cabeça aos pés.

— Espero que conte mesmo tudo isso a Silas. Embora eu saiba que não vai contar, assim como nunca contou que eu estive em seu apartamento naquele dia. Se você valesse alguma coisa, eu poderia consentir com o divórcio, pois sei que cedo ou tarde Silas irá pedi-lo. Mas nunca daria a chance para você de sair vitoriosa. Pode esquecer essa ideia, pois não vou dar o divórcio a ele.

Mesmo depois de elas terem ido embora, Alice permaneceu parada no mesmo lugar com a mão sobre a bochecha por mais alguns minutos. Só então conseguiu reagir. Quando o fez, a raiva de Brenda era tão grande, que ela mal sentiu o gosto amargo do sangue em sua boca.

Capítulo 31

Depois de encerrada uma breve reunião com três empresários representantes de importantes marcas de produtos de informática, Silas convidou-os para almoçar. Convidou também Natália, mas ela recusou com um sorriso. Um dos empresários, um senhor elegante de cabeça branca, brincou:

— Perdoe minha sinceridade, Silas, mas sua secretária, além de linda, é extremamente eficiente. Estou pensando seriamente em contratá-la.

— Esqueça essa ideia, Barbosa. Essa menina é quase minha filha já e não permitiria que ela saísse de perto de mim nem por um momento.

Todos riram, inclusive Natália, sempre grata a Silas por tudo o que ele já fizera por ela. Depois que eles saíram para almoçar, Natália se lembrou de quando chegara ali, tímida e nervosa, ansiosa por conseguir o emprego. Quem diria que se tornaria a secretária da presidência? Às vezes nem acreditava que Deus pudesse ter sido tão bom com ela.

Natália voltou ao trabalho e, a uma batida na porta, levantou a cabeça, autorizando a entrada. Procurou esconder o gesto de contrariedade ao ver Tiago parado ali, sorrindo como um menino indefeso.

— Meu pai já foi almoçar? — perguntou ele, entrando lentamente na sala.

— Sim, acabou de sair. Acho que se você correr, ainda o alcança.

— Na verdade eu vim falar com você mesmo, Natália — sem esperar resposta, Tiago se sentou numa cadeira.

— Sim, o que deseja? — perguntou Natália. Não lhe agradava a ideia de ficar sozinha com Tiago. Yuri fora ao dentista e não iria à empresa naquele dia, mas Natália não queria dar motivo para nenhum tipo de fofoca. Sabia que Yuri ficaria descontente se os visse ali.

— O assunto que tenho a tratar é da empresa, nada além disso.

Mais aliviada, Natália concordou com a cabeça. Tiago abriu uma pasta que trouxera consigo e espalhou alguns papéis sobre a mesa da moça. Eram alguns balancetes sobre as metas de venda, porcentagens de lucros e despesas. Pediu que Natália analisasse se a margem de lucro estava boa. A empresa havia muitos anos se mantinha no azul.

Enquanto Natália verificava a papelada, Tiago olhava seus cabelos. O olhar percorreu o rosto de Natália, e ele sentiu vontade de beijá-la. Ela tinha lábios cheios e muito tentadores. Yuri nunca tivera uma namorada tão bonita e Tiago ainda mantinha esperanças de que pudesse tirá-la do irmão.

— Bem, Tiago, posso dar minha opinião sobre isso, mas creio que o pessoal mais adequado para te ajudar nesse assunto seja do financeiro ou do administrativo. Ou mesmo o seu pai.

— Sim, eu sei. Mas como você sabe de tudo, conhece tudo, achei que poderia dar uma opinião mais global. Depois eu consulto outros setores.

Natália comentou o que pensava sobre os relatórios. Na verdade, nunca soubera ao certo qual era o papel de Tiago na empresa. Se bem que nem Yuri parecia ter um cargo definido lá dentro.

— Eu não concordo com o que você disse, Natália — disse Tiago.

— Como assim? Eu disse que estamos trabalhando com ótima margem de lucro. Nossos produtos têm uma excelente saída no mercado. Pelo menos uma vez a cada dois meses lançamos um novo equipamento que revoluciona a informática. Por que diz que não concorda?

— Seria muito complicado explicar isso. É que eu descobri que nosso principal concorrente vai lançar uma nova linha de teclados, mouses e gabinetes com baixíssimo custo — era mentira, mas fazia parte do plano que tinha em mente. — Tenho medo de que isso possa nos prejudicar. Ainda não comentei nada com meu pai, pois ele anda meio alheio aos assuntos da empresa desde que saiu de casa — nesse ponto, Tiago dizia a verdade. Silas vivia com os pensamentos voltados para sua relação com Alice e a decisão de pedir ou não o divórcio a Brenda.

— Então, o assunto é mesmo grave. O que você sugere, Tiago?

— Já que meu pai saiu, eu queria saber se você gostaria de almoçar comigo — e acrescentou rapidamente: — Sei que errei muito com aquela história do chocolate. Creio que meu irmão me odeie por isso e peço desculpas sinceras a ele. E principalmente a você. Mas acho que devemos deixar nossos assuntos pessoais de lado e nos concentrar no trabalho, que é muito mais importante, não acha?

Natália achou que ele estava certo. De fato, desde que ele entrara ali, não tinha feito nada de mais, a não ser discutir assuntos profissionais. E se era como ele estava dizendo, ela precisava ajudar. Faria qualquer coisa pela empresa e por Silas, que tanto já fizera por ela. Embora relutante, Natália concordou em almoçarem juntos. Tiago mal podia acreditar na sorte.

Logo estavam sentados à mesa num restaurante localizado do lado oposto ao que Silas tinha ido com os empresários. Pediram pratos rápidos e simples e discutiram sobre a possibilidade do concorrente ameaçá-los com o lançamento dos supostos produtos mais baratos.

— Como você soube disso, Tiago?

— Tenho um contato infiltrado naquela empresa.

Tiago mal podia esperar o momento em que Natália deixasse a mesa para dar continuidade ao seu plano. Toda mulher gostava de ir ao toalete em um restaurante. Tinha repassado todos os detalhes com Soraia mais uma vez na noite anterior, para que nada saísse errado. Não tinha ideia de onde Soraia conseguira aquilo que ele tinha no bolso, mas não estava interessado em saber. Só esperava que tudo desse certo.

Natália, no entanto, não dava mostras de que iria sair da mesa, e Tiago começou a ficar preocupado. Quando já pensava em desistir, ela finalmente se levantou para ir ao toalete retocar a maquiagem, pois já tinha terminado de almoçar.

Ambos haviam pedido refrigerantes para acompanhar a comida, mas, assim que Natália saiu, Tiago pediu ao garçom que servisse vinho tinto. Ele dispôs duas taças na mesa e as encheu com o vinho. Tiago agradeceu com um sorriso. Viu quando Natália saiu do toalete e rapidamente sacou o conteúdo do vidrinho, despejando algumas gotas do líquido transparente e inodoro na taça que serviria a ela. Soraia lhe dissera que aquilo era uma espécie de droga conhecida popularmente como "boa noite cinderela".

— Para que você pediu vinho? — perguntou Natália, desconfiada, assim que se sentou à mesa novamente.

— Você não bebe?

— Não durante o horário de expediente.

— Eu também não costumo beber nesse horário, mas achei que não haveria problema em relaxarmos um pouco. O que acha?

— Não, obrigada. Tome você e pode beber o meu, se quiser.

Tiago não se deu por vencido.

— Nossa, vai mesmo fazer essa desfeita comigo? — perguntou, pegando sua taça e bebendo um gole.

— Não é desfeita, mas eu produzo mais se não tiver ingerido álcool.

— Quem a escutar pensará que eu a estou induzindo a encher a cara. Só uma taça, Natália. Não vai matar ninguém.

Para evitar discussão, Natália apanhou sua taça e bebeu. O vinho era realmente bom e ela acabou tomando todo o conteúdo da taça.

— Satisfeito? Agora vamos voltar, senão chegaremos atrasados. Seu pai já deve estar voltando.

— Está certo. Vou pagar a conta — Tiago se levantou e se dirigiu ao caixa do restaurante.

Segundo o que dissera Soraia, o efeito era rápido e logo Natália daria sinais de atordoamento. Aos poucos, ficaria sonolenta e com dificuldades de reação. E ele pôde constatar que era verdade quando voltou e deparou-se com Natália. Ela apoiava a cabeça nas mãos.

— Tiago, eu não deveria ter bebido. Fiquei tontinha.

— Não se preocupe. Eu a ajudo a se levantar — ele a segurou com firmeza pelo braço, e o contato com a pele macia da moça o excitou. Saiu do restaurante e deu sinal para um táxi.

Assim que se acomodaram no banco traseiro, Natália fechou os olhos e quase caiu sobre ele. Por fim, abriu-os novamente. Não conseguia racionar com clareza e não saberia dizer o que estava fazendo naquele carro. Aos poucos foi ficando grogue. O taxista perguntou se Natália estava passando mal e Tiago garantiu que sua "namorada" estava enjoada devido à gravidez. Natália, embora olhasse pela janela, não percebeu que estavam seguindo por um caminho contrário à direção da empresa.

Tiago dera o endereço de um pequeno pronto-socorro na zona norte. Pagou a corrida assim que chegou ao destino. Ajudou Natália e se levantar. Logo que o táxi se afastou, Tiago partiu no sentido contrário. Sabia que na esquina de cima havia um motel barato.

Natália seguiu arrastada e quase caiu duas vezes no percurso. Tudo o que desejava era dormir. Tiago chegou à recepção suja do motel e entregou duas cédulas de cem reais ao abismado recepcionista. Ele lhe entregou uma chave e pediu que seguissem em frente. Embora o motel tivesse uma aparência deplorável, o quarto era limpo e confortável.

Tiago deitou Natália sobre a cama redonda e em poucos segundos ela estava adormecida. Do celular, telefonou rapidamente para Soraia e informou que já estava com Natália e que tudo dera certo até ali. Desligou, sentou-se na cama e contemplou o rosto perfeito de Natália.

Com cuidado, despiu-a e mal se conteve quando a deixou inteiramente nua. Em seguida tirou as próprias roupas e se deitou ao lado dela. Seria capaz de possuí-la mesmo que ela estivesse dormindo. E talvez fizesse isso mesmo. Mas o importante era que Soraia fizesse a parte dela antes.

Assim que saiu do dentista, Yuri começou a se recriminar. Não estava cuidando dos dentes como deveria. Por sorte nenhum dente estava cariado, mas o dentista o alertara ao dizer que ele não vinha escovando os dentes com a frequência correta e brincou dizendo que Yuri poderia ficar banguela antes dos cinquenta anos. Realizou uma limpeza dentária e recomendou que Yuri voltasse a visitá-lo ao menos duas vezes por ano.

Entrou no carro, virou a chave na ignição e, antes que desse a partida, seu celular tocou. Ainda com o veículo parado, Yuri atendeu. E fez uma expressão contrariada ao escutar a voz de Soraia.

— Eu não disse que gostaria de evitar vínculos com você, Soraia?

— Yuri, eu preciso falar com você. Não pode ser por telefone.

Desconfiado, Yuri perguntou do que se tratava, mas Soraia falava rapidamente e aparentava estar muito nervosa:

— Diga onde eu posso me encontrar com você. O assunto é muito importante.

— Adiante o assunto, senão eu desligo.

— É o seu irmão, Tiago — respondeu Soraia propositadamente. Sabia que se dissesse o nome de Natália, Yuri desligaria antes que ela falasse.

— O que aconteceu? Ele está bem?

— Vou esperar você na entrada do Shopping Paulista, perto da empresa, pode ser?

— Fale o que aconteceu, Soraia. Você está me deixando preocupado e...

A ligação caiu. Yuri tentou ligar de volta no celular de Soraia, mas caiu direto na caixa postal. Preocupado, ele ligou o carro e saiu rapidamente.

Durante o percurso, tentou falar com Soraia, mas não consegui. Telefonou para a casa dos pais, mas a empregada que atendeu não estava sabendo de nada e informou que Brenda e Mel haviam saído, porém nenhuma das duas tinha retornado. A preocupação de Yuri aumentou. Tocou o bolso da calça em que estava a caixinha com o anel de noivado que ofereceria a Natália no jantar. Eles seriam oficialmente noivos e marcariam o casamento para o mais breve possível.

A primeira coisa que viu na entrada do shopping foi a cabeleira vermelha de Soraia. Já tinha deixado o carro num estacionamento e viera correndo. Soraia parecia aflita e estava pálida. Quando se aproximou de Yuri, ele percebeu que ela estivera chorando. Ficou ainda mais nervoso.

— Soraia, o que aconteceu? Você esteve chorando? Meu irmão sofreu algum acidente?

— Yuri, ele está com ela — balbuciou Soraia, fingindo um desespero infinito.

— Quem está com quem? Fale com calma, Soraia.

— Eu sei que você não vai acreditar no que vou dizer e tem toda a razão por duvidar. Você disse que não queria mais me ver na sua frente, mas o que tenho pra dizer é muito urgente.

— Do que se trata, Soraia? Deixe de rodeios e diga de uma vez.

— Seu irmão está traindo você... com Natália.

A princípio, Yuri não entendeu. Subitamente sentiu o rosto ficar vermelho de raiva. Então era isso? Soraia vinha de novo acusar Natália injustamente achando que ele acreditaria outra vez? Furioso, deu meia-volta e caminhava de volta para o carro.

— Yuri, eu sei que você não acredita em mim. Eu confesso que da outra vez eu menti, pois minha intenção era fazer você romper seu namoro e reatar comigo. Mas dessa vez não é armação — Soraia corria ao lado de Yuri, que andava rapidamente, sem responder. — O próprio Tiago me telefonou e me fez ameaças.

Yuri parou e encarou Soraia. Algo o fez parar e escutar o que ela tinha a dizer. Não percebeu nem sentiu quando alguns vultos escuros começaram a rodeá-lo para que acreditasse em Soraia.

Eram espíritos ignorantes, ainda apegados ao mal e às vicissitudes terrenas, que trabalhavam para Madame Juju. Vinham com o objetivo de auxiliar Soraia a recuperar Yuri.

— Eu não estou mentindo, Yuri. Veja — ela pegou o celular e mostrou para Yuri que recebera de fato uma ligação vinda do celular de Tiago havia menos de uma hora. — Tiago me disse que Natália é amante dele há algum tempo. Disse que sempre tentou tirar alguma namorada sua e que dessa vez conseguiu — Soraia começou a chorar. — E disse ainda que, se eu dissesse alguma coisa a você, ele me mataria. Estou com medo, Yuri. — Sem esperar por resposta, Soraia se atirou nos braços de Yuri. Estava pálida e tremendo muito.

— Não acredito no que você está dizendo. Meu irmão não seria capaz... — mas uma centelha de desconfiança já brotara no coração de Yuri. Para ter certeza, ele telefonou para a empresa e Marilu, inocentemente, o informou de que Natália e Tiago haviam saído juntos para almoçar e que não haviam retornado. Discou para o celular de Tiago e também para o de Natália. Ambos estavam desligados.

— Tiago foi tão cínico que chegou a dizer em qual motel eles estavam. Eu não deveria ter falado nada pra você, Yuri. Estou com medo de que ele me mate.

— Ele não vai matar ninguém — assim como da outra vez, a raiva foi tomando conta de Yuri, e com uma intensidade muito maior, influenciado pelas energias negativas dos espíritos enviados por Madame Juju. — Onde ele disse que estavam?

Soraia ditou o endereço e, sem esperar resposta, Yuri correu para o carro. Assim que Soraia se acomodou, ele arrancou. Dirigiu velozmente, ainda mais rápido do que quando fora encontrar Soraia. Logo estacionava em frente ao motel informado por Soraia. Desceram do carro rapidamente e Yuri parou em frente ao recepcionista.

— Vão querer um quarto? — perguntou o homem.

— Eu quero saber se agora há pouco o senhor viu entrar um casal loiro. A moça tem cabelos bem compridos e... — Yuri detalhou a descrição de Natália e Tiago, mas o recepcionista, acostumado com cenas de brigas e não querendo constrangimento para os hóspedes, negou ter visto as pessoas informadas por Yuri. Soraia olhava em volta horrorizada com o lugar grotesco que Tiago escolhera para levar Natália, mas o importante era que tudo desse certo. Yuri sacou algumas cédulas de alto valor e perguntou:

— Agora você sabe me dizer se viu esse casal?

O recepcionista, sem perder tempo, informou o número do quarto em que eles estavam e autorizou a entrada, enquanto guardava o dinheiro com rapidez impressionante.

Assim que parou em frente ao quarto indicado, Yuri, com raiva, esticou a mão para bater, mas foi detido por Soraia.

— Eu preciso voltar. Tiago vai saber que fui eu quem informou você e vai acabar comigo.

— Você fica — disse Yuri, quase se engasgando com o ódio que sentia. — Mas vou falar uma coisa pra você, Soraia. Se isso for outra armação sua, quem vai matá-la sou eu.

— Eu juro pelos meus pais que não estou mentindo — garantiu ela, intimamente com medo de que algo saísse errado. Se Yuri descobrisse que era um plano dela e de Tiago, sabia que nunca mais poderia reconquistá-lo novamente. Estava apostando todas as suas cartas naquilo.

Yuri bateu e a porta, que estava aberta, cedeu. Entrou feito um furacão e a primeira coisa que viu na cama redonda foi o rosto do irmão parecendo adormecido. Assim que contornou a cama e puxou o lençol com violência, deparou-se com Natália adormecida. Ambos estavam nus.

Por um momento, ficou sem reação. Em seguida, para delírio de Soraia e dos vultos trevosos que os acompanhavam, Yuri arrancou o irmão da cama e começou a esmurrá-lo. Tiago, embora não estivesse dormindo, foi pego de surpresa por Yuri, que o derrubou no chão e começou a socá-lo com ódio profundo.

Soraia, aproveitando-se da distração dos dois, aproximou-se de Natália e, erguendo-a pelos cabelos, começou a estapeá-la.

— Acorde, sua desgraçada, meretriz! Não tem vergonha do que fez? Quis me tirar o noivo para chifrá-lo com o próprio irmão?

Natália, ainda atordoada sob o efeito da droga, mal conseguiu reagir. Soraia soltou-a na cama com violência e tentou apartar a briga entre Yuri e Tiago. De repente, um jato de sangue escorreu pelo nariz de Tiago e ele começou a gritar:

— Meu nariz! Você quebrou meu nariz!

O recepcionista apareceu correndo e conseguiu separá-los. Tiago, sem roupa e sangrando, estava caído no chão, gemendo de dor. Yuri, com os olhos injetados de sangue, tamanha era a sua fúria, empurrou o recepcionista e se aproximou de Natália. Começou a sacudi-la e, a muito custo, ela abriu os olhos. Quando focalizou o rosto de Yuri, tentou sorrir. Yuri se controlou para não esbofeteá-la. Olhou-a com ódio intenso e disparou:

— Você não presta, Natália. Quero que vocês dois morram. Vamos sair daqui, Soraia.

Yuri saiu quase correndo do quarto e Soraia, ao passar por Tiago que jazia no chão, sorriu-lhe e piscou um olho. Lamentava por ele, mas o importante era que conseguira o que queria. Agora estava a um passo de reconquistar Yuri.

O recepcionista, para evitar chamar a polícia ou mesmo o resgate, efetuou ele mesmo alguns curativos em Tiago, que gemia de dor devido ao nariz quebrado. Natália estava acordando e conseguiu ficar em pé. Não sabia dizer onde estava nem por que estava nua. A cabeça doía e rodava. Parecia estar com uma ressaca muito forte.

Agindo como um robô, Natália vestiu-se e lavou o rosto no banheiro. Aos pouquinhos, sentiu que a mente clareava. Quando retornou ao quarto, Tiago já tinha se vestido e partido. Natália perguntou onde estava, e o recepcionista informou que ali era um motel. Ela não sabia dizer como fora parar ali.

O homem ajudou-a a sair na rua e ela deu sinal para um táxi. Com dificuldade, deu o endereço de sua casa, e só então se lembrou de que a mãe estava morando no apartamento de Murilo. Sentindo-se perdida, ela deu o endereço do apartamento de Yuri.

Quando chegou, deu o dinheiro da corrida e o motorista disse que ela estava dando a menos. Sem saber se era verdade ou não, Natália deu mais dinheiro e não esperou pelo troco. Desceu do carro e logo estava destrancando o apartamento. Assim que abriu a porta, precisou se apoiar no portal da madeira para não cair. Entrou lentamente e então viu Yuri parado em pé, furioso. Soraia não estava à vista.

— O que você veio fazer aqui? Saia daqui, sua traidora — gritou Yuri, com vontade de socá-la, como fizera com Tiago.

— Do que você está falando, Yuri? — perguntou ela, sentindo-se subitamente muito fraca.

Yuri respondeu alguma coisa e ela só sabia dizer que ele estava gritando. Não entendeu nenhuma palavra. De repente, pareceu que ele falava de muito longe. Sentiu que tudo começava a girar e viu tudo ao seu redor escurecer.

E desmaiou.

Capítulo 32

No plano espiritual, Valdir e Inês caminhavam lentamente por um jardim florido. Havia uma alameda de pedras por onde andavam e dos dois lados havia uma explosão de cores diversas, representadas pelas mais variadas flores. Havia algumas que Inês nunca vira antes, na Terra.

— Sabe, Valdir, eu sempre quis saber por que você está ajudando essas pessoas. São tantos os envolvidos em tantos problemas. E você sempre está presente, ajudando da melhor maneira possível.

— Creio que chegou o momento de você saber por que procuro auxiliar a todos eles. Como você sabe, essa não é nossa primeira encarnação. Já vivemos outras vidas, usando outros corpos, passando por outras situações. No entanto, situações mal resolvidas do passado voltam para que possamos ter uma nova postura e vencê-las na vida atual. Grandes desafios da vida atual são reflexos de experiências anteriores.

— Isso é fato.

— Sim. Natália, Yuri, Silas, Brenda, Mel, Soraia, Murilo, Violeta... estão todos ligados por muitas vidas. É importante direcionarmos os nossos pensamentos para o bem a fim de captar energias mais elevadas e fortalecer nosso espírito. Claro que é uma tarefa árdua e requer sacrifício e boa vontade, mas Deus nos dará todo o apoio que precisamos para sair vitoriosos. No entanto, depende exclusivamente de cada um promover o seu crescimento interior. Vou contar a você um pouco sobre a última encarnação em que todos eles estiveram juntos. E creio que, ao final, você terá muitas perguntas respondidas.

Inês estava ansiosa para que Valdir começasse logo. Eles se sentaram em um banco próximo a uma linda plantação de orquídeas. Respiraram o ar puro e leve daquela colônia espiritual. Uma borboleta de asas coloridas se aproximou e pousou ao lado da mão de Inês, que sorriu. Era como se a borboleta também desejasse ouvir o que Valdir tinha para contar. Inês se virou e fixou o olhar em Valdir.

Ele sorriu, mantendo o semblante sereno e tranquilo. E quem não ficaria tranquilo em um local tão lindo como aquele? Sabia que Inês era uma moça inteligente e que identificaria todos os personagens aos poucos, pois, embora tivessem nomes diferentes, as características eram quase as mesmas.

Valdir começou a contar doce e suavemente.

1935. Berlim, Alemanha. Dois anos antes, Adolf Hitler prestara juramento oficial como Chanceler na Câmara do Reichstag. Com o fortalecimento de Hitler no poder nesses dois anos, o país, contrariando o Tratado de Versalhes, restabeleceu o serviço militar obrigatório e deu início à produção de armamentos.

Sebastian trabalhava na produção de armamentos e, embora fosse contra a violência, tinha que prover o sustento de suas duas filhas, Ingrid e Manuela. Sua esposa, a francesa Gisela, era uma mulher dada a festejos sociais e quase não tinha tempo para cuidar das meninas.

De fato, era Sebastian quem se dedicava unicamente às duas. Ingrid estava com treze anos e Manuela, onze. Sebastian sentia falta de sua primeira mulher, Anne, mãe das meninas, que falecera de tuberculose. Anos após sua morte, ele conheceu Gisela e se casaram.

Gisela, embora fosse francesa de nascimento, morava na Alemanha havia algum tempo e falava perfeitamente o idioma. Gostava das meninas e, mesmo não sendo a mãe biológica, tratava-as bem. Tinha preferência por Ingrid. Era bastante apegada à menina, mas não deixava de amar Manuela ao seu modo.

Era uma francesa bonita e poucos anos mais nova do que Sebastian, que estava com 45 anos. Nunca tivera filhos e nem desejava tê-los com Sebastian, tanto pela idade quanto por achar suficiente as duas meninas. Ingrid e Manuela também gostavam de Gisela. Eram duas lindas loirinhas que cativavam quem as visse. Ingrid era espontânea e bastante extrovertida, ao passo que Manuela era recatada e tímida. Falava baixo e evitava olhar as pessoas nos olhos.

Sebastian amava a nova esposa com intensidade. Achava mesmo que era um pecado mortal olhar para outra mulher. Era totalmente devoto a Gisela, mas não sabia que a esposa não tinha a mesma fidelidade. Enquanto o marido trabalhava e as meninas estudavam, Gisela saía para se encontrar com seus amantes. Deitava-se com qualquer homem por quem se sentisse atraída, sem distinção de classe social ou econômica.

Sebastian e as meninas não desconfiavam de nada e ele colocava a esposa em um pedestal. Gisela, para ele, era perfeita em todos os sentidos e ele agradecia a Deus por haver conhecido uma mulher tão boa, que amava suas filhas como se fosse a mãe verdadeira.

Os anos foram passando e as meninas foram crescendo. A Alemanha aliou-se a Benito Mussolini, aproximando-se da Itália. Mais tarde, juntou-se à Espanha e ao Japão. No ano de 1938, aliou-se também à Áustria, por se tratar de um país de língua alemã.

Ingrid estava com dezesseis anos e se tornava mais bela a cada dia. Apesar da idade, já tinha um belo corpo de mulher. Manuela, sempre recatada, parecia um menino de corpo magro e liso. E Sebastian protegia as filhas dos olhares gulosos dos soldados nazistas, que ganhavam força nessa época.

Entre os nazistas estavam Rolf e Manfred. Eles eram amigos e sempre treinavam juntos. Tinham a mesma idade, vinte anos, e eram bastante inteligentes.

Foi em junho de 1939 que Rolf viu Ingrid pela primeira vez. A jovem estava completando seus dezessete anos e Rolf achou que via a mulher mais linda de sua vida. Logo ele deu um jeito de se apresentar e, de perto, Ingrid era ainda mais bela. A jovem também se sentiu atraída por Rolf e ambos iniciaram um romance secreto. Mas certo dia os dois foram flagrados por Manfred. Imediatamente, ele cobiçou Ingrid. Se Rolf pudera conquistá-la, ele também o faria, e ainda melhor. Então, descobriu onde Ingrid morava e passou a cortejá-la.

Ingrid e Rolf estavam apaixonados um pelo outro, e a jovem não sentia nada por Manfred, a não ser amizade. Mas ele queria mais do que amizade. Queria Ingrid só para ele, e jurou que faria o possível para conquistá-la.

Manfred tinha uma irmã, Kirsten, da mesma idade de Ingrid e tão bela quanto. Como Manfred e Rolf eram amigos mesmo antes de entrarem para o exército, Kirsten conhecia Rolf havia algum tempo e o amava em segredo. Sonhava com o dia em que ele confessaria seu amor por ela. Mas esse dia nunca chegou, e então Manfred lhe disse que Rolf havia conhecido uma bela moça por quem estava apaixonado. Kirsten não pôde aceitar a ideia de que ele gostava de outra pessoa. Tinha que conquistá-lo de qualquer forma.

Manfred, vendo o interesse da irmã em conquistar o amigo, propôs um plano. Prometeu tirar Ingrid do caminho dela, desde que ela o ajudasse a se aproximar da moça. Kirsten concordou, mas tinha outros planos em mente. Não pretendia ajudar o irmão a ficar com Ingrid, pretendia matá-la. Só assim Rolf voltaria sua atenção a ela. E começou a elaborar um plano sórdido para eliminar Ingrid de uma vez por todas.

No mês de julho daquele ano, Sebastian começou a se sentir mal pela primeira vez. Os primeiros sintomas foram febre, dores de cabeça e náuseas. Sebastian ainda não sabia que contraíra malária.

A doença foi evoluindo com rapidez e, naquele tempo, como não havia muitos recursos médicos, facilmente uma pessoa morria vítima de uma doença mais forte.

Sebastian já não conseguia mais trabalhar e Gisela passou a cuidar do marido, evitando os encontros com os amantes. Manuela e Ingrid estavam muito preocupadas com a saúde do pai, que se debilitava a cada dia.

Pouco antes de Sebastian morrer, Gisela decidiu que tinha que revelar a verdade. Não era digna o suficiente para que Sebastian levasse o amor que sentia por ela para o túmulo, e contou que sempre o traíra com outros homens. Implorou por perdão, dizendo-se muito arrependida, e Sebastian a perdoou com um sorriso fraco, porque a amava muito. Despediu-se das filhas e todas choraram muito quando ele desencarnou.

A partir desse dia, Gisela nunca mais deitou-se com outros homens. Sabia que não adiantaria ser fiel ao marido depois de ele ter morrido, mas estava realmente arrependida por tê-lo traído por tanto tempo.

Ingrid apegou-se a Rolf após a morte do pai. Manuela se fechara ainda mais e agora raramente falava com a irmã ou com Gisela. Em agosto, Ingrid e Rolf fizeram amor pela primeira vez e isso selou o amor que sentiam um pelo outro. Parecia que nada seria suficiente para separar os dois. Manfred continuava ambicionando Ingrid, e Kirsten pensava na melhor forma de dar um sumiço na moça.

No entanto, Kirsten não precisou fazer nada nem esperar muito. Hitler organizou um ataque surpresa contra a Polônia, objetivando expandir o território alemão e recuperar seus territórios perdidos na Primeira Guerra Mundial. O ataque ocorreu em 1º de setembro de 1939, e tal ofensiva deu início à Segunda Guerra Mundial. Nas ruas de Berlim não havia viva alma, pois as pessoas estavam com medo, preocupadas com o futuro incerto.

Para desespero de Ingrid, Rolf teve que seguir com os outros nazistas. Manfred também se fora. Hitler avançava com sua marcha de ódio, ocupando países e arrebatando milhares de vidas por onde passava. A Alemanha contava com um poderio bélico bastante forte e eram poucos os soldados alemães que morriam na época.

Mesmo assim, tanto Ingrid quanto Kirsten preocupavam-se com a segurança de Rolf. Kirsten também desejava que tudo corresse bem com o irmão, Manfred. Se Rolf conseguisse voltar para casa com vida, ela mataria Ingrid e daria um jeito de se casar com ele. No momento, podia contar apenas com a sorte.

Paralelamente a esses acontecimentos na Alemanha, outras pessoas viviam aflitas na França. Havia um casal de idosos conhecidos em um bairro de Paris por serem muito caridosos e benevolentes. Tinham uma filha muito bonita, chamada Margaret. Belle e Maurice haviam tido grandes dificuldades para terem filhos. Já tinham praticamente perdido as esperanças quando Belle engravidou, aos quarenta e seis anos. Foi uma gravidez difícil e eram poucas as esperanças de que o bebê sobrevivesse.

Durante o parto, Belle quase veio a falecer. Perdeu muito sangue, mas conseguiu trazer Margaret à vida. Maurice já contava cinquenta anos e era um pai de primeira viagem. Ainda que os dois se achassem velhos demais para a experiência de serem pais, pareciam dois jovens adolescentes contemplando o primeiro filho. Margaret cresceu rodeada de cuidados e muito mimo. Era uma criança muito inteligente. Na escola, notava que os pais de suas colegas eram mais novos, mas ela amava Belle e Maurice da mesma forma.

Havia um padre brasileiro que morava em Paris havia muitos anos. Chamava-se Valdir e era amado por todas as pessoas que frequentavam sua paróquia. Com a guerra, Valdir fizera uma linda missa de que quase toda a comunidade participou, pedindo paz e proteção à França. Intimamente, ele pediu que aquela guerra, que já durava quase um ano, não chegasse ao seu amado Brasil. Fora Valdir quem batizara Margaret quando ela nasceu. Gostava muito da menina e ainda mais dos seus pais, que sempre colaboravam com a igreja da melhor forma que podiam.

Em maio de 1940, a Alemanha invadiu a França. Belle, Maurice e Margaret ficaram tão apavorados que mal saíam de casa. Assim como eles, quase toda a população da cidade evitava sair às ruas e, ao toque de recolher, tinham que se manter dentro de casa.

Margaret não entendia como o país podia se render às ameaças da Alemanha. Inconformada, aliou-se à Resistência, um grupo formado por franceses que pensavam da mesma forma que ela: deveriam recusar a submissão da França.

No começo, os pais protestaram bastante, mas Margaret se mantinha firme em seus objetivos. Participava de encontros secretos que geralmente ocorriam durante as madrugadas nos porões das casas. Todos sabiam do perigo que corriam, mas seu patriotismo falava mais alto. Tinham que destruir o movimento nazista de alguma forma.

Apesar dos esforços para ajudar seu país, Margaret precisava, antes de tudo, ajudar os feridos. Pessoas estavam morrendo em toda parte e a Europa estava se transformando em um pandemônio. Então, a jovem passou a colaborar na Cruz Vermelha, ajudando como podia.

Foi só no início de 1941 que Ingrid voltou a ver Rolf, ainda que rapidamente. Ele disse que conseguira uma breve dispensa de um fim de semana para passar com a família. E decidira passar esses poucos dias ao lado de sua amada. Kirsten soube que Rolf estava de volta e, sempre que o via sozinho, tentava seduzi-lo. Rolf, no entanto, parecia nem se dar conta de sua presença, pois seus pensamentos estavam todos voltados para Ingrid.

Quando findou o prazo de sua permanência, ele informou Ingrid de que iria para a França dessa vez. Não tivera mais notícias de Manfred, pois haviam sido designados para missões diferentes. Foi então que Ingrid decidiu ir junto. Ela aprendera um pouco de francês com Gisela e resolveu que seguiria junto com seu amado.

Rolf protestou e afirmou que seria impossível ela deixar a Alemanha em tempos de guerra, além dos riscos à sua própria segurança, mas Ingrid foi categórica. Tinha a sensação de que veria Rolf pela última vez se o deixasse partir. Não poderia consentir com isso. Comunicou Gisela e Manuela de sua decisão. A irmã mais nova chorou, sentida, e disse que tinha medo que a irmã morresse na guerra. Ingrid garantiu que nada lhe aconteceria e que voltaria para casa sã e salva. Claro que ela confessou que estaria seguindo um grande amor e que, ao lado dele, sentia-se muito segura. Despediu-se de Gisela em meio às lágrimas. Gisela fora uma boa mãe para elas e, mesmo após a morte de Sebastian, não deixou que nada faltasse às meninas. Tinha uma boa economia deixada por seus pais e por isso não precisava trabalhar para se sustentar.

Quando Ingrid abraçou Manuela para se despedir, ambas choraram tristemente. O abraço foi doloroso e sentido e, quando se separaram, nenhuma das duas sabia que seria a última vez que se veriam.

Quando Kirsten soube que Rolf partira levando Ingrid consigo, soube também que não poderia conquistá-lo. Sentiu um ódio tão grande que durou até quase o final da guerra, quando contraiu tifo e desencarnou, aos vinte e três anos de idade.

Em julho de 1941, um cargueiro alemão partiu da Itália em direção à África do Norte. A bordo Manfred seguia com a tripulação e mais 650 soldados. O cargueiro transportava alimentos, munições e caminhões de transporte que seriam usados pelas tropas do Eixo. No percurso, eles foram bombardeados por um esquadrão da Força Aérea do Reino Unido — RAF. Mais de 200 soldados perderam a vida, inclusive Manfred.

Muitas doenças se propagaram durante a Segunda Guerra Mundial. Gisela, no final de 1941, também contraiu tifo e morreu. Pouco antes de morrer, sendo amparada somente por uma enfermeira e por Manuela, Gisela confessou à enteada que fizera Sebastian muito infeliz, pois não o amara como ele merecia.

Manuela disse saber das traições da madrasta, e que nunca a perdoaria por ter mentido ao pai. Gisela implorou seu perdão, mas a jovem se manteve irredutível. Quando Gisela desencarnou, Manuela finalmente chorou. Não restava mais ninguém de sua família agora.

A mãe, Anne, se fora, o pai se fora, Ingrid se fora e agora Gisela. Estava completamente só, em meio à perigosa guerra. Manuela nunca mais voltou a ver Ingrid e sempre se perguntava se a irmã estaria morta. Quando a guerra terminou, em 1945, e Ingrid não voltou para casa, ela concluiu que ela realmente tinha morrido.

Manuela ainda viveu por alguns anos em completa solidão, vindo a falecer em 1963. Nunca se soube ao certo o que a vitimou, mas houve quem dissesse que Manuela morreu em virtude de solidão, tristeza e desilusão.

Na França, Ingrid passou a trabalhar na Cruz Vermelha. Rolf lhe dissera que seria bom ela se passar por francesa, pois a França se ressentia da Alemanha e não eram nada simpáticos quando apanhavam um nazista. Então, começou a alegar ser uma francesa de nascença que fora levada à Alemanha pelos pais aos oito anos de idade, o que justificava o sotaque alemão. Logo deixaram de lhe fazer perguntas.

Ingrid ajudava os feridos independentemente de sua nacionalidade. Sempre que podia, encontrava-se com Rolf. Ele era um homem muito bom e não consentia com a maldade de Hitler. Achava injusta a maneira como estavam eliminando negros, homossexuais e, principalmente, judeus.

Nessa época, Ingrid conheceu Margaret e de certa forma simpatizaram uma com a outra. Ingrid lhe contou a mesma história, de que era francesa por natureza, mas Margaret soube logo de cara que era mentira. Sabia que ela era alemã, e não comentou nada com ninguém porque gostara da jovem. No entanto, ficaria de olho nela.

Os franceses conseguiram capturar dois soldados nazistas em uma arapuca e ambos quase foram linchados. Sempre que comentavam ter capturado soldados alemães, Ingrid se apavorava com a possibilidade de que pudesse ser Rolf. Mas, graças a Deus, nunca era. Os rapazes foram levados para junto dos outros feridos. Margaret, ao ver os dois alemães ali, sentiu um ódio profundo deles. Eram seus maiores inimigos, responsáveis pelo pânico que assolava a França. Embora soubesse que eles não eram diretamente culpados por aquilo, decidiu que todos o que combateram ao lado da Alemanha tinham que pagar pelas desgraças que a guerra provocara.

Numa noite, um dos homens sentiu sede e pediu água. Margaret, silenciosamente, aproximou-se com uma caneca de barro. Pediu que o homem abrisse a boca e, quando ele o fez, ela, em vez de entornar o líquido em sua boca, atirou sobre os olhos do homem. E aquilo não era água. Tratava-se de uma substância que as enfermeiras usavam para remover manchas de sangue do piso. O jovem soldado gritou intensamente, enquanto todos acordavam.

Margaret se afastou rapidamente. Sabia que o soldado não tinha visto seu rosto para poder identificá-la. E quando todos, inclusive Ingrid, correram para ajudá-lo, já era tarde. O homem estava vivo, porém ficara cego. A substância muito forte lhe corroera as vistas. Não se soube quem teria sido capaz de um ato tão bárbaro.

E Margaret não parou por aí. Sempre que aparecia algum ferido de nacionalidade alemã ali, ela, durante a noite, cegava o doente. A pessoa gritava e, quando todos se aproximavam, Margaret fingia estar acordando. Agindo dessa maneira cruel, ela conseguiu cegar seis soldados nazistas. E jamais se arrependeu do que fez. Na cabeça dela, os nazistas não eram seres humanos. Eram demônios que trabalhavam para o demônio maior, Adolf Hitler.

Diferentemente do que pensavam muitas pessoas, a guerra ainda duraria mais alguns anos. Em dezembro de 1941, o Japão atacou a base naval americana de Pearl Harbor. No dia seguinte, os Estados Unidos declararam guerra ao Japão. Em agosto de 1942, após o afundamento de navegações brasileiras por submarinos alemães, o Brasil declarou guerra aos alemães e aos italianos. A guerra só terminou em 1945, após o lançamento das bombas atômicas pelos americanos sobre as cidades japonesas de Hiroshima e Nagasaki.

Com o final da guerra, Rolf e Ingrid estavam livres para viverem seu amor. Belle e Maurice já estavam bem velhos e doentes e desencarnaram no mesmo ano, em 1946. Belle se foi primeiro, pois contraíra malária. Maurice desencarnou seis meses depois, vítima de uma forte gripe. Teve febres fortíssimas e não houve medicação que restabelecesse sua saúde.

Margaret conheceu um jovem francês e se casaram. Viveram juntos até ela completar quarenta anos. Tentava ter seu terceiro filho, mas, diferentemente de sua mãe, que a tivera aos quarenta e seis, Margaret teve complicações no parto e tanto ela quanto o bebê faleceram. Enquanto viva, Margaret jamais se arrependeu dos atos cometidos contra os soldados nazistas feridos.

Os únicos que permaneceram vivos foram Rolf e Ingrid. Casaram-se e viveram muito felizes ao longo de muitos anos. Tinham voltado a viver na Alemanha, após passarem muitos anos morando na França. Quando retornou ao seu país de origem, Ingrid buscou notícias de Manuela, mas foi informada de que a irmã tinha morrido havia dois anos. Lamentou não ter ido procurá-la logo que a guerra se findou, mas desejava que a irmã estivesse bem se houvesse vida após a morte.

Rolf e Ingrid desencarnaram juntos em um acidente de carro em Berlim, em meados da década de 1960. E quando encontraram os corpos dentro dos veículos, muitos se emocionaram. Disseram que o casal estava de mãos dadas e ambos pareciam ter um sorriso nos lábios, talvez por estarem juntos até na hora da morte.

Capítulo 33

— Você está me olhando de um modo engraçado, Inês — comentou Valdir, assim que terminou de contar o que se passara na encarnação anterior. — Mas eu tenho certeza de que você entendeu muitas coisas.

— Você disse que eu teria minhas dúvidas respondidas, Valdir. Algumas realmente foram respondidas, mas surgiram outras tantas.

— Eu já esperava por isso. Vamos lá, pode perguntar — disse Valdir, sorrindo. A borboleta ainda permanecia ao lado de Inês.

— Bem, antes de qualquer coisa, preciso saber quem é quem, apesar de estar bem fácil. Rolf e Ingrid viveram um amor tão lindo, que eu aposto que nessa vida eles são Yuri e Natália.

— Sim, é isso mesmo. Foi por isso que Yuri, quando viu Natália pela primeira vez na empresa do pai, sentiu o amor despertar novamente. Eles permaneceram por pouquíssimo tempo no plano espiritual antes de reencarnarem novamente. Sabemos que isso é possível e que acontece. Eles desencarnaram em Berlim em um acidente de carro em 1965. Em 1981 Rolf já reencarnava como Yuri. Natália também é bastante instruída espiritualmente. Ambos combinaram de reencarnar novamente a fim de ajudar outras pessoas a progredirem também. Entre elas temos Kirsten, que nunca concretizou o desejo de possuir Rolf, e Manfred, que amava Ingrid em silêncio.

— Kirsten retornou nessa nova encarnação sentindo o mesmo ódio por Natália e a ânsia de ter Yuri para si. Só pode ser Soraia.

— Sim.

— E Manfred, que tentou, sem sucesso, disputar a namorada do amigo, retornou agora como irmão de Yuri para que não houvesse mais disputas. Acho que o grande desafio de Manfred nessa encarnação atual é entender que o amor não deve ser disputado, e sim conquistado.

— Muito bem, menina. Vejo que você compreendeu tudo muito bem. O que mais você poderia me dizer? — perguntou Valdir, satisfeito com o comentário correto de Inês.

— Algumas pessoas me intrigaram. Sebastian, Gisela e Manuela. Sebastian amava Gisela e só soube que ela o traía na hora da morte. Manuela não perdoou Gisela por ter enganado o pai por tantos anos. Acho que de certa forma Manuela até atribuiu à Gisela a culpa pela morte de Sebastian. Depois da morte do pai, tornou-se uma pessoa muito fechada. Após a partida da irmã e da morte de Gisela, viveu amargamente até o dia em que morreu. Não se soube do que ela morreu, mas creio que tenha sido de tristeza.

— Manuela morreu após entrar em depressão profunda. Vivia amargurada e triste, sentia-se solitária e sem amigos. Deixou-se morrer sem ânimo para encarar a vida. Gisela, quando se encontrou com Sebastian aqui no astral, implorou perdão. O amor que ele sentia por ela era muito forte, e Sebastian declarou que tudo era passado. Mas Gisela não conseguia perdoar a si mesma e, como forma de reajustar-se com sua consciência, quis sentir na pele como era amar o marido e ser traída por ele, exatamente como fizera com Sebastian.

Valdir suspirou e prosseguiu:

— No entanto, Sebastian nunca soubera das traições e Gisela desejava estar ciente de ser traída na nova encarnação. E assim foi. Sebastian voltou como Silas. Creio que isso lhe explique o carinho que ele sente por Natália. Quando ele a viu pela primeira vez, durante a entrevista, sentiu brotar em seu íntimo o amor paternal de tempos remotos. Como eu disse, todos eles não se demoraram muito no plano espiritual e o intervalo entre as duas encarnações foi bastante breve. Isso explica por que tantos sentimentos do passado permanecem tão acentuados nessa nova vida. Gisela reencarnou como Brenda, e agora sente a dor da traição do marido. No entanto, nessa nova vida, há um espírito novo que não esteve com eles nas encarnações passadas.

— Quem seria?

— Trata-se de Alice. Agora ela é uma jovem interesseira que quer apenas subir na vida. Embora agir dessa forma prejudique seu crescimento interior, Alice é peça-chave para o sucesso dos objetivos de Silas: demonstrar amor pela pessoa que realmente ama, sua esposa Brenda. E a ela cabe perdoá-lo, para que possam viver a felicidade perdida quando foram Sebastian e Gisela.

— Como a Vida trabalha de forma tão maravilhosa, não é, Valdir? A reencarnação é um mérito para toda a humanidade poder vencer suas dificuldades e seguir em frente — Inês fez uma pausa e olhou para a borboleta, que finalmente abriu suas lindas asas e voou. — E a Manuela? Seria quem eu estou pensando?

— Exatamente. Manuela é um espírito que sempre age de forma parecida. Ao sofrer alguma decepção, fecha-se para o mundo e vive sempre triste, guardando mágoa de todos. Mas torcemos para que, desta vez, Manuela saia vitoriosa. Agora, na pele de Melissa, conseguiu dar um passo muito importante: perdoar Brenda, pois o ódio que sentia já surgira quando Manuela culpava Gisela de ter enganado seu pai. Vimos que ela não conseguiu perdoar Gisela nem mesmo quando esta lhe implorara, na hora da morte. Manuela precisou de mais uma vida, mas dessa vez conseguiu o mais importante: deixar o amor se sobrepor ao ódio e ganhar espaço no coração.

— Agora, na França, houve acontecimentos tristes. Não consigo imaginar quem seja nessa vida atual a Margaret. Ela não era má, mas foi muito cruel ao cegar aqueles soldados. Ela não conseguia compreender que eles lutavam por um ideal, que infelizmente era diferente do seu. Seria necessário destruir a vida daqueles seis soldados ao privar-lhes da visão pelo resto da vida?

— Infelizmente Margaret usou seu livre-arbítrio e escolheu tomar essa decisão. Mas você não consegue mesmo imaginar quem seja ela agora?

Inês pensou um pouco e, de repente, pôs a mão sobre a boca.

— Não pode ser, Valdir. Seria Violeta?

— Sim, Inês. Margaret, ao desencarnar, foi recebida pelos espíritos de três dos jovens que ela havia cegado e que não conseguiram perdoá-la. Além disso, ela estava emocionalmente desequilibrada, pois sua mente trazia à tona imagens dos fatos provocados por ela e que a deixavam desesperada. Cedo ou tarde, sempre nos vemos frente a frente com a nossa própria consciência, daí a importância de nos mantermos nos caminhos do bem, nos responsabilizando pelos nossos atos.

— Entendo...

— Margaret passou alguns anos em deplorável situação, tentando se reajustar até conseguir perdoar a si mesma e obter o perdão dos soldados. Mais tarde, entendeu a gravidade do que fizera e chegou à conclusão de que só teria paz se passasse pela mesma situação que causara a outras pessoas. A experiência de reencarnar sem a visão como a doce Violeta, além de representar um grande aprendizado para ela, faria com que ela não visse outras pessoas igualmente cegas. Por mais que ela não possa se lembrar da encarnação anterior, seu espírito ainda guarda resquícios daquela época, o que não lhe faria bem. É importante relembrar que a Terra é a escola do nosso espírito, onde sempre estaremos vivenciando novas situações para que possamos crescer, perdoar e seguir nosso caminho de paz e equilíbrio.

— E seus pais, Belle e Maurice?

— Ora, Inês, e quem mais poderiam ser? Belle voltou agora como Bete e Maurice é Murilo — então Valdir sorriu e perguntou com tom de brincadeira: — Vou fazer uma pergunta difícil agora: quem seria o padre Valdir?

— Nossa, acredita que eu nem percebi? Você foi o padre brasileiro que morava em Paris e que pedia proteção a Deus pelas almas dos inocentes na guerra?

— Sim, é isso mesmo. Agora eu me sinto na obrigação de auxiliá-los aqui do plano espiritual da melhor forma que posso.

— Realmente, Deus trabalha pelo bem de todos. Uma dúvida me assombra: nessa nova encarnação, todos eles conseguirão vencer os desafios?

— Isso eu não saberia lhe informar. Mas vamos torcer que sim. Acontecimentos que exigirão decisões difíceis estão se aproximando. Vamos orar para que todos descubram seus potenciais ocultos, voltem-se para o amor e sigam em frente, confiantes no poder da vida.

Capítulo 34

— E foi isso o que aconteceu. Veja só como ela deixou minha boca — disse Alice, mostrando para Silas o lábio inchado. Assim que ele chegou, Alice o colocou a par dos acontecimentos. Dessa vez, não escondeu nenhum detalhe, à exceção do fato de Mel ter dito que a flagrara aos beijos com outro homem.

— Mel e Brenda não podiam ter feito isso. Onde já se viu, abordá-la na rua dessa maneira? — Silas estava indignado com a filha e a esposa, pois acreditara piamente na versão de Alice.

— Preciso que você converse com elas, meu amor — Alice fez um beicinho e ameaçou chorar. — Não vou ficar sossegada quando sair à rua novamente.

— Amanhã vou conversar com elas. Isso não pode voltar a acontecer.

— Meu amor, eu queria saber quando vamos poder ficar juntos e em paz. Quando você pedirá o divórcio a Brenda?

Silas vinha pensando nisso desde que saíra de casa. Para que pudesse assumir seu relacionamento com Alice, seria preciso se separar de Brenda oficialmente. Mas, por outro lado, ele sentia algo estranho como a lhe apertar o peito cada vez que pensava em abandonar a esposa. Quando se lembrava das saídas misteriosas de Brenda às quartas-feiras, sentia uma mistura de ciúme e raiva. Com isso, sabia que ainda nutria algum sentimento por Brenda, caso contrário seria indiferente a ela.

— Sabe que essa decisão não é fácil pra mim, Alice. Afinal, sou casado com Brenda há quase trinta anos.

— Mas eu não tenho nada com isso, não é mesmo? — Alice ficava irritada toda vez que tocava no assunto e Silas surgia com desculpas. Mas estava disposta a colocá-lo contra a parede dessa vez. — Se você realmente me ama, Silas, vai pedir o divórcio a ela. Se continuar com essa embromação, vou entender que não gosta de mim — propositadamente, Alice empregara um tom lamentoso à voz.

Silas soltou um suspiro longo e profundo. Às vezes se perguntava se realmente amava Alice, mas acreditava que seu casamento com Brenda não tinha mais solução. Por isso, o melhor a ser feito seria se separar de Brenda para viver com Alice definitivamente.

— Você está certa, minha linda. Vou conversar com Brenda e pedir o divórcio.

Alice gritou de alegria e se atirou sobre o colo de Silas, enchendo-o de beijos. Logo estaria casada com ele e seria dona de todo o seu dinheiro.

———

— Você foi demais, mãe. Eu deveria ter fotografado aquele tapa que deu nela — aprovou Mel, com satisfação, enquanto chegavam em casa.

Brenda sempre se sentia emocionada, agora, quando a filha a chamava de mãe em vez de Brenda.

— Ela mereceu, Mel. Mas, de qualquer maneira, isso não vai mudar nada. Não acredito que seu pai vá voltar pra casa — respondeu com tristeza.

— Não é bom perdermos as esperanças. E sabe o que eu acho? Yuri, Tiago e eu deveríamos fazer uma greve, clamando pela volta do papai. Quem sabe funcionaria? — sugeriu Mel e ambas riram.

Entraram em casa e Mel pegou o celular:

— Claro que eu vou mostrar a ele as fotos que tirei da tal Alice beijando o amante dela.

— Não sei se funcionaria. Seu pai parece tão obcecado por ela que provavelmente vai duvidar de nós.

— Não se eu puder impedir. Vou telefonar para o Yuri agora mesmo e fazer a proposta — Mel discou para o irmão e ele atendeu no quarto toque. — Oi, Yuri, que demora pra atender, não?

— Mel... — a voz de Yuri saiu pastosa, como se ele estivesse bêbado. Mel ouviu vozes ao fundo. — Mel, por favor, me ajude.

Mel percebeu agora que Yuri parecia estar chorando. Empalideceu. Virou-se para Brenda e fez um gesto com a mão. A mãe se aproximou e Mel apertou um botão no aparelho para que a ligação ficasse em viva-voz.

— O que foi que houve, Yuri? Você está bem?

— Aconteceu de novo... — Yuri fungou. — Ela me traiu de novo.

Mel imediatamente entendeu que ele se referia a Natália.

— E onde você está? O que aconteceu?

— Ela passou mal, desmaiou... eu chamei o resgate... ela foi... foi levada para o pronto-socorro... deram uma medicação para ela e a mandaram de volta para casa... ela é uma traidora.

— Você não está falando coisa com coisa. Diga onde você está que eu e a mamãe vamos encontrá-lo.

Yuri deu um endereço e pouco depois as duas estavam no carro. Brenda dirigiu rapidamente e, como não sabia ao certo onde ficava aquele endereço, precisou pedir informação três vezes até chegarem lá. Quando chegaram, viram que estavam em um pronto-socorro público.

Yuri estava sentado na entrada do local com a cabeça entre as mãos. Um pouco à frente, estava Natália, branca como um fantasma. Os olhos estavam avermelhados e Mel sentiu que estava fria quando a tocou.

—Alguém pode explicar o que aconteceu?—perguntou Brenda, assustada. Quando Yuri levantou a cabeça, Brenda viu que estava tão pálido quanto Natália.

— Ela me traiu de novo. Ela não presta... — Yuri não conseguiu terminar de falar e caiu no pranto, abraçando-se à mãe como um garotinho que se machuca ao cair de um brinquedo.

Brenda não entendeu muita coisa, mas guiou Yuri até o banco traseiro do carro. Mel vinha atrás, segurando Natália, que parecia mal se sustentar nas pernas. Parecia estar em estado de choque e não conseguia articular as palavras.

Mel e Yuri ficaram no assento de trás, enquanto Brenda e Natália sentaram-se na frente. Assim que Brenda deu partida, perguntou:

— Será que alguém pode me explicar o que aconteceu?

Yuri respirou fundo e olhou para as costas de Natália no banco da frente. Não saía de sua cabeça a imagem dela deitada ao lado do irmão naquele quarto barato de motel. Ambos estavam nus e pareciam ser muito íntimos um do outro. Cada vez que se lembrava da cena, ele fervilhava de raiva e decepção.

Então, aos poucos foi contando tudo o que acontecera. Não escondeu que soube da notícia através de Soraia e afirmou que, dessa vez, tinha certeza da inocência dela. Contou que vira o irmão e Natália deitados juntos na cama. Contou que surrara o irmão até deixá-lo com o nariz quebrado, e que saíra em disparada de lá, levando Soraia consigo. Seguira direto para seu apartamento. Soraia insistiu para subir com ele, mas Yuri a dispensou da porta.

Contou também que, pouco depois de chegar ao seu apartamento, Natália entrou parecendo estar tonta, dizendo que não sabia do que ele estava falando. E desmaiou em seguida. Embora estivesse revoltado, sentindo ganas de espancar a namorada, Yuri chamou o resgate e eles a levaram para o pronto-socorro. Deram-lhe uma medicação e não a examinaram detalhadamente. Disseram que provavelmente era queda de pressão, por isso Natália ainda parecia estar meio grogue. E Yuri finalizou dizendo:

— Eu deveria tê-la deixado caída no chão. Mas tudo o que eu sei é que nunca mais vou querer vê-la na minha frente.

Brenda olhou para Natália ao seu lado sem saber o que dizer. Natália parecia estar alheia ao que estava acontecendo. Silenciosas lágrimas desciam por sua face e ela não se dava ao trabalho de limpá-las. Olhava pela janela. Brenda desceu o olhar e percebeu que suas mãos estavam tremendo.

— Yuri, eu não consigo acreditar que você caiu no conto do vigário outra vez — disse Mel, irritada. — Se você tivesse descoberto tudo por si mesmo, seria outra coisa, mas com Soraia na história tudo fica diferente. E esse truque é mais velho do que o Monte Sinai. Ela...

— Cale a boca, Mel. Tudo o que Soraia fez foi tentar me alertar.

— E onde está Tiago? — perguntou Brenda, preocupada com o filho mais velho. Yuri dissera que havia quebrado seu nariz.

— Não sei... — respondeu Yuri, de má vontade. — Se ele morrer, eu vou ficar feliz.

— Você não sabe o que está dizendo — Brenda encarou Mel pelo espelho retrovisor. — Ligue pro seu pai e conte o que aconteceu.

Mel obedeceu e chamou o pai pelo celular. Silas atendeu e foi dizendo:

— Melissa, que história é essa de você e sua mãe abordarem Alice...

— Pai, escute. Natália está passando mal, Yuri está entrando em colapso nervoso e Tiago está com o nariz quebrado.

— O quê? Estou indo pra casa imediatamente. Telefone para a mãe de Natália também e peça a ela que vá para nossa casa.

Mel desligou e, apesar da situação, sorriu discretamente. O pai dissera "nossa casa". Então ainda havia mesmo esperança de que Silas retornasse.

Quando chegaram, a primeira pessoa que viram foi Soraia. Ela se levantou e correu para encontrá-los. Mas não pôde evitar um gesto de desagrado ao ver Natália entre eles.

— O que ela está fazendo aqui? Yuri não contou pra vocês?

Mel avançou furiosa na direção de Soraia. Apontou o dedo no rosto dela e ameaçou:

— Eu sei que a culpa de tudo isso é sua. Você enganou o Yuri, mas a mim não vai enganar.

— Mel, por favor, pare com isso — Brenda deteve a filha antes que ela agredisse Soraia. — Soraia, fique com Yuri. Mel, leve Natália lá para cima.

— Não quero essa vagabunda aqui na minha casa — ordenou Yuri, entre irritado e desesperado. — Levem-na embora.

— Sua casa uma ova — disse Mel, em defesa de Natália. — A casa também é minha e eu digo que Natália fica. — Sem esperar resposta, Mel amparou Natália novamente e a ajudou a subir as escadas.

Soraia olhou furiosa para Mel e Natália subindo as escadas. Mel sempre se pusera contra ela, mas um dia ainda daria um jeito naquela menina arrogante. O mais importante agora era se dedicar inteiramente a Yuri. Não sabia onde Tiago estava, mas esperava que ele confirmasse tudo o que acontecera.

Não demorou muito e Silas chegou afobado. Brenda sentiu o coração pular quando o viu entrar, mas ele mal lhe dirigiu o olhar. Correu para conversar com Yuri, que, pálido, parecia petrificado sentado ao lado de Soraia. Pouco depois, chegaram Murilo e Bete, que trazia Violeta pela mão.

Bete estava muito preocupada com a filha, mas não pôde esconder a admiração ao ver a casa de Silas. Era uma magnífica residência, muito embora o apartamento de Murilo, mesmo sendo bem menor, fosse muito bonito e elegante também. Brenda cumprimentou Bete com um beijo e informou que Natália estava no quarto com Mel, indicando onde ficava o aposento. Bete subiu as escadas devagar, ajudando Violeta.

Silas logo se aproximou de Brenda e perguntou o que acontecera. Brenda repetiu a explicação dada por Yuri. Ele, então, tentou telefonar para Tiago, mas não conseguiu.

— Quer dizer que toda essa confusão aconteceu porque Yuri acredita ter sido traído por Natália outra vez? — perguntou Silas, irritado.

— Ele não acredita na traição dela, Silas! Ele viu — disse Soraia, se aproximando. — E eu estava junto. Sou testemunha de que...

— Mas é claro que você estava junto. Aliás, você sempre está em todas as situações desagradáveis, não é, Soraia?

— Sei que você não gosta de mim, Silas, mas tem que acreditar. Essa Natália não vale nada. Tudo o que eu quero é provar que ela não é o que vocês estão pensando.

— E você vale alguma coisa, Soraia? — sem esperar resposta, Silas se afastou e se sentou junto ao filho.

Brenda estava desconfiada. Não sabia se acreditava que Natália tinha traído o filho. Na última vez, fora a primeira a acusar a jovem, incentivando Silas a demiti-la, e, no final, ela era inocente. E se fosse inocente de novo? Desde aquela conversa com Natália, seus sentimentos em relação à moça haviam mudado. Passara inclusive a acreditar que Yuri deveria se casar com ela, embora naquele momento não soubesse mais em quem acreditar.

No quarto, Mel insistia em conversar com Natália, que ainda parecia em choque. Bete e Violeta entraram e a menina abraçou Mel assim que ouviu sua voz. Bete se aproximou da filha e Natália a abraçou. Finalmente, Natália, contendo o choro, conseguiu balbuciar:

— Meu Deus... o que houve?

— Natália, você precisa nos dizer o que aconteceu — disse Mel. — Sabe que eu só acredito em você. Por favor, fale com a gente.

Natália fez um esforço para se lembrar, mas em sua mente parecia faltar alguma coisa. Já estava conseguindo raciocinar melhor e podia se lembrar de que saíra para almoçar com Tiago a fim de discutirem assuntos da empresa. Lembrava que tinha ido ao toalete do restaurante e que, quando voltou, Tiago lhe servira vinho. Ela recusou a princípio, mas Tiago insistiu e ela acabou tomando. Pouco depois, sentia a cabeça girando e uma sonolência muito forte.

Depois disso, se lembrava de ter ouvido gritos e as vozes de Soraia e Yuri. Mais um espaço em branco na mente, depois a lembrança de estar em um táxi a caminho do apartamento de Yuri. Quando o encontrou, Yuri disse algumas coisas das quais não se lembrava. Não se lembrava de mais nada depois disso, até estar falando com um médico. Contou tudo isso para Mel e Bete.

— Pode parecer loucura minha, mas eu diria que me sinto como se estivesse de ressaca.

— Talvez tenha sido o vinho que tenha lhe feito mal — sugeriu Bete. Sabia que a filha não era dada a bebidas alcoólicas e isso poderia tê-la entontecido.

— Não acho que tenha sido o vinho — Mel parecia refletir um pouco. — Quando você voltou do toalete, a bebida já estava na taça ou Tiago a serviu na sua frente?

— Não, ele já tinha colocado na taça. E eu bebi... — Natália falava devagar.

— É... talvez tenha sido o vinho, sim — concluiu Mel, com uma ideia em sua cabeça. E esperava estar certa.

Na sala, Yuri repetiu sua versão dos fatos. Soraia permanecia grudada nele como um adesivo. Quando Silas olhava para ela, a moça desviava o olhar. Tinha medo de que Silas conseguisse ver a verdade em seus olhos.

Nesse momento, Tiago entrou. Tinha um imenso curativo branco sobre o nariz. Olhou com desdém para Yuri e Soraia. Silas tentou detê-lo para que se explicasse, mas Tiago deu um solavanco no braço do pai e subiu para seu quarto.

— Eu vou falar com ele — disse Silas, indo atrás do filho.

Então, Murilo chamou Brenda a um canto e perguntou o que ela achava daquilo tudo. Ele mesmo não estava acreditando naquela história.

— Não sei o que pensar nem em quem acreditar. Sinto que Natália não fez nada do que a estão acusando. Eu teria achado que tudo era mentira se os envolvidos não fossem meus dois filhos.

— Sei como se sente — carinhosamente, Murilo apertou os ombros da cunhada. — Eu espero que a verdade venha à tona o quanto antes.

No sofá, Yuri encarou Soraia. Não via os vultos que se abraçavam a ele, incutindo-lhe pensamentos rancorosos contra Natália ao mesmo tempo em que sugeriam ideias eróticas com Soraia. Ele segurou na mão dela.

— Soraia, acho que devo desculpas a você. E para que eu sinta que fui perdoado, quero que você aceite meu pedido de casamento. Quer se casar comigo, Soraia?

Soraia não conseguiu responder. Pediu que Yuri repetisse a pergunta para ter certeza de que não estava delirando. Quando ele o fez novamente, Soraia o abraçou. Não podia acreditar que ele fosse pedi-la em casamento tão depressa.

Nem mesmo Soraia percebia que Yuri estava agindo como um autômato. Ele mesmo não parecia estar coordenando os pensamentos nem o que dizia. Tudo o que sabia era que tinha que ficar ao lado de Soraia, que tinha que se casar com ela. Era quase como se fosse uma obrigação.

Silas entrou no quarto de Tiago sem bater. O filho estava deitado na cama. Ele se aproximou e perguntou:
— Você está bem?
— Isso aqui responde à sua pergunta, não? — disse Tiago, apontando para o curativo no nariz. — E se veio aqui para que eu me explique sobre o que aconteceu, está perdendo seu tempo. Não vou falar nada.
— Só quero que me diga se Natália realmente esteve com você.
— Ela esteve sim e por livre e espontânea vontade. Não sabe o fogo que aquela menina tem — mentiu. Estava com tanto ódio do irmão, que seria capaz de matá-lo pelo que ele lhe fizera.
— Acho estranho que Natália tenha saído com você no meio do expediente. Quando voltei do almoço, em companhia de alguns empresários, entrei para uma reunião. Marilu me informou que Natália havia saído com você e que não tinha retornado. Como Marilu me atendeu, confesso que acabei não sentindo falta dela.
— Pois é, pai. Marilu viu que Natália me acompanhava por vontade própria. Não a forcei nem a arrastei pelos cabelos.
— Entendo. Vocês foram almoçar?
— Fomos, e de lá ela sugeriu que fôssemos ao motel. Ela estava doida para fazer sexo comigo. Desde que nos tornamos amantes, ainda não havíamos feito amor. Natália brincou, dizendo que queria saber qual dos dois irmãos fazia sexo melhor — Tiago tentou sorrir, mas sentiu dor no nariz e acabou fazendo uma careta.
Ele ia manter o plano combinado com Soraia. Quando ela o procurara para fazer a sugestão, dissera que, se conseguissem separar Yuri de Natália, ela o ajudaria a conquistar a jovem depois. E o único objetivo de Tiago era esse: ter o amor de Natália para si.

Tiago não se lembrava, mas seu espírito mantinha os mesmos sentimentos de quando ele fora Manfred e se apaixonara por Ingrid. Na encarnação passada, nem ele nem Kirsten haviam conquistado seus objetivos. Mesmo sem se lembrar disso, Tiago tinha a certeza de que, dessa vez, tudo daria certo.

— Isso é tudo o que eu precisava saber. Vou conversar com Natália, pois quero ouvir a versão dela — disse Silas, saindo do quarto.

— Não sei pra que quer falar com ela. Eu já não contei o que aconteceu? — perguntou Tiago, aborrecido.

Mas o pai já tinha desaparecido. Abriu a porta do quarto de Mel logo em seguida. Ela, Bete, Violeta e Natália estavam sentadas juntas na cama. Natália chorava e as outras a amparavam. Quando viu Silas entrar, Bete se pôs de pé e o cumprimentou:

— Boa noite, doutor Silas. Com essa confusão nem pude cumprimentá-lo direito.

— Boa noite, Bete. Olá, menininha — disse Silas, abaixando-se para beijar a testa de Violeta. — Eu gostaria de saber se vocês poderiam me deixar a sós para conversar com Natália.

Elas assentiram e, pouco depois, saíram do quarto. Natália tentou sorrir quando viu Silas. Ele se sentou ao seu lado e a olhou carinhosamente.

— Eu já ouvi as versões de Yuri e Tiago. Gostaria de ouvir a sua.

Natália contou tudo de que se lembrava. Contou sobre o almoço com Tiago, o vinho e sobre ter desmaiado mais tarde. Disse que não se lembrava de como havia ido parar no motel. Finalizou dizendo:

— É como se houvesse um buraco na minha mente. Não consigo me lembrar de mais nada.

— Sei. Você disse que Tiago lhe serviu vinho, não é mesmo?

— Sim, foi isso. Quando voltei do toalete ele tinha servido o vinho — Natália repetia tudo o que já dissera a Mel e a Bete.

— É tudo o que eu precisava saber. Agora peço que descanse, está bem? — como o pai que fora em outra vida, Silas pousou suave beijo na testa de Natália. Em seguida, saiu do quarto. Já descobrira quem estava dizendo a verdade.

O restante da noite transcorreu sem mudanças. Tiago, no quarto, não queria falar com ninguém. Bete e Murilo levaram Natália e Violeta embora. Soraia, ainda que a contragosto, despediu-se também e pediu discretamente a Yuri que não revelasse nada a ninguém sobre o pedido de casamento, até que ela providenciasse os primeiros preparativos.

Por fim, Silas já se preparava para ir embora quando encontrou Brenda. Ela o olhava ansiosa e curiosa ao mesmo tempo. Tinha a impressão de que Silas desejava falar com ela e se perguntou se seria sobre Alice.

Se não fosse toda a confusão que estava acontecendo, Silas teria pedido o divórcio a Brenda naquele momento. Mas sabia que ela já estava abalada demais e não queria fazê-la sofrer mais. Despediu-se com um suave beijo em seu rosto.

— Você sabe que, apesar de termos tomado rumos diferentes, ainda poderemos manter nossa amizade — comunicou Silas.

— É... podemos continuar amigos, sim — respondeu Brenda, desanimada.

Pouco depois, Silas partiu. Sabia que Natália era inocente e não duvidava da hipótese de ela ter sido drogada. E o que mais o entristecia era saber que havia a participação de Tiago naquela confusão.

———

Quando chegou ao apartamento, Alice o esperava e parecia aflita. Perguntou o que tinha acontecido e Silas explicou sem dar muitos detalhes.

— Parece que meu filho viu a namorada dormindo com o próprio irmão. Vou apurar os fatos para saber quem está mentindo, já que a moça parece ser inocente.

— Você podia ter me levado com você. Sua esposa já sabe sobre nós. O que mais impede que você me assuma diante de todos?

Aquelas exigências de Alice já estavam começando a enchê-lo. Ela já não se parecia com a moça carinhosa e sensual que conhecera. Estava se tornando fútil e mandona, e Silas detestava receber ordens.

— Quando for o momento certo, eu apresento você às pessoas.

— E quando vai ser isso? Você nunca me levou pra conhecer a empresa nem fala em me apresentar aos seus filhos, embora eu já tenha conhecido a Melissa, infelizmente de maneira desagradável.

— Isso também pode esperar. Yuri está muito abalado e não quero envolver Tiago em nenhuma situação difícil.

— Mas eu vou esperar até quando? Será que daqui a trinta anos você me assume?

— Alice, estou com dor de cabeça e sem disposição para ouvir suas lamentações. Se quiser alguém para escutá-la, procure um padre e se confesse.

Alice se calou furiosa. Ultimamente, Silas a vinha tratando com modos rudes e já não se mostrava tão aberto às suas sugestões. A última coisa de que ela precisava era um velho chato para amolá-la.

— Já que esteve na sua casa, você viu Brenda. Ao menos aproveitou para pedir o divórcio pra ela?

— Será que você não escuta o que eu falo, Alice? Não acabei de dizer que houve uma situação muito delicada envolvendo meus filhos? Como queria que eu falasse com Brenda sobre outro assunto tão difícil?

— O que realmente está acontecendo é que você quer me enrolar. Se pretendesse se divorciar de Brenda, não ficaria tão preocupado com os sentimentos dela. Ao menos você falou com ela sobre o tapa que ela me deu na boca hoje? Até agora meus lábios estão ardendo.

— Você é difícil, hein, Alice? Tem uma cabeça dura ou finge que não entende? Vou falar com Brenda nos próximos dias.

— Você disse que falaria com ela amanhã.

— Mas, depois do que aconteceu, vou ter que adiar o assunto. E agora chega de conversa. Estou cansado, é tarde e terei uma reunião amanhã cedo — Silas pegou o pijama, uma toalha e foi para o banheiro.

Assim que ele saiu de sua vista, Alice mudou a fisionomia do rosto, assumindo uma expressão de ódio no olhar. Silas estava ficando muito nervosinho de uns tempos para cá e, se ela não ficasse esperta, ele poderia trocá-la por outra. E tinha quase certeza de que Silas não pediria o divórcio a Brenda. Ela mesma teria que procurar Brenda e explicar a situação. Com um jeito meigo, convenceria Brenda a dar o divórcio a Silas.

Capítulo 35

Quatro meses se passaram.

Os preparativos do casamento de Yuri e Soraia seguiam conforme a supervisão dela. A essa altura, todos estavam sabendo, inclusive Natália. O casamento seria realizado por um juiz de paz no jardim da residência de Silas. Dessa vez, Soraia nem se dera ao trabalho de procurar uma igreja católica para que fosse realizado o matrimônio. Queria que tudo ocorresse o mais depressa possível, antes que alguma coisa desse errado e a situação fosse revertida.

As pessoas haviam notado que Yuri agia de maneira muito estranha. Sempre parecia alheio a tudo, falava pouco e nunca sorria. Quando tocavam no nome de Natália, ele fingia nunca ter ouvido falar nela. Deixara de frequentar a empresa para evitar encontrá-la. A cena da traição ainda permanecia viva em sua mente.

Assim que souberam que Yuri pedira Soraia em casamento, Silas e Mel se uniram para convencê-lo de que ele estava caindo numa armadilha tão bem engendrada quanto a primeira. Tiago permanecia irredutível e sempre confirmava que Natália era sua amante havia algum tempo e que aquela fora a primeira vez em que foram para a cama.

O que ninguém sabia era que Tiago estava contrariado com Soraia. Eles haviam combinado um plano em que os dois saíssem vencedores. E Soraia se dera bem: estava de casamento marcado para dali a duas semanas com seu irmão. Mas e ele? Soraia prometera ajudá-lo a ficar com Natália, mas nunca fizera nada a respeito. Já começava a desconfiar se ele também não estava fazendo papel de bobo. Sabia que Soraia era muito perspicaz e, depois que se casasse com Yuri, não o ajudaria mais. Tinha que cobrar o favor antes que fosse tarde demais.

Durante esses meses, Alice procurara Brenda duas vezes. Na primeira, se mostrou dócil e simpática, pedindo desculpas pela discussão que tinham tido na rua. E usando um tom meigo, dissera a Brenda que Silas estava envergonhado de pedir o divórcio a ela. Que sabia ter encontrado a felicidade ao lado dela, Alice, mas que tinha medo de magoar Brenda.

Não era de todo mentira, mas Alice conseguia impregnar com um toque dramático seu pedido. Quase implorou que Brenda deixasse Silas viver a sua vida e que o libertasse com o divórcio. Mas Brenda foi taxativa e se recusou terminantemente. Disse que nunca se divorciaria de Silas.

A segunda visita de Alice ocorreu dois meses depois. Dessa vez não estava tão dócil. Mostrava-se impaciente e irritada. Silas a vinha tratando mal e, se continuasse agindo daquela forma, a relação estaria ameaçada. Exigiu que Brenda desse o divórcio a Silas, mas ela mais uma vez negou. E disse que proibiria a entrada de Alice em sua casa sob ameaça de chamar a polícia para ela. E Alice nunca mais retornou.

A grande novidade que surpreendeu a todos foi a mudança radical de Mel. A moça fizera uma visita a um salão de beleza e saíra de lá parecendo outra pessoa. Cortara os cabelos e fizera as unhas. Os *piercings* tinham desaparecido. Havia comprado novos modelitos e passara a se maquiar. Quando apareceu assim numa reunião de família na empresa, todos ficaram boquiabertos.

Mel usava um vestido cor-de-rosa com sapatos de salto alto. Os cabelos estavam presos por um coque no alto da cabeça. Sorria, exibindo seus lindos dentes. Deixara de parecer uma mulher madura e assumira sua real personalidade. Realmente, aparentava ter seus vinte anos. Ela mostrou sua aliança de compromisso com Ricardo.

No começo, Silas reprovou o relacionamento. Se Ricardo havia ajudado Soraia no plano anterior, não poderia ser uma pessoa de confiança. Mas mudou de opinião quando Mel o levou à empresa. O moço era educado e Silas percebeu que era boa pessoa. Se fazia Mel feliz, era o que importava. Silas estava muito feliz pela reconciliação entre Brenda e Mel. Sinceramente, desejava que sua família fosse feliz.

Durante essas reuniões na empresa, em que toda a família Onofre comparecia, assim como os demais diretores e acionistas, Natália, a pedido do próprio Silas, não participava. Era Marilu quem prestava toda a assistência.

Depois da separação de Yuri, Natália passara a cometer muitas falhas no trabalho. Esquecia-se das reuniões, trocava os nomes da diretoria, tratava alguns clientes com rispidez e chegava atrasada. Silas compreendia perfeitamente o que ela estava passando, mas informou-a de que ela não poderia misturar a vida pessoal com a profissional.

Natália foi se recuperando, mas, quando chegou aos seus ouvidos a notícia de que Yuri estava de casamento marcado com Soraia, novamente desmoronou. Mais uma vez foi preciso Silas interceder. E Natália mais uma vez se firmou. Não fosse Silas um patrão tão bom e justo, ela teria perdido seu emprego.

Silas estava muito contrafeito com o casamento de Soraia com o filho. Tentara conversar com Yuri algumas vezes, mas ele se mostrava ríspido toda vez que falavam mal de Soraia. Obsediado pelos guias de Madame Juju, que lhe incutiam pensamentos de revolta contra Natália, afirmando que a pessoa perfeita era Soraia, Yuri não ouvia ninguém. Qualquer pessoa que tentasse colocá-lo contra Soraia estava errada e sendo injusta.

Brenda permanecia frequentando o centro com Bete. Agora ia três vezes por semana. Convidara Mel para ir também e a moça adorou todos os aprendizados que lhe foram transmitidos. Ricardo a acompanhava às vezes e também gostava muito.

Faltavam apenas três dias para o casamento. Naquele dia, Silas não estava se sentindo bem e voltara para casa mais cedo. Achava que era o desgosto de ver seu filho preso a Soraia pelo resto da vida. Não podia obrigá-lo a não se casar, embora tivesse vontade. Yuri tinha o direito de decidir sobre sua própria vida.

Subiu silenciosamente e, despreocupado, abriu a porta. Colocou sua pasta e seu paletó sobre uma cadeira. Alice não estava à vista. Dirigia-se ao banheiro quando ouviu um ruído vindo do quarto. Pensou que Alice poderia estar ressonando, mas, ao chegar mais perto, ouviu risadinhas abafadas. Colou o ouvido à porta e identificou a voz de Alice.

— Dessa vez você vai mais devagar. Está muito fogoso hoje.

Desnorteado pelo que escutou, Silas moveu a maçaneta lentamente. A porta não estava trancada e ele pôde espiar pela fresta da porta. Ficou horrorizado ao ver Alice, com as costas nuas, montada sobre outro corpo na cama. E viu quando dois braços peludos percorreram as costas dela. Alice ria e murmurava algumas palavras, baixinho.

Silas sentiu o sangue ferver. Alice estava fazendo sexo com outro homem? Furioso, ele deu um tapa na porta, que se abriu com violência. Alice pulou e saiu da cama rapidamente ao vê-lo parado ali. Flávio, o professor de ginástica, ergueu-se num pulo e empalideceu. Silas avançou como um trem desgovernado. Agarrou Flávio pelo braço e o colocou de pé. Em seguida, deu um soco fortíssimo em seu rosto. Flávio caiu sem sentidos aos pés da cama.

Alice soltou um grito de medo e tentou correr. Silas a segurou pelo braço e apertou com toda a força, quase lhe esmagando o osso. Chorando, ela tentou se explicar, mas quando viu o olhar animal que Silas lhe lançou, achou que ele fosse matá-la. Então, Silas soltou seu braço e a empurrou contra uma parede.

— Então é isso? Assim que eu saio você se encontra com seu amante? Como pode ser tão baixa, Alice? Meu Deus, como eu pude acreditar em você? — gritou ele, imaginando se Yuri tivera uma reação parecida ao flagrar Natália e Tiago na cama.

Alice cautelosamente se aproximou de Silas e tentou convencê-lo.

— Não, meu amor. Flávio é meu professor de ginástica e estava apenas...

— Apenas o quê? — cortou ele com fúria. — Estava ensinando-a a fazer sexo? Você é vil, Alice. Então, você me bota chifres quando estou trabalhando?

— Não é nada disso. Acontece que...

— Cale a boca, sua cadela infame. Agora eu entendi o que você queria. Seu desejo era apenas arrancar meu dinheiro para gastar com seus amantes. Insistiu tanto para que eu me divorciasse de Brenda para poder colocar a mão na minha grana. Vamos! Confesse, sua ordinária! — esbravejou, colérico.

Alice estava apavorada e só fazia gaguejar. Não podia acreditar que seu sonho de ser rica estava se desvanecendo. Desde que Silas passara a morar com ela no apartamento, ele jamais voltara para casa antes das seis. E justo naquele dia, quando ela estava transando com Flávio, o maldito aparecia?

— Silas, você precisa entender — Alice tentou se aproximar, mas Silas a empurrou novamente.

— O que eu entendo é que estou profundamente arrependido de ter conhecido você. Mas, se quer saber, vou lhe confessar uma coisa. Eu não conseguia pedir o divórcio a Brenda porque alguma coisa sempre me impedia. Eu usava de subterfúgios e pretextos sempre alegando não querer magoá-la, mas creio que a verdade fosse outra. Sabe por que eu nunca consegui pedir esse maldito divórcio?

— Não.

— Porque eu amo minha esposa. Fui atraído pela sua beleza, corpo provocante e conversas sensuais. Amor eu nunca senti por você. Alice, você serviu apenas para saciar meus desejos sexuais, pois Brenda não me atendia nesse ponto. Mas agora que descobri a vigarista que você é, entendi que amor mesmo eu só sinto por Brenda. E vou rezar para que ela possa me perdoar e aceitar de volta.

— Não, Silas, isso não pode ser verdade. Flávio é apenas um engano. Eu não gosto dele, nem um bom sexo ele sabe fazer. Por favor, me perdoe.

— Não era isso que você dizia agora há pouco — interferiu Flávio, que se recuperara do desmaio. Embora fosse um homem forte e musculoso, sentiu-se intimidado pela presença de Silas.

Procurando passar longe do homem enfurecido, Flávio tornou:

— Você deveria dizer a ele que faz sexo comigo há um bom tempo.

Alice gritou e tentou arranhar o rosto de Flávio. Silas se interpôs entre os dois e virou-se para Flávio:

— Saia do meu apartamento agora, antes que eu arrebente a sua cara.

Flávio não hesitou. Vestiu-se com rapidez impressionante e deixou o apartamento em menos de cinco minutos. Quando se viu a sós com Alice, sentindo vontade de esbofeteá-la, Silas avisou:

— Nunca mais quero vê-la, Alice. Você é uma porca. Nunca imaginei que estivesse me deitando com uma vagabunda.

— Mas, querido, tudo o que sentimos um pelo outro não pode acabar dessa forma. Não se lembra dos bons momentos que passamos juntos? E nossa viagem a Salvador? Fomos felizes naquela semana e podemos ser de novo se você puder me perdoar. Dê-me uma segunda chance.

— Não haverá outra chance nem felicidade. Pelo menos, não ao seu lado.

Alice sabia que seria inútil discutir. Como convencer Silas do contrário, se ele a vira transando com Flávio?

— Tudo bem, Silas. Você está com a razão. Não mereço o seu perdão, mas imploro seu apoio. Espero que me ajude a pagar o condomínio desse apartamento. Você sabe que é caro e até eu arranjar um emprego novamente...

— Mas do que você está falando? Você não vai continuar morando aqui. Vai agora mesmo arrumar suas coisas e dar o fora. Depois vou vender esse apartamento ou fazer alguma outra coisa com ele. De você eu quero distância, já disse.

Alice não podia estar mais pálida. Contava com o apartamento. Se fosse para a rua, iria para onde? Seria humilhante retornar ao pensionato medíocre em que morava quando Silas a conheceu. Acostumada com os ares da região de Pinheiros, tinha que encontrar uma residência no mesmo nível. Mas como faria para pagar?

Chorando abertamente, Alice voltou ao quarto, vestiu-se, pegou uma grande mala e começou a jogar suas roupas dentro dela.

Tudo o que possuía eram suas roupas. Todo o resto fora comprado por Silas. Quando terminou de encher sua mala, olhou para ele.

— Você podia ao menos me deixar morar aqui até arrumar algum lugar pra ficar. Não posso sair por aí andando a esmo.

— Vou dar dinheiro pra você pagar alguma pensão até poder se ajustar novamente — Silas abriu a carteira e sacou algumas cédulas de cem reais. — Aí tem mil reais. É o suficiente para pagar alguma pensão barata.

— Você espera que eu vá me enfiar em qualquer pensão pulguenta? — irritada, Alice olhou para o dinheiro que Silas estava lhe estendendo. — Eu quero morar em um apartamento no mesmo nível deste.

— Então, arranje outro trouxa pra enganar. Talvez você dê sorte — Silas bufou com raiva. — É pegar ou largar. Enquanto procura alguma coisa, por que não mora com seu professor de ginástica?

Alice teve vontade de xingá-lo, mas, se fizesse isso, ele não lhe daria nem o dinheiro. Pegou as cédulas, jogou no bolso da mala e caminhou para a porta. Virou-se uma última vez.

— Posso ao menos te dar um beijo de despedida?

— Saia antes que eu mude de ideia, sua vadia. Hoje mesmo vou trocar o segredo da fechadura, senão corro o risco de você voltar e ainda me roubar.

Alice sentiu-se corar, mas não retrucou. Abriu a porta e saiu rapidamente. Quando chegou à rua, telefonou para Flávio. Assim que ele atendeu, ela foi logo dizendo.

— Ele me pôs na rua. Você precisa me ajudar a...

— Pode me esquecer, boneca. Agora que você não vai mais ter a grana do velhote, não me interessa mais ficar com você. Pode ir se virando e não me ligue mais. — Flávio foi curto e grosso e desligou.

Alice ficou furiosa. Se soubesse onde ele morava iria procurá-lo. Mas não tinha a menor ideia de onde encontrá-lo. Já começava a anoitecer e Alice não podia ficar vagando pelas ruas. Poderia ser assaltada, e tudo o que faltava era ficar sem o dinheiro que Silas lhe dera. Contrariada, humilhada, furiosa e ressentida, Alice tomou um ônibus e foi para o endereço da pensão em que morara.

Capítulo 36

Violeta, desde que entrara para a Fundação Dorina Nowill, se desenvolvia rapidamente. Aprendia tudo com facilidade e começava a ler em braille. Bete ficou emocionada quando a filha conseguiu ler "amo a mamãe" num caderno em braille que a professora lhe dera.

A reforma na casa de Bete estava quase pronta. Mesmo morando com Murilo, ela continuava na produção de doces, que se intensificara bastante. Murilo dera suas referências a diversos colegas advogados, que foram repassando a outros, e agora Bete tinha tantos pedidos que mal dava conta de fazer tudo sozinha. Já pensava em contratar uma ajudante.

Embora muitos meses houvessem se passado, Bete ainda se lembrava como se fosse ontem do pânico que passara sob a mira do revólver de Luís. Pedia a Deus que a ajudasse a superar o trauma e que protegesse Violeta, ajudando-a a se esquecer dos fatos. E rezava muito pelo espírito de Luís. Sabia que os suicidas quase sempre sofriam ao desencarnar e, apesar de tudo, não desejava mal a ele. Esperava que, onde quer que ele estivesse, pudesse encontrar a paz.

Era véspera do casamento de Yuri. Embora contrariada pela festa, Brenda insistira em encomendar todos os doces e salgados com Bete. Soraia afirmou ter medo de que Natália pudesse colocar alguma coisa nos petiscos, mas Brenda dissera ser bobagem. Fechou o pedido com Bete.

Como era um pedido grande, Bete deixou de aceitar outros pedidos até conseguir entregar a encomenda do casamento. Não disse a Natália que se tratava da encomenda para o casamento de Yuri e Soraia, pois não queria que a filha sofresse mais. Natália andava calada e taciturna, e quase não sorria mais. Depois do rompimento com Yuri, se mudara para o apartamento de Murilo também. E não eram raras as vezes em que Bete a flagrava chorando.

— Você não pode continuar assim, Natália — disse Bete, penalizada. Tinha certeza de que Natália emagrecera.

— Como queria que eu estivesse, mãe? Yuri vai se casar amanhã e nunca me deu a chance de explicar e tentar provar que eu sou inocente.

— Talvez ele não fosse a pessoa certa pra você, minha filha — contemporizou Bete. Já não sabia mais que argumentos usar para que Natália saísse daquela situação tão deprimente.

— Eu tinha certeza de que ele era o homem certo, sim. Mas agora, nada mais pode ser feito, mãe — subitamente, Natália começou a chorar. — Eu sei que não tenho mais chance agora. Soraia venceu e eu perdi. E isso é tudo.

— Mas nem por isso você pode se deixar afundar no sofrimento e na desilusão. A mágoa corrói o espírito. Você sabe bem disso, minha filha. Eu acho que você deveria tentar falar com Yuri antes do casamento e se explicar pra que ele perceba que você é inocente.

— Não, mãe, não dá. Mel me disse que ele não escuta ninguém, parece estar obcecado por Soraia. Nem mesmo o doutor Silas conseguiu demovê-lo dessa decisão. Ele quer se casar com Soraia porque acredita que será feliz ao lado dela. Acredita que Soraia é um poço de fidelidade, enquanto eu sou mentirosa e traidora. Ah, mãe... — chorando, Natália abraçou Bete.

— Calma, minha filha. Tudo vai se resolver. Ainda que você não se case com Yuri, tente dar um jeito de conversar com ele. O amor de vocês vai falar mais alto, você vai ver.

— Não, mãe. Não existe mais amor. Era tudo ilusão. Eu que sempre acreditei no poder do amor, sempre incentivei as pessoas a amarem, a libertarem o amor em seus corações. Eu estava enganada. Sempre disse que o amor nunca vai embora, mas não é verdade, mãe. O amor vai embora, sim. O amor nos abandona, como Yuri me abandonou. Onde está o amor que ele dizia sentir por mim agora? Desapareceu! E sabe por quê? Porque amar é apenas gostar de alguém. E quando deixamos de gostar, o amor some. Vejo agora que o amor não passa de um ilusionismo bobo.

— Você sabe que isso não é verdade, Natália. Você mesma me disse que conseguiu colaborar para que Brenda e a filha fizessem as pazes. Veja esse exemplo, Natália. Ambas estavam magoadas e ressentidas, mas o amor falou mais alto. Com Yuri pode acontecer a mesma coisa se você falar com ele. Ele ainda te ama, acredite nisso.

— Ele me odeia. O ódio substitui o amor. A raiva substitui a alegria. Nunca mais quero acreditar no amor, mãe. Não acredito em mais nada.

Sem dizer mais nada, Natália se retirou para o quarto que dividia com Violeta desde que se mudara para o apartamento de Murilo. Bete dividia a cama com Murilo. Sabia que a filha estava errada. Ela e Murilo se amavam e aquilo não era ilusão. Tinha certeza de que Deus queria a união entre seus filhos e que o amor era o primeiro passo para essa conquista.

Pouco depois, Murilo chegou. Parecia cansado, mas deu um beijo em Bete assim que a viu trabalhando na cozinha. Ele passara a chegar mais cedo do escritório para buscar Violeta na instituição. Naquele dia, parecia cabisbaixo e triste.

Bete percebeu que havia alguma coisa errada a se acercou dele.

— O que houve? Você parece triste.

— Precisamos conversar, Bete — algo no tom de voz de Murilo informou Bete de que alguma coisa estava errada.

Pouco depois, estavam sentados confortavelmente na sala. Bete aguardava ansiosa que Murilo começasse a falar.

— Como andam os preparativos do pedido do casamento?

— Está quase tudo pronto. Amanhã cedo vou entregar na casa do doutor Silas. Mas o que você quer falar comigo?

— Sabe, Bete, nós estamos juntos há um tempo. Mantemos uma boa relação. Eu e você nos amamos, somos amigos, somos amantes. Mas há algo que não pode continuar.

Bete se assustou. Murilo estava sério e evitava encará-la nos olhos. Um pensamento ocupou a mente de Bete. Será que ele desejaria se separar dela?

— O que não pode continuar, Murilo? — quis saber, curiosa e temerosa.

— Eu menti pra você, Bete.

Bete ficou ainda mais assustada. O que Murilo diria agora? Será que ele ainda era casado? Será que tinha filhos? Será que mentira quando disse que a amava?

— Mentiu como?

— Eu... disse que Shirley, minha ex-esposa, tinha me deixado para ficar com Laércio.

— E não era verdade? Você continua com ela?

— Não... não estou com ela. Mas eu menti pra você ao dizer que ela me deixara definitivamente.

— Então, quer dizer que vocês não se divorciaram? Você e Shirley ainda estão casados?

— Não, Bete, nós nos divorciamos, sim, e ela foi morar com Laércio de fato.

— Então, eu não estou entendendo.

— Até aí tudo o que eu disse era verdade. Que Shirley me enganou por muitos anos enquanto eu nunca havia lhe traído com outra. E Shirley, após o divórcio, passou a morar com Laércio, mas...

— Mas...? — Bete estava com medo de ouvir a continuação.

— Mas logo Shirley se arrependeu e me procurou de volta.

Então, Bete estava certa. Murilo tinha aceitado a ex-esposa de volta para que tentassem mais uma vez. E agora ele lhe diria que não poderiam mais continuar juntos. Silenciosamente, ela deixou que duas lágrimas escorressem por seu rosto.

— Por que está chorando? — perguntou Murilo, preocupado.

— Emoção... — mentiu ela. — Mas continue, por favor.

— Shirley insistiu em voltar a ficar comigo. E eu sempre recusei. Ela se dizia muito arrependida e implorava meu perdão, mas eu não conseguia perdoá-la. E não podia aceitá-la de volta. Ela disse que seu caso com Laércio não dera certo e que queria voltar a ficar comigo. Sempre recusei terminantemente. Mais tarde, soube que Shirley entrou em depressão. Uma amiga dela me procurou para falar sobre isso, mas eu achei que fosse mentira. Seria um truque dela para voltar a ficar comigo. Mas era verdade. Shirley passou a tomar medicamentos descontroladamente. E acabou com a mente afetada.

Ele deu um longo suspiro e Bete disse:

— Continue, por favor.

— Tempos depois, essa mesma amiga me procurou mais uma vez para me dizer que Shirley estava enlouquecendo. E mais uma vez não me interessei. Minha raiva por ela não me permitiu perdoá-la. Shirley ficou mentalmente debilitada e terminou internada numa clínica para doentes mentais. E foi ali que ela morreu, entre a loucura e o arrependimento, implorando para me ver, implorando meu perdão. Eu só acreditei quando soube que ela estava sendo enterrada.

Lágrimas de arrependimento vieram aos olhos de Murilo.

— Eu mesmo nunca me perdoei por isso e jurei que nunca mais amaria outra mulher. Até o dia quem que vi você naquela padaria, em Moema. Então, descobri que poderia amar de novo. E quando a conheci melhor, me apaixonei. Se não pude perdoar Shirley quando ela estava viva, espero que ela possa me perdoar depois de morta.

— Como assim? — perguntou Bete, ainda confusa.

— Eu sonhei com Shirley esta noite. Nunca acreditei em vida após a morte nem em reencarnação, mas, desde que passamos a namorar, lendo alguns dos seus livros espíritas, comecei a acreditar que existe algo mais após a morte. E hoje tive certeza de que a vida não termina com a morte do corpo físico. Acredito que Shirley está vivendo em outro lugar.

— Por que diz isso, Murilo? Quer me contar sobre o sonho?

— Eu a vi nitidamente na minha frente. Ela usava uma roupa clara e os cabelos estavam soltos. Ao seu lado, estava um senhor e uma moça. Shirley disse que tinha muitas saudades minhas, mas que não conseguia encontrar a paz porque achava que eu não iria perdoá-la jamais. Disse que tentou atrapalhar meu romance com você depois de morta, mas que se arrependeu e foi resgatada por mãos amigas. Disse que estava se recuperando e que se sentia muito mais forte e revigorada, e que compreendeu que meu caminho é ao seu lado, Bete, e não ao lado dela. Ela falou que não nos conhecíamos em outras encarnações e que ela me conheceu nesta vida apenas para provar a si mesma que era capaz de realizar as metas propostas antes de seu reencarne. Disse-me, ainda, outras coisas de que não me lembro mais.

— E você conseguiu perdoá-la?

— Lembro-me de ter dito que a perdoava, sim, e que ela deveria seguir seu caminho. Disse que estava muito arrependido por tê-la abandonado à própria sorte. Minha raiva falava mais alto que o perdão. E só muito tarde compreendi que o perdão nos liberta. Quando disse que a perdoava, Shirley me olhou sorrindo e me abraçou. Depois disso, acordei e não me lembro de mais nada.

— Eu tenho certeza de que você esteve mesmo com ela. E fico muito feliz em saber que você conseguiu superar esta etapa. Assim, ambos estarão em paz — explicou Bete, aliviada. Então Murilo não ia deixá-la? — Eu achei que você fosse terminar comigo. Achei que não me amava mais. Por isso comecei a chorar.

— Ora, mas como você pode ter pensado isso? Achou então que meu amor por você era brincadeirinha? — ele se aproximou, igualmente aliviado. Sentia que um grande peso saía de suas costas. — Tudo o que eu quero é que não haja segredos entre nós.

— Você me assustou mesmo assim. Achei que fosse me abandonar também. E Violeta não suportaria ter que aturar a irmã e a mãe chorando por amores perdidos.

— Eu ainda não acabei o que quero lhe dizer — fazendo ar de mistério, Murilo tirou um envelope preto do terno. — Isto é seu.

Bete, hesitante, pegou o envelope. Estava tão leve que parecia vazio. Não estava lacrado. Bete enfiou a mão à procura de algum papel, mas não sentiu nada.

— Está vazio!

— Coloque a mão mais no fundo — pediu Murilo, sorrindo.

Bete obedeceu e apalpou o fundo do envelope até sentir um pequeno objeto. Puxou e piscou surpresa ao ver que era um belo anel dourado incrustado com diamantes.

— Achei que seria muito óbvio dar pra você aquela típica caixinha que a gente tira do bolso. Você logo imaginaria o que era. Então, joguei a caixinha fora e mantive o suspense colocando o anel dentro do envelope.

Dessa vez, Bete começou a chorar para valer, mas de emoção. Sem conseguir unir as palavras, atirou-se sobre Murilo e eles começaram a se beijar. Logo, estavam esquecidos de todos os seus problemas.

Capítulo 37

O dia do casamento de Yuri e Soraia amanheceu belíssimo. Na casa de Silas, todos os funcionários do bufê contratado por Soraia trabalhavam sem parar. A noiva dissera que a festa deveria estar perfeita. Ela não admitiria nenhum erro, nenhuma falha. Era o dia mais desejado de sua vida e, por vezes, achava que era apenas um sonho. Finalmente, levaria Yuri para o altar.

Assim que se tornasse Soraia Onofre, muitas coisas começariam a mudar. Para começar, Yuri teria que vender o apartamento e comprar outro maior em um bairro ainda melhor que aquele. Ele seria proibido de voltar a trabalhar na empresa para evitar se encontrar com Natália. Afinal, queria evitar que Yuri se tornasse amante de Natália. Não queria ser uma idiota como Brenda, que ficava chorando pelo amor do marido. Daria um jeito em Mel também. Aquela menina horrorosa não poderia ficar em seu caminho. Já pensava em voltar até Madame Juju para que a mulher fizesse algum trabalho contra Mel. Seria interessante se aquela garota imbecil sofresse um acidente. E não haveria testemunhas, afinal, ninguém via os espíritos.

Brenda acordou cedo naquele dia. Um dos seus filhos iria se casar. Em tempos idos, estaria satisfeita, mas agora tinha certeza de que Yuri cometeria um grande erro casando-se com Soraia.

Era preciso alguém fazer alguma coisa, mas ninguém conseguia sequer tocar no assunto com Yuri, pois ele se enfurecia. Brenda notava o comportamento estranho de Yuri, mas todos achavam que ele agia assim por estar magoado com Natália. Era como se casar-se com Soraia fosse uma forma de fugir dos problemas.

Brenda se vestiu e, quando abriu a porta do quarto, quase deu um grito ao deparar-se com Silas parado ali. Eles se encararam por alguns segundos, até que ele perguntou:

— Posso entrar?

— Claro. O quarto é seu... ou pelo menos era, né? — disse Brenda, sorrindo, envergonhada. — Você veio cedo para poder ajudar nos preparativos?

— Não, Brenda. Vim falar com você.

Silas falava tão sério que Brenda empalideceu. E imediatamente soube o que ele fora fazer ali: pedir o divórcio.

— Quer conversar aqui no quarto? Não acharia mais confortável se fôssemos até a sala?

— Não. Serei breve — Silas suspirou. — Espero que você possa entender.

Brenda sacudiu a cabeça à beira das lágrimas. Chegara o momento que mais temia. Silas pediria o divórcio. Alice pedira duas vezes que ela deixasse Silas e ela recusara. Mas sabia que seria tolice continuar adiando sua resposta. Silas não voltaria para ela, então negar-se a dar o divórcio seria uma espécie de vingança boba. Ninguém ganharia nada com aquilo.

— Eu sei o que você vai dizer, Silas. Eu sabia que você pediria a qualquer momento — Brenda se sentou na cama, porque suas pernas começavam a vacilar, mas Silas permaneceu em pé. — E eu seria infantil se recusasse.

— Do que você está falando?

— Ora... — Brenda soluçou e começou a chorar. — Você veio me pedir o divórcio. Eu sei que você se apaixonou por Alice. E reconheço que perdi você pra ela. Alimentei esperanças de que o caso de vocês fosse passageiro, mas não foi. Mas está tudo bem, Silas...

— Não estou entendendo, Brenda.

— Como não? — ela limpou o rosto, mas as lágrimas voltaram.
— Só quero que saiba que não deve se preocupar comigo. Vou ficar bem e espero que você também fique. Acho que Alice vai fazê-lo feliz. — Brenda tentou sorrir, mas o sorriso se apagou. — Diga a ela que, se não o fizer feliz, vai se ver comigo.

Silas se sentou na cama e tomou as mãos da esposa. Então, ela estava pensando que ele estava ali para pedir o divórcio? Sorriu intimamente. Brenda o amava, talvez sempre o tivesse amado. E como ele pudera ser tão cego a ponto de trocá-la pela inútil da Alice?

— Realmente, Brenda, você está certa. Há algum tempo percebi que a amo. E hoje descobri que estou verdadeiramente apaixonado.

— Eu sei, Silas, e acredite, estou muito feliz. Você é um homem muito bom. É um excelente patrão, ótimo profissional. É um bom pai, um grande amigo e... — as lágrimas de Brenda quase afogaram suas palavras — ...foi um excelente marido também. Mas agora é o momento de Alice aproveitar.

— Eu sei. E vim aqui pra isso — brincou Silas. — Quero me separar.

Brenda sacudiu a cabeça, tentou sorrir de novo, mas caiu num pranto profundo. Respirou fundo e falou entre soluços:

— Eu entendo, Silas. Quando devo assinar o divórcio?

— Quero me separar... — repetiu Silas — ... de Alice.

Brenda, em sua comoção, não escutou as palavras de Silas. Então, ele repetiu e Brenda levantou o olhar para ele.

— O que disse?

— Disse que desejo me separar de Alice. Mas se quer saber da verdade, eu já me separei dela há um bom tempo.

Brenda parou de chorar subitamente. Agora, realmente não estava entendendo. Silas decidiu explicar:

— Descobri que Alice não era quem eu pensava. Certo dia, voltei mais cedo pra casa e a flagrei na cama com um amante. Expulsei-a do apartamento. Desde então, não tive mais notícias dela. Era pra eu ter vindo procurá-la antes, mas não me sentia pronto.

E hoje a coragem chegou. Eu vim até aqui perguntar se você pode me perdoar, Brenda. E se pode me dar a chance de mostrar que ainda a amo.

Brenda levou as duas mãos à boca e voltou a chorar. Silas estava pedindo para voltar com ela?

— Eu não tenho nada pra perdoar, Silas. Sempre disse que a culpa foi minha. Logo depois de Mel ter nascido, me recusei a fazer amor com você. E, claro, você procurou conforto fora de casa. E numa dessas andanças achou Alice. Eu me arrependi muito, mas não conseguia mostrar pra você que ainda o amava.

— Mas você vai mostrar agora — e sem dizer mais nenhuma palavra, Silas deitou Brenda lentamente na cama. Pouco depois, estavam se amando. Silas descobriu que estava saudoso daquele corpo macio e perfumado de Brenda, e antes de seus pensamentos ficarem confusos, ainda se lembrou que Natália estava mesmo correta: o amor nunca ia embora.

Quando finalmente terminaram, Silas disse que estava satisfeito e Brenda sentia-se nas nuvens. Então, ele fez uma pergunta que o corroía por dentro:

— Brenda, naquelas noites em que você saía sozinha... Pode me contar aonde ia?

— Claro. Eu estava e estou frequentando um centro espírita. Sempre tive medo desses lugares, mas descobri como realmente funciona o Espiritismo e que tinha uma visão ingênua e preconceituosa. Aprendi muito lá, sabia?

— Então, você não estava se encontrando com outro homem?

— O quê? Ora, mas é claro que não — riu Brenda. Então era isso que Silas pensara dela?

— Você nunca me traiu, não é?

— Não nessa vida — brincou ela, sem saber que estava se referindo a uma grande verdade. Feliz como estava, achou que seria melhor não dizer a Silas que Mel havia fotografado Alice com outro homem. Já não valia mais a pena.

O casamento estava marcado para uma hora da tarde. Por volta de onze horas, quase todos os convidados já tinham chegado. O altar montado no jardim ficava à frente de um lindo caminho decorado com flores dos dois lados, por onde Soraia passaria.

No quarto, Yuri estava sentado, fixando o vazio. Vinham à sua cabeça momentos em que se lembrava do riso cristalino de Natália. Sabia que, se estivesse se casando com ela, tudo seria diferente. Ele não amava Soraia, sequer gostava dela. Não conseguia entender por que estavam se casando, mas sentia que era sua obrigação.

Os espíritos enviados por Madame Juju estavam à sua volta. Gritavam e riam ao mesmo tempo. Até que era engraçado ficar junto de Yuri. O rapaz era bobão e ouvia tudo o que eles lhe sugeriam como se fossem seus próprios pensamentos.

Houve uma batida na porta, e Silas entrou segurando Brenda pela mão. Ambos mantinham um sorriso maroto nos lábios, e a felicidade só não era maior porque sabiam que Yuri estava infeliz. Era visível a tristeza em seus olhos.

— Podemos conversar um pouco com você, meu filho?

Yuri concordou com a cabeça. Nem reparou que os pais estavam de mãos dadas.

— Daqui a pouco, sua vida mudará, meu filho. Vai tomar uma decisão que afetará a todos nós — disse Silas, sentando-se na cama ao lado de Yuri.

— E essa decisão diz respeito à sua felicidade — ajuntou Brenda.

— Eu sei e já está resolvido. Quero me casar com Soraia. Mesmo que não haja felicidade no começo, aos poucos ela irá me fazendo feliz.

— E você se esquecerá de Natália, não é mesmo?

— Pai, não diga o nome daquela traidora — a raiva tomou conta de Yuri outra vez. — Ela não presta e...

— Você deixou de amá-la, meu filho?

— O quê?

— Quero que me diga se deixou de amar Natália.

— Pai, faltam duas horas para eu me casar com Soraia e você vem me perguntar se eu amo aquela mentirosa?

— Responda a pergunta do seu pai, meu querido — pediu Brenda, carinhosamente.

— Como posso amar alguém que me traiu com meu próprio irmão?

— Apenas tente responder. Você a ama?

Yuri se odiou e teve vontade de se penitenciar. Quando o pai queria, sabia como fazê-lo dizer a verdade. E por mais que estivesse se odiando, não podia deixar de dizer que ainda amava Natália.

— Sim, pai, eu ainda a amo. Por mais que ela não mereça meu amor, eu a amo.

Ao ouvir essas palavras, os espíritos sombrios recuaram. De onde estava saindo aquele amor repentino por Natália? Tentaram se abraçar a Yuri, mas, ao elevar um pouco os sentimentos, ele, sem saber, os mantinha afastados. Não conseguiam se aproximar.

— Se a ama, esqueça esse casamento. Perdoe-a e vá procurá-la.

— Isso é que não! — a raiva voltou com força total. — Ela que procure Tiago. Se pode ter se deitado com ele, pode amá-lo também.

— Yuri, nunca passou pela sua cabeça que há algo errado nessa história? Natália não é dada a bebidas alcoólicas. Acha mesmo que ela beberia aquele vinho em pleno horário de expediente?

— Essa é a desculpa que ela inventou.

— Mas seu irmão confirmou. E a partir daí, Natália não se lembra de mais nada. Então, surge Soraia ligando pra você. Engraçado que ela sempre o leva aos locais onde Natália supostamente o estaria traindo.

— Não fale de Soraia, pai. A única que realmente gosta de mim é Soraia.

— Ui, ouvi a mentira do ano agora — disse Mel, entrando no quarto de Yuri e trazendo Ricardo pela mão.

— Mas que diabos você está fazendo com esse cara no meu quarto? — Exasperou-se Yuri. Lembrou-se de quando vira Ricardo beijando Natália e a raiva se intensificou.

— Ele quer lhe dizer algumas coisinhas — avisou Mel.

Ricardo, que estava muito bem-vestido e barbeado, esticou a mão para cumprimentar Yuri, mas ele se recusou. Então Ricardo o encarou.

— Sei que você me odeia pelo que eu fiz e peço que me perdoe. Mas vim aqui por outro motivo. Não se case com Soraia.

— Até você veio aqui falar bobagens? É o que menos tem direitos de interferir na minha vida pessoal.

— Eu sei disso. Mas já conheci as duas mulheres que o cercam. Lembre-se de que já fui namorado de Natália. Ela inclusive ficou grávida de mim. Mas afirmo pra você que ela não me merecia. Natália precisava de alguém muito melhor do que eu. Ela nunca me traiu e nunca seria capaz de fazer todas essas barbaridades de que a acusam — Ricardo fez uma pausa e olhou para Mel, que o encorajou a continuar com um gesto. — Quando Soraia foi me procurar para pedir minha ajuda no plano, nós fizemos sexo. Soraia se entregou pra mim no mesmo dia em que nos conhecemos, dentro do carro dela.

Brenda e Silas olharam chocados para Ricardo. E encararam Mel, mas ela sorriu e acenou com a cabeça.

— Ricardo já tinha me dito isso. E foi exatamente por isso que o trouxe para falar com você, Yuri. Se Soraia pôde se deitar com alguém que mal conhecia, o que não seria capaz de fazer com outros homens?

— Não acredito no que estão dizendo. Vocês estão difamando Soraia. Querem me convencer a abandoná-la, mas não vão conseguir.

— Não é difamação, é a realidade. Se não fosse assim, como eu iria saber que ela tem uma pinta bem aqui? — E Ricardo tocou na própria virilha.

Yuri parou, estupefato. Era verdade, Soraia tinha realmente uma pintinha de nascença na virilha. Mas aquilo não seria suficiente para afastá-lo dela. Ele se casaria com Soraia, mesmo contra a vontade de todos.

— Saiam do meu quarto — gritou Yuri, de repente. — Saiam todos do meu quarto. Soraia é minha e ninguém vai afastá-la de mim.

Ninguém podia ver os espíritos que inspiravam Yuri a dizer palavras ríspidas. Soraia pagara à Madame Juju para enfeitiçar Yuri, e era o que eles estavam dispostos a fazer. Não podiam deixar que ninguém estragasse aquele casamento.

Depois que todos saíram, Yuri olhou pela janela e viu o belo jardim lá embaixo. Os convidados estavam por toda a parte. Ele teria que descer para cumprimentá-los. Lentamente, pegou seu terno e começou a se arrumar.

Soraia estava em outro aposento. Já experimentara o vestido branco e curto que usaria. Nada de longas caudas que se arrastavam pelo chão. Seu vestido descia pouco abaixo dos joelhos. Mas era o suficiente. Em poucos instantes, seria uma Onofre. E isso era o importante.

Bateram à porta e ela autorizou a entrada. Brenda entrou e forçou um sorriso. Viera pedir que Soraia desistisse do casamento, como muitas vezes pedira a Natália que abandonasse Yuri.

— Posso falar com você, Soraia?

— Se for rápido...

— Você deve estar muito feliz por estar se casando com meu filho, não?

— Muito. Estou realizando um grande sonho.

— Mas esse não é o sonho de Yuri. Ele...

— Já basta, Brenda. Veio me pedir para deixá-lo ficar com Natália, não é? Antes você me apoiava e agora está contra mim. Mas não importa. Assim que me casar com ele, não serei mais obrigada a aturar sua chatice.

Brenda parou, chocada. Aquela era a verdadeira face de Soraia. Como não percebera antes?

— O que está dizendo, Soraia?

— Além de ser a esposa traída, ficou surda também? Eu disse que não serei obrigada a aguentar suas lamentações sobre seu casamento estragado com Silas. Vou mandar você e sua filha delinquente às favas.

Brenda empalideceu e teve vontade de rasgar o vestido da moça. Como pôde achar que Soraia era sua amiga? Bem que Silas dissera que não confiava nela. E por isso Mel também não simpatizava com Soraia. Por que só ela não enxergara que Soraia não valia nada?

— É isso o que pensa de mim, Soraia?

— É isso o que eu penso da sua família. Você e seu marido amargurado. Você é a esposa fraca que não soube segurar seu homem. Eu sou muito mais forte. Não só reconquistei Yuri, como o tirei de Natália.

— Não quero meu filho casado com você, Soraia. Ele não merece viver ao lado de uma víbora.

— Dê o fora daqui, velha estúpida. Esse casamento está tão certo quanto dois e dois são quatro. Ninguém vai me impedir.

— Isso é o que veremos. E, às vezes, dois e dois são cinco — Brenda saiu e bateu a porta do quarto.

Soraia olhou para a porta fechada por alguns segundos. Mas não iria ficar preocupada. Afinal, o que poderia dar errado?

— Soraia vai mesmo conseguir se casar com Yuri, Valdir? — perguntou Inês, preocupada. — Precisamos fazer alguma coisa. Yuri só está agindo assim porque está sob a influência de espíritos desequilibrados emocionalmente. Ele não consegue decidir por si só.

— Todos nós podemos tomar nossas próprias decisões quando bem entendemos. Yuri está realmente sendo obsediado, mas ainda tem o livre-arbítrio, e esse dom de Deus ninguém pode tirar dele. A qualquer momento, ele pode tomar outra decisão.

— Mas se ele se casar com Soraia, viverá infeliz pelo resto da sua vida. Soraia vai escravizá-lo, estou certa disso.

— Vamos acreditar no poder do amor. Yuri ainda ama Natália. Ele pode mudar de ideia até o último momento. Acredite em mim.

Inês se calou. Faltavam poucos minutos para o casamento. Yuri parecia convicto. Haveria algo que o faria mudar de ideia?

Capítulo 38

— Eu ainda não acredito que estou aqui — reclamou Natália. — Sinto que estou sendo levada para a cadeira elétrica.

— Sem reclamar — disse Bete.

A pedido de Mel e do próprio Silas, Bete convencera a filha a ajudá-la a levar a encomenda do casamento. Quando chegaram à casa de Silas, Natália se acomodou num banco na cozinha.

— Eu não acredito, mãe. Você me chamou para ajudar a trazer a encomenda dos petiscos do casamento de Yuri e Soraia? — perguntou Natália, sem saber se brigava ou se chorava.

— Ela fez isso porque eu pedi — interveio Silas, entrando na cozinha nesse momento. Brenda, Mel e Ricardo o seguiam. Violeta e Murilo também tinham ido com Bete e Natália. — E porque eu queria pedir um enorme favor.

— Que favor, doutor Silas?

Antes que Silas falasse, Brenda se adiantou. Abaixou-se, ficando à altura dos olhos de Natália.

— Viemos pedir, implorar se for preciso, que você não deixe que Yuri se case com Soraia. Ainda há tempo. Você tem que fazer alguma coisa.

Mas Natália já estava sacudindo a cabeça negativamente.

— É tarde demais. Tenho que deixar Yuri seguir o caminho que ele escolheu.

— Não sei explicar, mas Yuri não está agindo em seu juízo perfeito. É como se ele estivesse hipnotizado por Soraia — argumentou Silas.

— Ou está sob o efeito de um trabalho espiritual — sugeriu Bete.

Todos os olhares se voltaram para ela.

— O que você quer dizer com isso?

— Se Yuri está agindo da forma que vocês estão falando, provavelmente está sob efeito de algum trabalho de magia. Soraia pode ter encomendado esse tipo de serviço com alguém.

Àquela altura do campeonato, ninguém duvidava de mais nada.

— E é possível desfazer esse trabalho? — perguntou Brenda.

— É muito difícil, mas não impossível. O único jeito que eu conheço é através da demonstração do amor. Por isso, minha filha, faça o que Brenda está pedindo. Procure Yuri e o impeça de cometer esse desatino.

Natália encarou todos os rostos que a olhavam aflitos por sua resposta. Mas ela sacudiu a cabeça negativamente outra vez.

— Não. Peço que vocês me desculpem, mas Yuri está me odiando agora. Não posso enfrentá-lo. Queiram me perdoar, mas ele vai se casar com Soraia — disse Natália, abaixando a cabeça e caindo em pranto.

Mais uma vez, bateram à porta do quarto em que Soraia estava. Se fosse Brenda de novo, ela a expulsaria dali. Mas foi Tiago quem entrou.

— Você está muito bonita, Soraia.

— Obrigada, Tiago. O que quer aqui?

— Vim lembrá-la de que temos um trato. Você conseguiu seu objetivo, mas ainda não me ajudou a alcançar o meu. Sabe que desejo Natália. Você precisa me ajudar.

— Pode esquecer, Tiago.

Tiago pensou ter ouvido mal.

— Como é que é?

— Eu disse pra você esquecer, Tiago. Sinto muito, mas não vou poder ajudá-lo. Estou me casando com Yuri e não posso procurar Natália para dizer a ela que você é a única opção que lhe restou.

Tiago ficou pálido. Em seguida, a palidez cedeu lugar à vermelhidão.

— Com isso, você quer dizer que me fez de bobo, não é? Pediu minha participação no seu plano apenas para conseguir o que queria.

— Mas assim é a vida, Tiago. O mundo é feito de vitórias e derrotas — disse Soraia, olhando-o com o sorriso debochado. — E acho que você é muita areia pro caminhãozinho dela. Tem condições de arrumar mulheres muito mais lindas do que ela. Basta procurar, Tiago.

— Você sabe que não estou procurando qualquer mulher. Eu quero a Natália.

— Então, meu amigo, reze pra ela ter uma irmã gêmea — Soraia soltou uma gargalhada e não percebeu que Tiago tinha um olhar ferino. — Agora, se puder me dar licença, estou indo para um casamento cuja noiva está prestes a se tornar uma Onofre. Aposto que você está superfeliz em ser meu cunhado, não é mesmo?

Tiago deu as costas e quase correu para a porta, tamanha era a sua fúria. Antes de sair, virou-se mais uma vez e disparou:

— Você me paga, Soraia! Esteja certa disso.

Soraia piscou um olho com ar travesso, e Tiago bateu a porta ao sair. Nada mais poderia dar errado agora. Consultou o relógio e viu que faltavam poucos minutos. Deu uma espiada pela janela e viu Yuri lá embaixo conversando com os convidados.

Logo os pais de Soraia entraram no quarto e a olharam admirados. Realmente Soraia estava belíssima. Os cabelos vermelhos estavam presos no alto da cabeça e o vestido branco colava-se ao seu corpo com perfeição.

— Pronta para se tornar uma mulher casada, minha filha? — perguntou o pai de Soraia, satisfeito com o resultado. Sua filha o orgulhava.

— Sempre estive pronta, pai — respondeu ela. Respirou fundo e se preparou para descer.

———

Os primeiros acordes musicais tocados pela orquestra soaram como facadas aos ouvidos de Natália. Faltavam dez minutos para uma hora. Todos já tinham se dirigido para a ampla área externa da casa.

Todos, menos ela, Violeta, Bete e Murilo. Ainda esperavam que, no último momento, Natália surgisse gritando que amava Yuri e que o casamento não poderia se realizar. Mas, pelo jeito, vendo Natália quieta, triste e cabisbaixa, chegaram à conclusão de que ela nada faria para impedir o matrimônio.

Mel estava quase surtando. Apertava a mão de Ricardo com força e dizia que preferiria se matar a ter Soraia como cunhada. Ricardo disse que, com o tempo, Mel se acostumaria, mas ela sacudiu a cabeça categórica.

— Nunca vou me acostumar com ela. Não a suporto. E meu irmão mais parece um robô. Estou me perguntando se ele realmente sabe o que está fazendo.

— Por que diz isso?

— Você não ouviu o que a dona Bete falou? De Soraia eu espero qualquer coisa e não duvidaria de que ela realmente tivesse feito algum "trabalho" para segurar meu irmão. Ele está muito estranho e todo mundo já percebeu. Os próprios convidados estão comentando.

— É... ele está sério e cumprimenta as pessoas maquinalmente. Parece que está sob efeito de alguma droga.

— E ele não acredita em ninguém. Todo mundo tentou avisá-lo de que Soraia e Tiago haviam drogado Natália naquele dia, mas de repente ele passou a idolatrá-la. Por isso digo que está muito estranho.

Ricardo não respondeu, e continuaram observando. Todos os convidados já estavam sentados. Nesse momento, cabeças se viraram para observar a passagem de Soraia pelo caminho entre as flores até alcançar o altar. Ela lançava um olhar irônico sobre os convidados, como a dizer que vencera e que chegara ali sem que ninguém pudesse impedi-la.

Na cozinha, Bete perguntou:

— Você quer ir embora, filha?

— Não... — Natália chorava agora. — Vou esperar terminar... vão vocês! Eu quero ficar aqui sozinha.

Bete sabia que a filha queria remoer a própria solidão. Estava muito triste pela forma como o romance entre ela e Yuri terminara.

Violeta segurou a mão de Murilo enquanto caminhavam em direção ao jardim e perguntou:

— Posso me sentar ao seu lado, papai?

Murilo olhou para Bete e, então, para Violeta. Emocionou-se imediatamente. Nos doze anos em que fora casado com Shirley, ela nunca quisera lhe dar um filho para não estragar o corpo. E agora, pela primeira vez, era chamado de papai pela garotinha que amava como se fosse sua filha biológica.

— Você me chamou de papai?

— Sim... porque você é como se fosse meu pai.

Murilo se abaixou e sussurrou no ouvido da menina:

— Pois serei seu pai de verdade, porque vou me casar com sua mãe.

Violeta gritou um "ebaaa" de alegria e pôs-se a beijar Murilo e a mãe. Procurava se esquecer de que Luís era seu pai e que se matara dentro de sua casa. Seu pai agora era Murilo. E Violeta sabia que eles seriam muito felizes juntos.

Embora estivessem tristes por ver Yuri se casando com Soraia sem que pudessem fazer nada a respeito, Silas e Brenda sentaram-se entre as primeiras cadeiras. A cada instante, olhavam-se e se beijavam como um jovem casal de adolescentes, apaixonados pela primeira vez. Silas redescobrira o amor por Brenda depois de alguns anos de afastamento. E tinha certeza de que mulher nenhuma conseguiria afastá-lo de sua esposa agora.

Haviam se passado alguns minutos quando Natália levantou a cabeça, ao ouvir passos ao seu lado. Deparou-se com Tiago parado ali. Ela se levantou imediatamente.

— O que você está fazendo aqui? Não deveria estar lá fora?

Ele a olhou com olhos tão tristes, que Natália sentiu pena.

— Eu vou pra lá, mas antes preciso falar com você. É muito importante.

— E o que você tem pra falar comigo? Depois do que me aprontou, eu...

— É justamente sobre isso. Vim pedir perdão e dizer que a amo.

Natália piscou e o olhou atentamente. Tiago continuou:

— Acho que sempre a amei em segredo. E conseguir conquistá-la à custa do meu irmão seria ainda mais prazeroso. Soraia me chamou para ajudá-la em um plano que fizesse Yuri flagrá-la comigo. E deu certo. Mas ela prometeu me ajudar a ficar com você e hoje se negou. Disse que não devo esperar nenhuma ajuda dela.

— Meu Deus, Tiago, mas isso é...

— Natália, você ama meu irmão. Eu a amo, é verdade, e justamente por isso não posso permitir que você viva o resto da sua vida em sofrimento por não ter sido ouvida pelo Yuri, sendo que é e sempre foi inocente.

Natália, incrédula com as palavras de Tiago, não soube o que dizer.

— Se agirmos rápido, vamos mostrar para todos a sua inocência. Venha, vamos lá para fora — e, sem esperar resposta, Tiago agarrou Natália pela mão, que se deixou conduzir.

— Tiago, tem certeza do que está dizendo?

— Você é quem precisa se casar com meu irmão. Apesar de tudo, eu o amo também e quero o bem dele. E sei que ele também será infeliz se casar com aquela bruxa. Eu imploro, Natália, ajude-me a dar um jeito em Soraia e libertar Yuri.

— Obrigada, Tiago. Obrigada por ter se arrependido e mostrado que é bom e que sabe amar. Isso é muito importante.

Tiago não respondeu. Tudo o que queria era fazer Soraia pagar por tê-lo ludibriado daquela forma.

O juiz de paz estava terminando de dizer as últimas palavras. Soraia sorria de orelha a orelha. Nem acreditava que estava realizando seu sonho. O nome Soraia Onofre era música para seus ouvidos. Olhou para Yuri, que estava sério e carrancudo, olhando para o juiz de paz.

Nesse momento, o juiz abriu a boca para dizer as palavras finais, para que o casal pudesse assinar o livro, e declará-los oficialmente casados. O coração dela disparou. Agora era a hora. O pote de ouro no final do arco-íris. Fora difícil, mas sua vitória seria saboreada para sempre.

— Parem! — gritou Tiago, arrastando Natália pela mão. Ambos vieram correndo pelo mesmo caminho florido que Soraia percorrera havia pouco. — Parem e detenham essa louca. Ela não pode se casar com meu irmão.

Ouviu-se um "oh" em uníssono, e os convidados se puseram de pé quase todos ao mesmo tempo. O juiz de paz empurrou os óculos sobre o nariz para poder ver melhor o que se passava.

— Tirem essa maluca daqui. Ela não pode se casar com Yuri porque mentiu o tempo todo — berrava Tiago. — E a mulher que meu irmão ama é esta aqui — disse ele, apontando para Natália.

Ninguém poderia estar mais branco do que Soraia. Mas o que aquele infeliz estava dizendo? Pretendia acabar com tudo? Soraia se virou para o juiz de paz e gritou:

— Termine logo o casamento.

— Não! — reagiu Yuri com determinação. — Quero ouvir o que meu irmão tem a dizer — e, antes que Soraia pudesse detê-lo, Yuri já se afastava, ao encontro de Tiago. — Do que você está falando, Tiago?

— Vou falar bem alto para que todos possam escutar — bradou Tiago, olhando para todos os convidados. Enfiou a mão no bolso da calça e tirou um pequeno frasco. — Soraia é uma farsa! Combinou tudo comigo para que eu drogasse Natália. Assim ela poderia ser flagrada na cama, como se eu e ela estivéssemos fazendo sexo. Mas é tudo mentira, Natália estava praticamente inconsciente. Apenas reagia aos meus comandos — Tiago ergueu a mão com o frasco. — Isso aqui é uma droga do tipo "boa noite cinderela" usada por golpistas quando seduzem uma pessoa em um apartamento para roubarem tudo o que tem lá dentro. Imagino que seja ilegal. Caso seja, eu assumo a responsabilidade se tiver de ir preso, mas Soraia vai comigo.

A confusão foi geral. Todos se puseram a falar ao mesmo tempo. Silas, sem perder tempo, aproximou-se do juiz de paz, que olhava a cena atordoado, e disse-lhe algumas palavras. Imediatamente, o juiz recolheu o livro de assinaturas e se retirou. Mel apontava o dedo para Soraia, que permanecia parada ao lado do altar, observando como se estivesse em transe. Tiago e Yuri falavam ao mesmo tempo. A cabeça de Natália começou a doer e, finalmente, ela levantou uma mão e falou bem alto:

— Pessoal, por favor. O casamento está encerrado!

Soraia se enfureceu. A raiva que sentiu foi tanta que chegou a tremer. Quem aquela Natália pensava que era para vir determinar o fim do seu casamento? Caminhou rapidamente e, ao chegar perto de Natália, disparou:

— Você é uma cadela! Quer mesmo acabar comigo, mas não vai conseguir. Yuri é e sempre foi meu. E ele vai se casar comigo.

— Chega, Soraia — interrompeu Yuri, que finalmente parecia ser o mesmo de antes. — Você mentiu pra mim mais uma vez? Como pôde ter tanta cara de pau? Como pode dizer que me ama quando na verdade não passa de uma hipócrita amaldiçoada?

— Não, nada disso, Yuri. Você os viu juntos e...

— Cale a boca! Não quero mais ouvir sua voz... — e, então, Yuri se virou para Natália. Quando seus olhos se encontraram, Natália viu que o olhar de Yuri era pura tristeza e frustração. Sem dizer mais nada, Yuri saiu correndo.

Brenda e Silas se aproximaram de Soraia, que chorava abraçada aos pais. O pai de Soraia disse que lamentava muito e que não esperava pela atitude da filha. E Silas acreditava realmente nele. O homem não podia ser responsável pelas atitudes errôneas da filha. Abraçando Soraia, os pais se viraram e se desculparam mais uma vez. Saíram quase em disparada à procura do carro que os trouxera, levando a furiosa e decepcionada Soraia com eles. E a moça ainda pôde ouvir Brenda dizer:

— Não disse que às vezes dois e dois são cinco? Nunca diga que já está casada enquanto não estiver com a aliança no dedo.

A balbúrdia prosseguia. Os convidados não sabiam o que fazer. Enquanto o rebuliço permanecia acalorado, Natália se afastou discretamente. Sem pensar duas vezes, seguiu direto para o quarto de Yuri, esperando encontrá-lo ali. E não estava errada. Yuri se encontrava deitado de bruços na cama, chorando como um bebê. Percebeu o movimento no quarto, mas não se virou para ver quem entrava.

— Não fica bem um homem de terno chorar dessa forma — brincou Natália, embora ela própria quase estivesse chorando também.

— Por favor, Natália, não fale comigo. Eu quero morrer. Uma praga como eu não merece estar viva — respondeu Yuri, com a voz abafada, pois falava com a boca sobre o lençol.

Natália se aproximou da cama e se agachou. Passou a mão pelos cabelos de Yuri e ele finalmente virou para fitá-la, os olhos lacrimosos.

— Natália, sei que vai demorar, mas se algum dia você puder me perdoar, quero que possa ser minha amiga. Você é uma pessoa tão especial e eu só soube fazer sujeira com você.

— Só perdoaria você com uma condição — afirmou Natália, quase chorando também.

— Qual? — perguntou ele, soluçando como criança. — Nada seria mais importante pra mim do que seu perdão.

— Você vai ter que fazer aquela linda carinha de cachorrinho triste que me fez ficar apaixonada por você no meu primeiro dia de trabalho na empresa do seu pai.

Yuri a olhou muito sério. Então, finalmente conseguiu sorrir.

— Eu disse cara de tristeza e não sorriso — brincou Natália.

— Oh, Deus, Natália, eu juro que não sabia por que estava fazendo aquilo. Era como se estivessem falando dentro da minha cabeça. E eu não conseguia controlar meus pensamentos.

— Eu acredito... mas agora a única pessoa que vai falar dentro da sua cabeça sou eu.

— Natália, como eu a amo. Embora não tenha demonstrado e tenha feito tudo errado, sempre amei você, desde o dia em que a vi pela primeira vez. Vai ver que já nos conhecemos de outras vidas.

— E eu acredito nisso também — confirmou Natália, sorrindo.

— E sabe por quê? Porque o seu amor por mim não foi embora. E nunca irá, assim como o meu por você.

E sem pensar duas vezes, Yuri puxou o rosto dela para si e a beijou. Depois disso, para eles, nada mais importava.

Os espíritos perturbados permaneciam parados a distância, observando-os. Não sabiam explicar, mas agora, quando tentavam se aproximar de Yuri, uma força invisível os arremessava para longe. E isso os assustava.

Nesse momento, Valdir e Inês se fizeram visíveis. Os espíritos ficaram ainda mais assustados e recuaram apavorados.

— Meus queridos, vocês não podem mais prejudicá-los. Ninguém consegue lutar contra o poder do amor. Vocês conseguiam sugerir pensamentos negativos a Yuri enquanto sua energia vibracional estava muito baixa. Mas agora, sendo perdoado por Natália e tendo reacendido a chama do amor, vocês não terão a menor chance. Porém, se quiserem conhecer esse sentimento belíssimo que é o amor, nós podemos ajudá-los.

Todos eles recusaram com a cabeça e desapareceram com rapidez impressionante. Valdir deu de ombros e sorriu para Inês.

— Agora, minha amiga, tudo vai ficar em paz.

— Estou feliz que as coisas tenham se encaixado.

— Na vida tudo se encaixa segundo a vontade de Deus. A felicidade é primordial e o amor, essencial. E assim a humanidade cresce e evolui.

Epílogo

Dois anos se passaram. Na empresa, tudo continuava da mesma forma, a não ser por Marilu, que conseguira se aposentar. Ela merecia esse esperado descanso ao lado dos seus.

Benício, o avô de Ricardo, desencarnara vitimado por um mal súbito. Ricardo ficara muito triste, mas, aprendendo com Mel e Brenda que a vida continuava após a morte do corpo físico, ele sentiu-se mais consolado. Fora o avô quem cuidara dele após a morte de seus pais. Ele sentiria a falta de Benício. Assumira o comando da casa. Seu namoro com Mel permanecia firme e já falavam em casamento. E Benício realmente estava certo ao dizer a Mel que um dia ela se casaria com Ricardo.

Mel nunca mais voltou a se vestir de preto. Usava roupas claras e descontraídas, com diversos penteados e maquiagens. Suas melhores amigas eram Natália e Brenda. Seu coração estava livre das mágoas passadas, e ela acreditava que o importante seria viver o presente ao lado da família e, principalmente, recuperar o tempo perdido ao lado a mãe.

Quem pensava da mesma maneira era Silas. Descobrira que amava a esposa com todas as suas forças e que era recompensado na mesma medida. Logo após o casamento frustrado de Yuri e Soraia, Silas e Brenda fizeram uma viagem para a Europa por um mês.

Quando retornaram, estavam ainda mais felizes, iluminados pelas bênçãos do amor.

No dia seguinte à partida dos pais para a Europa, Tiago decidiu que gostaria de viajar também. Estava apaixonado por Natália, e ela, embora o houvesse perdoado também, dissera-lhe que poderia ser somente uma grande amiga. Decidido a esquecê-la, tomou um avião e partiu para os Estados Unidos. Tinha alguns amigos por lá.

Durante o voo, uma jovem brasileira foi sentada ao seu lado. Dissera fazer curso de turismo no Brasil, mas que estava indo aos Estados Unidos tentar reunir materiais de pesquisa para seu Trabalho de Conclusão de Curso. Tiago, sorridente, disse que ficaria muito feliz em mostrar os principais pontos turísticos do país. A moça aceitou, feliz. E, pela primeira vez, Tiago percebeu que havia outras mulheres tão cativantes quanto Natália e que não seria preciso roubar as namoradas do irmão. Ele poderia demonstrar seu amor e conquistar qualquer mulher.

Alice conhecera um homem rico com mais de sessenta anos. Ele era viúvo e a moça achou que seria perfeito se conseguisse se casar com ele. Nunca mais voltou a ver Silas. E esse homem parecia ser perfeito para ela. Mas após três meses de relacionamento, sem saber por que, o homem, enquanto fazia amor com ela, espancou-a violentamente. E disse que essa era sua maior fantasia sexual. Alice terminou com duas costelas fraturadas, um braço e um dente quebrados. Quando saiu do hospital, tratou de fugir. O homem era um sádico maluco. Mas não poderia desistir de tentar realizar seu sonho de ser rica à custa de homens casados. Precisava tentar com outros agora. Um dia, ela conseguiria, tinha certeza.

Brenda, Silas, Mel, Ricardo, Yuri, Natália, Murilo, Bete e Violeta frequentavam o centro espírita próximo da casa de Bete. Bete e Murilo casaram-se. Violeta já conseguia ler livros em braille. A casa de Bete fora reformada, e Murilo vendera seu apartamento, tendo investido o dinheiro na produção de doces e salgados de Bete. Havia duas ajudantes na cozinha, agora bem ampla, e dois entregadores para os locais mais distantes. Bete e Murilo se amavam e ele sempre se emocionava quando Violeta o chamava de pai.

No astral, o espírito de Luís, pai de Natália e Violeta, continuava em desajuste mental e emocional. Ele ainda guardava raiva por se dizer abandonado por suas duas famílias. Ainda estava longe de se arrepender e permitir que a luz penetrasse seu coração. Mas o tempo permite o arrependimento e o crescimento evolutivo, e espera-se que Luís também consiga encontrar a paz, como Shirley, a ex-esposa de Murilo, encontrou. E ela já se preparava para uma nova encarnação em outro local do Brasil, distante de Murilo e sua família.

Valdir sempre acompanhava os espíritos tão queridos de outras vidas encarnados na Terra. Inês, que estava se formando em medicina antes de desencarnar, passou a trabalhar no setor de recuperação dos espíritos que chegam abalados ao desencarnarem de forma violenta ou inesperada. E ela tem conseguido ajudar muitas pessoas.

Assim que o casamento foi desfeito, Soraia foi atrás de Madame Juju cobrar garantias pelo serviço. E qual não foi sua surpresa quando, ao chegar à casa da mulher, descobriu que ela havia se mudado de lá sem deixar endereço. Alguém a tinha ameaçado com a polícia, e Juju, receosa, se mudara para outro bairro, distante daquele. Decepcionada, Soraia voltou para casa. Seus pais haviam vendido suas ações para Silas e pediram demissão da diretoria da empresa. Não tinham mais nenhum vínculo com eles. Dois anos depois, os pais de Soraia estavam amedrontados.

Havia algum tempo que Soraia passara a ver vultos. Sempre dizia que havia pessoas rodeando-a o tempo inteiro. Com o tempo, foi ficando pior. Soraia não dormia nem comia. Tinha medo de fechar os olhos e ser pega pelos espíritos de Madame Juju, que vieram até ela atraídos pela afinidade de energia e pensamentos. Se antes Soraia precisava deles, agora queria distância. Mas eles não estavam dispostos a deixá-la. O caso foi se agravando e Soraia passou a ficar agressiva.

No dia em que os pais de Soraia levaram-na para o sul, para interná-la em uma clínica de reabilitação e tratamento mental, notaram que ela ainda usava no dedo anelar da mão direita seu anel de noivado com Yuri.

O casamento entre Yuri e Natália aconteceu três meses depois de toda aquela confusão e foi um sucesso. Realizado em uma igreja, foi muito mais bonito do que se esperava. Também viajaram para a lua de mel.

Dois anos depois, Natália já estava amamentando seu primeiro filho, Silas Luís, nome dado em homenagem ao seu pai e ao pai de Yuri. Os dois vivem muito felizes, amando-se e ao bebê. Sabiam que ninguém poderia separá-los agora, pois o amor os ligava, tornando-os um só.

E Deus, nosso Pai criador, quer apenas que deixemos o amor invadir nosso corpo e abraçar nosso espírito. E que, por mais que pensemos que fomos abandonados, lembremos sempre que ainda temos o principal: o amor, porque o amor nunca diz adeus...

A moça estava nervosa. Era seu primeiro emprego e sua primeira entrevista. Acreditava não ter chances de conseguir um emprego em uma majestosa empresa na Avenida Paulista. Quem faria sua entrevista seria a própria secretária do presidente, Natália. A vaga oferecida era para substituir Marilu, que se aposentara. E a moça esperava conseguir.

Assim que ela entrou na sala, Natália quase sorriu. Era como olhar-se a si mesma quando chegou ali pela primeira vez. Ela se revelara ótima profissional e competente em seu trabalho. Esperava que a jovem que estava ali fosse muito boa também. Sorriu, ficando em pé, e estendeu a mão para a moça. A moça tremia, mas tentava manter o sorriso.

Enquanto Natália a entrevistava, olhando sempre em seus olhos, como Silas lhe dissera que gostava, pensava em como a vida era perfeita. E refletiu que, para encontrarmos a felicidade, basta procurarmos em nosso próprio coração; ela estará ali, envolvida pela luz do amor.

Fim

Rua Agostinho Gomes, 2.312 — SP
55 11 3577-3200

contato@vidaeconsciencia.com.br
www.vidaeconsciencia.com.br